W0310657

Gerd-Klaus Kaltenbrunner

Vom Geist Europas

Ursprünge und Porträts

Band I

herausgegeben
und mit einem Vorwort versehen
von
Magdalena S. Gmehling

ARES VERLAG

Umschlaggestaltung: Werbeagentur Rypka GmbH, 8143 Dobl/Graz, www.rypka.at
Umschlagabb. Vorderseite: Castel del Monte, Apulien
(Berthold Werner / Wikimedia Commons, CC BY-SA 3.0; bearbeitet)

Wir haben uns bemüht, bei den hier verwendeten Bildern die Rechteinhaber ausfindig zu machen. Falls es dessen ungeachtet Bildrechte geben sollte, die wir nicht recherchieren konnten, bitten wir um Nachricht an den Verlag. Berechtigte Ansprüche werden im Rahmen der üblichen Vereinbarungen abgegolten.

Textnachweis: Es handelt sich bei den in diesem Buch abgedruckten Texten um ausgewählte und originalgetreu abgedruckte Essays aus Gerd-Klaus Kaltenbrunners dreibändigem Sammelwerk „Vom Geist Europas" (Asendorf 1987, 1989, 1992). Eigens für die Neuausgabe verfasst wurde das Vorwort der Herausgeberin Magdalena S. Gmehling.

Bibliografische Information der Deutschen Nationalbibliothek
Die Deutsche Nationalbibliothek verzeichnet diese Publikation in der Deutschen Nationalbibliografie; detaillierte bibliografische Daten sind im Internet unter https://www.dnb.de abrufbar.

Hinweis: Dieses Buch wurde auf chlorfrei gebleichtem Papier gedruckt. Die zum Schutz vor Verschmutzung verwendete Einschweißfolie ist aus Polyethylen chlor- und schwefelfrei hergestellt. Diese umweltfreundliche Folie verhält sich grundwasserneutral, ist voll recyclingfähig und verbrennt in Müllverbrennungsanlagen völlig ungiftig.

Auf Wunsch senden wir Ihnen gerne kostenlos unser Verlagsverzeichnis zu:
Ares Verlag GmbH
Hofgasse 5 / Postfach 438
A-8011 Graz
Tel.: +43 (0)316/82 16 36
Fax: +43 (0)316/83 56 12
E-Mail: ares-verlag@ares-verlag.com
www.ares-verlag.com

ISBN 978-3-99081-009-5

Alle Rechte der Verbreitung, auch durch Film, Funk und Fernsehen, fotomechanische Wiedergabe, Tonträger jeder Art, auszugsweisen Nachdruck oder Einspeicherung und Rückgewinnung in Datenverarbeitungsanlagen aller Art, sind vorbehalten.

© Copyright by Ares Verlag, Graz 2019

Layout: Werbeagentur Rypka GmbH, 8143 Dobl/Graz, www.rypka.at

Inhalt

Vorwort

Die Schönheit Europas
war die Schönheit der Kirche.
Max Thürkauf

Wer war Gerd-Klaus Kaltenbrunner?

Ein Essayist von internationalem Ruf, Kulturmorphologe und Ideenporträtist, ein elitärer, enzyklopädisch gebildeter Denker, Polyhistor und spiritueller Idealist, konservativer Intellektueller und Bewahrer der Tradition.

Nochmals: Wer war Gerd-Klaus Kaltenbrunner?

Die äußeren Daten dieses arbeitsintensiven Lebens sind rasch aufgezählt. Geboren am 23. Februar 1939 in der geschichtsträchtigen Stadt Wien, studierte Kaltenbrunner dort nach der Matura Jura, Philosophie und Staatswissenschaften. Bereits in dieser frühen Zeit befasste er sich intensiv mit Geschichtsschreibung und Literatur, mit der Antike und mit klassischen Autoren. Den ersten geisteswissenschaftlichen Essay schrieb er achtzehnjährig.

1962 übersiedelte Kaltenbrunner in die Bundesrepublik und wohnte zunächst in München. Als Lektor betreute er verschiedene wissenschaftliche Verlage und fungierte 1968 als Cheflektor des Rombach-Verlages, den er konservativ auszurichten versuchte. Er vertrat einen aufgeklärten, wertorientierten, aber kritischen Konservatismus und die Idee eines „nichtkatastrophischen Wandels". Mit zwei großen Anthologien machte der junge Publizist auf sich aufmerksam: „Hegel und die Folgen" (1970) und „Rekonstruktion des Konservatismus" (1972). „Konservatismus international" erschien 1973 und „Der schwierige Konservatismus" 1975.

Von 1974 bis 1988 gab Kaltenbrunner bei Herder die Taschenbuchreihe „Herderbücherei *INITIATIVE*" heraus. Die 75 Bände mit unkonventionellen und markanten Interpretationen verschiedenster Zeitprobleme sorgten für bundesweite Diskussionen. Der Editor verstand es, ausgezeichnete Mitarbeiter zu verpflichten, und konnte so – wenigstens zeitweilig – ein Gegengewicht zu dem neomarxistisch geprägten Gedankengut des Suhrkamp-Verlages aufbauen. Die „*INITIATIVE*" wurde bald eine publizistische Institution. Geplant war ein enger Freundeskreis der Leser, eine Art Vernetzung. Die „Frankfurter Zeitung" schrieb 1980 „... *Die INITIATIVE – und das macht ihre Besonderheit wie ihre Bedeutung aus – ist ganz wesentlich das Werk eines Menschen, eines einzelgängerischen Essayisten und Schriftstellers, der diese Reihe (nach seinen eigenen Worten) als ‚eine Art Privatuniversität' auffasst.*"

Kaltenbrunners Bemühungen, die großen religiösen Traditionen, den kulturellen Reichtum Europas, dessen weltgeschichtliche Einmaligkeit, essayistisch in vielfältigen Facetten und Spiegelungen zu verdeutlichen, wurden 1986 mit dem Konrad-Adenauer-Preis für Literatur ausgezeichnet. Caspar Freiherr von Schrenck-Notzing resümierte damals in seiner Laudatio: „Man sieht ..., dass der Verfasser zu den porträtierten Dichtern, Philosophen, Wissenschaftlern ein höchst persönliches Verhältnis hat. Wenn, laut Kaltenbrunner, das Leben eines Individuums nicht ausreicht, um die zum Leben notwendigen Einsichten und Haltungen selbst zu erwerben, dann erschließen seine Interpretationen des europäischen Selbstbewusstseins zweier Jahrtausende die geistigen Voraussetzungen für eine politisch notwendige Europäisierung Europas."

Weitere von Kaltenbrunner herausgegebene Schriften dieser Jahre sind: „Franz von Baader. Sätze aus der erotischen Philosophie und andere Schriften" (1966), „August Maria Knoll. Zins und Gnade. Studien zur Soziologie der christlichen Existenz" (1967), „Hugo Ball. Zur Kritik der deutschen Intelligenz" (1970).

Vielfach präsent war der Autor in den Feuilletons der Mainstream-Medien („FAZ", „Welt", „Zeit", „Christ und Welt", „Rheinischer Merkur"). Er schrieb für die „Zeitbühne" sowie die „Epoche" und trat als Gast im Rundfunk auf. Bei dem führenden

Theoriemagazin der rechtskonservativen Bildungseliten „Criticón“ galt er als geschätzter Mitarbeiter. Die Zeitschrift, benannt nach einem Roman des spanischen Jesuiten Baltasar Gracián (1601–1658), war als „Gegenorgan“ zur 68er-Bewegung angetreten. 1985 wurde Gerd-Klaus Kaltenbrunner dann als Erster mit dem Baltasar-Gracián-Kulturpreis ausgezeichnet. Im gleichen Jahr erhielt er den Anton-Wildgans-Preis der Österreichischen Industriellenvereinigung. 1985 veröffentlichte er mit „Wege der Weltbewahrung“ sieben konservative Gedankengänge, welche das Ethos neuer Selbstbeherrschung und Besinnung auf unverändert gültige Überlieferungen beschwören. Als provokant wurde das schmale Bändchen „Elite. Erziehung für den Ernstfall“ (Asendorf 1984) empfunden. Seine scharfe Analyse und die Kampfansage an die Übermacht der Unfähigen fasst Kaltenbrunner in den ersten Sätzen zusammen: „Es ist ein Zeichen für den pseudodemokratischen Kretinismus, der in so hohem Maße zu der geistespolitischen Verwahrlosung der Bundesrepublik Deutschland beiträgt, dass schon die bloße Erwähnung des Wortes ‚Elite‘ bei den meisten Zeitgenossen, insbesondere aber den einflussreichen Vertretern der ‚progressiven‘ Intelligenzija Assoziationen wie ‚Privilegien‘, ‚Abbau des Sozialstaates‘, ‚Arroganz‘, ‚soziale Reaktion‘ oder schlechthin ‚Faschismus‘ auslöst. So wie ‚Vaterland‘, ‚Heimat‘, ‚Volk‘, ‚Nation‘ oder ‚Reich‘ gilt auch ‚Elite‘ weithin als ein antiquierter, ja sogar anrüchiger Begriff, der vielfach einer systematischen Ächtung und Verfemung unterliegt.“ Dieser nonkonformistische Standpunkt zielt auf eine Abschaffung des Kultes der Mittelmäßigkeit. Gesprächsweise äußerte sich Kaltenbrunner: „… die Weltgeschichte wird nun einmal nicht von Kaufleuten, Händlern und Kommerzienräten bewegt, sondern von Kämpfern, von Soldaten, von Partisanen, kurz: von glaubensstarken und zum Martyrium bereiten Eliten.“ Mit Vilfredo Pareto betrachtet er nur die Funktionseliten als wertfrei.

Zwischen 1981 und 1992 nahm das Europawerk des Schriftstellers sichtbare Form an. Sechs monumentale Bände erschienen: die Trilogien „Europa. Seine geistigen Quellen in Porträts aus zwei Jahrtausenden“ (1981, 1983, 1985) und „Vom Geist Europas“ (1987, 1989, 1992). Kaltenbrunner schreibt: „Europa.

Dieses Inbild ‚okzidentalischen' Wesens begleitet mich zeit meines zum Denken erwachten Lebens: die Vision eines Hauses mit vielen Wohnungen, eines Domes mit vielen Kapellen, eines Lebensraumes oder einer ‚oika' mit vielen Gebieten, Nischen und Höhenstufen. Es ist dies ein anderes Europa als der halb euphorisch begrüßte, halb fatalistisch hingenommene Binnenmarkt gleichen Namens." („Vom Geist Europas", Bd. 3, Geleitwort)

Rastlos forschend, reflektierend, von ungeheurer Belesenheit und Anverwandlungsgabe deckt Kaltenbrunner Traditionszusammenhänge auf, entführt den Leser in verschwiegene spirituelle und historische Landschaften und erforscht behutsam die Quellen europäischen Denkens und Handelns. Dieser homme de lettres ist nach altem Verständnis einer, der in Sprache zu denken und zu fühlen, zu forschen und zu erkennen, zu ahnen und zu träumen weiß. Er vermag es, unnachahmlich elegant die unterschiedlichsten Figuren der europäischen Geistesgeschichte zu verlebendigen. Es gebührt dem Ares-Verlag große Anerkennung, dass die wichtigsten Essays dieses Opus magnum anlässlich des 80. Geburtstages des so früh Verstorbenen in einer Neuausgabe vorgestellt werden.

Ein genialer Schriftsteller bedarf wohl letztendlich eines kongenialen Publikums, einer gebildeten Leserschaft, die mit Freude, Intelligenz und Humor geistreiche Aperçus zu genießen versteht, die resonanzfähig ist und mitzuschwingen vermag, die anspruchsvolle, ja hochfliegende Gedankengänge dankbar begleitet. Kurzum: Er bedarf der vom Aussterben bedrohten Spezies freier, sich in fremde Visionen hineinimaginierenden Geister, die – um ein modisches Wort zu benutzen – genug Fach- und Sachkompetenz besitzen, um entsprechende Texte verstehen und würdigen zu können. Allerdings, wer spricht, wer schreibt, stiftet auch Missverständnisse. Wenn ein Autor diese alte Wahrheit erlebt hat, so betritt er allmählich die Zone des Schweigens. Es ist viel gerätselt worden über das Verstummen Kaltenbrunners, die zunehmend intensiver werdende vergeistige Abstinenz des Gegenwartsverweigerers.

Seit 1990 wandte sich der fast eremitisch im Schwarzwaldstädtchen Kandern lebende „Traditionalist" Themen zu, die man als konservative Mystik bezeichnen könnte. Die großen religiösen Ströme, die mythischen und philosophischen Lebensäußerungen aller Völker, die zwar – wie der Philosoph Leopold Ziegler schreibt – in tiefere Schichten absinken können, aber keineswegs unrettbar verloren gehen: All dies beschäftigte Kaltenbrunner. Der transzendente, spirituelle Bereich, der in stillen Augenblicken mystischer Erfahrung im Sinne der „integralen Tradition" unzerstörbare, übergeschichtliche Botschaften aufleuchten lässt, führte ihn immer tiefer zum geheimnisvollen Urgrund des Universums.

Vor diesem Hintergrund sind auch seine letzten Schriften zu verstehen: „Die Seherin von Dülmen und ihr Dichter-Chronist" (1992), „Tacui. Johannes von Nepomuk – Brückenheiliger und Märtyrer des Beichtgeheimnisses" (1993) und „Geliebte Philomena. Kleiner Liebesbrief an eine wiedergefundene Heilige" (1995), vor allem aber die umfangreichen Bände „Johannes ist sein Name. Priesterkönig, Gralshüter, Traumgestalt" (1993) und „Dionysius vom Areopag. Das Unergründliche, die Engel und das Eine" (1996). Dem Mysteriencharakter des Christentums, dessen geschichtlicher Botschaft sowie der heilenden Macht des Sakralen war Kaltenbrunner bis zum Ende seines Lebens verpflichtet. Er sah in der Kirche die große Ästhetin und Mystagogin. Sein Plan, ein Werk über den Priesterkönig Melchisedek aus Salem und über die Großmutter Christi, die Heilige Anna, zu verfassen, konnte nicht mehr verwirklicht werden. Vermutlich hätte er die von dem französischen Metaphysiker René Guénon (1886–1951) vertretene mystische Idee eines übersinnlichen Zentrums, das die Welt regiert und innerlich verbindet, in den geplanten Werken wertend berücksichtigt. Gerd-Klaus Kaltenbrunner verstarb unerwartet am 12. April 2011.

„Der Wissende redet nicht.
Der Redende weiß nicht."

(Laotse: TAO-TE-KING, Spruch 56)

Kehren wir zu unserer Ausgangsfrage zurück: Wer war Gerd-Klaus Kaltenbrunner?

„Alles, was man von mir wissen muss, steht in meinen Büchern", wiederholte der stets auf Distanz bedachte, jeder Indiskretion abholde und unangemessener Neugierde mit einer gewissen

Schroffheit begegnende Schriftsteller, immer wieder. Und doch: Wer ihn kennenlernen durfte, war bezaubert von seiner Einfachheit, Vornehmheit und sprichwörtlichen Grandezza. Ein Intellektueller, der konkurrenzlos den ideellen und symbolischen Reichtum des Abendlandes überschaute. Bezüglich der Qualitätsmerkmale eines Essayisten schreibt er: „… sein Temperament, seine Sensibilität, seine Menschlichkeit ist mindestens so bedeutend wie der von ihm behandelte Gegenstand. … Für den Essayisten gibt es ein Zwiegespräch mit den Toten. Die meisten, im Grunde sogar alle meiner Essays verdanken sich diesem Dialog. In manchem dieser Versuche scheint es mir gelungen zu sein, die eine oder andere Gestalt der europäischen Geistesgeschichte auch für andere – für den mitwirkenden, den sympathetischen Leser – vernehmlich zu machen“. (Dankesrede bei der Verleihung des Konrad-Adenauer-Preises)

So werden wir versuchen, in den hier vorgestellten Texten Zeitkritisches und bekenntnishaft Biografisches aufzuspüren. Wir wissen heute, dass Europa in all seinem Reichtum, seiner Größe, durch ein falsches Verständnis seiner selbst gefährdet ist. Dies stellt auch die sogenannte Pariser Erklärung aus dem Jahre 2017 fest, die allerdings einem naiven Vernunftvertrauen huldigt und die Komplexität der Probleme des christlichen Abendlandes nicht durchschaut. Nochmals sei hier der große „Gegendenker“ Leopold Ziegler genannt. Seine 1995 neu aufgelegte Schrift „Der europäische Geist“ (erstveröffentlicht 1929) stigmatisiert das Fatum Europas: nämlich die Verwissenschaftlichung des Geistes wie des Lebens, den Verlust des Göttlichen und die damit einhergehende Säkularisierung. Sensible Zeitgenossen dachten ähnlich. Zu nennen wären u. a. Fritz Usinger („Gesänge für Europa“) und Friedrich Franz von Unruh. Letzterer schreibt: „Die Macht aber, die von alters her bestellt ist, den menschlichen Standort zu festigen, die Religion, ist der veränderten Situation nicht gewachsen. Sowohl Christentum wie Islam sind einem Weltbild verhaftet, das die Erde als Mitte des Alls und den Menschen als Sinn und Krönung der Schöpfung versteht. … Durch die alten verhärteten Dogmen hindurchzustoßen und ein tieferes Gottbegreifen und tiefere Ehrfurcht zu lehren, ist der Kirche verwehrt, sie verlöre die Basis“.

(„Die Macht der Dichtung") Wir können aus diesen Überlegungen folgern, dass heute das Scheitern des Christentums nicht gegen dieses spricht, sondern einen Mangel seelischer Kultur offenbart. Ziegler warnt davor, die Wiederverchristlichung Europas als eine Wiederverkirchlichung aufzufassen. „Dieses von Neuem entstehende Heilige Reich wird nicht mehr kirchlich überwölbt sein, sondern im Sinne einer überkirchlichen Wiederverchristlichung Leib gewinnen." (Bemerkungen zur Neuausgabe von „Der europäische Geist")

Drei Traditionsströme begründen, mannigfach vermischt, die unverwechselbare Eigenart Europas: griechisches Denken, römischer Realismus und Tatsachensinn sowie das christliche Erbe, welches den Gedanken der Gottebenbildlichkeit des Menschen, der Freiheit, der Brüderlichkeit, der geistbegabten Personalität, der Erlösungsbedürftigkeit und der erbarmenden Liebe vertritt. Kaltenbrunner postuliert, dass eine übergreifende europäische Völkerordnung ganz im Sinne Johann Gottfried Herders symphonisch orchestriert sein müsste. Den kulturgeografischen Bogen spannt er von Portugal bis Russland, von Sizilien bis Polen, vom Baltikum bis Rumänien.

Zu den Stiftern europäischer Geistigkeit gehören zweifellos Pythagoras – Kosmosoph der sogenannten „Achsenzeit" (Karl Jaspers), Ordensgründer, Zyklen-Theoretiker, Künder der Musik der Sphären – und Hesiod, der weissagende Seher, der die Götter belauschte. Die dialogische Wahrheitssuche des Sokrates erscheint in platonischem Gewand, in einem Todesverständnis, welches als Freilegung des ideenhaften Prinzips in uns, somit als lebensbildende Philosophie gelten darf. Der universelle platonische Geist blitzt auf, seine Freude am Denken und die staunenswerte Feinfühligkeit für das Wunderbare.

„Sooft uns Platon lächelt, wird es aufgeräumter, heller und freundlicher in Europa", schreibt Kaltenbrunner und verweist darauf, dass dem unschuldig verurteilten Christen Boethius die Trost spendende Philosophie im platonischen Gewand erscheint, mit dem gebieterischen Aufruf, das Höchste zu wagen. Als besonderes Qualitätsmerkmal des vielstimmigen Gesprächs in diesen Essays tritt die innere Verbindung zwischen Personen, Zeiten und Landschaften in Erscheinung. Stifters „Sanftes Gesetz" wird im „Trost der Philosophie" des eingekerkerten Römers vorweggenommen und das kosmo-theologische Gebet in der Mitte der „Consolatio" enthält – so Kaltenbrunner – den Grundriss von Dantes Weltbild und seiner „Göttlichen Komödie. In dem Aufsatz über die Indoeuropäer erfahren wir, dass es Spuren einer kollektiven Erinnerung an eine Heimat in nördlichen Gebirgen gibt, und das baltische Lettland entzückt als verschwiegener Raum hoher Poesie.

Den Reigen großer Dichtergestalten eröffnen Vergil, der Schöpfer der „Bucolia", „Georgica" und „Aeneis", der stille Sänger des Augusteischen Friedens und des „ewigen Italiens", sowie Ovid – Urheber des Weltgedichtes der „Metamorphosen" –, verbannt zu den barbarischen Geten ans Schwarze Meer. An den Pontos Euxinos der Alten grenzt das Dreiecksland Georgien. Um 1200 lebte dort Schota Rustaweli, Dichter, Astronom und Finanzminister der Königin Thamar. In dem Hohelied der Liebe „Der Recke im Tigerfell", welches 2013 zum Weltdokumentenerbe erklärt wurde, huldigt er seiner ruhmreichen Königin, besingt den Sieg des Lichtes über die Finsternis, des Mutes über die Verzweiflung. Ein ganz anderer Weltroman entsteht in der ersten Hälfte des 17. Jahrhunderts in dem vom Dreißigjährigen Krieg verheerten Deutschland: „Der abenteuerliche Simplicissimus" des sich hinter einer Vielzahl von Decknamen verbergenden Hans Jakob Christoffel von Grimmelshausen. Kaltenbrunner bescheinigt diesem monströsen Werk eine wahrhafte „Simplicität", eine gottkindliche Einfalt, die in barocker Bilderträchtigkeit und Wortmacht zur Sprache kommt. Eigenwillig und souverän beurteilt der ungemein belesene Essayist Gestalten wie Novalis, den er einen „konservativen Revolutionär" nennt, oder Justinus Kerner, Arzt, Dichter und Geisterseher, Gesprächspartner von Görres und Franz von Baader. Das Werk des 1936 in Salamanca verstorbenen Dichter-Philosophen Miguel de Unamuno, des großen Gegenspielers Ortega y Gassets, bleibt für den Schriftsteller im Schwarzwald ein Desiderat: „die verlegerische Wiederentdeckung ist mein Wunschtraum". Den „prince des poètes français", Pierre de Ronsard, feiert er als „griechischsten" der Franzosen. Transsilvanien (Siebenbürgen) ist die Heimat des Rumänen Lucian Blaga, des tragischen Dichters in tragischer Zeit. Er wird als Visionär hellsichtiger Ekstasen gerühmt. Der tschechische Dichter Otokar Brezina, der eigentlich Václav Ignác Jebavý hieß, der den Gedanken der Brüderlichkeit aller Menschen in einer Art planetarischer Geschwisterlichkeit vertritt, bezaubert mit seinem hymnischen Werk, seiner kühnen Metaphorik und freien Rhythmik.

Aus mehreren Gründen ist der Essay über Edward Gibbon von besonderer Bedeutung. Amüsante autobiografische Einschübe entführen den Leser in die von lateinischer Kultur und römischem Flair durchwobene Kindheit Kaltenbrunners: „Wenigstens zur Hälfte habe ich mich von Kindesbeinen an für einen Römer gehalten". Die fast mit Händen zu greifende Präsenz üppigen römischen Erbes findet der Autor gewissermaßen vor der Haustüre. Er schürft aber weit tiefer, denn er entwickelt facettenreich den Gedanken des „Ewigen Roms". Wien als Sitz der Habsburger bewahrte die Reichstradition und setzt in einer „translatio imperii" den Gedanken des Heiligen Römischen Reiches fort. Eine Art Mutation zum „imperium spiritualis", möglicherweise konvergierend mit dem Reich des Heiligen Geistes, welches der Seher Abt Joachim von Fiore weissagte: All das wird in verschlungenen und vielfach sich ergänzenden und überschneidenden Gedankenverbindungen expliziert. So kommt denn auch die Idee des Kronenwächters (Achim von Arnim) zur Sprache: „Die wahren Kronenwächter sind keine ränkespinnende Kamarilla und auch keine politische Sekte, sondern all jene, die im stillen (und vielfach mißverstanden) all das zu erhalten und zu fördern trachten, was uns nach allen Katastrophen noch geblieben ist, die einzige Bastion gegen Selbstentfremdung und Würdelosigkeit: unsere Sprache, die tätige Erinnerung an die Höhepunkte unserer Kultur, die person-und nationstiftende Aneignung des in mehr als einem Jahrtausend angesammelten geistigen Erbguts, auf daß unter einem günstigeren Stern darauf wieder einmal etwas Ordentliches nachwachsen könne." („Vom Geist Europas", Bd. 3)

Edward Gibbon, Experte für den Fall und Untergang Roms, der unreligiöse Skeptiker, welcher das Christentum als einen das Römische Reich infizierenden Bazillus betrachtete, wird als Althistoriker gewürdigt. Man kann diesem universalen Geist die Bewunderung nicht versagen, auch wenn man seinen Thesen nicht zustimmt.

Was wäre Europa ohne den Raum des Numinosen? Die kultische Verehrung des sagenumwobenen Tyaneers Apollonius beschäftigt den Ideenhistoriker Kaltenbrunner ebenso wie die hohe Theologie des Heiligen Augustinus. Der Nordafrikaner aus Tagaste, größter Lehrer der ungeteilten Christenheit, begründet mit seinen berühmten Bekenntnissen („Confessiones“) und dem Gottesstaat („De civitate Dei“) die Geistesgeschichte des Abendlandes. Das Geheimnis der Zeit, Demut und Hochmut, die Entfremdung des zur Pilgerschaft verurteilten Menschen, all das verbindet der Kirchenvater in einer genialen Schau.

Eine spirituelle Landschaft, deren Glanz und mystische Tiefe vor allem durch Erika Lorenz Neubelebung erfuhr, breitet Kaltenbrunner, der Gesprächspartner der Romanistin, vor uns aus: die hispanische Welt. Gestalten wie Teresa von Ávila und Juan von Ávila, Francisco de Osuna und Ignatius von Loyola kennzeichnet er als außergewöhnliche „Erfahrungsmenschen“. Der Troubadour Gottes, Ramon Llull aus Mallorca, seit seiner Bekehrung den Dialog zwischen Islam und Christentum seeleneifrig und wortmächtig betreibend, endet als Märtyrer. Er wird um 1316 von fanatischen Moslems gesteinigt. „Mit dieser Undurchdringlichkeit und Irreduzibilität der großen Offenbarungsreligionen müssen wir uns abfinden, sei's als Mystiker, sei's als Skeptiker oder auch beides zugleich. Die religiöse Vielfalt der Welt gehört zu jenen geistigen Beständen, mit denen wir zu leben, in denen wir uns einzurichten haben.“ („Vom Geist Europas“, Bd. 1) Die iberoamerikanische Literatur hat einen dem Geiste nach durch und durch alteuropäischen Vertreter, den Kolumbianer Nicolás Gómez Dávila, Selbstdenker und Antimodernist, Meister hispanischer Prosa. Hier sei wenigstens einer seiner juwelengleichen Aphorismen zitiert: „Der Kampf gegen die moderne Welt muss in Einsamkeit geführt werden. Wo zwei sind, ist Verrat.“

Man hat immer wieder hervorgehoben, dass es für den Polyhistor aus Kandern kaum ein Tabuthema gab. Mit Verve und Sachkenntnis erforschte und analysierte er literarische, religiöse und politische Zusammenhänge. Von der denkwürdigsten Liebesgeschichte des Mittelalters, der Leidenschaft der schönen Heloise und ihres Lehrers Abaelard, weiß er ebenso geistreich zu berichten wie über die Heilige Katharina von Siena (1347–1380). Die Färberstochter, die, wenngleich Analphabetin, flammende Briefe an Fürsten, Kardinäle und Päpste richtet, tritt auf als eine geniale, wortgewaltige Züchtigerin und Prophetin. Ihre Blutmystik ist leibbezogen und sinnenhaft. Sie ist der energetische Impuls ihres männlich kühnen Handelns.

Unerschöpflich leuchtet die Mystik von Meister Eckhart (1260–1328) durch die Jahrhunderte. Seine Lehre von der Gelassenheit und der Entsagung des wesentlich gewordenen Menschen, die Bereitschaft, „Gott um Gottes willen zu lassen“, und der Gedanke vom „Seelenfünklein“, mit dem der Mensch alle Kreatur überragt und teilhat an der göttlichen Natur, all dies trug ihm letztendlich den Vorwurf der Häresie ein. Seine Verurteilung hat er nicht mehr erlebt. Wohl aber wirken seine Gedanken exemplarisch auf die Nachwelt. Im 19. Jahrhundert wird Franz von Baader Meister Eckhart neu entdecken, und in der Kette der Denker, die sich über Cusanus und Paracelsus bis Schopenhauer erstreckt, kommt dem Görlitzer Schuster Jakob Böhme (1575–1624), dem philosophus teutonicus, besondere Bedeutung zu. Kaltenbrunner urteilt: „Wer … wenigstens in gewissen Stunden ein Organ für das hat, worum es Meister Eckhart geht, wird zumindest gelegentlich nach den Schriften des Meisters selbst greifen wollen. Auch heute noch, mehr als sechshundert Jahre nach seinem Tode, wirkt Eckhart wesentlich durch seine Sprachgewalt. Sie ist imstande, selbst Menschen, die sich keiner Kirche oder Konfession verbunden fühlen, unmittelbar anzusprechen. Blitzartig vermittelt sie eine Ahnung davon, daß es eine Wirklichkeit gibt, im Vergleich zu der alles, was uns sonst noch so real zu sein scheint, wie wesenlos und nichtig wirkt.“ („Vom Geist Europas“, Bd. 1)

Einer der bemerkenswertesten Menschen, die der Archipel Gulag für immer verschlang, war der Naturwissenschaftler und Techniker, Anthropologe, Kosmologe, Professor und orthodoxe Geistliche Pavel (Paul) Florenskij, geboren am 9. Januar 1882 in Jewlach; am 25. November 1937 zum Tode verurteilt durch ein stalinistisches Sondergericht des Volkskommissariats des Inneren (NKWD). Vermutlich wurde das Urteil am 8. Dezember 1937 in Leningrad vollstreckt. Dieser russische Leonardo da Vinci, ein überragender Geist von durchdringender Religiosität, verfasste selbst unter den erniedrigendsten Umständen tiefsinnige Werke. Kaltenbrunner nennt „Die Säule und Grundfeste der Wahrheit" (1914) eine „Summa theologiae". In kühnen Gedankengängen werden in einer Art theo-kosmogonischer Synthese sophianische Zusammenhänge erörtert. In dem 1996 auch auf Deutsch erschienenen Werk „Die Ikonostase" macht der russische Denker den Leser mit einer Form des Christentums vertraut, dessen kultische Mitte nicht das Wort ist, sondern das Bild.

Das heimliche Europa des Geistes ist, wie sein unermüdlicher Interpret, der Visionär Kaltenbrunner, nachweist, unendlich größer als die heutige Welt. „Geist ist ein Universum für sich, einerseits dem Kosmos als kleines flackerndes Flämmchen innewohnend, anderseits aber das ganze Weltall samt seinen unvorstellbaren Lichtjahren umfassend. Das meint ja auch Pascal mit seinen denkwürdigen Worten: ‚Nur ein Schilfrohr, das zerbrechlichste in der Welt, ist der Mensch, aber ein Schilfrohr, das denkt. Nicht im Raum habe ich meine Würde zu suchen, sondern im Denken' (Pensées 347 f)." („Vom Geist Europas", Bd. 2) Uneingeschränkte Bewunderung galt demnach den „Geistesriesen", Männern wie Görres oder von Baader.

Der Rheinfranke Joseph Görres (1776–1848), ein „vielbewegter und vieles bewegender" Kopf, als junger Mann begeisterter deutscher Jakobiner, delegiert nach Paris (1799/1800) zur Vorbereitung der Übergabe der linksrheinischen Gebiete an Frankreich, Herausgeber des später verbotenen „Roten Blattes", erlebt sein Damaskus, als er im Nachbarland den Ausbruch der Despotie feststellen muss. „Görres ist wohl der einzige deutsche Denker, der am Modell der Französischen Revolution zu einer Analyse revolutionärer Prozesse überhaupt vorgestoßen ist, die sich mit den Werken Edmund Burkes, Alexis de Tocquevilles und Georges Sorels vergleichen läßt." („Vom Geist Europas", Bd. 2) Ernüchtert und scharfsinnig beginnt er, der vorläufig mit der Kirche gebrochen hatte, über die Wiedergeburt des deutschen Volkes zu spekulieren. Er entwickelt eine eigene Philosophie, Ideen hinsichtlich des Lebens, des Organismus, der Geschlechtlichkeit und Zeugung wie auch der Geburt. Neuplatonische, paracelsische und theosophische Elemente bilden ein eigenwilliges Ganzes. Görres lehrt in Heidelberg, später in München, gibt den „Rheinischen Merkur" (für Napoleon die „fünfte feindliche Großmacht") heraus. Er schart Männer wie Joseph von Eichendorff (1788–1857), Anton Friedrich Thibaut (1772–1840), Achim von Arnim (1781–1831) und Clemens Brentano (1778–1842) um sich und gründet die Keimzelle der jüngeren Romantik. Klar erkennt er den Verfall des Christentums. Seine Ansicht, dass auf Katholizismus und Protestantismus eine Art „drittes Christentum", eine ecclesia spiritualis auf der Grundlage eines naturmystischen Lebensgefühls folgt, ist eine hochgemute und hoffnungsvolle Vision. Dieser wortgewaltige Feuergeist wird zum nationalen Sprachrohr der Deutschen gegen die Napoleonische Herrschaft und muss schließlich ins Straßburger Exil flüchten, wo 1821 die hochbedeutsame Schrift „Europa und die Revolution" erscheint. 1824 kehrt er mit seiner Familie zurück zum Katholizismus und wird dessen glühender Verteidiger. Schließlich verfasst er 1837 im Kölner Kirchenstreit die Kampfschrift „Athanasius". Seine lebenslangen mythologischen Studien finden ihren Niederschlag in dem Riesenwerk „Die christliche Mystik", welches beinahe auf den Index verbannt worden wäre. Kaltenbrunner bescheinigt Joseph Görres, „ein Mensch mit doppelter Natur" zu sein, der die Dämonie in der Geschichte, das finstere Reich des Abgrundes, klar erkennt. In gewisser Weise fühlt er sich ihm geistesverwandt, wie folgende Worte bezeugen:

„Görres war eine in hohem Grade rezeptive Natur. Es hat kaum eine geistige Bewegung vor ihm, keine gleichzeitige gegeben, die er nicht auf sich hätte wirken lassen. Er, der nie an einer Universität studiert hatte, war selber eine ganze Universität. Begabt mit einem nichts auslassenden Gedächtnis, hat er sich zu allem, sei es Politik, Philosophie, Mythologie, Medizin, Geschichte, Literatur, Orientalistik und Kirche, einen eigenen persönlich geprägten Reim gemacht. …

Görres wirkte nicht als Fachmann, sondern als Entdecker, Anreger, Liebhaber. Er lebte und dachte gewissermaßen essayistisch. Er war und blieb auf geniale Weise Autodidakt und Dilettant." („Vom Geist Europas", Bd. 2)

Franz von Baader (1765–1841) pflegte eine Katholizität, die wenig mit der römischen Kirche gemeinsam hatte und vielfach antipapistische Kritik einschloss. Er, der ein enger Freund von Johann Michael Sailer war, empfand sich als „Böhme redivivus". Leopold Ziegler schreibt in dem Vorwort zu seinem zweibändigen Werk „Menschwerdung", dass Baader gläubiger Katholik, treu anhänglich den kirchlichen Lehrbegriffen, und zugleich der berufenste Adept Böhmes war, tief eingeweiht in echte Alchemie und echte Mystik. Baader überschritt bedenkenlos konfessionelle Grenzen. Seine ökumenischen Bestrebungen umfassten auch die Orthodoxie. Im Geiste religiöser Weltverantwortung verstand er sich als Vermittler zwischen Ost und West. Hineingestellt fühlte er sich in eine Urtradition, die bereits im Paradies beginnt. Kaltenbrunner resümiert: „Die vorsokratische, mittelalterliche und frühneuzeitliche Elementenlehre ist für Baader ebenso wenig abgetan wie die hebräische Esoterik mit ihren Aufschlüssen über die Chochma (Sophia), die Sephirot und den Adam Kadmon, dessen Androgynität nicht Hermaphroditentum bedeutet, sondern ganzheitlich heile, geheiligt aufgehobene, keineswegs aber vernichtete oder verworfene Geschlechtlichkeit." („Franz von Baader. Erotische Philosophie") Eine sehr differenzierte und facettenreiche Darstellung des Lebens und Wirkens dieses der theozentrischen Heiligung der Natur, der Esoterik der Erde und der Ökosophie verpflichteten Denkers bietet sein Bewunderer. Nicht zuletzt ortet er bei Baader jene Geisteshaltung, die gegen die Weisheitsvergessenheit, den intellektuellen Sündenfall des ursprünglich mit der göttlichen Sophia versehenen Menschen ankämpft. So sieht er eine mystisch-theosophische Sukzession, einen spirituellen Strom abseits der Amtskirche. Begeistert berichtete Kaltenbrunner von der Begegnung mit den Baader´schen Schriften um 1960 in München. „Ich habe mich damals durch intensive Lektüre in einem solchen Ausmaß in seine Welt hineinversetzt, daß ich eine Zeitlang ganz in ihr lebte, auch die alltäglichsten Dinge und Begebenheiten mit seinen Augen, im Widerschein seiner Erleuchtungen wahrnahm".

1988 erhielt Gerd-Klaus Kaltenbrunner den „Wolfgang Amadeus Mozart-Preis für Kulturelle Publizistik" der Goethe-Stiftung Basel. Er, der sich mit zunehmendem Alter immer häufiger die

Frage nach der Berechtigung seiner Texte stellte und gesprächsweise betonte, dass ein Autor für jedes Wort, welches er veröffentlicht, verantwortlich sei, wurde vor allem auch hinsichtlich seiner facettenreichen Darstellungen immer kritischer. Es war ihm bewusst, dass er selbst in offenkundigen Einseitigkeiten, ja in Irrtümern, verborgene Wahrheitskeime entdeckt hatte. Ein historischer Gerechtigkeitssinn veranlasste ihn zu ausgewogenen, oft auch unorthodoxen Urteilen. Stets betonte er, dass nur derjenige, welcher der Dahingeschiedenen gedenkt, seine eigene Geschichte gewinne. Der Text zur Preisverleihung würdigt seine Haltung: „Gegen alle modisch vergänglichen Denkweisen bekennt er sich in seinen Werken zu einem Traditionalismus, der das Verhältnis der Bewahrung und Wandel als einen schöpferischen, dialektischen Prozess versteht. Hoffnung für Gegenwart und Zukunft einer Welt, der die Selbstzerstörung droht, setzt er in einen Fortschritt, der sich auf dem Grunde gültiger Überlieferung entfaltet."

Dem heimlichen Europa des Geistes sind drei Gestalten verpflichtet, deren konservative Wahrheiten zeitübergreifend wirken.

Der Ire Edmund Burke (1729–1797) verfasst 1790, also zu einer Zeit, in der die Französische Revolution von fast allen tonangebenden Europäern frenetisch begrüßt wurde, seine „Reflections" („Betrachtungen über die Französische Revolution"). Dieses Buch gilt auch heute noch als Bibel der Konservativen. Hellsichtig arbeitet der Autor die immer wiederkehrenden Grundzüge extremer Umwälzungen heraus. Er prognostiziert illusionslos eine blutige Schreckensherrschaft, Chaos, Terror und die entfesselte Liberalisierung, die in gnadenlose Tyrannei umschlägt. Das Grundmuster aller späteren Revolutionen ist bei ihm vorgezeichnet: die „philosophische Revolution", die allen politischen Systemveränderungen vorausgeht, und die „akademische Windstille", die künftige Grausamkeiten legitimiert. Seine Grundsätze konservativer Staatsklugheit sind auch heute noch unvermindert aktuell. Kaltenbrunner zitiert jenen Brief, den Burke an ein Mitglied der Pariser Nationalversammlung schrieb. Es heißt dort: „But what is liberty without wisdom, and without virtue? – Die Menschen eignen sich zur bürgerlichen Freiheit in genauem Verhältnis zu ihrem Willen, ihrem eigenen Appetit moralische Fesseln anzulegen; im Verhältnis, wie sie lieber auf den Rat der Urteilsfähigen und Rechtschaffenen als auf die Schmeicheleien von Lumpen hören; im Verhältnis, wie ihre Liebe zur Gerechtigkeit ihre Habsucht übertrifft. … Es liegt im ewigen Lauf der Dinge beschlossen, dass Menschen von ungezügeltem Charakter nicht frei sein können." (zitiert nach „Vom Geist Europas", Bd. 2)

Der italienische Soziologe und Rechtsintellektuelle Vilfredo Pareto (1848–1923) wird primär mit seinem Hauptwerk „Trattato di sociologia generale" („Allgemeine Soziologie") gewürdigt. Es umfasst vier Bände mit insgesamt 2612 Paragraphen und legt Paretos gesamte Theorie dar (I. Band: Handlungstheorie; II. Band: Theorie der Residuen, der emotionalen Grundlage menschlichen Verhaltens; III. Band: Theorie der Derivationen, der pseudo-logischen Erklärungen des auf den Residuen basierenden Verhaltens; IV. Band: Fragen der Gesellschaftsform, des gesellschaftlichen Gleichgewichtes und der Eliten). Kaltenbrunner betont die Eigenart der Klassentheorie Paretos: „Vorauszuschicken ist, daß der italienische Soziologe den Begriff Elite völlig wertfrei, ohne moralische Nebentöne, definiert. Elite besagt bloß, daß sowohl in der Gesamtgesellschaft als auch in jedem ihrer Untersysteme einige wenige eine Macht über ihresgleichen besitzen, die in keiner Proportion zu ihrer Zahl … steht. Eine Minorität fällt Entscheidungen, die alle betreffen. An dieser Tatsache könne eine parlamentarische Demokratie ebenso wenig ändern wie ein Sozialismus mit noch so menschlichem Antlitz. Es verwundert nicht, daß eine solche Lehre … wenig beliebt ist." („Vom Geist Europas", Bd. 1) Der Uomo universale aus Kandern nennt Pareto einen „gnadenlosen Analytiker", den man ruchlos des Zynismus, Amoralismus, Elitismus und vor allem Faschismus bezichtigte. Sein Werk sei ein unausschöpfbares Arsenal menschlicher Selbsterkenntnis.

Othmar Spann (1878–1950) begründete einen Universalismus (universalistisch-idealistische Gesellschaftslehre), der sich gegen Rationalismus, Liberalismus, Materialismus und Marxismus richtete, und forderte eine Neuordnung von Staat und Gesellschaft auf berufsständischer Grundlage (Ständestaat). Er war Polaritätsdenker. Sein Begriff „Gezweiung" kennzeichnet die alles Leben durchdringende Polarität. Ferner gilt er als Begründer der Ganzheitsphilosophie. Kaltenbrunner beklagt, dass Othmar Spann von liberalen Flachköpfen und sozialistischen Schreihälsen als Faschist betrachtet werde. Er gibt der Hoffnung Ausdruck, dieser untypische Vertreter der österreichischen Intelligenz im 20. Jahrhundert „könnte … jene metaphysische Glut wieder anfachen, die wohl in jedem Menschen steckt, doch unter der Asche alltäglicher Selbstverständlichkeiten, angelernter Vorurteile und konventionellen Geredes nur zu oft zu verlöschen droht." („Vom Geist Europas", Bd. 1)

Mit eiserner Disziplin hat Kaltenbrunner persönlich in seinem verschwiegenen Haus im Ölmättle in Kandern jenes bescheidene, zurückgezogene und naturnahe Leben geführt, welches ihm gewissermaßen als Sandkorn im größenwahnsinnig arbeitenden Getriebe der globalen Ökokatastrophe erschien. Immer wieder verweist er daher auch auf faszinierende Denker wie zum Beispiel Emil M. Cioran (1911–1995). Wenngleich er dessen nihilistisches Gedankengut keineswegs teilt, so bestätigt er ihm, ein furioser Kritiker des Fortschrittsglaubens zu sein. Lange bevor das Gerede vom Untergang der Erde en vogue war, geißelte der Rumäne in schmalen Bänden („Lehre vom Zerfall", „Syllogismen der Bitterkeit", „Dasein als Versuchung", „Der Absturz in die Zeit") den Utopismus seiner Zeitgenossen. Gesprächsweise hat sich Cioran äußerst lobend über Kaltenbrunners essayistisches Werk geäußert.

Europäische Menschen, in denen der abendländische Geist lebendig ist, die über eine seelische Bindung an das Heilige Deutsche Reich verfügen, ortet Kaltenbrunner sensibel in Gestalten wie dem Philosophen und Bibelübersetzer Franz Rosenzweig (1886–1929) und dem ungekrönten König der Münchner Bohème, dem Dichter des George-Kreises Karl Wolfskehl (1869–1948). Letzteren nennt er einen erzdeutschen Juden und erzjüdischen Deutschen. Er zitiert in diesem Zusammenhang Fritz Usinger, der in München als junger Student dem faszinierenden, weit älteren Poeten begegnete und nach dessen Tod im australischen Exil schrieb: „Ich finde es unendlich traurig, daß man dieses herrlichen Mannes in Deutschland so gar nicht gedenkt. Da liegt so ein Mann, der Deutschland über alles geliebt hat, in einem einsamen Grab am anderen Ende der Welt. Welche Liebesqualen muß er ausgestanden haben und mit welchem Gefühl der völligen Verlassenheit muß er gestorben sein! Er hat das gewaltigste Gedicht der deutschen Emigration geschrieben, den ‚Sang an die Deutschen'. Aber das ist alles so gut wie nicht da, der Mann sowohl, als auch seine Gedichte." (zitiert nach: „Vom Geist Europas", Bd. 2)

Immer wieder hob man hervor, dass Kaltenbrunners kultivierte Sprachschöpfungen einen Lesegenuss par excellence darstellen. Selbstverständlich wurde auch das Gegenteil behauptet: nerviges Namedropping, eigenwillige Diktion. Wie der Essayist selbst immer wieder bekundete, werden große Geister oft von allen Seiten kritisiert. Die Kunst, Sprache so zu gebrauchen, dass neue Aspekte der Wirklichkeit aufscheinen, wird zweifellos in geistigen Debatten geschult. Denkkraft und daraus resultierende geschliffene Formulierung entwickeln sich im vertrauten Umgang mit Philosophie, Psychologie und Literatur. So blitzt in dem Essay über den hellsichtigen, von faustischem Streben beseelten Naturforscher Emanuel Swedenborg (1688–1772) im Gewand des Absichtslosen, ja drollig Verspielten feinster Humor auf. Der makabren, wenngleich sich ernsthaft gebärdenden, durch den Arzt Franz Joseph Gall begründeten Wissenschaft der Phrenologie (Schädelkunde) fiel letztlich Swedenborgs Haupt zum Opfer, um nach unbeschreiblichen Irrungen und Wirrungen schließlich am 6. März 1978 bei Sotheby's versteigert zu werden. Die kopfjägerische Sammelleidenschaft persifliert Kaltenbrunner: „Vermögende Liebhaber trachteten nicht nur nach verblichenen prominenten Häuptern, sondern verhandelten vorsorglich auch schon mit lebenden Köpfen, um sich deren postmortalen Besitz zu sichern. Empfindsame Schöngeister wurden zunehmend kopfscheu, da sie nicht einmal in geselligen Kränzchen oder intimen Zusammenkünften damit rechnen konnten, vor der Zudringlichkeit sich wissenschaftlich tarnender Skalpjäger gefeit zu sein. … Ob der hellseherische Schwede, der in so vielen okkulten Dingen bewandert war, auch diese Odyssee seines zum Auktionsobjekt herabgewürdigten Schädels vorausgewußt hat? Wenn er aber, so wie es für ihn bis zuletzt feststand, jetzt erdentrückt bei den Cherubim und Seraphim weilt, mit ihnen Gottgeheimnis und

Welträtsel spitzfindig erörternd, dann wird er wohl wegen des Schicksals seines irdischen Schädels nicht den himmlischen Kopf verlieren, sondern dafür nur ein ätherisches Lächeln übrig haben." („Vom Geist Europas", Bd. 2)

Zeit und Ewigkeit, Politik und Metapolitik, Staatsformen und Mystik: All dies war dem gelehrten Publizisten und geistigen Abenteurer Kaltenbrunner Allgegenwart. Er übte sich in einer Art mentaler Fechtkunst, die dann wohl auch eine Vielzahl von Namen elegant mit dem scharfgeschliffenen Florett der Sprache berührte. Einerseits verband er mit Namensnennungen eine Art Hommage gegenüber Lebenden und Verstorbenen, andererseits pflegte er einen gewissen gedanklichen Radius damit zu umschreiben. Immer wieder erstaunen seine lebendigen Synthesen, die Zeiträume und unterschiedliche Gestalten wertend umfassen, aber auch Ambivalenzen von Denkern und deren Lebenswerk berücksichtigen. So schlägt er den Bogen bis zu Schellings Identitätsphilosophie und Alfred North Whiteheads Metaphysik.

Diese streiflichtartigen Überlegungen schließen bewusst mit dem Hinweis auf den kurzen, hochkarätigen Essay über den „Homer der Insekten" Jean-Henri Fabre (1823–1915), Autor der unerschöpflichen „Souvenirs entomologiques". Dieser begnadete Naturbeobachter und Entomologe (Kaltenbrunner nennt ihn einen eigenbrötlerischen Kauz und eine Figur à la Spitzweg) erforschte mit akribischer Neugier die instinkthaften Lebensgewohnheiten der Insekten. Vom „dämonischen Liebesleben der männermordenden Mantis" bis zu den keineswegs immer feinen kulinarischen Genüssen der Marienkäfer reichen seine Forschungen. Man stelle sich diesen vom „Geheimnis des Organischen" ergriffenen Chronisten der Insektenwelt, den kein Geringerer als Adolf Portmann mit dem visionären Höllenmaler Hieronymus Bosch vergleicht und ihm eine analoge Genialität auf naturwissenschaftlichem Gebiet bescheinigt, leibhaftig vor. Gleicht er in seinem Forscherdrang nicht dem entflammten temperamentvollen Idealisten im Ölmättle zu Kandern?

Mit einem uralten Text von Paracelsus (1493–1541) wollen wir unsere Einführung beschließen. Theophrastus Bombast von Hohenheim, ein beispiellos elementenkundiger Mann, gleicht in seiner ärztlichen Theosophie der fernen und doch unmittelbar geistesverwandten Naturforscherin Hildegard und ihrer theosophisch untermauerten Medizin. Der Begriff der viriditas, der Grünheit, spielt bei der Äbtissin eine zentrale Rolle. Und lichtes, sprossendes Grün fand sich als bestimmende Farbe in Kaltenbrunners Haus, in seinem Umfeld. „Vielleicht grünet, was ietzt hierfür keimet, mit der Zeit."

Sinngemäß schreibt Hildegard in ihrer Lehre von den Welt-Elementen, dass das ganze Weltgefüge im Dienste des Lichtes stehe. Die Erde als Mitte zwischen den übrigen Elementen sei von diesen in ihrer Mitte gehalten und verbunden, zu ihrer Erhaltung beständig gespeist von Grünkraft (viriditas) und Zeugungskraft (fortitudo).

So schließt sich denn der Kreis. Gärtner kennen das beseligende Gefühl, wenn endlich das Saatkorn, welches der dunklen Erde anvertraut wurde, keimt. Nadelspitz durchstößt das neue Leben die harte Kruste. Es mehren sich die Anzeichen, dass jene Goldkörner, welche kundige Leser im Schrifttum des so früh verstorbenen Wahleremiten aufspüren, keimen und grünen werden. Der blühende Lebensraum, gepaart mit dem geistdurchwehten Flair eines büchergefüllten Hauses, erfüllte die letzten Lebenstage des Zeitdiagnostikers Kaltenbrunner. Auf seinen Nachruhm angesprochen hätte er wohl mit Paracelsus geantwortet:

„Selig werden die Leut sein / zu den selbigen Zeiten / denen der Verstand geoffenbart wird werden: Denn alle Herzen der Menschen / was sie auch hervorgebracht haben / wird offenbar / als stünd's einem jeglichen an seiner Stirn. Auf die selbige Zeit befehl ich auch das Urteil meiner Schriften / dass nichts verhalten bleibe / wie dann geschehen werde. Denn Gott setzt das Licht offenbar / das ist / ein jeglicher wird sehen / wie es geleuchtet hat." („Liber de nymphis, sylphis, pygmaeis et salamandris et de caeteris spiritibus")

Magdalena S. Gmehling

Apollinischer Norden

Die Indoeuropäer: mehr als ein Phantom

... sah an den Nord und legte Runen.
Herder

Polarlicht kann uns mit dem Geist verbinden.
Theodor Däubler

In Deutschland erlitt die Indogermanen-Forschung nach dem Ende des Zweiten Weltkrieges einen schweren Rückschlag. Nach dem Mißbrauch, den der Nationalsozialismus mit sprachwissenschaftlichen und frühgeschichtlichen Theorien getrieben hatte, galt es beinahe als anrüchig, sich mit der Eigenart und Herkunft der Indogermanen zu befassen oder auch nur von „Ariern" zu sprechen. Dabei sind, wie bekannt, beide Ausdrücke (die manchmal fälschlich gleichgesetzt wurden) ursprünglich rein linguistischen Ursprungs und viel älter als die Rassendoktrin Hitlers (die ihrerseits einige prominente nichtdeutsche Wurzeln hat, wie die Namen Arthur Gobineau, Houston Stewart Chamberlain und Ludwig Gumplowicz beweisen). Namhafte Gelehrte fast jeder europäischen Nation, neben Deutschen vor allem auch Engländer und Franzosen, haben die Indogermanistik begründet und aufgebaut. An ihrem Ursprung steht eine triftige Hypothese: die vielfältigen Übereinstimmungen in Grammatik und Wortschatz zwischen geographisch so entfernten Sprachen wie dem Isländischen, Deutschen, Griechischen, Iranischen, Armenischen und dem Sanskrit in Indien lassen sich plausibel nur durch die Annahme einer gemeinsamen Wurzel erklären. Daran schließt sich die naheliegende Frage, ob dieser ursprünglichen Sprachgemeinschaft auch ein „Urvolk" zugrundeliegt, das sich erst später verzweigt habe.

Die politisch-ideologischen Belastungen im Zusammenhang mit dem „Dritten Reich" haben auch mit dazu beigetragen, daß man heute — insbesondere im außerdeutschen Sprachraum — im allgemeinen nicht mehr von „Indogermanen", sondern von „Indoeuropäern" spricht. Zu den Großmeistern einer solchen Indoeuropäer-Forschung, die sich souverän über zeitgeschichtliche Tabus und akademische Fachgrenzen hinwegsetzt, gehört der Franzose Georges Dumézil, der am 11. Oktober 1986, fast neunzigjährig, in Paris gestorben ist. Schon zu Lebzeiten ein Monument historischer, religionswissenschaftlicher und philologischer Gelehrsamkeit, zählt Dumézil neben dem Rumänen Mircea Eliade und dem Österreicher Othmar Spann zu den ganz großen Universalisten unseres Jahrhunderts. Sein umfassendes Lebenswerk hat dieser Kulturwissenschaftler, der dreißig indoeuropäische Sprachen beherrschte, der vergleichenden Untersuchung der Religion, Kultur und Gesellschaftsform der Indoeuropäer gewidmet.

In Deutschland ist Dumézil leider noch immer fast unbekannt. Es fehlen hier auch brauchbare Übersetzungen seiner Hauptwerke. Soviel ich weiß, sind auf deutsch bislang nur drei seiner Bücher erschienen: „Loki" (Darmstadt 1959), „Aspekte der Kriegerfunktion bei den Indogermanen" (Darmstadt 1964) und „Mythos und Epos. Die Ideologie der drei Funktionen in den Epen der indoeuropäischen Völker" (Frankfurt a. M. 1989); außerdem die eher belletristischen oder „ludi-magistralen" Kleinarbeiten in dem Bändchen der Bibliothek Suhrkamp: „Der schwarze Mönch in Varennes und Divertissement über die letzten Worte des Sokrates" (Frankfurt a. M. 1989). Umso mehr ist es zu begrüßen, daß der junge, aber sehr rührige Karolinger-Verlag in Wien 1986 ein Taschenbuch „Die Indoeuropäer" herausgebracht hat. Sein Verfasser, Jean Haudry, ist ein Schüler des Nestors der französischen Indoeuropäer-Forschung und sein Nachfolger an der angesehenen École Pratique des Hautes Études zu Paris. Die Originalausgabe, deren Manuskript Dumézil durchgelesen hatte, erschien 1981 im bedeutendsten akademischen Verlag Frankreichs, bei den „Presses Universitaires de France".

Haudrys Band ist ein Abriß oder Kompendium. Präzis gegliedert, auf ideologischen Ballast verzichtend, aber auch die Verlockungen popularisierender Effekthascherei umgehend, stellt er eine Einführung in den gegenwärtigen Stand, in die Probleme, Methoden und Ergebnisse einer Wissenschaft dar, die in den letzten Jahrzehnten einen geradezu abenteuerlichen Aufschwung genommen hat. Dieser Aufschwung ergibt sich nicht zuletzt aus der Zusammenarbeit von Sprachwissenschaftlern, Archäologen, Religionshistorikern, Anthropologen und Experten anderer Disziplinen. Ihrer synoptischen Fähigkeit ist es gelungen, viele einst umstrittene Fragen einer Klärung näherzubringen. Die Resultate erscheinen umso aufregender, wenn man bedenkt, daß man von den Indoeuropäern nicht in der Art berichten kann wie über die alten Griechen, Römer oder Ägypter. Wir verfügen ja über keine historischen Augenzeugenberichte oder Monumente, die uns unmittelbar über ein Volk dieses Namens unterrichten. Schon die bloße Bezeichnung „Indogermanen" ist ein Kunstwort, das erst 1823 von H. J. Klaproth geprägt wurde. Ausgangspunkt ist einzig und allein die erstmals von William Jones im Jahre 1780 erkannte Verwandtschaft der meisten europäischen und mehrerer asiatischer Sprachen, zu denen, wie wir inzwischen wissen, neben dem Sanskrit auch das Hethitische gehört.

Schritt für Schritt vorgehend, gelingt es dem auf den Spuren Georges Dumézils wandelnden französischen Forscher, uns eine eigenartige Welt zu erschließen, deren Spuren unter jahrtausendelangen Überlagerungen überlebt haben. Ein bestimmtes geistiges Grundmuster archetypischer Art, das sich immer wieder Geltung verschafft, durchwaltet einen Erdkreis, der von Skandinavien über Litauen und Lettland bis nach Persien und Ceylon reicht. Es ist dies das Schema der Dreigliederung, das wie ein Wasserzeichen beinahe sämtliche Hervorbringungen der indoeuropäischen Völker prägt. Handle es sich nun um die Spitze des Pantheons bei den Griechen, Römern, Kelten, Germanen und Indern, um die Schichtung des gesellschaftlichen Körpers, um das Bild des Kosmos oder die Bevorzugung symbolträchtiger

Farben — immer wieder begegnen wir Triaden und „dreifunktionalen Strukturen": der göttlichen Dreiheit von Zeus, Hera und Athene, der Dreiteilung der Stände in Priester (Weise), Krieger (Wächter) und Landleute (Züchter), der Trias von Weiß, Rot und Schwarz, um bloß diese Beispiele zu nennen. Jean Haudry schließt nicht aus, daß das zentrale christliche Dogma von der Trinität, der Dreieinigkeit Gottes, das Juden und Muslimen so befremdlich ist, sich einer indoeuropäischen „Umfunktionierung" des unerbittlichen semitischen Monotheismus verdanke. Doch auch derjenige, der diese Vermutung für allzu spekulativ hält, wird die Abschnitte über Weltsicht, Königtum, Gemeinschaftsbildung, Institutionen und Ethos der Indoeuropäer mit Gewinn lesen.

Was das Herkunfts- oder Entwicklungsgebiet (mißverständlich oft „Urheimat" genannt) des indoeuropäischen Volkes betrifft, so erinnert Haudry daran, daß viele Indizien auf den *Norden* weisen. Jedenfalls kommen Gebiete mit warmem Klima schon deshalb nicht in Betracht, weil deren eigentümliche Pflanzenwelt im indoeuropäischen Wortschatz völlig ausgespart ist. Der Mythos von den Hyperboreern, dem Volk der „Übernördlichen", manche Anspielungen auf „lange Nächte" und zehn Monate währende Winterzeiten in iranischen, indischen und anderen Quellen lassen vermuten, daß diese Sprachgemeinschaft nordisch-zirkumpolaren Ursprungs ist. Was aber bedeutet Nord? Ist es nicht überaus aufschlußreich, daß alle Himmelsrichtungen nach Sonnenständen bezeichnet werden — mit Ausnahme des Nordens? Nord(en) leitet sich ab vom altnordischen *„nor"*, und dieses Wort bedeutet: „Felsen". Es gibt so etwas wie eine indoeuropäischen „Nordzug", Spuren einer kollektiven Erinnerung an eine Heimat in nördlichen Gebirgen. Dort liegt ja auch die Sommerresidenz des Lichtgottes Apollon. Der Eindruck der steinig nackten Felsengegenden, wie sie die Arktis und Subarktis beherrschen, fand auch seinen Niederschlag in zahlreichen kultischen Eigentümlichkeiten. Der Altar der Artemis auf Delos war zum Beispiel völlig aus Ziegenhörnern zusammengesetzt — eine Besonderheit, die man sonst nur bei arktischen Völkern, einschließlich der Lappen, beobachten kann. Insbesondere Apollon und die von den Römern mit Diana gleichgesetzte Artemis stehen in einem Nordbezug, dessen Anfänge bis in jene Urzeiten hinabreichen, da auf Grönland noch Magnolien blühten.

Ähnliche arktisch-polare Spuren finden sich, worauf Werner Müller aufmerksam macht, auch bei einigen Indianerstämmen. So wenden sich zum Beispiel die Schamanen der kalifornischen Pomo bei allen Riten einmal nach Osten, Süden und Westen, aber dreimal gegen Norden, „denn von dort ist alles ausgegangen". Am Anfang der Indoeuropäer steht möglicherweise ein steinzeitliches Jägervolk, das dem rauhen Dasein in Schneesteppen gewachsen war und in symbiotischer Weise mit seinen Rentierherden zusammenlebte. Seine erste größere Ausbreitung scheint sich hingegen im südöstlichen Teil Rußlands vollzogen zu haben.

Bemerkenswert sind Haudrys Ausführungen über die indoeuropäische Auffassung vom Kriege. Sie entzieht sich völlig dem modernen Entweder-Oder von „Pazifismus" und „Militarismus" (oder „Bellizismus"). Einerseits gilt Krieg als Normalzustand, Friede als kurzfristige Ausnahme. Diese Haltung erinnert an Heraklits Spruch: „Der Kampf ist der Vater aller Dinge". Krieg wird geführt, um „Lebensraum" zu gewinnen, zwecks Verteidigung des heimatlichen Bodens, um eine Beleidigung zu rächen, einen Aufstand zu unterdrücken, einen Vasallen drastisch an seine Botmäßigkeit zu erinnern, aber auch um „unverwelklichen Ruhm" zu erlangen. Zugleich besteht die Neigung, Kampf, Streit und Fehde rituell zu zügeln, ja als „Spiel" aufzufassen: als eine Art von Match, bei dem die Götter als Schiedsrichter wirken. Der Krieg ist im Idealfall kein wildes Gemetzel, sondern ein heroisches Meeting, in dem unter Einhaltung zähmender Zeremonien zwei Gruppen — bisweilen stellvertretend für ihre Völker auch nur zwei sich duellierende Könige oder Heerführer — ihre Kräfte auf festliche, beinahe liturgische Weise messen. Der Feind soll besiegt, nicht aber vernichtet oder auch nur entwürdigt werden. Flucht ist nicht von vornherein schändlich, wenn der Kämpfer bemerkt, daß die Schlacht eine für ihn ungünstige Wendung nimmt, weil die Götter ihm diesmal nicht wohlwollen. Wir gewahren hier eine archaische Völkerwelt, der zu unserem Erstaunen der Gedanke eines Ausrottungs- oder Vernichtungskrieges völlig fremd ist. Der Feind gilt nicht als Unhold oder Verbrecher, sondern geradezu als Gefährte, Kamerad und Mitspieler in einem athletischen Wettkampf, der nach strengen Regeln geführt wird. Der Krieg wird nicht als Massenschlächterei verstanden, sondern als eine kultische und kultivierungsfähige Auseinandersetzung agonaler Art. Er ist grundsätzlich ein „gehegter Krieg", in dem keineswegs alle Mittel zur Bezwingung des Gegners erlaubt sind. Unsentimental ritterliche „Feindesliebe" fiel frühgeschichtlichen Männern, die noch nichts von der Bergpredigt gehört hatten, im Ernstfall leichter als einem im „seichten sumpf erlogner brüderei" (Stefan George) von Humanität und Menschenrechten aufdringlich schwätzenden Geschlecht.

Auch zu solchen durchaus aktuellen, wenngleich vom „Geist der Zeit" verpönten und tabuierten Überlegungen kann das dem Umfang noch kleine, von Thematik, Gehalt und Perspektive her jedoch gewichtige Buch des französischen Gelehrten anregen. Die Indoeuropäer sind nicht länger ein „linguistisches Phantom", sondern eine unverwechselbare Ausprägung oder kulturelle Selbststilisierung und psychosoziale Lebensform der menschlichen Natur. Ihrer Eigenart wird nur gerecht, wer über den Besonderheiten das Allgemeinmenschliche nicht vergißt und über dem Allgemeinmenschlichen sich bewußt bleibt, wie mannigfach die Erscheinungsweisen des Humanen in Sprache, Mythos, Kultur und Gesellschaftsaufbau sein können.

(1987)

Hesiod

Wie die Griechen zu ihren Göttern kamen

Matéros aglaòn eidos

Mit Hesiod zu beginnen, heißt mit dem Beginn zu beginnen. Hesiod ist der Erste in so vielen Hinsichten. Das Abendland hebt mit ihm an. Hesiod ist der erste dichterisch blühende Zweig am Baume des Okzidents. Hesiod ist Arche ganz und gar.

Arche ist Hesiod in des Wortes doppelter Bedeutung. Arche ist er als der schlechthin Erste, der mit dem ersten beginnt: der *arché*. *Árche* ist Hesiod, weil er das Fahrzeug ist, mit dem er urälteste, bereits zu seinen Zeiten vom Aussterben bedrohte Überlieferungen des Ostens durch Weltuntergänge hindurch gerettet hat.

Hesiod der Erste, Hesiod unvergleichbar, nachfolgelos und einzig: Hesiod der Archäus und Archon des Abendlandes, ohne dessen durch die Jahrtausende hallendes Wort wir über die Ursprünge nichts wüßten!

Hesiod, der Künder der Ursprünge! Der beginnliche Mann, der Noah seelengeschichtlich frühester Weistümer und Weisungen ...

Weltreiche schwanden, Völkerschaften versanken, Geschlechter von Gottkönigen starben aus, aber Hesiods Lehre und Weisheit währt bis auf den heutigen Tag.

Hesiod preise ich, denn sein Erscheinen ist die Einsetzung und Besiegelung europäischer Poesie, die mehr ist als Reimgeschwätz und versifizierter Putz.

Mit Hesiod setzt ein abendländische Dichtung als Prophetie, der Dichter als weissagender Seher, als eingeweihter Kundiger und Kündiger der Gottheit, als Enthüller und Liturge von Hierophanien und Theophanien.

In Hesiod sind archetypisch-paradigmatisch vorweggenommen die in Weltallsphären ausgreifenden Kundschafter und, wenngleich in unterschiedlichstem Maße, beglaubigten Gottesschauer: der auf der Insel Patmos von prophetischen Gesichten überwältigte Apokalyptiker Johannes; der die drei Reiche des Jenseits, Kreis für Kreis, durchschreitende Florentiner Dante; der alles Vergängliche verzückt als Gleichnis gewahrende Schöpfergeist der Deutschen, Goethe, der Dichter Fausts.

Wer von Hesiod spricht, nennt mittelbar auch das Eddalied Völuspa und das Kalevala, das Muspilli und die Miorita, das Nartenepos und die Kosmogonien der Orphiker.

Hesiod, diese ehrwürdige Vokabel, der Widerhall auch der altägyptischen Pyramideninschriften, des Gilgameschliedes, des Rigveda, der Upanishaden und der Bhagavadgita, der keilschriftlichen Weltentstehungsberichte des Zweistromlandes und Anatoliens. Durch Hesiods griechischen Mund echot zu uns sogar Opfermythos sibirischer Schamanen und Kult innerasiatischer Wanderhirten.

Hesiod gleicht der Korykischen Grotte in Kilikien. Menschgewordene Höhle ist der Dichter. Von der Muse getrieben, hallt durch die Weltalter sein göttlich stammelndes Wort. Durchtönt von seinem Altvaterlippenpaar ungeschminkt Unvordenkliches, manchmal von ihm selbst kaum begriffen, aber im Gesange berührt.

Angelockt von ihrer archaischen Schönheit, verlieren wir uns zuletzt im Höhlenwald der Stalaktiten und Stalagmiten, in tropfenschlägig versteinerten Ergießungen ältester Erdgeschichte. Gezogen von ihren kristallisierten Reizen, erzittern wir zuletzt in heiligem Dunkel vor der Majestät des hier hausenden Gottes.

Hesiod ist mehr als ein großer Name, mehr als der erste namentliche, sich selbst nennende Dichter Europas. Hesiod gehört zu jenen gewaltigen Namen der Aventiuren abendländischer Seelen- und Sinngeschichte, in denen etwas über das Menschliche hinauswächst. Hesiods Dichtertum ist mehr als eine biographische Erscheinung, es ist Instrument und Maske einer Theophanie, eines untrüglichen Offenbarwerdens des Göttlichen: *Nomen, numen* ...

Der vom Mysterium tremendum, vom Mysterium fascinans ergriffene Dichter erfindet keine Gottheit, keine einzige. Bloß Spätlinge unterwinden sich, gebastelte Götter zu unterstellen und bringen höchstens geistreiche Allegorien oder witzigen Spuk zustande. Hesiod bleibt unverstanden, hielte man ihn für einen Götterfabrikanten, wie dies unerleuchtete Priestertrughypothesen den sogenannten Primitiven zumuten; indes doch nur zivilisierte, ja untergehende Gesellschaften dazu imstande sind, nicht aber in Schöpfungsfrühe hinaufreichende, ihr kongeniale Völker.

Hesiod hat keinen der hundert und aberhundert Götter, die er in seinen beiden erzenen Großgedichten nennt, ausgedacht und hergestellt. Er hat sie eräugt, weil sie sich ihm erweislos gezeigt haben. Hesiod hat sie beseligt gesichtet, in verzücktem Lobpreis rühmend, manchmal aber auch in der Seele erschaudernd ob der Übergewalt der mit dem Siegel des Unerfundenen und Unvordenklichen visionär geschauten kosmischen Vorgänge.

Kein lieber Gott offenbarte sich ihm, sondern eine allerschütternde Kaskade von Göttern, Dämonen und Monstern. Titanen und Giganten sah er, kannibalische Kämpfe und vulkanische Kataklysmen. Augenblicke gab es, in denen ihm bangte, es könne ihn das grausame Geschick Aktaions ereilen, der unbefugt die Göttin im Bade sah. Aber Hesiod war ausgelost, sie schauen zu dürfen. Er war bevollmächtigt, nicht nur ein göttliches Wesen nackt zu erblicken, sondern das Pantheon: nicht nur die in seligem Lichte lebenden Olympier, sondern auch die unterweltlichen Numina — Hades und Tartaros, Erinnyen und Nemesis, Nyx und Erebos, Gorgonen und Graien, Styx und Hekate, Kerberos und Typhaon. Die Hölle ist wahrlich keine christliche Erfindung ...

Hesiod schaute all dies, ohne zu erstarren. Er blickte der ungeheuren Macht des Negativen unbeirrt ins grause Antlitz und hielt ihre erdgeschichtliche Katastrophen herbeiführenden Paroxysmen fest. Untergang, Tod und Hölle feige nicht wahrhaben zu wollen, stand Hesiod nicht zu. Er blickte nicht weg, er verweilte im Angesicht des Schrecklichen ohne tödlichen Schock. Mit hartem Auge faßte und fixierte er auch das Grauen, hielt ihm unverwandt stand und hielt es sorgfältig fest.

Kein Dichter, und sei er noch so trickreich, vermag zu erfinden, was Hesiod schaute und sang — ohne durch Medusenblick zu versteinern. Nichts von dem, was wir in seiner Theogonie lesen, hat er, der eher schwerfällig herbe Dörfler aus boiotischem Gau, listig ausgesonnen. Er schaute es überwältigt unnachgiebig, erschauernd festbleibend. Er bekundete und enthüllte die Visionen, wie nur je ein gottergriffener Prophet. Er bezeugte, was sich nicht aushecken läßt, sonden nur entdecken. Das uralte, längst zu formelhafter Floskel herabgekommene Wort vom Dichter als begeistertem Sprachrohr und Mundstück des ihn erfüllenden, antreibenden und zum Tönen bringenden Genius, hier ist's, wenn irgendwo, Ereignis. Der Begriff Offenbarung beschreibt den Tatbestand mit algebraischer Exaktheit.

Nicht nur beim Baden sah Hesiod unzählige nackte Götter, um dann Name für Name die fünfzig Töchter des Nereus, von den dreitausend Okeaniden immerhin deren einundvierzig litaneigleich zu katalogisieren. Ohne ein Voyeur zu sein, vielmehr mit der erhabenen Unbefangenheit eines arglosen Riesenkindes, eräugte und belauschte er auch ihre Umarmungen, Beilager und Hochzeiten, ihre Amouren, Buhlschaften und Liaisons.

Nicht einen lieben Gott entdeckte Hesiod, wohl aber unermeßliche Scharen liebender Götter. Ein Pantheon von ehelicher wie außerehelicher Liebe pflegenden Gottheiten bezeugt der schaubegnadete Dichter. Sie sind wollustatmende, sinnenfreudige, nach geschlechtlicher Erfüllung verlangende und Wonnen wie Qualen leidenschaftlicher Liebe auskostende Wesen und Mächte. Es gibt Götterehen, Götterkonkubinate und Götterliebeleien, aber auch Götterblutschande, Göttergattenmord und in schaurigster Morderotik sich austobenden Götterliebeswahn.

Diese erotisch schwelgenden, in geschlechtlicher Üppigkeit sich verschwendenden Götter sind keine Eunuchen, keine antikonzeptiven, keine unfruchtbaren oder sterilisierten Götter. Ihre

Brunst und Lust äußert sich in überschwänglicher Fülle. Göttlichkeit ist sich selbst mehrendes Leben.

Die griechischen Götter unterscheiden sich von den Menschen nicht durch ihr Schöpfertum, sondern durch ihre Fruchtbarkeit. Unsterblichkeit kommt zum Tragen in unausschöpflicher Werdelust, Zeugungslust und Gebärungslust.

Der griechische Gott mußte nie die Last auf sich nehmen, Mensch zu werden. Im Grunde war er ein Makro-Anthropos, ein mit Majuskeln geschriebener Mensch, ein ins Große übersetzter *homo ludens*. Als solcher erscheint er vor allem bei Homer. Oder der Gott verkörpert eine Lebensmacht, ist Gestalt gewordenes Amt, Element und Widerfahrnis: Eros und Krieg, Weinrausch und Dichtung, Nacht und Schlaf, Morgenröte und Regenbogen, Wald und Meer. Göttlich ist alles, was Menschen trägt und beflügelt, entzückt und bedroht, erstaunen und erzittern läßt. Der Unterschied zwischen Göttern und Menschen ist einer der Lebenskraft oder des Temperaments, somit duch Übergänge und Stufen vielfältig verbunden, nicht aber ein ontologischer Abgrund wie der von Schöpfer und Geschöpf. Beide sind geboren und geworden.

Die Götter Hesiods leben nicht von jeher. Sie sind das Ergebnis einer Evolution. Rückschauend erweisen sie sich als ebensowenig ewig wie die Menschen. Nur im Hinblick auf die Zukunft währt ihre Lebensfrist ewig. Götter wie Menschen sind nicht gemacht, sondern gezeugt. Ihre Geburtlichkeit verbindet sie. Ebenso teilen sie, nur graduell verschieden, Neigungen, Schwächen und Geistesgaben. Was sie voneinander trennt, ist nicht die Geburtlichkeit, sondern das Privileg der Unsterblichkeit, das nur den Göttern zukommt, während der Mensch wesenhaft der Sterbliche ist. Göttern vorbehaltene Unsterblichkeit aber gibt sich kund in opulenter Fruchtbarkeit.

Hesiod war Landmann. Er besaß Herden, die er weidete. Wie der jüdische Gott sich den Schafe hütenden Moses, David und Amos offenbart, so fahren die Musen vom Helikon den Hirten Hesiod an, bevor sie ihn heißen, sich aus dem Zweig eines blühenden Lorbeers den Seherstab zu schneiden, und ihm die Genealogie der Götter enthüllen. Für den Landmann Hesiod sind

Zeugung, Geburt und Fruchtbarkeit die ausschlaggebenden Kategorien. Der Bauer und Hirt weiß ohne weiteres Zutun, daß alles daran hängt. Das meiste nämlich vermag die Geburt, so viel auch wirket die Not und die Zucht. Hesiod denkt genetisch und generativ, nicht technomorph oder demiurgisch.

Er könnte aber nicht so denken, wäre ihm nicht tagtäglich das Urphänomen des sich geschlechtlich vermehrenden Lebens anschaulich greifbar und wirksam gegenwärtig. Ob Wiese, Acker oder Herde: überall Same, Keim und Frucht. Korn, Traube und Rind müssen gepflegt, sie können gezüchtet werden, aber niemals gemacht. Reichtum ist in agrarischer Sicht das Ergebnis biotischer Vorgänge, nicht technischer oder maschineller. „Kapital" bedeutet eingebrachte Getreideernte; volle Scheunen und Keller; heckendes, ferkelndes, fohlendes, frischendes, kalbendes, lammendes Vieh; die geworfenen Tierjungen, die einem einzigen Weizenkorn entstammende Ähre sind die „Zinsen". Mensch, Tier und Pflanze sind aufeinander angewiesen. Sie sind Symbionten. Als Kinder und Kindeskinder der Erde bilden sie eine weitverzweigte Sippe. Der ganze Kosmos bildet einen Generationszusammenhang.

Wie auf Erden, so im Himmel. Im Anfang war nicht ein Macher, sondern die Gebärerin. Wenn aber im Anfang das Wort war, dann gewiß nicht der Logos der Philosophen, sondern der Schrei der Kreißenden und das Lallen des Säuglings, der Ruf nach der bergenden, nährenden und tröstenden *Amma* und *Mamma.* In fast allen Sprachen kehrt dieser Ausdruck wieder, ohne daß von Entlehnungen und Einflüssen die Rede sein kann. Das Mutter-Wort ist das Urwort aller Muttersprachen der Welt, so wie die Mutterschaft zu den Universalien der menschlichen Gattung gehört und, wie der Kampf, sich dem Erforscher der Phylogenese als älter denn die Species Homo sapiens, als Erbe millionenjähriger Stammesgeschichte bezeigt.

Wenn nach einem berühmten, meist mißverstandenen Wort Heraklits Kampf der Vater aller Dinge ist, dann ist die säugende, speisende und sprachbildende Frau die Mutter Friede aller Dinge.

Und eben dies ist die ältere, die grundlegendere, die mit dem Siegel einer Offenbarung bezeugte Kunde des Hesiod: die Menschen, Götter und Elemente, Himmel, Erde und Unterwelt als eine einzige Genesis, als Invasion von Geburten und Abergeburten erweisende Ur-Kunde des Seher-Sängers, des auf kosmische Auen leitenden Dichter-Hirten, Völker-Hirten und Lehrer-Hirten von Askra.

Natura ist wie die griechische *physis* ursprünglich und wesentlich *nascitura*, das heißt: Geburt, Geburt und wieder Geburt, Geburt und Wiedergeburt, Geburt im dreifachen Sinne, nämlich Gebären, Geborenwerden und das Ausgeborene. Was bei Thomas von Aquin anklingt, was dann bei Böhme und Baader in barocker Weise theosophisch zentral wird, das ist bei Hesiod protoplasmatische Vision. Die Geburt ist der wahre Ursprung aller Dinge. Alle Dinge und Wesen, eingeschlossen die Götter und Regenten der kosmischen Ordnung, haben eine Mutter.

Das Sein entbirgt und entbindet sich im Antlitz des maieutischen Hirten als *natura-nascitura*, als *physis*, als Zeugung, Keimen und Wachsen, als Triplizität der Geburt. Hesiod ist Pan-Natalist. Schlechthin alles ist geboren und gebürtlich, zeugend und gebärend, gezeugt und nicht geschaffen im Anbeginn der Schöpfungsfrühe.

Im Dämmer der Urgeburt war die Urmutter, parthenogenetisch zeugend, geschwängert und gebärend, durchaus matriarchal. Gilt sogar für die Spätzeit, das fünfte, von Hesiod beklagte eiserne Weltalter, der Vorrang der Frau, die nicht nur, wie der Mann, geboren wird, sondern auch gebären kann, so steht um so mehr der tellurische, der bionome und kosmogonische Vorrang des Weiblichen fest. Die *Magna Mater mundi* ist in Hesiods Schau schlichtweg omnipotent. Sie kann nicht nur verschwenderisch weltenbildend gebären, sondern auch unerschöpflich und unbegattet zeugen. Sie bedarf nicht der Paarung. Der Mann taucht erst später auf. Die Frau als Mutter ist uranfänglich und unvordenklich, der Mann hingegen sub specie aeternitatis zweitrangig, erst nachträglich hinzukommender Sekundant im liebenden Kampf der Geschlechter.

Der hesiodeische Kosmos ist ganz und gar matriarchal, matrifokal und matrizentrisch: mutterursprünglich, mutterbezogen und muttermittig.

Wahrlich, zuerst entstand das Chaos und später die Erde,
Breitgebrüstet, ein Sitz von ewiger Dauer für alle
Götter . . .

Also setzt Hesiod nach Anrufung, Lobpreis und Eingedenken der ihm erschienenen Musen ein. Zuerst entstand das Chaos. Das ist nicht Poeterei. Das ist Ontologie in Hexametern, musisch gestiftete Ontophanie, Seinserscheinung und Seinsauslegung in eins. Auch hier erweist sich Hesiod als der Erste. Der erste europäische Dichter, der an mehreren Stellen seiner beiden Werke von sich selbst spricht, ist auch der erste europäische Philosoph.

Jahrhunderte vor Anaximander, Heraklit und Empedokles frägt er nach dem Ersten, Ursprünglichen, Primordialen. Was war zuerst? Und wie entwickelte, entband und entfaltete sich alles bis hin zur Gegenwart *hic et nunc,* hier und jetzt? Der den Anfang erblickende Hesiod zielt auf den Beginn des Weltprozesses, der im Heute des dichtend Fragenden, fragend Dichtenden mündet.

„Zuerst entstand das Chaos . . ." Hesiod gibt zu denken. Das entscheidende Wort ist gefallen im hundertsechzehnten Vers der Theogonie: *Chaos.*

Hesiod gibt zu denken: Im Anfang war das Chaos? Hier stock' ich schon. Wer hilft mir weiter fort? Ich kann das Chaos hoch unmöglich schätzen, ich muß es anders übersetzen, wenn ich vom Geiste recht erleuchtet bin. Hilfe und Erleuchtung bringt das Wort selbst: *Chaos.* Wir denken dabei an das Wort der anderen Genesis, den im zweiten Satz des ersten Kapitels des ersten Buches Mosis stehenden Ausdruck *tohu wa-bohu,* der zur geflügelten Redensart geworden ist. Wir sprechen von Tohuwabohu, wenn wir Durcheinander, Ordnungslosigkeit, Wirrwarr meinen. Dies entspricht durchaus dem Sinn des hebräischen Wortes: *„wüst und leer"* war die Erde, die Gott im Anbeginn mit dem Himmel erschaffen hat. *Tohu wa-bohu* erscheint in der Bibel als völlig negativ. Der Wirrwarr ist unschöpferisch, ergebnislos, schlecht. Aus sich selbst vermag er nichts hervorzubringen. Dies kann nur Gott, der Herr der Schöpfung.

Das in Hesiods Genesis beschworene uranfängliche Chaos ist durchaus kein Tohuwabohu. Wenn wir genauer lesen, ist das

Chaos auch gar nicht zuallererst. Es wird bloß als erste Emanation oder Ausgeburt des Welt- und Götterentstehungsvorgangs genannt. Namentlich ist Chaos das erste, kosmogonisch jedoch das zweite. Das erste wird von Hesiod nicht unmittelbar zur Sprache gebracht, wohl aber verhüllt. Die Hülle ist allerdings so durchscheinend, daß man an die im Altertum berühmten Gewebe von der Insel Kos, die kaum etwas vom Körper verbargen, denken muß.

Diese nahezu durchsichtige Hülle ist das Wort Chaos. *Chaos géneto,* das Chaos entstand zwar als erstes; doch eben dadurch, daß es entstanden ist, erweist es sich nicht als das allererste. Das wahrhaft Erste kann nur unentstanden sein. Nun hängt aber das griechische Wort *Chaos,* das Hesiod mit Bedacht verwendet, sprachlich mit *chainein* und *chaskein* zusammen: „gähnen", „öffnen", „klaffen", „auseinanderspreizen".

Das Chaos des Hesiod ist somit keineswegs das Nichts. Wo nichts ist, kann auch nichts gähnen, klaffen oder sich öffnen. Auch die Redensart von der „gähnenden Leere" setzt ja Seiendes voraus. Der leere Becher, der gähnende Abgrund sind nicht nichts, sondern Eigenschaften körperlicher Gegenstände. Ihr Nichts ist bezogen auf ein Etwas, das dieses relative Nichts umschließt und überhaupt erst bildet, untermauert, begründet und eben dadurch in Erscheinung treten läßt.

Ebensowenig entspricht das theogonische Chaos dem Tohuwabohu der biblischen Genesis oder der „rohen und ungeordneten Masse" *(rudis indigestaque moles),* von der Ovid in seinen „Metamorphosen" spricht. Ältester griechischer Sprachgebrauch unterscheidet sich vom biblischen und modernen. Sein Chaos war ganz und gar nicht „chaotisch".

Chaos heißt Auseinanderklaffen. Hesiod sagte: Zuerst entstand das Auseinanderklaffen. Er sagt: Es entstand. Dies bedeutet, daß das Auseinanderklaffen nicht von aller Ewigkeit her war. Es ist entstanden *(géneto).* Als entstandenes ist Chaos somit bereits Teilabschnitt des Weltprozesses, wenngleich ein sehr früher.

Am Anfang entstand das Auseinanderklaffen. Wir fragen, was oder wer hier auseinanderklafft, gähnt oder sich auseinanderspreizt. Was klaffte und ließ dadurch eine Öffnung entstehen? Ahnend wagen wir Spätgeborenen zu sagen, was der Dichter nicht unmittelbar nennt. Was der Grieche Hesiod ehrfürchtig verschweigt oder als so selbstverständlich voraussetzt, daß es sich für ihn erübrigte, darüber Worte zu verlieren, sagen wir mit dem Vers des Deutschen Hölderlin:

O nenne, Tochter du der heiligen Erd,
Einmal die Mutter.

Wer sonst als die Mutter? Die all-eine, ursprüngliche, unvordenkliche Magna Mater, *quae vivit et regnat in saecula saeculorum,* um es in der feierlichen Sprache der Liturgie auszusprechen, die, wenn überhaupt irgendwo anders, hier geziemend und billig ist: die Große Mutter, die lebt und königlich regiert von Ewigkeit zu Ewigkeit oder, wie man noch bis zu Luthers Zeit betete: *von ewen zu ewen.* Die urständige Allkönigin ist's, die oder deren Metamorphose sogar noch der spätzeitliche Materialist Lukrez im Prooimion seines Atomgedichts hymnisch als Wonne der Götter und Menschen feiert (De rerum natura I, 1 - 44):

Weil denn du nur allein die Natur der Dinge regierest,
Ohne dich nichts hervor an die Pforten des himmlischen Lichts tritt,
Nichts den fröhlichen Trieb noch liebliches Wesen gewinnet...

Nicht Tohuwabohu klafft, nicht gähnt allverschlingendes nichtendes Nichts mit annihilierender Sterilität. Die Mutter liegt in Wehen. In rhythmischen Zuckungen eröffnen sie die Geburt. Keine Geburt ohne Wehen. Höhepunkt der die Schwangerschaft vollendenden, die Geburt einleitenden Wehen ist aber die mit Schmerzen verbundene Öffnung von Gebärmutter, Muttermund und Scheide. Geburt ist der mehr oder weniger qualvolle Vorgang des Dehnens, Öffnens und Klaffens, damit das Kind aus der Mutterhöhle herauskommt ans Licht. Die in Wehen sich auseinanderspreizende Mutter verhilft dem sie verlassenden Kind zur Geburt. Mit ihren Eröffnungs- und Austreibungswehen schenkt sie der Leibesfrucht das Leben. Aus dem menschlichen Fötus, der ihren Schoß verläßt, wird ein Menschenkind.

Wie auf Erden, so im Weltall. Wie bei den Menschen, so bei den Göttern. Geburtlichkeit ist das Gesetz des Lebens. Jede Geburt erweist sich aber seit alters — *von ewen zu ewen* — als trächtig hervorzeugendes, ans Licht der Welt zutage bringendes Gähnen, Sich-Öffnen und Klaffen. Keine Geburt ohne produktives, das heißt wörtlich: hervorziehendes, herausrücken lassendes und hervorlockendes „Chaos". Jede gelingende Geburt ist ein fruchtbares Chaos. Dies gilt für Menschen, Erde und Sterne. Nietzsches Zarathustra spricht in der Nachfolge Hesiods das Geheimnis des Werdens aus: „Man muß noch Chaos in sich haben, um einen tanzenden Stern gebären zu können."

O felix Chaos! Furchtbar fruchtbar, nicht Wirrwarr und Zerstörung, sondern schöpfungsträchtig und mutterwütig! Seliges Chaos der Welten- und Göttergebärerin, daß dir millionenmal mehr als der heiligen Maria der dogmatische wie kultische Würdename gebührt: *Theotokos, Dei para, Dei genetrix, Bogorodica, Mater Dei, Mère de Dieu, Madre di Dio, Gottesgebärerin* und *Mutter Gottes.* Darin aber gleichst du, himmel- und erdehervorbringende Madonna Hesiods, der christlichen Erzmutter, daß du den monotheistischen Juden ein Ärgernis, den mythosentfremdeten Griechen eine Torheit sein mußt durch deine Doppelgestalt: Jungfrau und Mutter, *Kóre* und *Méter, Parthenos* und *Tokogonia, Virgo* und *Genetrix.* Die *Kore Kosmu,* wie wir die hesiodeische Weltenjungfraumutter mit Fug und Recht heißen dürfen, gebiert unbegattet und ungepaart, rein parthenogenetisch die breitgebrünstete Gaia, die Erde, dann den *Tartaros* und *Eros,* von dem Hesiod sagt:

... er ist der schönste der ewigen Götter,
Lösend bezwingt er den Sinn bei allen Göttern und Menschen
Tief in der Brust und bändigt den wohlerzogenen Ratschluß.

Aus der ungeschiedenen matriarchalen All-Einheit der kosmischen Madonna, die wahrlich im Anfang ganz und gar mutterseelenallein war, entspringen und werden entbunden durch chaosvermittelte Geburt: Gaia, die Erde als Weltelement, unterschieden von der Scholle des Ackerbodens (Chthon), dann der unterirdisch dunkle Tartaros und zugleich der lichterfüllte, lebenversüßende, zum Leben verführende Eros, der die aufgebrochene Einheit durch vermittelte Fülle erneut bewirkt.

Halten wir einen Nu inne, um uns zu besinnen. Was Hesiod in diesen sieben Versen sagt, ist mehr als bloße Literatur. Ist mehr als erhabene Dichtung, wenngleich ineins höchste Poesie. Es ist divinatorische Philosophie, Kosmosophie und Ontosophie, noch von mythischen Urgewässern frischtriefende Vorwegnahme und Versiegelung des offenbaren Geheimnisses, zu dem sich spekulativer Tiefsinn erst in Jahrtausenden maulwurfsähnlich hindurcharbeiten mußte, ohne es bis heute völlig begriffen zu haben.

Wahrlich, schon Hesiod bezeugt auf seine Weise kraft ihm zuteil gewordener Offenbarung: „daß die ganze Schöpfung mitseufzt und in Wehen liegt bis heute" (Paulus an die Römer 8, 22), „daß die Dinge ihre Tränen haben" (Vergil: Aeneis I, 462), daß die „innerste und tiefste Geburt in der Mitte stehet und das Herz der Gottheit ist" (Böhme: De tribus principiis), „Alle Geburt ist Geburt aus Dunkel ans Licht; aus dem Dunkeln des Verstandlosen — aus Gefühl, Sehnsucht, der herrlichen Mutter der Erkenntnis — erwachsen erst die lichten Gedanken" (Schelling: Über das Wesen der menschlichen Freiheit). Sogar bei Hegel, dem Archäologen des Weltgeists, findet sich noch ein Widerhall der Hesiodschen Epiklese der Geburtlichkeit aller Wesen: „Aber wie beim Kinde nach langer stiller Ernährung der erste Atemzug jene Allmählichkeit des nur vermehrenden Fortgangs abbricht — ein qualitativer Sprung — und jetzt das Kind geboren ist, so reift der sich bildende Geist langsam und stille der neuen Gestalt entgegen, löst ein Teilchen des Baues einer vorhergehenden Welt nach dem andern auf, ihr Wanken wird nur durch einzelne Symptome angedeutet ... Dies allmähliche Zerbröckeln ... wird durch den Aufgang unterbrochen, der, ein Blitz, in einem Male das Gebilde der neuen Welt hinstellt". (Phänomenologie des Geistes, Vorrede; vgl. Philosophie der Religion II, 2, II, 2 a)

Geburt ist der Ursprung aller Dinge. Auch das, was spätere Geschlechter als gemacht erachteten, ist geboren, urständet im Schoß der Mutter. Hesiod spricht von nichts anderem. Nicht einmal Bachofen vermochte mit solch erhabener Monomanie den ursprünglichen Kosmos als Matriarchat, die Entstehung des Alls aus gebärerisch-mutterwütigem Chaos als eine einzige Gynogenese zu deuten.

Wahrlich, zuerst entstand das Choas und später die Erde . . .

Nun übersetzen wir getrost mit frommer Verwegenheit, den Blick auf die allmütterliche „Kore Kosmu" gerichtet:

Wahrlich, zuerst entstand ein Wehensturm, durch den der Allmutter Schoß sich klaffend weitete und öffnete, und daraus wurden geboren die Erde, der dunkelabgründige Tartaros und Eros.

Der Primat des Weiblichen ist offenkundig: zuerst die heiligungenannte Allmutter, die mutterseelenallein durch sich selbst ist; dann ihre Geburtswehen; dann das fruchtbare Klaffen der Chaos-Geburt; hierauf die Parthenogenese der eingeborenen Tochter Gaia, der Erde. Es könnte sein, daß Gaia mit Tartaros und Eros, den beiden männlichen Gottheiten, eine Drillingsgeburt bildet. Aber dies würde nicht das geringste an ihrem Vorrang ändern. Hesiod nennt sie feierlich an erster Stelle. Sie ist das erstgeborne Kind der in chaotischen Wehen liegenden kosmischen Madonna.

Der in seinem zweiten Gedicht „Werke und Tage" anläßlich der durch Pandora — die griechische Eva — übermittelten Übel das weibliche Geschlecht wenig galant behandelnde Hesiod erweist sich in seiner „Theogonie" als ein wahrer Meister Frauenlob. Er verdient diesen Ehrennamen mit noch größerem Recht als der Minnesänger Heinrich von Meißen. Für Hesiod ist, wie vielleicht sonst nur noch bei dem sanfteren, leiseren, um nicht zu sagen diskreteren Laotse, das Weibliche eine kosmische Potenz, und noch dazu eine dem Männlichen offenkundig überlegene. Laotse spricht im „Tao te king" (Kapitel 6) bloß zarter und kürzer aus, was auch Hesiod singt:

Der Geist des Tals stirbt nicht,
das heißt das dunkle Weib.
Das Tor des dunklen Weibs,
das heißt die Wurzel von Himmel und Erde.

Deutsch von Richard Wilhelm

quellgründe/geist/un-/sterblich:
er/ist/urtümlich/weibliche,

des/urtümlich/weiblichen/pforte:
er/ist/himmel/erde/wurzel.

Deutsch von Jan Ulenbrook

Der unsterbliche Tal-Geist der tiefliegenden Quellgründe ist der Genius des tiefen Ewigweiblichen; seine „Pforte" — manche Übersetzungen nennen sie ausdrücklich „Mutterschoß" (Ernst Schwarz) — ist der Ursprung von Himmel und Erde. Dies sagt Laotse, der übrigens einige Jahrhunderte nach Hesiod gelebt hat.

Was der Chinese beinahe flüstert, das prasselt bei dem Griechen in hexametrisch hallender Sturzflut von Zeugungen und Geburten hernieder. Kaum sind Erde, Unterwelt und Eros geboren, da gibt es kein Halten mehr. Chaos entläßt ein weiteres düsteres Geschwisterpaar aus ihrem Schoß: die Nacht *(Nyx)* und den ebenfalls unterweltbezüglichen Abenddämmer *(Erebos,* vgl. Europa = „Abendland"). Der inzestuösen Verbindung von Erebos und Nyx entspringen endlich zwei hellere Geschwister: der leuchtende Tag *(Hemeros)* und die Himmelsluft *(Aither, Äther).*

Alle Geburt ist Geburt aus Dunkel ans Licht. In dem Dunkel des mütterlichen Schoßes bildet sich heran das sonnenhafte Kind. Dem Dämmer des Unbewußten entspringen die Lichtblitze des Geistes, die Effulgurationen der vernehmenden Vernunft. Nächtlich kehrt der wache Tagmensch zurück in das Asyl des Schlafes, in die Höhle seiner Bewußtlosigkeit, um sich in deren Dunkel zu erfrischen. Nacht und Finsternis sind eher gewesen denn der Tag. Wie anders schmecken bereits die beiden Wörter, wenn wir sie bedächtig aussprechen, sie gleichsam auf unserer Zunge zergehen lassen, ähnlich wie man in alemannischen Landen sagt, daß man den Wein nicht trinken, sondern züpfeln müsse: der *Alltag* hier, die *Allnacht* dort ... Von allen Frauen, die ihm lieb, sei die Nacht die schönste, sagte vor etlichen Jahren ein seltsamer Dichter. Das klingt wie ein Plagiat, dem Novalis entnommen, und steht doch, wenngleich mit ein bißchen andern Worten, schon in Hesiods „Theogonie" ...

Gaia, chaosentsprungene, erstgeborene Tochter der Allmutter, entläßt alsbald ihrem Schoß, wieder parthenogenetisch, wie

Hesiod ausdrücklich festhält: Uranos (den Himmel), die Berge und Pontos (das Meer).

Gaia, die Erde, erzeugte zuerst den sternigen Himmel
Gleich sich selber, damit er sie dann völlig umhülle,
Unverrückbar für immer als Sitz der ewigen Götter,
Zeugte auch hohe Gebirge, der Göttinnen holde Behausung,
Nymphen, die da die Schluchten und Klüfte der Berge bewohnen;
Auch das verödete Meer, die brausende Brandung gebar sie
Ohne beglückende Liebe, den Pontos . . .

Gaia zeugt und gebiert. Der Sternenhimmel Uranos ist ihr Sohn, dann aber auch ihr Gemahl, von dem sie sich völlig umhüllen läßt. Der Himmel, *Uranos,* ist eine männliche Gottheit, aber durchaus nicht der Schöpfer der Welt. Seine vorzüglichste Aufgabe ist es, Gaia, die eigene Mutter Erde, zu umarmen und zu befruchten. Anstelle der Kreation tritt bei Hesiod, nach den allerersten parthenogenetischen Akten in frühester Frühe, die Hierogamie, die heilige Hochzeit: Beischlaf und Schwängerung als sakrale Geschäfte mit kosmogonischen Folgen. Begehren, Umarmung und Orgasmen sind in hesiodeischer Schau kultische Vollzüge; ob ehelich oder außerehelich, ob exogam oder endogam oder sogar inzestuös, dies ist, zumindest in kosmischer Urzeit, alles eins.

Von dem, was damals — *ab origine, in illo tempore, en arché* — sich gewaltig begab, fällt noch Lichtglanz und Weihesinn auf die menschliche Geschlechtsliebe, auf die beständigste wie auf die flüchtigste Verbindung von Mann und Frau. Jede Liebesvereinigung auf Erden erscheint sub specie aeternitatis als Nachfolge des *hieros gamos* der Götter, der Myriaden hochzeitlichen Liebesfeste und Liebesbünde der Unsterblichen, denen sich das All verdankt.

Wie ein orgiastischer Katarakt durchzieht eine unaufhörliche Kette von Liebesgeschichten die gesamte Schöpfung. Eros, einer der allerfrühesten und der schönste der Götter, der selbst ewig unvermählt bleibt, ist immer im Spiel, wo Liebe auf Liebe trifft.

Hölderlin beginnt sein Gedicht „Lebenslauf":
Größers wolltest auch du, aber die Liebe zwingt
All uns nieder...

„Amor ist es, der uns zusammendrückt", notiert sich Novalis, und er wiederholt damit, wie Hölderlin, Vergils Ruf (Bucolica 10, 69):
Omnia vincit Amor: et nos cedamus Amori
Alles besiegt Eros: wir auch weichen Eros.

Hölderlin, Novalis und Vergil haben Hesiod gelesen; Vergil trachtete sogar danach, mit seiner „Aeneis" als römischer Homer und mit dem Lehrgedicht über den Landbau „Georgica" sich als lateinischer Hesiod auszuweisen, so wie mit seinen Hirtengedichten als italischer Theokrit.

Der *Poimèn-Poietes,* der Hirt-Dichter Hesiod ist auch hier der Erste, der Archäus im paracelsischen Sinn des Wortes: samenreich durch die Jahrtausende fortzeugender, in immer neuen Signaturen und Konfigurationen gestaltenüberquellender Lebensdrang, *élan vital* abendländischer Dichtung, die das Seiende zur Sprache bringt und im Gewande der Schönheit zu denken gibt. Verglichen mit Hesiod ist Homer, obwohl zeitlich der frühere, ein Spätling. Hesiod kennt und nennt viele Gottheiten, die Homer bloß am Rande erwähnt oder völlig verschweigt. Gemessen an Hesiods göttlichen Hochzeiten, sind die Abenteuer der homerischen Olympier leichtfertige Affären, fast schon operettenhafte Travestien à la Jacques Offenbach. Ich sage dies nicht, um Homer herabzusetzen, dessen „Odyssee" zu meinen liebsten Büchern gehört und die durch nie wieder erreichte Schönheiten entzückt, die man bei Hesiod vergeblich suchen würde. Homer wird hier nur genannt, um die unvergleichliche Besonderheit und Eigenart des boiotischen Theogonikers herauszuheben. Hesiods Werk gibt uns Kunde von Hierophanien, die, wäre es verlorengegangen, die ausschweifendste Einbildungskraft eines Phantasiasten nie und nimmer hätte erfinden können. Eben deshalb darf Hesiod gerade in götterlos dürftiger Zeit erwarten, „daß gepfleget werde der feste Buchstab, und Bestehendes gut gedeutet".

Gaia, die breitbrüstige, allernährende Mutter Erde, zeugt und gebiert den Uranos, den bestirnten Himmel, auf daß sie, bisher trotz aller Geburten jungfräulich ganz und gar, endlich auch die Beglückungen innigster Zweisamkeit erführe:

Es war, als hätt' der Himmel
Die Erde still geküßt,
Daß sie im Blüten-Schimmer
Von ihm nun träumen müßt.

Dies ist ein letztes, sublimes, sozusagen in zärtlichstes Pianissimo entrücktes Echo Hesiods: die Erde erzeugt den Sternenhimmel, um durch die nächtliche Umarmung des eigenen Sohnes einmal auf die übliche Weise Mutter zu werden.

Der Inzest ist unvermeidlich. In jener kosmischen Frühzeit sind alle Wesen eng blutsverwandt, Töchter und Söhne einer einzigen Mutter. Was manche als Perversität bestürzen mag, dient geradezu der Normalisierung des Weltprozesses. Der außergewöhnliche Folgen zeitigende Mutter-Sohn-Inzest von Gaia und Uranos bewerkstelligt die Beschleunigung der Evolution, eine offenkundige Bereicherung und Multiplikation des Kosmos. Die hierogamische Blutschande, die eine unerhörte Maßlosigkeit zu sein scheint, wirkt als Akt der Berichtigung und Neuordnung des Lebens. Darüber hinaus steigert er dessen Fruchtbarkeit, Fülle und Vielgestalt. Der Inzest fungiert bei Hesiod als Initiative der normalen Sexualität. Geschlechtliche Fortpflanzung, Elternzeugung und schlußendlich sogar Ehe, Familie und Sippentum werden durch blutschänderischen Frevel angeregt, veranlaßt und eingeführt.

Hesiod gibt damit zu verstehen, daß am Anfang so vieler Dinge und Einrichtungen, die uns ehrwürdig und teuer sind, etwas Ungeheuerliches steht. Die Untat als Urheberin guter, lebensnotwendiger oder lebendienlicher Schöpfungen und Werke — ob Kult, Seßhaftigkeit, Städtebau, Staat, Recht, Friedensordnung, Verfassung: läßt sich nicht allemal zu Beginn ein Umsturz, Mord oder sonst ein Tabubruch ausmachen, oft nur in mythischen Bildern überliefert? Der Brudermord bei der Gründung Roms, die Kriegszüge Alexanders als Grundlegung eurasischer

Ökumene, die Exzesse der Revolutionen als Feuerzauber der Neuzeit ... Eine alte rumänische Ballade, die wahrscheinlich thrakischen, möglicherweise sogar vorindoeuropäischen Ursprungs ist, besingt das Werk des Baumeisters Manole (Emanuel, „Gott mit uns"). Im Traum empfängt er die Offenbarung, daß das von ihm entworfene Haus nur dann dauern könne, wenn ein lebender Mensch in dessen Gemäuer für immer eingeschlossen werde. Dies geschieht denn auch am nächsten Morgen. Der geopferte Mensch als Grund-, Eck- oder Schlußstein dessen, was Bestand haben soll ... Man kann diese Legende als sadistische Phantasmagorie kannibalisch-unaufgeklärter Weltalter abtun, um den Preis, daß ihr anzüglicher Sinn verborgen bleibt. Spricht sie nicht mit schauervoller Deutlichkeit unumwunden aus, was Hesiod wußte, was alle ursprünglichen Überlieferungen mehr oder weniger kryptisch bekunden: Kein Gebilde, keine Stiftung, kein Bauwerk hat Dauer, wenn es nicht dem Ungeheuren und Schrecklichen benachbart, wenn es keine Geburt aus tödlich scheinendem Dunkel ist.

Ich behaupte nichts, ich frage nur ahnungsvoll, belehrt durch Hesiod, den Dichter des kosmogonischen Inzests.

Gaia, die Erdfrau, paart sich mit ihrem Himmelssohn Uranos. Hesiod erinnert damit an uralte Mythen, die schon zu seinen Lebzeiten verblaßt und kaum noch verstehbar waren. Er hält fest, daß einst im gesamten östlichen Mittelmeerraum wie in Kleinasien, Ägypten und Mesopotamien Kulte verbreitet waren, in deren Mitte eine Muttergöttin stand, die zu ihrem Geliebten meist ihren eigenen Sohn oder auch Bruder auserkoren hatte. Die Namen des Paares wechseln, aber alle folgen ein und demselben Urbild: *Innana* und *Dumuzi, Ischtar* und *Tammuz, Anat* und *Baal, Aschera* und *El, Astarte* und *Adonis, Kybele* und *Attis, Isis* und *Osiris, Rheia* und *Kronos* ... Sogar bei Dante klingt noch abgewandelt etwas davon an, wie überhaupt im katholischen Marienkult, wenngleich, wie sich von selbst versteht, in spiritualisierter, mystisch-allegorischer Form:

Vergine madre, figlia del tuo figlio
Umile ed alta più che creatura
Termine fisso d'eterno consiglio,

Tu sei colei che l'umana natura
Nobilitasti si, che il suo fattore
Non disdegnò di farsi sua fattura.

In der Übersetzung von Stefan George:
Jungfrau und Mutter! Tochter deines sohnes!
Voll demut und voll würde wie kein wesen
Nach vorbestimmtem rat des ewigen Thrones.

Du machtest unsre menschheit so erlesen
Und edel, dass der schöpfer selbst geruhte
Geschöpf zu werden dessen du genesen.

Hesiod erinnert an Zeiten, in denen Mutter-Sohn-Inzucht und Geschwisterehen offenbar nicht grundsätzlich für anrüchig, sondern als heiliges Vorrecht erlesener Ausnahmemenschen erachtet wurden, als *imitatio divina* der heiligen Hochzeiten, die Gaia und ihr Sohn Uranos feierten.

Durch das hierogamische Beilager von Erde und Himmel entsteht recht eigentlich der Kosmos, wie ihn sich so gut wie alle archaischen Völkerschaften vorstellen: der von den Sternensphären umkreiste, von Regen, Donner und Blitzen befruchtete Boden, der uns trägt, nährt und im Tode wieder aufnimmt. Der biblische Gottvaterfluch, daß Adam zur Erde wiederkehren werde, wie er von ihr genommen sei, lautet in von Hesiod inspirierter matriarchalischer Auslegung schlicht und einfach: Der Mutter bist du ausgeboren, also wirst du zurückfinden zur Mutter ... Himmel und Erde, einander herzend, bilden gleichsam das Haus der Welt, den vom Sternengewölbe überzelteten Schollengrund aller Lebewesen, die von oben beleuchtete Weltenhöhle, aus der wir eigentlich gar nicht fallen können, weder im Leben noch im Tode.

Nun aber gibt es kein Innehalten mehr, der Weltprozeß wird erst jetzt völlig entfesselt. Dem heiligen Inzest von Gaia und Uranos entsproßt als erster Titan Okeanos, der von Pontos, dem gewöhnlichen Meer, zu unterscheidende Weltozean, den sich die Alten als die Erde ringförmig umkreisenden Strom vorstellten. Dann gebiert die uranisch befruchtete Erdgöttin die übrigen der insgesamt zwölf Titanen, deren jüngster Kronos ist, „dieses schreckliche Kind". Hierauf folgen drei hundertarmige Riesen und die ebenfalls gewaltigen Kyklopen, welche später dem Zeus als Schmiede dienen werden.

Uranos wird bange angesichts dieser kraftstrotzenden Brut. Eifersüchtig versteckt er sie tief im Schoß der Erde. Er befördert sie somit auf unvorstellbare Weise zurück in den Leib seiner Mutter und Gattin Gaia. Er mißgönnt ihnen das Licht und zwingt die Mutter der Riesenkinder, auf die Freuden weiterer Geburten und heranwachsender Nachkommenschaft zu verzichten. Damit löst er eine Familientragödie aus, die alle Ehedramen der Welt, von Sophokles' „Oidipus" über Strindbergs „Der Vater" bis zu Karl Schönherrs „Der Weibsteufel" und Eugene O'Neills „Trauer muß Elektra tragen", durch ihre kosmogonische Dimension in den Schatten stellt.

Die unter der Last der gewaltsam in ihrem Schoß zurückgehaltenen Kinder stöhnende Gaia schmiedet grollerfüllt eine gewaltige Sichel. So wie sie sich zuerst mit ihrem Sohn Uranos verbunden hatte, so verbündet sich die Enttäuschte nun gegen ihn mit dessen eigenen Kindern. Sie fordert Rache für die ihr von Uranos angetane Schande. Die gekränkte Gaia schmiedet nicht nur die Sichel, sondern einen Verschwörerbund. Aber alle faßt Entsetzen, als sie vernehmen, was die in ihrer Würde beleidigte Mutter ihren Kindern ansinnt. Einzig der jüngste der Titanen, „der listenmächtige" Kronos, erkühnt sich, den Frevel des Vaters durch einen anderen zu sühnen:

Mutter, so will denn ich dir dies versprechen und möchte
Gern das Werk vollenden, denn unser verrufener Vater
Kümmert mich wenig, zuerst hat er ja übel gehandelt.

Und dann geschieht etwas Ungeheuerliches, das sich allenfalls mit dem apokalyptischen Krieg zwischen Michael und den abgefallenen Engeln vergleichen läßt. Die Eichendorffsche Mondnachtidylle, wo der Himmel die Erde leise küßt, endet unversehens in einer von der Mutter eingefädelten, vom jüngsten Sohn vollstreckten Bluthochzeit mit äonischen Auswirkungen:

An kam mit der Nacht der gewaltige Uranos, sehnend
Schlang er sich voller Liebe um Gaia und dehnte sich endlos
Weit. Da streckte der Sohn aus seinem Verstecke die linke
Hand und griff mit der rechten die ungeheuerlich große,
Schneidende, zahnige Sichel und mähte dem eigenen Vater
Eilig ab die Scham und warf im Fluge sie nieder
Hinter sich . . .

Der Muttersohn Kronos tötet den Himmelvater Uranos nicht, aber er entmannt ihn. Angestiftet von der Erdmutter, beraubt er ihn des Gemächtes während des nächtlichen Liebesspiels. Aber bei Hesiod mindert nicht einmal eine mutterrächerische, männlichkeitsmordende Meintat die All-Fruchtbarkeit.

Das von Kronos amputierte Geschlechtsglied des Himmelvaters fällt durch die Sphären zur Erde herab. Das ihm entquellende Blut des verstümmelten Uranos sickert in Gaias Schoß. Darauf enstehen schließlich die drei Erinnyen, das waffenschimmernde Riesenvolk der Giganten und, als lieblicheres Gegengewicht zu soviel Entsetzen, die ersten Nymphen, die sogenannten Meliaden, weil sie vorzugsweise in einer Esche (griechisch *melia)* wohnen. Spätere Zeiten, die den Nymphen und Feen abhold waren, machten dann aus der Esche den Baum, in dem die Hexen hausen, ausgelassene Sabbate abhalten und aus dessen Holz die Stiele der Besen anfertigen, auf denen sie rittlings zum Blocksberg entfahren.

Von der Esche stammen aber sowohl nach Hesiod als auch nach germanischem und iranischem Mythos die Menschen ab. Genauer wäre zu sagen, daß nach Hesiod das Menschengeschlecht des ehernen Zeitalters eschengeboren sei, während der spätantike Enzyklopädist Hesychios von Alexandrien alle Sterblichen diesem Baum entsprungen sein läßt.

Uralt ist ja der Glaube, daß Bäume und Menschen verwandt, daß Blut und Harz im Grunde ein einziger Saft seien. Völker sind Menschenwälder, Wälder sind Baumvölker. Der kosmische Baum, an dem das Schicksal der Welt hängt, ist die dem Odin heilige Esche Yggdrasill. Esche ist aber im Griechischen ein Synonym für Lanze oder Speer. Aus dem Holz, aus dem sie selber zu sein wähnten, fertigten die alten Griechen wie Germanen ihre Waffen an. Bei Homer (Ilias II, 542 ff.) heißt es deshalb:

Rasch ihm folgte sein Volk mit rückwärtsfliegendem Haupthaar,
Schwinger des Speers und begierig, mit ausgestreckter Esche
Krachend des Panzers Erz an feindlicher Brust zu durchschmettern.

Die lebenschenkende und holden Nymphen gesellte Esche wird durch männliches Handwerk zum Todesholz. Bäume wie Krieger werden gefällt, sind im Tode: Gefallene. Noch zur Ritterzeit umpflanzten deshalb Fürsten, Grafen und Vögte gerne ihre Burgen mit Eschen. Daran erinnern auch die in deutschen Landen so häufigen Ortsnamen Esch, Eschbach, Eschau, Eschdorf, Eschelbach, Eschelbronn, Eschenau, Eschenberg, Eschenbruch, Eschenhausen, Eschenlohe, Eschenrode, Eschwege, Eschweiler und manche ähnliche. Der ritterliche Dichter des „Parzival", Meister Wolfram, nannte sich selbst immer „von Eschenbach". Die vielen Speere, die in den Turnieren, Tjosten und Schlachten des Gralsepos geschwungen und zerbrochen werden, sind ebenso aus Eschenholz wie die Kampfstangen der Helden Homers und der Schaft der Lanze, mit dem der römische Soldat in die Seite des tot am Kreuze hängenden Nazareners stieß.

Wegen des lieblichen Geschmacks des Saftes insbesondere der Mannaesche, den die Zikaden wie Nektar schätzen, galt die Esche den Griechen nicht nur als gewachsenes Nymphäum, Lebensbaum und Waffenholzlieferin, sondern geradezu als „Süßholz". Die griechischen Namen für Esche *(melia)* und Honig *(meli)* sind fast gleichlautend. Die Meliaden sind also honigspendende Manna-Mädchen. In dieser Eigenschaft erinnern die Eschennymphen ans Goldene Zeitalter, das von so manchem Volk mit dem Honigseim zusammengebracht wird. Die ursprünglichste, naturgegebene Speise der Götter, angemessen dem von ihnen genossenen wesenhaften Glück, ist nicht die Ambrosia, sondern der Honig, der wunderbar von selbst aus Blumenblüten und Baumkronen herabtaut. *Pasi theois meli,* „Allen Göttern Honig", lautet die Inschrift eines Tontäfelchens aus Knossos, das schon etwa achthundert Jahre alt war, als Hesiod seine „Theogonie" schuf.

Sogar der seines Zeugungsgliedes beraubte Uranos ist noch erstaunlich fruchtbar, bringt durch das grausam vergossene Blut Erinnyen, Giganten und Eschennymphen hervor. Schließlich purzelt der vom Himmel auf die Erde herabgefallene Phallos bergabwärts ins Meer. Hier aber geschieht das Wunder aller Wunder, wandelt sich Entsetzen urplötzlich in Entzücken, abscheuliche Entmannung in anmutsvollste Weibwerdung:

Aber sobald dann die Scham mit der stählernen Sichel geschnitten
Und sie vom Lande gekollert hinab in das brausende Weltmeer,
Trieb sie lange dahin durch flutende Wellen; da hob sich
Weißlicher Schaum aus unsterblichem Fleisch, es wuchs eine Jungfrau
In ihm empor, sie nahte der heiligen Insel Kythere
Erst, doch gelangte sie dann zum ringsumflossenen Kypros.
Trat ans Land die Göttin, die hehre, herrlich und Blüten
Sproßten unter den Schritten der Füße, und Götter und Menschen
Nennen sie nun Aphrodite . . .
Schaumgeborene Göttin und Kythereia im Kranzschmuck,
Kyprosentstandene auch, weil entstiegen der Küste von Zypern
Und auch Schamerfreute, weil aus der Scham sie entsprungen.
Eros geleitete sie, und der herrliche Himeros (Liebessehnsucht) *folgte,*
Als die soeben Geborne zur Sippe der Götter emporstieg.
Dieses Ehrenamt und Anteil ward ihr von Anfang,
Unter den Menschen sowohl wie unter den ewigen Göttern:
Jungfräuliches Gekose und frohes Lachen und Arglist,
Süßes Ergötzen und Wonne und Liebe und schmeichelnde Milde.

Dies ist die Geburt der Aphrodite, die Theophanie der „Schaumgeborenen", denn *aphros* heißt im Griechischen Schaum. Aus bluttriefendem phallischen Fleisch wird Meeresschaum, und aus schaumgekrönter Woge auftaucht wollustatmend Anadyomene, die Ingestalt lockenden Weibtums, Götter wie Menschen erfreuende Frau Wonne, die die Römer mit Venus in eins setzten, so wie ihre Begleiter Eros und Himeros mit Amor und Cupido.

Eine andere, eine archaischere, gewaltigere Antike führt uns Hesiod vor Augen als die bereits vom Hellenismus, vollends von Ovid gemilderte, ins Spielerische übersetzte Olympierwelt; eine andere Aphrodite als die uns durch die Bilder Botticellis, Tizians, Giorgiones, Raffaels,Tiepolos, Renis, Velasquez', Poussins und Ingres' vertraute Schönheitskönigin; eine kosmische Gottheit, die in Anmut und Liebreiz verjüngt übersetzte Gaia, nicht aber das manchmal ein wenig gschamig fröstelnde, manchmal etwas jungmädchenhaft kokette, manchmal sexbombengleich laszive Mannequin, das uns die letzten fünfhundert Jahre abendländischer Malerei so oft beschert haben. Hesiods dem Meer entstiegene Aphrodite heißt auch Urania, „die Himmlische", nicht weil sie die Patronin unsinnlich vergeistigter, gar frömmelnd jenseitszugewandter Liebe ist, sondern weil sie dem abgeschlagenen Penis des Himmelvaters Uranos entstammt.

Was spätere Dichter Aphrodite-Venus an Reizendem, Lüsternem und Possenhaftem ausschmückend unterstellt und beigefügt haben, kann sich ein findiger Kopf ausdenken, heiße er nun Honoré d'Urfé, Sir Philip Sidney, Claude Crébillon, Christoph Martin Wieland, Jacques Offenbach oder auch Carl Spitteler. Das aber, was Hesiod schildert, ist im strengsten Sinne des Wortes unerfindlich und eben deshalb unergründlich, unausschöpfbar und unvergeßlich. Eine Szene wie die der Geburt der Aphrodite läßt sich nicht ersinnen. Sie muß in unvordenklicher Frühe — *en arché, in principio, in origine* — eräugt worden sein. Hesiod hat sie entweder selbst „gesehen" oder bezeugt, was lange vor ihm einem anderen visionär offenbart wurde. Nur ein einziger neuerer Dichter, der halbvergessen ist, hat einmal, ohne Hesiod zu nennen, sich der Theogonie genähert; ich meine Wilhelm Heinse:

„Und die Liebe ward geboren, der süße Genuß der Naturen füreinander, der schönste, älteste und jüngste der Götter, von Uranien, der glänzenden Jungfrau, deren Zaubergürtel das Weltall in tobendem Entzücken zusammenhält. Und alle lebendigen Geschöpfe erhaschten in diesem Getümmel ihren Anfang; und vermehren sich nach alter Art immer wieder aus einem kleinen neuen Chaos."

Dies ist hesiodeisch gedacht, wenngleich mit etwas andern Worten ausgedrückt. Bei Hesiod ist Eros, im Unterschied zu Heinse, nicht der leibliche Sohn der Aphrodite Urania, sondern nur ihr gleichsam an Kindes Statt angenommener Begleiter. Er ist ursprünglicher als die Mutter der Wonne, nicht Uranide, sondern gleichzeitig mit Gaia und Tartaros aus dem „Chaos" hervorgegangen, der erste Lichtstrahl, der wahre „Luzifer" und „Phosphoros", Lichtbringer und Lichtträger in dunkler Welt, nicht selbst zeugend, sondern Prinzip jeglicher Zeugung, in jeder Umarmung gegenwärtig, fruchtbringender Beschwinger und Bezwinger der Leiber und Seelen.

Und nun Aphrodites Geburt, ein wahrer Sonnenaufgang nach dem schaurigen Gemetzel in grauser Nacht, von Hesiod besungen mit Worten, die später Sappho von Lesbos aufgreifen, fortspinnen und weitersingen wird. Hesiod stiftet Stichwort, Losung und Tonhöhe. Durch die Jahrhunderte hallt der von ihm angestimmte Gesang, fruchtbar wie die in ihm sich aussagende Genesis. Ein Geschlecht sagt es dem andern, ein Dichter vermittelt Lobpreis und Kunde der Götter dem folgenden. Strophe wechselt mit Antistrophe, Chor mit Chor in psalmodierendem Jubel, so daß ein einziges konzertantes Oratorium die Antike durchbraust, symphonisch geordnet: Gesänge, Gebete und Gesichte in eins, Hymnen, Dithyramben und Enkomien der Lyriker und Tragiker, der Rhapsoden und Kitharöden, der Liturgen und Symposiarchen, der Choreuten und Musageten, antiphonischer Lobpreis der seligen Unsterblichen, jeder Antwort und Echo Hesiods, Wechselgesang mit dem Archäus, der im Anfang anstimmend Leitwort und Parole gab.

Aphrodites Epiphanie ist kein Ende, sondern neuer Anfang, ekstatische Erneuerung des Ursprungs, Aufbruch zu neuen Zeugungen, Allbefruchtung und Panspermie. Die goldene Kette der Geschlechter wird weiter und weiter in immer neuen Zyklen, in denen auch Götterweltkriege nur gewittrige Zwischenspiele und vorübergehende Zuckungen sind: Aufbruch und Taumel kosmogonischer Orgien, in denen kein Glied nicht trunken ist, Exzesse der Verschwendung und Preisgabe, liebender Krieg, kriegerische Liebe, bacchantische Protuberanzen eines bleibend chaosgebärerischen Weltalls, das nicht fertig und zu Ende ist, sondern in immerwährender Geburt erzittert. Kampf und Katastrophe erweisen sich wie Liebe und Hervorbringung als Ausdruck ein und desselben Weltgesetzes, des Götter wie Menschen bergenden Kosmos, den weder ein Gott noch ein Mensch gemacht hat, der eine einzige allumfassende Genesis ist, welcher sich sämtliche Wesen verdanken.

Hesiod ist ganz und gar Genealoge, der einen Götter-Gotha erstellt, mit heiliger Pedanterie und feierlichem Lobpreis die Verwandtschaft aller Elemente und Wesen rhythmisch entrollend in einem wahrhaften *Carmen saeculare*. Ob im Himmel, auf Erden oder in der Unterwelt, ob zu Lande, zu Wasser oder in den Lüften, in allem Lebendigen pulst gleiches Blut. Und es gibt für Hesiod nur Lebendiges. Was Tod, Vernichtung und Untergang zu sein scheint, ist bloß Gestaltwandel, Bezähmung und Neuordnung. Die Kleinfamilie ist nichts als ein kümmerlicher Rest. Einander befehdende Völker sind göttlichentsprungene Geschwister, oft Nachkommen morganatischer Mischungen aus frühen Zeiten, da sich noch Unsterbliche sterblichen Frauen, Kronidentöchter sterblichen Jünglingen gesellten. Unsere Verwandtschaft ist größer als wir wähnen. Der Alltag verbirgt uns die Goldfolie der wahren Ahnentafel. In uns allen strömt königliches Blut, bei dem einen mehr, bei dem andern weniger. Wir alle sind Kinder, Enkel und Abkömmlinge, Kognaten, Angeheiratete und Affiliierte einer matriarchalen Dynastie. Jeder einzelne ist ein blühender Zweig vom Mutterstamm, jede Kleinfamilie bloß eine Filiale des Mutterhauses, des unter dem Namen Gaia firmierenden Großunternehmens für Götterproduktion.

Hesiods rhapsodische Genealogie entproletarisiert auch noch den Geringsten von uns, sogar das Kind kleiner Leute ist göttlich versippt. Hesiod aristokratisiert den Menschen, indem er ihn nicht als Erzeugnis eines Töpfers eräugt, sondern als fortzeugende Zeugung einer Mutter, als Ausgeburt und Anverwandten der Gynaikokratin Gaia. Wir müssen nur in die Frühe zurückblicken, um zu gewahren, wie sehr wir verwandt sind. Das ist Hesiods Frohbotschaft.

Den Modernen mögen seine Genealogien und Stammbäume überflüssig weitläufig und ermüdend müßig vorkommen, doch für Hellas stifteten sie ein Gemeinschaftsbewußtsein, wie es Staat und Politik nicht zuwege brachten, sondern nur der begeisterte Dichter.

Wer Hesiod einmal zu lesen begonnen hat, wird von dessen kosmogonischen Ahnentafelbildern sowenig gelangweilt sein wie ein Ikonenliebhaber von der hieratischen Monotonie der im Grunde nur ein einziges Urbild, immer neu abwandelnd, wiedergebenden Kultgemälde. Hesiods Götternamen sind wie kostbar gefaßte Edelsteine in den Text eingesetzt; das verbindet ihn mit sonst so unterschiedlichen Meistern wie dem Georgier Schota Rustaweli und dem Toskaner Dante Alighieri, die ebenfalls immer wieder perlen- und juwelengleiche Metaphern, Antithesen und Wortfiguren aneinanderreihen. Wie Zettel und Einschlag bilden genealogisch-etymologischer Prunk und epische Erzählung das Gewebe des Göttergedichts.

Aphrodite ist beileibe kein Ende, sondern nur Auftakt, Vorspiel und Übergang zu neuen hierodulischen Zeugungen und Geburten. Welch ein Gewimmel von Paarungen, von Göttersöhnen und Göttertöchtern, haarsträubend und schamlos nicht erst für christliche, gar puritanische Geister, sondern schon in der Antike, wenige Jahrhunderte nach Hesiod, nicht mehr recht verstanden, als Pornographie im Gewande der Theologie und pansexualistische Obszönität verunglimpft.

So schon von Heraklit und Xenophanes, die doch wahrlich noch ursprungnahe Denker waren. Bereits ein halbes Jahrtausend vor Christus, kaum zwei Säkula nach Hesiod empfanden einzelne Geister es unerträglich, den Göttern Geilheit, Gattung und Geburt „anzudichten", was man nun sittenstreng richterlich dem Sänger vorwarf. Man wollte Götter ohne Unterleib, überhaupt leiblose Götter, denaturierte und depotenzierte Götter, sterile und spirituelle Götter, die ganz rein, nicht aber nackt sein sollten. Götter ohne Geschlecht, intelligible Perseïtäten und ontologische Hypostasen, nicht aber generative, sich überschäumend fortpflanzende und hoheitlich zügellos über alle Satzungen bürgerlicher Wohlanständigkeit hinwegsetzende Götter.

Hingegen Hesiods überschwängliche Freude am Getümmel theogonischen Werdens! Kaum ist Aphrodite dem Schaum entstiegen, da gebiert die Nacht, die früher schon den Tag und den Äther geboren hat, im Gegenzug eine ganze Brut dunkler Gestalten: Schicksal *(Moros),* Finsteres Ende *(Ker),* Tadelsucht *(Momos)* und Tod *(Thanatos),* Drangsal *(Oizys)* und Vergeltung *(Nemesis),* aber auch Schlaf *(Hypnos)* und Traum *(Morpheus).* Obwohl mit Erebos vermählt, bringt sie parthenogenetisch des weiteren hervor die *Hesperiden* („Abendtöchter"), *Moiren* („Lebensfadenspinnerinnen") und weitere Wesen, die sich ihrerseits fortpflanzen: *Apate* („Trug"), *Geras* („Alter"), *Philotes* („Liebeslust") und *Eris* („Streit"). Jeder Name emblematisches Bild, heraldische Ikone, zu langbedächtiger Betrachtung stimmendes Mandala!

Nachdem Uranos entmannt ist, gibt sich Mutter Erde ihrem anderen Sohn hin, dem Meergott Pontos. Dieser inzestuösen Verbindung entspringen weitere Kinder, darunter *Thaumas* (das gestaltgewordene Staunen oder Wunderbare) und der später von Poseidon etwas in den Schatten gestellte weitere Seegott *Nereus,* von dem es heißt, daß er untrüglich wahrspreche, und der wohl deshalb auf verborgenen Umwegen in den christlichen Heiligenkalender gelangt ist ...

Mit Nereus, dessen Mutter zugleich seine Großmutter ist, wird plötzlich alles wieder heiter, sobald er sich mit der Okeanide Doris vermählt. Welch ein Bild: die fünfzig lieblichen Töchter, Nereiden oder Doriden genannt, jede mit Namen begabt! Eine Ernte holdester Ausgeburten, väterlicher- wie mütterlicherseits meerentsprungen, eine Scheune voller Mädchen, in kristallenen Wogen sich ergötzend, letzend und scherzend. Mittelmeerisches Glück, jede Welle sich in einem bezaubernden Antlitz inkarnierend, Wasser gestalthaft geballt, gauklerisch zerfließend und erneut mutwillig spielerisch sich verkörpernd in immer aufs neue entzückenden jungfräulichen Metamorphosen!

Schmeichelndes, trübeloses, schmelzendes Glitzern und Flitzen, Locken und Kosen, Dichter, Leser und Seefahrer berückend, schon Hesiod dazu verführend, daß er einundfünfzig Namen nennt, obwohl er ausdrücklich von nur fünfzig Meernymphen spricht...

Welches Schwelgen in Namen, Taufe der wassergeborenen Kinder, heiligsprechende Schaumschlägerei, überbordende Hagiasmen... Hesiod ward gegeben ein Mund, evokatorisch lobpreisend große wie zarte Dinge und Wesen zu nennen... Welch arioses Rezitativ, diese Perlenkette sinnhaltig wohlklingender Namen: *Ploto,* „die Schimmernde"; *Eukrante,* „die Wohlgeführte"; *Amphitrite,* „die Rauschende"; *Eudore,* „Schöngeschenk"; *Galene,* „Windstille"; *Glauke,* „die Blauglänzende"; *Speio,* „die Grottige"; *Kymothoë,* „die Wogenschnelle"; *Halia,* „Salzflut"; *Eulimene,* „die vom guten Hafen"; *Agaue,* „die Hehre"; *Erato,* „Sehnsuchterweckerin"; *Eunike,* „Schönsiegerin"; *Pasitheia,* „Allgöttliche"; *Dynamene,* „mächtig Andrängende"; *Pherusa,* „Bringende"; *Nesaia,* „Inselwohnerin"; *Aktaia,* „Küstenwohnerin"; *Panope,* „Allblickende"; *Galateia,* „Milchantlitz"; *Hippothoë,* „Stutengeschwinde"; *Kymodoke,* „Wellenauffangende"; *Kymatolege,* „Wellenbesänftigerin"; *Eione,* „Strandmädchen"; *Glaukomene,* „Blausinnige"; *Pontoporeia,* „Meerdurchlässige"; *Polynoë,* „Vielsinnige"; *Lysianassa,* „Lösende"; *Euarne,* „Schönquellende"; *Menippe,* „übermütiges Füllen"; *Eupompe,* „Wohlbegleiterin"; *Pronoë,* „Vorsorgliche"...

Welche Fülle der Namen, jeder eine Facette des Meeres in all seinen Anblicken, Stimmungen und Leistungen! Jeder Name der Melusinenlitanei Beschwörung und Entzücken, Muschelmusik und Mannesrausch, nicht erst den gelehrten Antiquar bezaubernd, sondern von jeher griechischen Ohren liturgischer Wohlklang, apostrophischer Schmuck und Arznei halb hypnotisierender, halb aufreizender Harmonien. Goethes „Klassische Walpurgisnacht" im zweiten Teil des „Faust", Claude Debussys von Mallarmé inspiriertes Orchesterwerk „L'après-midi d'un Faune" und noch Saint-John Perses „Amers" sind Widerhall der maritimen Apotheose Hesiods, der nichts götterleer sich vorstellen, nichts Gottverlassenes schauen kann, wohin immer er blickt. Von Azimut zu Azimut, vom Nadir zum Zenit, ist alles göttervoll, erfüllt von Göttergeburten, von göttlichen Scharen bevölkert, verwaltet und verherrlicht.

Mit Hesiod zu beginnen heißt, kein Ende finden zu können. Nicht einmal ein knappes Drittel seiner „Theogonie" habe ich zusammenraffend vorgestellt. Auch die Nereiden sind noch ursprungsnahe Weltenfrühlingswesen. Auf Uranos folgt Kronos, aber auch Kronos wird gestürzt durch seinen eigenen Sohn, der dann die Weltherrschaft antritt: Zeus. Welche Wendepunkte habe ich noch gar nicht berührt: Titanenkampf; Prometheus' Opfertrug, Feuerraub, Bestrafung und Erhöhung; Pandoras verhängnisvolles Erscheinen; Atlas' Weltenlast und Herakles' Taten; die Hierogamien des Zeus mit Metis, Themis, Eurynome, Demeter, Mnemosyne und schließlich Hera. Wieviel wäre noch nachzutragen: Hesiods Unterwelt, seine Hymne auf Hekate, seine Nennung der Okeaniden, seine Schilderung des mit weltuntergangsähnlichen Verwüstungen einhergehenden Höllensturzes von Typhoeus, die Geburt der Athene, der Chariten und der Musen, des Hephaistos und der Persephone, der Zwillinge Apollon und Artemis ... Aber sogar dann wäre ich noch nicht am Ende, denn es blieben noch die „Werke und Tage", sein zweites großes Gedicht, wiederzugeben: die ausführlichere Fassung des Prometheus-, Epimetheus- und Pandora-Mythos, die Lehre von den fünf Weltaltern, das Hohelied der Gerechtigkeit und Arbeit, Hesiods Vorwegnahme des benediktinischen Imperativs „Bete und arbeite!", seine Hausväterratschläge und Bauernkalenderweistümer ... Hesiod und kein Ende; Hesiod, von dem Goethe rühmend sagt, daß bei ihm „Poesie, Religion und Philosophie ganz in eins zusammenfallen"... Hesiod, der Überlieferer der einzigen ganz erhaltenen mythischen Weltenstehungslehre der Griechen, die eine wahre Urgnosis darstellt ...

Muß ich noch mehr sagen? Bedarf es noch weiterer Worte, um zu zeigen, wie nahe uns trotz seiner Ferne Hesiod ist, wie sehr uns trotz unbestreitbarer Befremdlichkeit seine blitzhaften Schauungen treffen? Diese Erfahrung wäre Allgemeingut, wenn man sich nicht weigerte, Hesiods Weltgedichte zu lesen.

Homer lebte im griechischen Kleinasien, Hesiod auf griechischem Festland in Europa. Hesiod der erste in so vielen Hinsichten, Boiotarch schlechthin, die Reihe der Granden eröffnend, mit der die abgelegene, im Rufe der Hinterwäldlerei stehende Landschaft Boiotien nicht nur Griechenland beschenkt hat: mit dem Paianschöpfer Pindar und dem Essayisten Plutarch, dem Pythagoreer, Strategen und Staatsmann Epameinondas und der Poetin Korinna von Tanagra.

Mag Homer zeitlich der ältere Dichter sein, so ist Hesiod seelisch der frühere. Von Homers Epen führen die Wege zur bildenden Kunst, zu den Skulpturen, mit denen die Hellenen das Land zusätzlich bevölkerten. Von Hesiod führen die Wege zur Philosophie, zur Kosmologie, zur Rechtsweisheit und Geschichtslehre.

Hesiod, mit dem so vieles anhebt, durch den so vieles fortlebt... Hesiod, durch den wir über den Ursprung wissen: das Chaos, das Werden und die Geburt...

Wie viele Potentaten und Eroberer sind entschwunden, vergessen ihre Befehle, zerfallen ihre Imperien und Paläste. Aber Hesiods gewaltlose Macht bezwingt noch heute, nach fast drei Jahrtausenden, und es ist keine angemaßte Macht eines Usurpators... Seine Nereiden leben, sogar dem Namen nach, im griechischen Volksglauben fort... Wir ahnen, daß die Welt über einem Abgrund von Schrecken errichtet ist; daß Recht, Ordnung und Olympiertum das Schauervolle nicht vernichten, sondern günstigstenfalls überwältigen, bändigen und umzäunen... Hesiod hat in mythischen Bildern weissagend geschaut, was wir heute zu wissen gezwungen sind...

Hesiod rufe ich an, den ersten namentlich bekannten festlandeuropäischen Dichter-Seher, der zugleich der erste Arbeiter-Dichter und Ahnherr abendländischer Philosophie ist...

Hesiod rühme ich, den das Klagelied vom Verfall der Weltalter wehmütig anstimmenden Übersetzer der indischen *Kali-Yuga-* Lehre ins Griechische...

Hesiod rufe ich an, den erleuchteten Hirten der Lämmer und Eingebungen; den Sänger ursprünglichen Einsseins von Göttlichem, Welt und Menschheit; den das All als Kaskade von Umarmungen und Geburten gewahrenden Matriarchäologen, für den nichts von der Beseelung ausgenommen ist und alles seinen Beginn in sich trägt; ich ehre die Macht dieses Stifters, Bürgen und Ferments der Abenteuergeschichte europäischer Ideen; ich verneige mich vor dem Künder der Blütengestalt Aphrodite, des Spieles der Wogen und der Schwarzen Madonna, deren Name ist: *Erde* . . .

(1989)

Platon

Im Anfang war das Staunen
Der Mann, der die Ideen schaute

Und es neigen die Weisen
Oft am Ende zum Schönen sich.
Hölderlin

Hesiod ist der Mythos mit philosophischen Keimen. Platon ist die Philosophie, die auf ihren Gipfeln des Mythos nicht entraten kann, das Höchste in mythischen Bildern zur Sprache bringen muß: so vor allem im „Timaios", im „Symposion", in der „Politeia", im „Phaidon".

Platon ist die Philosophie, und die Philosophie ist Platon, wie bereits Emerson gesagt hat, der den Athener mit Swedenborg, Montaigne, Shakespeare, Napoleon und Goethe zu den „Repräsentanten der Menschheit" zählt.

Ähnlich hat Alfred North Whitehead, der britisch-amerikanische Metaphysiker, einmal geistreich knapp die gesamte europäische Philosophie als eine „Reihe von Fußnoten zu Platon" bezeichnet. Obgleich dieses Aperçu ein wenig übertreibt, so hält es zu Recht fest, daß Platon zu den fortzeugenden Gründergestalten des Abendlandes gehört, daß er in jedem anspruchsvollen Denken bewußt oder unbewußt gegenwärtig ist. So wie kein Europäer, mag er dem Christentum noch so entfremdet sein, die Bibel entbehren kann, sowenig kommt er um Platon herum, auch wenn er kein professioneller Philosoph ist.

Platon ist die Philosophie, obwohl er seine Gedanken nirgends in zusammenhängender, für sich abgeschlossener, durchsystematisierter Weise darlegt. Er verfaßte Dialoge, in denen fast immer Sokrates, sein geliebter Lehrer, als Hauptgestalt auftritt: Sokrates, der, wie Jesus, keine Zeile geschrieben, sondern alles dem gesprochenen Wort anvertraut hat... Sokrates, der Plebejer, als Sprachrohr des Aristokraten Platon, der sich mütterlicherseits von Solons Sippe, väterlicherseits von dem mythischen König Kodros und damit von dem Gott Poseidon ableitete... Sokrates, der niemals an der Verwaltung des Staats tätig Anteil nahm, als Meister des sich als Fürstenerzieher und politischer Reformator versuchenden, das Urbild eines „wahren Staates" entwerfenden Ordnungsdenkers, der zu dekretieren wagte, daß die Menschheit erst dann von ihren Leiden befreit sein würde, wenn die Herrscher Philosophen oder die Philosophen Herrscher geworden wären.

Sokrates war verheiratet und hatte drei Kinder. Platon blieb unvermählt und ohne leibliche Nachkommen. Aber wie viele Denker sind seine Söhne, Enkel und Erben bis auf den heutigen Tag! Ohne Platon kein Aristoteles und kein Plotin, kein Augustinus und kein Boëthius, kein Meister Eckhart und kein Nikolaus von Kues, kein Pico della Mirandola und kein Thomas Morus, kein Descartes und kein Malebranche, kein Leibniz und kein Kant, kein Geulincx und kein Solowjow, kein Schopenhauer und kein Husserl, kein Whitehead und kein Heisenberg. Was ist Hegel anders als ein dynamisierter und historisierter Platon? Die kirchlich gebundene Philosophie des Mittelalters, soweit nicht überwiegend aristotelische Scholastik, ein durch Dionysios Areopagita vermittelter, zum Teil aus dem Arabischen und Persischen zurückübersetzter Platonismus? Wieviel Platonismus steckt doch in Schiller, in der deutschen und englischen Romantik, desgleichen in Walter Pater, Charles L. Morgan, Hermann Broch und Othmar Spann, dem Wiederentdekker des Platonikers Adam Müller!

Keineswegs soll damit behauptet sein, daß alle hier nur beispielshalber genannten Denker in schulmäßigem Sinne „Platoniker" gewesen seien. Es gilt bloß, der unaufhebbaren Tatsache eingedenk zu sein, daß seit fast zweieinhalb Jahrtausenden durchweg im Dialog mit dem Dialogiker Platon philosophiert wird: anknüpfend, abwandelnd, wiederholend und auch polemisch.

Platon ist postum der frühen Kirche zum „Praeceptor theologiae" geworden; die vielberedete „Hellenisierung" des Christentums bedeutet im großen und ganzen dessen Platonisierung. Daran gibt es nichts zu deuteln, auch wenn neuerdings progressive Kirchenmänner dies für ein Verhängnis halten. Das Evangelium kommt aus dem aramäischen Raum, aber bereits die frühesten Apologeten und Kirchenväter — etwa ein Clemens von Alexandrien — haben es nicht am Leitfaden des Talmud ausgelegt, sondern gleichsam in die Sprache Platons übersetzt. Für sie war Platon sozusagen das griechische Gegenstück zum Alten Testament, eine den Heiden zuteil gewordene Vorbereitung auf Christus: Heilsgeschichte in Gestalt der Philosophie, ähnlich wie man seinen Meister Sokrates als Präfiguration, beinahe als Doppelgänger Jesu zu betrachten wagte. Noch im deutschen Mittelalter galt Platon als „der große Pfaff", und dieser Titel war damals, wie sich von selbst versteht, anerkennend gemeint, gleichsam als nachgeholte Taufe: *„Plato christianus."*

Desgleichen war dieser Zusammenhang und Parallelismus dem Humanismus einsichtig, einem Marsilio Ficino, Erasmus von Rotterdam, Pico della Mirandola, auch noch einem Goethe. Der Zuletztgenannte bezeichnete Platon als einen „seligen Geist", dem es beliebe, immer nur einige Zeit auf der Erde zu weilen, nicht um sie kennenzulernen, sondern um ihr von oben das, „war ihr so not tut, freundlich mitzuteilen": „Er bewegt sich nach der Höhe, mit Sehnsucht, seines Ursprungs wieder teilhaft zu werden. Alles, was er äußert, bezieht sich auf ein ewig Ganzes, Gutes, Wahres, Schönes, dessen Forderung er in jedem Busen aufzuregen strebt."

So hat ein kongenialer Deutscher noch im vorigen Jahrhundert Platon gesehen, der Dichter, der in einer einzigen Zeile zumindest die Hälfte von dessen Philosophie unübertroffen lapidar ausgedrückt hat: *„Mir bleibt genug! Es bleibt Idee und Liebe!"*

Von demselben Goethe, der mit Platon und Leonardo da Vinci zu den universalsten Geistern aller Zeiten gehört, gibt es auch einen kleinen Aufsatz aus dem Jahre 1796: „Plato als Mitgenosse einer christlichen Offenbarung", in dem er allerdings, völlig zu Recht, gegen eine einseitige theologische Indienststellung des Griechen polemisiert. Platon war und ist mehr als ein Küster. Aber die Kirche wäre nie eine geistige Macht geworden ohne Übernahme der platonischen Ideenlehre und Ethik. Ferdinand Christian Baur, der Meister der Tübinger theologischen Schule, veröffentlichte 1837 eine religionsphilosophische Untersuchung mit dem Titel „Das Christliche des Platonismus." Eine ähnliche Schrift stammt von Baurs jüngerem Zeitgenossen, dem Geschichtsphilosophen und Altertumsforscher Ernst von Lasaulx, einem seit langem so gut wie vergessenen Vorläufer Spenglers und Toynbees, den Jacob Burckhardt eifrig gelesen und exzerpiert hat. Der unselige Verehrer und Basler Kollege Burckhardts Friedrich Nietzsche — bis zur Raserei Antiplatoniker und Antichrist, ohne jemals von seinen geistigen Antipoden loszukommen — nannte das Christentum dieserhalb abschätzig einen „Platonismus fürs Volk".

Diese wenigen, aufs Geratewohl herausgeklaubten Beispiele beweisen zur Genüge: Durch mehr als ein Jahrtausend wurden zentrale Dogmen des Christentums mittelbar oder unmittelbar in platonischen Kategorien formuliert, anhand des so gut wie heiliggesprochenen Platon ausgelegt und erläutert. Das gilt für die Lehre von der Ewigkeit Gottes, die Unsterblichkeit der Seele, die Schöpfung der Welt. Von Ewigkeit her ist der erst in der Zeit, mit der Zeit geschaffene Kosmos als „mundus intelligibilis" dem göttlichen Geist ideell innewohnend. Er hat wie alles Seiende ein unveränderliches Urbild. Die Schöpfung vollzog sich im Blick auf diese exemplarischen Urbilder: die überweltlichen Ideen. Gott ist Idealist, so wie es der Künstler ist. Die antlitzhafte Gesamtheit dieser Urbilder ist der *Logos,* die zweite göttliche Person, der Gottmensch Christus. Deshalb sagte der heilige Thomas von Aquin: „Wer die Ideen leugnet, der ist ein Häretiker; denn er leugnet den Sohn Gottes."

Für Byzanz, das heißt: das bis zur Einnahme Konstantinopels durch die Türken am 29. Mai 1453 bestehende Oströmische Reich, das, trotz seines offiziellen Namens *Rhomaike politeia,* von jeher ein griechisch-kleinasiatisches Imperium war, verstand sich der Platonismus geradezu von selbst. Ungeachtet gelegentlicher Aufwallungen mönchischen Dunkelmännertums und klerikaler Verdächtigung des Heiden ließ sich Platon nicht rückgängig machen. Eine Ausbürgerung aus dem christlich gewordenen und stark orientalisierten Hellenentum kam nie infrage. Einzelne byzantinische Philosophen, Enzyklopädisten und Polyhistoren gingen so weit, Platon neben Sokrates und Plutarch einen Platz im Himmel reservieren, ihn heiligsprechen zu wollen, so der Bischof Joannes Mauropus, der Mönch Michael Psellos und dessen Schüler, der gebürtige Normanne Joannes Italos.

Solcherart haben Patristik, Scholastik und auch noch der florentinische wie der Cambridger Humanismus Platon fortgesetzt, weitergedacht und umgebildet. Ähnliches gilt für die spekulative Mystik von Plotin über Dionysios Areopagita und Scotus Eriugena bis zu Meister Eckhart und dessen Nachfahren.

Wohin wir blicken: Platon ist allgegenwärtig. Er ist es nicht nur für Schulphilosophen und Fachtheologen, sondern bis weit ins achtzehnte, ja sogar noch ins neunzehnte Jahrhundert für jeden gebildeten Laien. Weltgewandte Lebemänner haben angesichts des nahenden Todes den „Phaidon" gelesen, so wie sie sich in ihrer Jugend an der Liebeslehre des „Symposions" und des „Phaidros" berauschten.

„In der Tat trachten die wahrhaft Philosophierenden danach zu sterben ...", heißt es in grandioser Einseitigkeit bei Platon, der ja auch in seiner „Apologie des Sokrates" die letzten Stunden des zum Tode verurteilten Meisters überliefert : die antike Entsprechnung der Passion.

„Der Gerechte wird gegeißelt, gefoltert, in Ketten gelegt und geblendet werden an beiden Augen und schließlich wird er nach allen Martern noch ans Kreuz geschlagen werden ..."

Das steht nicht im Evangelium, das ist keine Weissagung des Jesaja. So heißt es in Platons Dialog über die Gerechtigkeit, der „Politeia" — ein griechisches Seitenstück zu den Prophetenworten über die Leiden des Gottesknechtes im Alten Testament. Ist es ein Wunder, daß Platon kanonischen Rang erhielt, ähnlich wie der Römer Vergil wegen seiner die Geburt eines Heilandsknaben feiernden vierten Ekloge als „adventistischer Heide" galt?

Wie in dem Buch der Bücher kann man auch in den Schriften Platons, der Bibel der Philosophen, fast alles finden. Geistreich treffend bemerkt Friedrich Schlegel, der Platon mit Jakob Böhme verbindende Meisterdenker der deutschen Romantik: „Platon enthält eigentlich die Weisheit, der ganze Geist der Philosophie ist in ihm; er hat alles gewußt, nämlich das Ganze, das, worauf es ankommt." An anderer Stelle setzt er ergänzend hinzu: „Platon hatte kein System, sondern nur eine Philosophie ... Man kann die große Einheit in Platons Werken nur suchen in dem bestimmten Gange seiner Ideen, nicht in einem fertigen Satze und Resultate, das sich am Ende finde ... Er ist nie mit seinem Denken fertig geworden, und diesen immer weiter strebenden Gang seines Geistes nach vollendetem Wissen und Erkennen des Höchsten, dieses ewige Werden, Bilden und Entwickeln seiner Ideen hat er in Gesprächen künstlerisch darzustellen versucht."

Deshalb erscheint uns Platon bald als virtuoser Rationalist und Dialektiker, dessen subtile Begriffsbestimmungen akrobatisch anmuten und uns schwindelig machen; bald als Dichter, Mythenschöpfer und Visionär, der das Geheimnis der Wirklichkeit in unvergeßlichen Bildern zu vermitteln trachtet. Ich erwähne das Höhlengleichnis in der „Politeia"; die Eröffnungen über das Schicksal der Toten im Jenseits, die sich am Schluß des erwähnten Dialogs, aber auch des „Gorgias" und des „Phaidon" finden; die Rede des Aristophanes über den androgynen Urmenschen im „Symposion"; den das mit einer Weltseele ausgestattete All als „Abbild" (*eikón*, „Ikone") eines ewigen Urbildes deutenden Schöpfungsbericht im „Timaios".

Der leibfeindliche, die Sinnlichkeit als pöbelhaftes, unzuverlässiges, niederträchtiges Zeug befehdende jenseitssüchtige Aristokrat und Asket lobpreist an anderer Stelle den Eros als Mittler zwischen Göttern und Menschen, als Himmelsleiter, als lebenstiftende, weltbeschwingende und geistbildende Urmacht. „Amor ist es, der uns zusammendrückt." Das ist zwar Novalis, aber fast wörtlich sagt dies, in der Nachfolge Hesiods, der den Eros als Urgestalt philosophischen Daseins feiernde Platon durch den Mund der Priesterin Diotima, die den Sokrates in die Mysterien der geschlechtlich-übergeschlechtlichen Liebe eingeweiht habe.

Der die Poeten aus seinem Staat verbannende Philosoph hat nicht nur selbst in seiner Jugend Tragödien hervorgebracht, die verlorengegangen sind, sondern gibt sich auch in seinen Dialogen immer wieder als hinreißender Dichter zu erkennen, im „Lysis", im „Symposion", im „Phaidros" (aus dem Thomas Mann ganze Passagen in seine Novelle „Der Tod in Venedig" hineingearbeitet hat). Den Homer und den Hesiod tadelt der Moralist Platon zwar, weil sie „schlechte Gleichnisse gebrauchen betreffs dessen, wie beschaffen die Götter und die Heroen seien"; er empört sich darüber, daß die Dichter sich erdreisten, den Göttern Krieg, Ehebruch und Verwandlung in Tiergestalt zuzuschreiben. Ebenso hält er, wie später frühchristliche Eiferer und puritanische Protestanten, das Theaterspiel für eine bedenkliche Sache, weil zu lügenhafter Nachahmerei und aufreizender Verwandlungskunst verführend.

Doch derselbe Platon spricht an andrer Stelle, in den „Nomoi", von dem „gottbegeisterten Dichtergeschlecht", das „durch die Gunst der Chariten und Musen mit seinen Liedersprüchen oft genug die Wahrheit trifft". Derselbe Platon plädiert für eine musische Erziehung, lobpreist das Ästhetische als menschenbildende, ethosformende Macht. Gesang und Reigen sind für ihn nicht bloß Kinderspiel, sondern staatsbürgerliche Einrichtung und Gottesdienst zugleich. Platon, der einmal die Dichter für Lügenbolde und Jugendverderber, ein andermal für göttlich inspirierte Lehrmeister der Wahrheit hält, einmal geradezu calvinistisch ernst und nüchtern, dann aber zu solchen Aussagen sich hinreißen lassend: „Jedermann also, ob Mann oder Frau, möge die schönsten Spiele zum eigentlichen Inhalt des Lebens machen, ganz im Gegensatz zu der jetzt herrschenden Denkweise ... Eben dies, Spiel und Bildung, sind für uns Menschen das Ernsthafteste. Gewisse Spiele muß man zum eigentlichen

Inhalt des Lebens erheben, nämlich Opfer, Gesänge und Tänze" (Nomoi).

Der die Vernunft vergöttlichende, die Leidenschaften verdächtigende Intellektualist feiert im „Phaidros" Begeisterung und Wahnsinn, *Enthusiasmos* und *Mania*, als Gottesgeschenke, die den in sich verrammelten und verkrusteten Menschen überschwänglich heilsam entgrenzen, öffnen und erschüttern: „Nun aber entstehen uns die kostbarsten Güter aus einem Wahnsinn, der als göttliche Gunst verliehen wird ..."(Phaidros); und er zählt auf die Pythia des Orakels zu Delphi, die Priesterinnen in Dodona, die Sibylle und andere verzückte Seherinnen; die Mysterien des Rausch- und Lösegottes Dionysos; das Besessensein von den Musen, das den Dichter erst zum Dichter werden läßt; und schließlich die Hingerissenheit durch das überwältigende Ereignis des Schönen, die erotische Erschütterung, die allerdings etwas anderes ist als noch so heftige Begierde. „Tatsächlich ist es allein der Schönheit beschieden, zugleich in höchstem Maße sinnenfällig und liebenswürdig zu sein ..."

Der die Schönheit als Theophanie rühmende ist zugleich der das Schauen als klarsten, am geistigsten gestimmten Sinn feiernde Platon. Kein Wunder, daß er immer wieder Künstler, Ästheten und Kunstbegeisterte angezogen hat, auch solche, die von sich behaupteten, überhaupt kein Organ für Philosophie zu haben. Die Reihe reicht von Raffael über Shaftesbury, Winckelmann und Joubert bis zur deutschen Klassik und dem Grafen Platen, ja sogar bis zum Jugendstil, bis zu Stefan George, dem Maler, Graphiker und Schriftsteller Richard Seewald, den Malern von Beuron, und dem eine Ethik der Schönheit kündenden Paneuropa-Pionier Richard Coudenhove-Kalergi. „Wär nicht das Auge sonnenhaft, / Die Sonne könnt es nie erblicken ..." Goethe hat mit diesen Versen eine durch Plotin vermittelte erzplatonische Einsicht dichterisch knapp zur Sprache gebracht.

Der das Schöne mit dem Guten aufs innigste zusammenschauende Platon ist der Vater des Idealismus. Durch ihn ist das Wort *Idee* zum festen philosophischen Terminus geworden.

Das griechische Wort *idea* (Aussehen, Erscheinen, Gestalt) leitet sich ab von *idein* (sehen, erblicken, schauen); das dazu gehörige Verbalnomen lautet *eidos* (Bild, Gestalt, Form, das Geschaute). Die Verkleinerungsform von eidos heißt *eidolon* (Bildchen). Von ihm leiten sich übrigens unsere drei Fremdwörter ab: *Idol* (Trugbild, Gespenst, Wahnvorstellung, Götzenbild), *Idyll* (Bild friedlich-einfach-beschaulichen Lebens) und schließlich *Ideal* (Vorbild, Leitbild, Zielbild).

Welch ein Glück, daß Platon niemals genau definiert hat, was Idealismus ist, wie er ja auch für das, was er mit „Idee" meint, stellenweise andere Ausdrücke gebraucht. Zweierlei liegt freilich offen zutage. Erstens: „Idee" ist bei Platon etwas ganz anderes, recht eigentlich sogar das Gegenteil von dem, was man heute darunter gedankenlos versteht; Idee ist mehr als ein bloßer Gedanke, Begriff oder gar Einfall — und mit eben dieser Einsicht, die Platon immer wieder aufs neue erörtert, beginnt philosophische Kultur. Zweitens: Idealismus ist keine „Lehre", sondern eine Lebenshaltung; keine Theorie, sondern eine Praxis, allerdings eine theoretisch erleuchtete Praxis oder, wie die Franzosen es nennen, *manière de vivre.* Der Materialismus ist in weit höherem Maße eine Theorie als der Idealismus; abgesehen davon, daß er sowohl historisch als auch systematisch immer der zweite, wenn nicht gar dritte in der Folge und im Range ist: Antwort, Polemik und Berichtigung des Idealismus; nicht Aktion, sondern Reaktion.

Die Idee ist das Geschaute. Sie ist eigentlich das, was nicht nur wir Menschen eräugen, sondern, wenngleich bewußtlos, alle Geschöpfe in dem Grade, in dem sie wesen und sind. Das ist der tiefe, der abgründige Gedanke, den Platon mit dem Begriff der *methexis* („Teilhabe") umschreibt. Alles Seiende verdankt sich einem Sehen, Gesichtetwerden oder kurz und knapp: einem Gesicht. Die Vision ist nur die höchste Steigerung jener seinsstiftenden Ekstase, in der alle Wesen sich an dem Anblick der Ideen ausrichten und von ihnen durchschaut, durchlichtet und mit Sein belehnt werden. Sie bilden sich aus, indem sie sich in die ihnen entsprechenden Ideen ein- und hineinbilden, imaginieren in die „Imago" des Urbildes.

Das sei eine „spekulative" Marotte, mag man sagen: „Begriffsdichtung", „nichts als Idee", vielleicht sogar im klinischpsychiatrischen Sinne „fixe Idee". Das über die Spekulation verhängte Verdikt schüchtert viele ein. Es hatte eine gewisse Berechtigung als Korrektiv gegen einen zuchtlosen Mystizismus. Aber Philosophie ist Spekulation, weil Platon die Philosophie ist. Es ist aberwitzig, von der Philosophie zu verlangen, sich angesichts der Erfolge einer methodologisch beschränkten Naturwissenschaft auf bloße Fragen der Epistemologie, Logik und Semantik zu konzentrieren (so bedeutsam diese Probleme unleugbar sind, sofern man sie in einem größeren Sinnzusammengang behandelt). Arbeitsteilung, Methodologie, Aufmerksamkeit auf reproduzierbare und zwingend einsichtige Details in Ehren — aber dies kann doch nicht das letzte Wort sein: Sicherheit um jeden Preis, Wahrheit reduziert auf das experimentell Erwiesene oder mathematisch Gültige. Auf die Dauer läßt sich nicht der mit dem Leben gleichzusetzende Impuls unterdrücken, der wissen will, *was* es alles zu verstehen gibt, und nicht bloß, *wie* es nach den Normen der Schule zu verstehen sei. Wer diese meine Auffassung teilt, befindet sich in guter und überaus bunter Gesellschaft, in der man Whitehead, Bergson, Klages, Solowjow, Heidegger, Bloch, Spann und Hans Jonas begegnen kann. Sie alle haben das Abenteuer der Spekulation gewagt.

Man lasse sich doch nicht durch den zufälligerweise in die Sprache der Börsianer und Steuerfahnder gelangten Ausdruck beirren. Spekulieren kommt vom lateinischen *speculari*, „spähen", auslugen, ins Auge fassen. Aus einem gewissen Abstand, etwa von einer Warte *(specula)*, das, was sich zeigt, die *species*, nachdenklich zu betrachten, ist die spekulative Haltung des Philosophen vom Schlage Platons. Das lateinische Wort *species* (Anblick, Gestalt, Erscheinung) entspricht ganz dem griechischen *eidos* oder *idea*. Der spekulierende Mensch gleicht dem Türmer Lynkeus, der das platonische Hochgebet ausspricht:

Zum Sehen geboren,
Zum Schauen bestellt . . .

Der spekulierende Philosoph ist in die Tiefe spähender Kundschafter des Weltgeheimnisses. Sicherheit gibt es da keine, eher packt ihn der Schwindel. Statt verbürgte Gewißheit in kleine Rechenpfennige auszumünzen, setzt er sich einem ätherischen Taumel aus. Dieser Taumel ist das Staunen, das *thaumazein* des Griechen — die Wurzel ursprünglicher Spekulation. Platon nennt es ausdrücklich „das Pathos des Philosophen". Und abermals, wie bei den Wörtern Idee und Spekulation, gewahren wir eine schaubezügliche oder ophtalmische Grundbedeutung. Sowohl das griechische *thaumazein* wie das deutsche *staunen* bedeuten bereits in vorphilosophischem Sinne soviel wie verwundert anschauen, unverwandten Blickes starren, vor dem Unbekannten, Fremden oder Wunderbaren anschauend standhalten ...

Diese Haltung des Staunens verbindet das nicht mehr ganz wilde, aber noch nicht verkorkste Kind mit dem Philosophen Platon, in dessen Dialogen sich so viele Gedanken über Kindheit und Jugend, Erziehung und Spiel finden. Der zum Sehen geborene, zum Schauen bestellte Mensch findet im Erstaunen zur Philosophie und durch sie zur Spekulation.

Anfang und Bedingung der Philosophie ist das Staunen. Das hat Platon in seinem großen Spätwerk, dem Dialog „Theaitetos", für alle Zeiten festgehalten. Hier sagt der durch die scharfsinnigen Darlegungen des Sokrates ratlos verwirrte Jüngling, nach dem der Dialog benannt ist: „Bei den Göttern, mein Sokrates, ich komme aus dem Staunen nicht heraus über die Bedeutung dieser Dinge, und manchmal wird mir's beim Blick auf sie geradezu schwindlig." Darauf versetzt der Meister dem vom Gefühl gelinden Taumels ergriffenen Theaitetos: „Das ist ganz und gar das Pathos — die Gemütsverfassung — eines wahrhaften Philosophen: das Staunen. Es gibt keinen andern Anfang der Philosophie als diesen."

Das Staunen ist aber nicht nur der kindhafte Anfang der Philosophie, sondern auch ihre reife Frucht in höchstem, beinah schon leisest verklingendem Alter. Der liebebewegte Philosoph geht den Weg vom Sinnlichen zum Seelischen, vom Seelischen zum Geistigen, und immer neue Schönheiten immer umfassenderer Art erschließen sich ihm, sagt Diotima im „Symposion". Am Ende aber wird er, so fährt sie fort, „plötzlich ein staunenerregendes wesenhaft Schönes erblicken, auf das alle früheren Bemühungen hinzielten": „Auf dieser Stufe ist, wenn irgendwo, das Leben für den Menschen lebenswert."

Es ist dies der Weg vom nichtwissenden Staunen zum die Idee mit großen weitgeöffneten Augen schauenden Staunen, der Weg von der verblüfften Verwunderung zur ergriffenen Bewunderung, von der Ratlosigkeit zur Kontemplation und Spekulation.

Spekulation höchster Art kann nicht trügen. Sie vermag allerdings denjenigen, der sie pflegt, unter Umständen für das, was man gemeinhin das Leben nennt, untauglich zu machen, ähnlich wie Weitsichtige nahe liegende Dinge nicht oder nur undeutlich wahrnehmen. Ähnlich ergeht es ja auch dem Goetheschen Türmer Lynkeus. Streit und Verwirrung entstehen erst, wenn das, was staunend gesehen und visionär geschaut wurde, in Worte übersetzt werden soll: in meistens vieldeutige und durch langen Gebrauch belastete Worte aus oft ganz andern Lebensbereichen. Streit und Verwirrung entstehen vor allem dann, wenn Philosophie jenes *tertium datur* vergißt, das ihr Standort ist, sofern sie staunt und spekuliert: weder Wissenschaft noch Dogma, weder Laboratorium noch Kirche, weder Politbüro noch Werbeagentur, sondern eben das Aushalten im Erstaunen und die Bereitschaft, wie Heidegger, Platon fort-denkend hinzufügt, „dieses Erstaunen als Wohnsitz anzunehmen".

Wenn dies geschieht, dann verliert das Spekulieren jeden Beigeschmack von Überheblichkeit. Es ist nichts als das zutiefst demütige Verharren im Anblick der Welt-Tiefe, die tiefer ist, als der Alltagsverstand wähnt. Dieser will Sicherheit, Gewißheit, Richtigkeit, vor allem aber eine „demokratisch" mißverstandene Einfachheit. Er will begreifen und beweisen, wo man bestenfalls schauen und staunen kann, weil das in Erscheinung Tretende wesentlich unantastbar und unergründlich ist. Deshalb ist Philosophie von jeher eine Sache einsamer Einzelgänger oder kleiner verschworener Bünde, obwohl es vielleicht jedem Menschen in gewissen Augenblicken widerfährt, unbewußt und ungewollt zu philosophieren.

Auch dies hat Platon bereits gesehen, wie sein Wort im Dialog „Sophistes" zeigt, wo vom Denken als dem „tonlosen Gespräche der Seele mit sich selbst" die Rede ist. Der Denker ist all-ein mit sich selbst. In der Zwiesprache der Seele kommt etwas zu Wort, das im Grunde unsagbar ist. Es sind die ersten und die letzten Dinge, auf die es ankommt. Logik und Dialektik, Geometrie und Semantik, Definitionen und Methoden, Zahlen und Figuren sind dazu nur Vorspiel, Rüstzeug und Übung. Sie sind nicht das Ziel. Das Ziel ist wie der Ursprung der hochzeitliche Beginn des Staunens. Von ihm gilt das merkwürdige Wort in den „Nomoi": „Denn der Anfang ist auch ein Gott und rettet alles, wenn er von jedem die gebührende Ehre empfängt." In ihm gründet fruchtbare Spekulation, die im Grunde Intuition ist.

Was aber ist Intuition? Nun, es kann ja gar nicht anders sein, das aus dem Lateinischen stammende Wort bedeutet ursprünglich ganz einfach: anschauen, betrachten, im Auge haben, in gelegentlichem Zusammenhang auch: staunen. Diese spekulierende Intuition oder intuitive Spekulation kann in dafür Empfänglichen geweckt, aber nicht wie einer der üblichen Lehrgegenstände eingetrichtert werden. Das ist der Sinn der sokratischen Kunst, der Mäeutik, der „Hebammenkunst", die ebenso ein Charisma ist wie der damit eng verwandte pädagogische Eros. Wem sie zu eigen sind, von dem geht jene Wirkung aus, die Adalbert Stifter in seinem wahrhaft platonischen Roman „Nachsommer" einer vornehmen Frau zuschreibt: „Es schien, daß das, was die vorzüglichsten Männer in ihrer Gegenwart sprachen, von ihr angeregt wurde, und daß ihre größte Gabe darin bestand, das, was in andern war, hervorzurufen." In Gegenwart solcher Menschen erinnern wir uns plötzlich dessen, was wir nichtwissend schon wissen. Erinnernd wird aus Einsamkeit Gemeinschaft, aus Schweigen Zuspruch.

Auch dies hat Platon in den unvergeßlichen Worten seines siebenten Briefes formuliert, im Bewußtsein, daß er hier eine Dimension berührt, die eigentlich jenseits des Äußerungsfähigen liegt: „Denn es läßt sich nicht in Worte fassen wie andere Wissenschaften, sondern aus dem Zusammensein in ständiger Bemühung um das Problem und aus dem Zusammenleben entsteht es plötzlich wie ein Licht, das von einem springenden Funken entfacht wird, in der Seele und nährt sich dann weiter durch sich selbst."

Platon hat mit diesen Worten sein Ideal einer „Akademie" umrissen, von der unsere Lehr- und Diskutierbetriebe bloß den Namen haben. Kein akademischer Philosoph würde heute mit Cicero Platon den „Gott unter den Philosophen" nennen. Auch vom urspringenden Staunen wird von Schulphilosophen kaum gesprochen, wohl aber in zunehmendem Maße von über die Grenzen ihres Faches hinausdenkenden Naturwissenschaftlern und Soziologen, vor allem aber von den Dichtern.

Achtzig Generationen waren über die Erde gezogen, als Nikos Kazantzakis in dem analphabetischen Arbeiter Alexis Sorbas einen Menschen unseres Jahrhunderts gestaltete, der, ohne je von Platon etwas vernommen zu haben, ein naturwüchsiger Platoniker ist: „Mit demselben fragenden Erstaunen pflegt er jeden Menschen, einen blühenden Baum, ein Glas frisches Wasser anzusehen ... Alles erscheint ihm als Wunder, und jeden Morgen, wenn er die Augen aufschlägt und die Bäume, das Meer, die Steine oder einen Vogel ansieht, steht er mit offenem Mund da."

Die Sonne Homers lächelt auch uns noch und ebenso das Intelligenz, Argument und Apophantik gewordene Lächeln der leicht gekräuselten Lippen des Sokratikers Platon. Das Lächeln des metaphysischen Charmeurs ist das gleichsam transzendentale Lächeln des Odysseus von Ithaka wie des Alexis Sorbas von Kreta. Es umspielt das Antlitz Picos della Mirandola, Erasmus', Goethes und Novalis'. Mag in gewissen Stunden philosophischer Verdauungsschwäche und Verstimmung ein freudloser Famulus sich trübselig sagen:

Ich empfinde fast ein Grauen,
Daß ich, Plato, für und für
Bin gesessen über dir:
Es ist Zeit hinauszuschauen
Und sich bei den frischen Quellen
In dem Grünen zu ergehn,
Wo die schönen Blumen stehn ...

(Martin Opitz)

Aber was ist recht verstandener Platon, der nicht zum verschulten Platonismus oder altphilologischen Pflichtpensum erniedrigte Platon, anderes als ein Wasserfall frischer Quellen und ein ewiger Frühling, der den abendländischen Geist immer wieder zum Erblühen bringt? Sooft uns seine Sonne lächelt, taut das Eis der Denkzwänge und Schematismen, ist etwas Griechisches im Aufbrechen: am Pariser Hof zur Zeit des Scotus Eriugena; im zwölften Jahrhundert in Chartres; dann im mediceischen Florenz und überhaupt in der italienischen Renaissance; in der im siebzehnten Jahrhundert gedeihenden Schule von Cambridge, die mittelbar noch einen Newton beeinflußte; in Weimar und Jena zur Zeit Goethes und Schillers; unter König Ludwig I. in München, als dort Baader, Schelling, Görres, Döllinger und Lasaulx lehrten.

Sooft uns Platon lächelt, wird es aufgeräumter, heller und freundlicher in Europa, erhebt sich der Mensch vom Prokrustesbett angemaßter Orthodoxie, kämpft er mit dem Florett gegen die Windbeuteleien der Sophisten und materialistische Herabsetzung. Platon ist allemal Geistesfrühling, Sonnenaufgang, Erwachen aus dogmatischem Schlummer und phantombewirkten Katzenjammer. Wo Platon lächelt, blüht Geistes-Gegenwart, Freude am Denken und staunende Feinfühligkeit gegenüber dem Wunderbaren. Platon ist die Philosophie, die dem Boëthius im Kerker erscheint, so wie sie den zum Tode verurteilten Sokrates die ironische Haltung gegenüber dem Leben bis zuletzt bewahren läßt. Das Lächeln Platons umspielt und segnet alle Momente, in denen der Vorrang der Form vor dem Stoffe sich mit siegreicher Anmut kundgibt. Es erneuert und vertraut auf die ästhetische Erziehung des Menschen, die Versöhnung von Sinnlichkeit und Geist, Schönheit, Weisheit und Güte. Es läßt uns entzückt für einen gnadenhaften Augenblick *un riso dell'universo* gewahren, von dem Dante (Paradiso XXVII, 4 ff.) singt:

Was ich hier sah, schien mir ein Lächeln süß
Des Weltalls, also daß mir Aug und Ohr
Die Trunkenheit ins Innere strömen ließ.

(1989)

Titus Livius

„Wenn ich von alten Dingen schreibe, werde ich selbst vom Geist des Altertums erfüllt . . .“

Süß ist es, in den Wohnungen der Ahnen zu weilen und sich Worte wie Taten der Alten zu vergegenwärtigen.

Hegesippos

Dank habe ich Dir zu sagen namentlich dafür, daß Du mich oft die gegenwärtigen Übel vergessen läßt und mich glücklicheren Jahrhunderten einreihst.

Francesco Petrarca: Brief an Titus Livius (1351)

Im Jahre 31 vor Christus besiegte Octavian, der sich später Augustus nannte, in der Seeschlacht bei Actium seinen Rivalen Mark Anton. Seit 36 mit der ägyptischen Königin Kleopatra verheiratet, war Mark Anton daran gewesen, sich zum Alleinherrscher über das gesamte östliche Mittelmeer aufzuschwingen und langfristig eine tiefgreifende Orientalisierung des gesamten Römischen Reiches mit Nachdruck zu betreiben. Mark Anton hatte aus diesen Absichten kein Hehl gemacht, als er sich in Kleinasien als Doppelgänger, ja als Inkarnation des am wenigsten römischen, des am meisten morgenländischen Gottes der Antike feiern ließ: als neuer Dionysos. In Ephesos waren als Bakchantinnen verkleidete Frauen, als bocksfüßige Satyrn und Pane kostümierte Männer und Knaben vor ihm hergezogen. Ganze

Orchester von Schalmeienbläsern, Flötisten und Harfenspielern brachten dem seine Apotheose zelebrierenden Potentaten oratoriengleiche Musikwerke dar. Weihrauchopfer und Fackelgewaber rundeten die liturgischen Festivitäten ab, die alsbald in Athen fortgesetzt wurden. Dort gab Mark Anton auf der Akropolis ein tagelanges Sakralbankett. Auch bei diesem üppigen Gelage, das von orientalischem Prunk geprägt war, ging der römische Feldherr und Gefährte der in Ägypten göttliche Ehren genießenden Kleopatra als Dionysos umher. Als die Athener seinen Vergöttlichungsgelüsten mit dem launigen Einfall schmeichelten, ihm die Stadtgöttin Pallas Athene zur Gemahlin anzubieten, ging Mark Anton leutselig auf dieses Anbieten ein — und verlangte erpresserisch eine Mitgift von umgerechnet vier Millionen Mark.

Dies also war der Gegenspieler, über den im Jahre 31 vor Christi Geburt der von Cäsar testamentarisch an Sohnes statt angenommene und zum Haupterben eingesetzte Octavian in der Schlacht bei Actium vor der Nordwestküste Griechenlands siegte. Ein Jahr darauf — 30 vor Christus — war auch Ägypten erobert, Mark Anton und Kleopatra hatten Selbstmord begangen. Von dem einstigen Triumvirat, das Antonius, Lepidus und Octavian im Kampf gegen die Mörder Cäsars gebildet hatten, war Octavian als unumstrittener Alleinherrscher übriggeblieben. Das Zeitalter beispiellos grausamer Bürgerkriege war damit zur Neige gegangen.

Octavian, seit dem Jahre 27 mit dem Würdenamen Augustus ausgezeichnet, verkörperte in allem das genaue Gegenteil von Mark Anton. Hatte dieser eine forcierte Orientalisierung des Römischen Reiches nach dem Vorbild Alexanders des Großen und seiner Diadochen ins Werk zu setzen begonnen, so wählte der kühler überlegende Erbe Cäsars den umsichtigeren Weg einer Rückbesinnung auf verbürgte bodenständige altrömische Traditionen. Verglichen mit dem von Mänaden und Bakchanten als wiederauferstandener Weingott durch die Lande schwärmenden Mark Anton erschien Augustus geradezu als ein phantasieloser, begeisterungsunfähiger, ganz und gar nüchtern kalkulierender Pedant.

Er war genau der Mann, den die damals von Bürgerkrieg, Terror und Willkürjustiz zerrütteten Massen aus innerem Antrieb bevorzugten. Augustus herrschte nicht durch Proskriptionen und andere Schreckensmaßnahmen; anders als später Tiberius oder Mark Aurel ekelte es ihn aber nicht im geringsten vor dem Gebrauch höchster Macht. Das abschreckende Beispiel Cäsars, der ermordet wurde, als er auf Vergöttlichung Wert zu legen begann, hielt Augustus zeitlebens davon ab, sich selbst ausdrücklich als Gott-König asiatisch-hellenistischen Stils zu bezeichnen. Er begnügte sich damit, dem ermordeten Großonkel einen eigenen Tempel zu errichten. Insbesondere aber ließ er es sich angelegen sein, die überkommenen Heiligtümer, Priesterschaften und Kulte altrömischer Religion eifrigst wiederherzustellen und zu fördern. Obwohl tatsächlich der Begründer des römischen Kaisertums in Gestalt des „Prinzipats", pflegte er die republikanisch-senatorischen Traditionen geflissentlich zu wahren und die durch das Chaos der Bürgerkriege angegriffenen Lebensformen, Geisteshaltungen und Brauchtümer zu erneuern.

Zu denen, die damals zum ersten Male seit Menschengedenken erleichtert aufatmeten, gehörte neben den Dichtern Vergil, Horaz und Properz auch der aus Patavium — dem heutigen Padua — stammende Historiker Titus Livius. Seine genauen Lebensdaten lassen sich nicht mehr ermitteln. Feststeht, daß er ungefähr gleichaltrig mit Augustus war, als er um das Jahr 27 vor Christus mit der Niederschrift seines Lebenswerks begann, der Römischen Geschichte *„Ab urbe condita"*, „Seit der Gründung der Stadt". Sie beschäftigte Titus Livius bis zu seinem Tode, der zwischen 12 und 17 nach Christus anzusetzen ist, während Augustus im Jahre 14 starb und gleichzeitig im fernen Judäa ein Jüngling namens Jesus heranwuchs, von dem es im Evangelium nach Lukas ausdrücklich heißt, daß er geboren worden war: „in jenen Tagen, als von dem Kaiser Augustus eine Verordnung — im griechischen Text steht: ein *Dogma* — ausging, daß sich der gesamte bewohnte Erdkreis in Steuerlisten einschreiben lasse . . ."

Rom, wohin Livius wohl schon in jungen Jahren übersiedelt war, stellte damals den Mittelpunkt eines riesigen, viele Völker, Sprachen, Religionen und Kulturen umfassenden Reiches dar, dessen Ursprung ein im Dämmer sagenhafter Frühgeschichte gegründeter Stadt-Staat bildete. Die Kelten in Gallien, Britannien und Süddeutschland waren in dieses Imperium rund um das gesamte Mittelmeer ebenso einbezogen wie die östlichen Völker in Syrien, Phönizien, Palästina und Kleinasien, wie die Ägypter, Karthager und Numidier in Nordafrika, die Illyrier, Makedonier, Thraker und Griechen auf dem Balkan. Trotz der ethnischen Vielfalt, die die älteste Hochkultur und schriftlose Barbarenvölker umfaßte, gelang es Rom, diesem gewaltigen Reich einige gemeinsame Züge aufzuprägen. Wenngleich griechische Bildung allerorts gepflegt wurde, so war doch das Lateinische reichsweit die Sprache der Verwaltung und des Militärs.

Wie war es möglich gewesen, daß ein in sagendunkler Frühzeit von Flüchtlingen, Räubern und anderem Gelichter gegründetes Gemeinwesen, das anfänglich kaum mehr als ein Asyl für Abenteurer, Banditen und Gescheiterte aller Art dargestellt haben mag, innerhalb einiger Jahrhunderte zu einer hochzivilisierten Weltmacht wurde? War der Höhepunkt dieses Vielvölkerstaates unter lateinischer Oberhoheit bereits überschritten? Hatten nicht die jahrzehntelangen Wirren des Bürgerkriegs den angsterfüllten Blick auf Entartung, Verfall und Reprimitivierung gelenkt?

Diese bangen Fragen stehen im Hintergrund des Geschichtswerks des Titus Livius, der — soweit wir wissen — umfangreichsten und monumentalsten historiographischen Hervorbringung der gesamten antiken Literatur. Der britische Livius-Kenner Michael Grant bemerkt dazu:

„Livius' ‚Geschichte Roms' ... umfaßte hundertzweiundvierzig Bücher. Fünfunddreißig von ihnen sind erhalten, und zwar die Bücher 1 bis 10 und 21 bis 45, die die Zeit von 753 bis 243 beziehungsweise von 219 bis 167 vor Christus behandeln. Von den verlorengegangenen Büchern besitzen wir Fragmente und Exzerpte, und außerdem existieren davon zwei Kurzfassungen ... Das Erstaunlichste an dem Geschichtswerk des Livius ist sein gigantisches Ausmaß. Das macht auch verständlich, warum so viel verlorengegangen ist ... Um diese Leistung zu vollbringen, mußte Livius mehr als vierzig Jahre lang jedes Jahr mindestens drei Bücher veröffentlichen."

Mit andern Worten: Während Augustus über vier Jahrzehnte seines Lebens damit verbrachte, unter Beibehaltung republikanischer Formen und Institutionen seine Alleinherrschaft zu festigen, schuf Livius, der bereits früh Zugang zum Kreis um den Princeps gefunden hatte, in mehr als vierzigjähriger Arbeit die 142 Bücher seiner Geschichte Roms, die den Weg von Aeneas und Romulus bis zu Augustus nachzeichneten.

„Ob ich etwas tue, was die Mühe lohnt. . ., weiß ich nicht recht, und wenn ich es wüßte, würde ich es wohl nicht zu sagen wagen. Denn ich sehe ja, daß dies ein altes und allbekanntes Thema ist; immer neue Schriftsteller glauben, sie könnten entweder sachlich Genaueres beibringen oder durch literarische Brillanz die weniger gebildetete alte Zeit übertreffen. Wie immer es sich verhalten mag, so wird es mich dennoch erfreuen, zur Überlieferung der Großtaten des ersten Volkes auf Erden auch meinerseits nach Kräften beigetragen zu haben. Und sollte in einer so großen Schar von Autoren mein eigener Ruhm untergehen, so mag der hohe Rang und die Größe jener, die meinen Namen in den Schatten stellen werden, mich trösten . . ."

Mit diesen Worten leitet Titus Livius *„Ab urbe condita"* ein. Von der Überzeugung, daß das Thema großartig sei, hebt sich eine gewisse Stimmung der Demut, ja Verzagtheit angesichts der Überfülle der zu sammelnden Tatsachen und konkurrierender schriftstellerischer Versuche ab. Lohnt sich überhaupt die unübersehbare Mühe, in den Abgrund der Vergangenheit zu tauchen? Ist es überhaupt verdienstvoll, eine vollständige Geschichte des Römervolkes in Angriff zu nehmen?

Doch verstehen wir Livius richtig, wenn wir unterstellen, daß ihn zu Beginn seines Werkes Mutlosigkeit zu übermannen droht? Oder spielt er nur den Bescheidenen, wenn er damit rechnet, daß sein Name trotz aufgewandten Fleißes im dunklen bleiben mag? Ohne sie namentlich zu nennen, gedenkt Livius der großen Schar anderer Schriftsteller, mit denen er zu wetteifern wagt. Der Altphilologe ahnt, wen Livius in diesem Zusammenhang meint, doch dies ist ein Detailproblem, für das nur Spezialisten Anteilnahme aufbringen können.

Hier ist bloß ein einziger Aspekt belangvoll: Alle diese ungenannten Geschichtsschreiber waren auch Politiker, vielfach sogar Inhaber hoher und höchster Staatsämter, und eben dadurch repräsentierten sie für antike Verhältnisse den Normalfall.

Livius hingegen ist ein Außenseiter. Man kann sich gut vorstellen, daß er von den zünftigen Historikern, die zugleich karrierebewußte Beamte waren, ähnlich eingeschätzt wurde wie noch im vorigen Jahrhundert ein ausschließlich von den Erzeugnissen seiner Feder lebender Literat von einem ostelbischen Großgrundbesitzer. Einem aristokratischen Junker, der regelmäßig zumindest Reserveoffizier war, galt der freie Schriftsteller und Publizist kaum als Mann im Vollsinn des Wortes, sondern als weltfremder Stubenhocker und vogelscheuchengleicher Tintenkleckser, der das Leben überwiegend durch Lektüre kennt und als jämmerlicher Spitzweg-Kauz mit kurzsichtigen Triefaugen und verkrümmtem Rückgrat ruhmlos endet. Als ein solcher Mann scheint auch Titus Livius von einigen seiner Zeitgenossen eingeschätzt worden zu sein. Michael Grant stellt dazu in seinem Buch „Klassiker der antiken Geschichtsschreibung" fest:

„Das Leben des Livius verlief ausnehmend ruhig. Er war das genaue Gegenteil von politisch aktiven Geschichtsschreibern wie Thukydides, Xenophon oder Polybios .... Den größten Teil seines Lebens verbrachte Livius mit Lesen und Schreiben. Er ist der einzige römische Historiker, der niemals ein Staatsamt übernommen hat, das ihn über die Grenzen Italiens hinaus geführt oder es ihm ermöglicht hätte, größere Reisen zu unternehmen... Vor Livius wäre eine derart klare Unterscheidung zwischen Stubengelehrsamkeit und politischer Tat nicht möglich gewesen."

Um so bemerkenswerter ist das Selbstbewußtsein dieses ausgesprochen kontemplativen Mannes, der sein ganzes bewußtes Leben einzig dem Gedächtnis fremder, teilweise schon vor Jahrhunderten geschehener Taten und Leiden gewidmet hat:

„Und sollte in einer so großen Schar von Autoren mein eigener Ruhm untergehen, so mag der hohe Rang und die Größe jener, die meinen Namen in den Schatten stellen werden, mich trösten."

Spricht einer so, der an seiner Bedeutung und Schöpferkraft zweifelt? Es gehört hoher Rang und Größe dazu, wenn jemand

Livius in den Schatten stellen will. Die Zweifel, die ihn quälen, sind ganz anderer Art:

„Überdies erfordert die Aufgabe, die ich mir gestellt habe, auch einen unermeßlichen Arbeitsaufwand. Geht es doch um die Vergegenwärtigung von mehr als siebenhundert Jahren und um einen Staat, der, so gering sein erster Anfang war, solchermaßen emporgewachsen ist, daß er nunmehr unter seiner Größe zum Erliegen zu kommen droht. Außerdem wird zweifellos den meisten Lesern die Urgeschichte und das, was dieser am nächsten liegt, weniger Vergnügen bereiten, da sie es eilig haben, zum Gegenwärtigen und Aktuellen zu kommen, wo des schon lange übermächtigen Volkes Kräfte sich selbst verzehren."

Nicht an der Größe Roms und am grandiosen Charakter seiner Geschichte zweifelt somit Livius, wohl aber an der Zukunft des übermächtigen Reiches, das an seiner Übermacht zu leiden begonnen hat und von seiner Riesengröße erdrückt zu werden droht. Fast fällt dem modernen Leser dazu ein Vers des deutschen Dichters Stefan George ein, ein Vers, der nicht unbedingt als Schmähung der Demokratie verstanden werden muß, sondern ebensogut als Warnung vor inflationärer Größe gedeutet werden kann: „Schon eure zahl ist frevel". Darüber hinaus rechnet Livius mit Lesern, die sich nur für die Gegenwart oder die „Zeitgeschichte" interessieren, nicht aber für die Ur- und Frühgeschichte, die ihm besonders am Herzen liegt, hierin gleichsinnig mit den betont kulturkonservativ-traditionalistischen Bestrebungen, die Augustus eingeleitet und zeitlebens gefördert hat:

„Ich hingegen werde auch dies als Lohn für meine Mühe erstreben, daß ich mich vom Anblick der Übel, die unser Zeitalter schon so viele Jahre lang hat mitansehen müssen, wenigstens so lange abwenden kann, als ich mir jene alten Zeiten aus ganzer Seele wieder vergegenwärtige, frei von allen Sorgen, die einen beim Schreiben wenn schon nicht von der Wahrheit abbringen, so doch in Unruhe versetzen können. Was vor der Gründung oder der geplanten Gründung der Stadt mehr in dichterisch ausgeschmückten Sagen als in unverfälschten Zeugnissen der Ereignisse überliefert wird, das möchte ich weder als richtig hinstellen noch zurückweisen. Man verzeiht es dem Altertum liebend gern, daß es die Ursprünge der Städte verklärt, indem es Menschliches mit Göttlichem vermischt. Und wenn es einem Volk verstattet wäre, seine Ursprünge mit weihevollem Nimbus zu versehen und seine Begründer als Götter hinzustellen, dann besitzen die Römer solchen Kriegsruhm, daß es die Völker der Erde mit derselben Gelassenheit hinnehmen, wenn jene als ihren Stammvater gerade den Kriegsgott Mars nennen, wie sie die römische Herrschaft selbst ertragen."

In diesen Sätzen enthüllt Livius nicht nur sein Programm, sondern auch den innersten Antrieb, der seine Geschichtsschreibung beflügelt: Liebe zur Vergangenheit, wie sie in Mythen, Sagen und Dichtungen verklärt überliefert ist; Ehrfurcht vor den Ursprüngen, die er, anders als zeitgeschichtliche Zeugnisse, weder verifizieren noch falsifizieren, weder als richtig hinstellen noch als Fälschungen entlarven, sondern mit einer beinahe schon religiösen Andacht als bedeutungsträchtige Sinnbilder von legendarischer Prägnanz sammeln und auslegen will; Ergriffensein von der Größe Roms, des weiträumigsten Reiches der Welt, von dem man damals wußte, verbunden mit der düsteren Ahnung, in wie hohem Maße diese Größe gefährdet ist und auf vulkanischem Untergrund beruht. Livius, der an ungezählten Stellen seinen Sinn für Skepsis bezeugt und sich als moderner Großstädter zu erkennen gibt, läßt sich als vom Eros zum Archaischen erfüllter, als von der Magie des in einem wehmütig-divinatorischen Sinne „Ewig-Gestrigen" gebannter Altertumsforscher, Archivar und Antiquar zu dem wunderbaren Bekenntnis hinreißen, das eines Görres, Savigny, Bachofen oder Jakob Grimm würdig wäre:

„Wenn ich die Ereignisse der alten Zeiten schreibend festhalte, — kaum weiß ich zu sagen, wie mir dabei geschieht — werde ich selbst vom Geist der alten Zeit erfüllt, und eine fromme Scheu hält mich davon ab zu unterstellen, das, was jene sehr klugen Männer als bedeutsam für den Staat anerkennen zu müssen meinten, sei unwürdig, in meinem Geschichtswerk aufgezeichnet zu werden."

Mit diesen ergreifenden Worten rechtfertigt Titus Livius, der im Alltag ein aufgeklärter Stoiker gewesen sein mag und, ähnlich wie Cicero, für Aberglauben wenig übrig hatte, die von ihm den überlieferten Wundern, Vorzeichen und Seltsamkeiten entgegengebrachte Aufmerksamkeit, die Nennung der unzähligen *omina, prodigia* und *mirabilia* in einem Werk der Geschichtsschreibung. Indem Livius längst vergangene, scheinbar völlig abgetane, ja für überholt und sinnlos gehaltene Vorfälle und Bräuche schildert, wird er selbst auf unerklärliche Weise vom Genius der Vergangenheit übermannt; durch andächtige Zuwendung zum Altertum gerade dort, wo es am antiquiertesten und obsoletesten erscheint, wird unwillkürlich die Seele des Geschichtsfreundes selber uralt; sie wird synchron mit ihrem Gegenstand, sie versetzt sich mit totenbeschwörerischer Zaubergabe in untergegangene Frühwelten. Der Spätzeitmensch gewahrt, daß in den Tiefenschichten seines Gemüts unter zivilisatorischem Firnis der Urmensch, der *homo magus et divinans*, der an göttlich-dämonische Vorzeichen und Eingriffe glaubende, mit ihnen geradezu rechnende und sie immer wieder er-äugende „Primitive" unvermindert lebendig ist. Karl Kerényi, der ungarische Mythenforscher und Freund Thomas Manns sowie Carl Gustav Jungs, bemerkt zu diesem Geständnis des Livius:

„Ein kostbares Bekenntnis von jenem inneren Geschehen, das über den bewußt arbeitenden Historiker Herr wird und ihn in der Geschichte, die sich zu seinem Werke gestaltet, aufgehen läßt! Selbstbekenntnis des wahren schöpferischen Menschen, ohne es sein zu wollen . . . Ist Livius deswegen, weil er mit seiner Seele in die andersgeartete Welt der Ahnen hinuntertaucht, weniger glaubwürdig als ein heutiger Geschichtsforscher, der das Entgegengesetzte tut und Gestalten, Schöpfungen, Begebenheiten jener anderen Welt so faßt, als gehörten sie seiner eigenen, durch die für unsere Zeit festgestellten Kräfte bestimmten Welt an?"

Aber ist diese Pietät gegenüber dem Vergangenen — Livius spricht im Originaltext wörtlich von *religio* — letzten Endes nicht doch das weltflüchtige Spiel eines von der Prosa der Gegenwart angewiderten konservativen Schöngeistes? Was soll die innige Zuwendung zum Fremden, Fernen und Gewesenen mit Hilfe einer zumindest probeweisen Dienstenthebung des „kritischen" Bewußtseins? Dies ist allerdings eine sehr moderne, um nicht zu sagen plebejische Fragestellung, die die Eigenart und Eigengesetzlichkeit dessen, was in der Sprache Hegels „objektiver Geist" heißt, völlig verkennt. Für denjenigen, der aus den Melodien der Gegenwart die begleitenden Stimmen der Vergangenheit herauszuhören vermag, bedarf das Studium der Geschichte keiner Rechtfertigung. Es ist in sich sinnvoll und ein Humanum ersten Ranges, so wie es auch Kunst, Religion, Dichtung und Liebe sind. Gleichwohl fügt der von altrömischer Vergangenheit gebannte Augustëer Titus Livius sein Geschichtswerk einem ethischen, politischen und philosophischen Rahmen ein. Geschichte dient immer der Ortsbestimmung der Gegenwart. Sie ist eine Quelle moralischer Inspiration. Sie enthüllt uns Möglichkeiten des Menschseins, die den Leser oder Hörer beschwingen können. Sie zeigt im Vergangenen gewisse Urformen und Urgestalten auf, charakteristische Ereignisabläufe, Entscheidungssituationen und Lebenshaltungen, die zwar in bestimmten Epochen aus der Mode sein mögen, aber grundsätzlich immer wiederkehren können. Für Livius ist das Studium der Geschichte mehr als Liebhaberei für Antiquitäten oder kulturkonservative Denkmalpflege. Sie erscheint ihm vielmehr als erzählte Anthropologie, ja als humane Verhaltensforschung in praktisch-ethischer Absicht:

„Darauf aber lenke mir ein jeder sein Augenmerk: wie das Leben, wie die Sitten gewesen sind; durch welche Art von Männern und mit welchen Mitteln zu Hause und im Krieg die Herrschaft grundgelegt und vergrößert worden ist; dann möge ein jeder im Geist verfolgen, wie bei allmählichem Nachlassen von Zucht und Ordnung die Sitten zunächst gleichsam absanken, dann mehr und mehr abglitten und schließlich jäh und haltlos nach unten zu stürzen begannen — bis es zu unseren Zeiten gekommen ist, in denen wir weder unsere Gebrechen noch die Heilmittel dagegen ertragen können."

Das Trauma der Bürgerkriege, die Augustus mit seiner Alleinherrschaft beendet hat, kann und will Livius nicht verdrängen. Die von Mark Anton und seiner Geliebten, der Ausländerin Kleopatra, inaugurierte Orientalisierung des griechisch-lateinischen Raumes ist für ihn nur aufgeschoben. Erschrocken, beschämt und schwermütig blickt Livius auf das Gorgonenantlitz, das ihm die jüngste Geschichte zuwendet. Ungeachtet seiner

Sympathien für die von Augustus mit Nachdruck vorangetriebene Politik einer schöpferischen Restauration, einer Rückbesinnung auf die Einrichtungen und Tugenden altrömischer Kultur teilt Livius nicht die in einer politischen Mystik gipfelnden Hoffnungen eines Vergil, der den Prinzipat als Advent eines neuen goldenen Zeitalters feiert.

Verglichen mit dem Dichter Vergil, der wie Livius aus der oberitalienischen Provinz stammt, ist der Verfasser von *„Ab urbe condita"* ein die Zeichen des Niedergangs fleißig erforschender Pessimist. Er glaubt zwar an die Möglichkeit einer Erneuerung Roms. Aber er hütet sich davor zu sagen, daß die Dekadenz bereits gebannt sei. Im Gegenteil: Die Laster und Gebrechen des Zeitalters sind unerträglich, doch ebenso unerträglich sind die Mittel, mit denen der Traditionalist Augustus ihnen abzuhelfen versucht. Doch hören wir diesen hochgemuten und gefaßten Pessimisten selbst, wie er unmittelbar nach der trüben Diagnose seiner Gegenwart den Leser plötzlich mit brüderlichem *„Du"* anspricht:

„Eines ist vor allem beim Studium der Geschichte heilsam und fruchtbringend: daß Du da an einem augenfälligen Denkmal vorbildlich dargestellte Beispiele jeder Art betrachtest. Ihnen mögest Du für Dich und Dein Gemeinwesen entnehmen, was Du nachahmen; ihnen mögest Du ebenso entnehmen, was — da es ebenso häßlich in seinem Anfang wie in seinem Ausgang ist — Du meiden sollst."

Livius wendet sich nicht an eine unbestimmte Allgemeinheit. Er spricht weder zu einem verschwommenen Publikum noch zu einer elitären Historikerversammlung. Seine Worte richten sich nicht einmal exklusiv an Römer, obwohl er diese zweifellos vorrangig anzusprechen trachtet. Livius bemüht nicht bequeme Ausdrücke der Verschleierung wie: „Man soll ..." oder „Es ist heilsam ..." oder den Bescheidenheit meist nur vortäuschenden Pluralis modestiae: „Wir wollen dem Studium der Geschichte dies oder das entnehmen ..." Livius sagt plötzlich und unmittelbar *„Du"*, nachdem er noch im Satz zuvor, mit dem er die peinliche Lage des römischen Volkes umreißt, sich der Wir-Form bedient hat. Livius ist Römer, er kennt nicht Erhabeneres auf Erden als Rom. Sein fast 150 Bücher umfassendes Geschichtswerk ist eine religiöse Beschwörung römischer Größe. Aber der Patriotismus verblendet ihn nicht. Livius ist ein bekümmerter, ein von Zweifeln und Ängsten gequälter, ein dekadenzbewußter, ein die medusenhaften Zeichen schreckenerregenden Verfalls festhaltender Römer, wenn er fortfährt:

„Aber entweder täuscht mich die Liebe zu der übernommenen Aufgabe — oder es war niemals ein Staat größer, ehrwürdiger und an ehrenhaften Vorbildern reicher, und in keinem Gemeinwesen hielten Habsucht und Üppigkeit erst so spät Einzug, in keinem standen Maß und Sparsamkeit so lange und so hoch in Ansehen: so sehr, daß man um so weniger begehrte, je weniger man besaß. Erst vor kurzem hat Reichtum die Habgier, hat eine Überfülle an Vergnügungen das Verlangen aufgebracht, in Genußsucht und Ausschweifung zugrunde zu gehen und alles zugrunde zu richten."

In der Du-Form spricht dieser Römer über die Jahrhunderte und Jahrtausende hinweg zu jedem einzelnen Leser, sei er nun Römer oder Nichtrömer. Er widmet seine monumentale Geschichte jedem einzelnen, der am Schicksal seiner eigenen *res publica* nachdenklich Anteil nimmt, sei nun dieses Gemeinwesen eine Kommune, ein Kleinstaat, ein Reich oder eine Föderation. Livius will in erster Linie nicht Fachhistoriker heranbilden, sondern über den Tag hinaus denkende Staatsbürger, die in langfristigen Perspektiven planen und imstande sind, sich an exemplarischen Vorbildern auszurichten. Sie sind das von ihm angesprochene „Du": Mögest Du für Dich und Deinen Staat meinen Büchern entnehmen, was nachahmenswert, was verderblich ist. Livius wendet sich somit an alle diejenigen, die mit dem Philosophen Ortega y Gasset in einer eingehenden Beschäftigung mit der römischen Geschichte eine gediegene Grundlage nicht nur für das Verständnis der Gegenwart, sondern auch für ein anspruchsvolleres, sich über die Parteiphrasen erhebendes politisches Bewußtsein erblicken:

„Es gibt eine Geschichte, die durch ihren Stoff und durch den Grad der Reife, den ihre Erforschung erreicht hat, zum Muster für alle übrige Geschichte geworden ist: die Geschichte Roms."

Der mittelalterliche Christ Dante nennt in seiner „Divina Commedia" den römischen Heiden Livius als untrüglichen Kronzeugen. Im Hinblick auf die blutige Geschichte Süditaliens gedenkt er auch der Schlacht bei Cannae, in der Hannibal scheffelweise Goldringe erbeutet hat, wie Livius im zwölften Kapitel des dreiundzwanzigsten Buches seiner Römischen Geschichte mitteilt. Dante sagt dann:

Wenn sich versammeln würden alle Menschen,
Die jemals in dem glücklichen Apulien
Ihr Blut in Schmerzen haben fließen lassen,
Von den Trojanern und dem langen Kriege,
In dem der Ringe viel erbeutet wurden,
Wie es bei Livius heißt, der sich nicht irrte . . .

„*Come Livio scrive, che non erra . . .*" Ein großes Wort von einem Granden der Weltliteratur über einen antiken Historiker, den man wegen seines schriftstellerischen Ranges als „Vergil der Geschichtsschreibung" gefeiert hat! Auch wenn seit Niebuhr, Mommsen und anderen die Dante'sche Versicherung, daß Livius sich niemals irre, gründlich widerlegt ist, spricht es für die Größe des Römers, daß er leidenschaftliche Leser von der Statur eines Augustinus, Machiavelli, Montesquieu, Bachofen und Hippolyte Taine gefunden hat. In Adalbert Stifters Bildungsroman „Der Nachsommer" gehört Livius mit einigen andern antiken Historikern zur selbstverständlichen Lektüre. Überdies hat Stifter in ein von ihm zusammengestelltes Lesebuch Stücke des ihm geistesverwandten Geschichtsschreibers in eigener Übersetzung aufgenommen.

Wie gesagt: Dante irrt, wenn er behauptet, daß sich Livius niemals irrt. Obwohl die moderne Archäologie in erstaunlicher Weise viele Vermutungen des Zeitgenossen von Augustus, Vergil und Horaz bestätigt hat, empfiehlt es sich, ihn heute nicht so sehr als historisches Quellenwerk, sondern als gewaltiges Bilderbuch exemplarischer Grundformen und Urgestalten geschichtswirksamen Handelns zu lesen. Eine solche Urgestalt ist etwa der Priesterkönig und Friedensfürst Numa Pompilius, der dem kriegerischen Stadtgründer und Brudermörder Romulus folgt:

„Nachdem er so zur Herrschaft gelangt war, machte er sich daran, die junge, auf Waffengewalt gegründete Stadt durch Recht, Gesetz und Sitten neu zu gründen. Da er sah, daß sie sich daran in Kriegszeiten nicht gewöhnen könne — denn es verwildern ja die Gemüter durch den Kriegsdienst —, glaubte er, das verrohte Volk durch Entwöhnung vom Waffengebrauch friedsam machen zu müssen ... Damit die Römer — bisher durch die Furcht vor den Feinden und militärische Zucht in Schranken gehalten — nicht mangels Gefahren von außen in sorgloser Ruhe erschlafften, glaubte er ihnen als allerers tes das für eine unerfahrene und rauhe Menge wirksamste Mittel beibringen zu müssen: die Furcht vor den Göttern ... Die Leute waren mit etwas beschäftigt, und die beständige Hinwendung zu den Göttern hatte ... die Herzen aller mit solcher Frömmigkeit erfüllt, daß das gegebene Wort und der Eid weit mehr als Furcht vor Gesetzen und Strafe die Stadt regierten ..."

Kann man die friedenverbürgende, die das Gemeinwesen integrierende Macht einer intakten Religion einprägsamer darstellen als im Bildes des Priester-Königs Numa, auf den Livius die meisten Kulte und Zeremonien Roms zurückführt? Und ähnlich wie Numa und Romulus sind auch alle nachfolgenden Könige typische Repräsentanten elementarer Lebensformen, exemplarisch im Guten wie im Bösen. So heißt es etwa von Tullus Hostilius, dem dritten der sieben Könige:

„Seine Jugend und seine Kraft, noch mehr aber der vom Großvater überkommene Ruhm stachelten ihn an. In der Meinung, daß die Bürgerschaft durch Ruhe nur verkümmere, suchte er überall nach einem Anlaß, Kriege zu führen."

Ancus Martius erscheint als Brückenbauer und Gründer der Hafenstadt Ostia. So wie Numa die religiösen Bräuche für Zeiten des Friedens geregelt hat, so bestimmt er die völkerrechtlich gültigen Spielregeln einer als Götterdienst aufgefaßten Kriegsführung. Aber nicht nur paradigmatische Könige, Kulturheroen und Gründergestalten stellt uns Livius vor Augen, sondern auch die Grundformen bestimmter Handlungsabläufe, Ereigniskonstellationen und Gruppenbildungen, die im Lauf der Geschichte immer wiederkehren. Was geschieht zum Beispiel üblicherweise nach Ausbruch einer unvorhergesehenen *Verschwörung*, wenn die Obrigkeit weder ein noch aus weiß?

„Verbannte und Sklaven, an die 4 500 Mann, besetzen unter der Führung des Sabiners Appius Herdonius bei Nacht das Kapitol und die Burg. Sogleich werden diejenigen umgebracht, die sich geweigert hatten, an dem Komplott teilzunehmen und zu den Waffen zu greifen. Andere stürmen atemlos mitten in die aufgeregte Menge aufs Forum hinunter. Abwechselnd hört man rufen: ‚Zu den Waffen!' und ‚Feinde in der Stadt!' Die Konsuln scheuen sich gleichermaßen davor, die Menge zu bewaffnen wie sie unbewaffnet zu lassen, da sie nicht genau wissen, was für eine Gefahr plötzlich über die Stadt hereingebrochen sei, ob von draußen oder von innen, ob sie herrühre von der Unzufriedenheit des Volkes oder einem Anschlag von Sklavenseite. Sie suchen die Aufregung zu dämpfen. Doch eben dadurch machen sie die Sache nur schlimmer. Denn die verängstigte und verstörte Menge läßt sich nicht durch Befehle lenken ... Viele Befürchtungen unterschiedlichster Art breiten sich aus. Vor allem hat man Angst vor den Sklaven — in jedem wittert man einen Feind im eigenen Haus. Weder wenn man ihm traut, hat man hinreichend Sicherheit, noch wenn man ihm argwöhnisch das Vertrauen entzieht — weil ihn dieses Mißtrauen noch angriffslustiger stimmen kann ..."

Oder eine *Militärrevolte* anno 206. Bei den römischen Besatzungstruppen in Spanien geht das Gerücht um, daß der Oberkommandant Scipio schwer erkrankt, ja bereits gestorben sei. Verstimmt durch lange Untätigkeit schütteln die Soldaten die sonst eingehaltene Disziplin ab:

„Zuerst wurde nur heimlich geflüstert: Wenn in der Provinz Kriegszustand sei, was hätten sie dann unter Völkerschaften zu tun, die doch offensichtlich Frieden halten? Wenn aber der Krieg beendet und die Provinz unterworfen sei, warum kehrten sie dann nicht nach Italien zurück? Auch wurde dreister als sich dies mit militärischer Zucht vereinbaren ließ, der Sold gefordert; von den Wachen wurden den die Posten inspizierenden Offizieren Schimpfworte nachgerufen; und des Nachts gingen manche sogar in das durchaus friedliche Land auf Plünderung aus. Zuletzt verließ man am hellichten Tag in aller Öffentlichkeit unerlaubt das Lager. Alles geschah einzig nach dem Willen der Soldaten, nichts nach militärischer Gepflogenheit und Disziplin oder gemäß den Befehlen der Vorgesetzten. Doch blieb der Schein eines römischen Lagers in e i n e r Hinsicht insofern noch bestehen, als die Soldaten in der Hoffnung, die Offiziere würden — angesteckt von ihrer Verwegenheit — sich am Aufstand beteiligen, diese weiter auf dem Hauptplatz Recht sprechen ließen und die Parole von ihnen verlangten und ordnungsgemäß die Posten bezogen."

Als sich schließlich herausstellt, daß die Nachricht von Scipios Tod eine Falschmeldung war, schlägt die Stimmung rasch um; das Heer wird unter dem Vorwand der Soldauszahlung nach Nova Carthago — einer Stadt an der Südostküste Spaniens — zitiert; dort werden die Rädelsführer in aller Stille verhaftet und die Soldaten zu einer Versammlung zusammenberufen, in der sie sich unvermutet von schwerbewaffneten Truppen umzingelt sehen. Erschrocken stellen sie fest, daß der angeblich todkranke Feldherr besser denn je aussieht und eine Rede hält, die sie niederschmettert:

„Kaum hat er geendet, so stürzt nach sorgfältiger Vorbereitung alles Grauen in ihre Augen und Ohren. Die Truppen, die die Versammlung rings umgaben, schlagen mit ihren Schwertern an die Schilde; laut tönt die Stimme des Herolds, der die Namen der kriegsgerichtlich Verurteilten verliest; nackt werden diese herbeigeschleppt und gleichzeitig alle Strafvollzugsgeräte aufgestellt. Sie werden an Pfähle gebunden, ausgepeitscht und enthauptet, wobei alle Zuschauer so von Furcht erstarren, daß nicht nur kein Protest gegen die grausame Strafe, sondern nicht einmal ein Seufzer zu vernehmen ist. Darauf werden die Leichen entfernt, der Platz wird gereinigt; dann wird jeder einzelne Soldat namentlich aufgerufen, seinen Eid auf Scipio vor den Militärtribunen abzulegen, und zuletzt erhält er seinen Sold ausbezahlt. Dies war der Ausgang der Militärrevolte von Sucro."

Nach einer Verschwörung und einer Militärrevolte sei schließlich als Beispiel für die Livianische Darstellungskunst das *Attentat* auf König Eumenes von Pergamon angeführt.

Eumenes, der bedeutendste Vasall Roms in Kleinasien und Sieger über die keltischen Galater, ist bekanntlich der Stifter des berühmten Pergamonaltars, eines der Sieben Weltwunder der Antike. Der Altar befindet sich seit seiner Wiederentdeckung im vorigen Jahrhundert in Berlin. Der Mordanschlag auf seinen gekrönten Stifter fand 172 vor Christus statt. Dazu Livius im zweiundvierzigsten Buch seiner Römischen Geschichte:

„Es stand ziemlich fest, daß Eumenes, um dem Apollon zu opfern, nach Delphi hinaufziehen werde. Die Attentäter ... kamen hier vor ihm an, gingen überall herum und suchten nichts anderes für die Durchführung ihres Unternehmens als eine günstige Stelle. Wenn man von Kirrha — der Hafenstadt im Süden Delphis — zum Heiligtum hinaufzog, war, bevor man in dichtbebautes Gebiet kam, eine Feldmauer links von einem Fußweg, der ein Stückchen von ihrem Fundament entfernt verlief, wo man nur einzeln gehen konnte, da die rechte Seite infolge eines Erdrutsches steil in die Tiefe abfiel. Hinter der Feldmauer versteckten sie sich, nachdem sie Stufen angebracht hatten, um von ihr aus wie von einem Wall Geschosse auf Eumenes zu schleudern, sobald er vorbeiging.

Zunächst umgab ihn auf dem Weg vom Meer aus die Schar seiner Freunde und Leibwächter; dann wurde der Zug allmählich durch die Enge des Weges auseinandergezogen. Als man an die Stelle kam, wo man einzeln gehen mußte, betrat als erster Pantaleon den Pfad, ein hochgestellter Mann aus Ätolien, mit dem König Eumenes ein Gespräch begonnen hatte. Da tauchten die Attentäter auf und stießen zwei gewaltige Steine hinab, von denen der eine den König am Kopf traf, der andere an der Schulter. Betäubt stürzte er von dem Pfad in den Abgrund, und als er schon hinabfiel, warfen sie noch viele Steine auf ihn. Und die übrigen — auch seine Gefolgsleute und Leibwächter — flohen nach allen Seiten, als sie ihn stürzen sahen. Pantaleon dagegen blieb unerschrocken da, um den König zu schützen.

Obwohl die Banditen schnell um die Mauer herum zu dem Verletzten hätten laufen können, um ihm den Rest zu geben, flohen sie doch, als ob sie ihre Tat erfolgreich zu Ende gebracht hätten, auf den Kamm des Berges Parnassos, und zwar mit solcher Eile, daß sie einen ihrer Komplicen töteten. Dieser konnte durch das unwegsame und steile Gelände nicht leicht folgen und hielt dadurch ihre Flucht auf; er mußte sterben, da die andern fürchteten, er könne sie verraten, wenn er ergriffen würde."

Die von Livius erzählte Geschichte des Niedergangs der östlichen Weltmacht Makedonien und des Aufstiegs der westlichen, nämlich Roms, weist erstaunlich viele Parallelen zur Gegenwart auf. Vielleicht sind die ihn behandelnden Bücher 42 bis 45 die im Augenblick aktuellsten des gesamten Livianischen Geschichtswerks. Unbestritten findet sich darin so vieles, daß der Leser immer wieder meint, eine Zeitung vom Tage zu lesen. Einige Beispiele: Ein namhafter Staatsmann plaudert das Geheimnis aus: „Unsere Verbündeten sind eine größere Last als die Feinde." Ihm selbst wird hinwiederum nachgesagt, daß er ein besserer Hüter seines Geldes als seines Reiches sei. Ein Krieg ist zwar schon beschlossen, er wird auch bereits seit längerer Zeit insgeheim geführt — aber die offizielle Kriegserklärung läßt auf sich warten. Manchmal ist der militärische Angriff erfolgreich beendigt, bevor die öffentliche Meinung über seinen Beginn unterrichtet wird. Wer sich auf Gedeih und Verderb der Oberherrschaft einer Weltmacht unterwirft, dem wird von dieser bestätigt, daß er ein für allemal *„befreit"* sei. Dazu eine Stelle aus dem dreiundreißigsten Buch, Kapitel 32 und 33. Hintergrund ist die Intervention Roms in Griechenland, in der es um die Brechung der makedonischen Vorherrschaft geht. Selbstverständlich beanspruchen die Römer für sich Stützpunkte und anderes, aber die gesamte militärische Einmischung wird — sehr modern — mit einer allgemeinen „Freiheitserklärung" drapiert:

„Der Zeitpunkt der Isthmischen Spiele war da, die auch sonst immer vielbesucht waren wegen der dem Volk angeborenen Leidenschaft für Schauspiele, mit der es sich Wettkämpfe anschaut, bei denen es auf Fertigkeiten aller Art, auf Körperkraft und Schnelligkeit ankommt; vor allem auch war dieser Markt wegen der günstigen Lage ... ein Treffpunkt für Asien und Griechenland. Jetzt waren aber sie nicht nur zu den gewohnten Zwecken von allen Seiten gekommen, sondern auch in gespannter Erwartung, wie von nun an die Verhältnisse in Griechenland und ihr eigenes

Schicksal beschaffen sein würden ... Man hatte sich zum Schauspiel gesetzt, und der Herold trat mit dem Trompeter ... in die Mitte des Kampfplatzes ... und verkündete folgendes: ‚Der römische Senat und der Feldherr Titus Quinctius Flamininus ordnen nach dem Sieg über König Philipp und die Makedonen an, daß die Korinther, die Phoker und alle Lokrer und die Insel Euböa und die Magnesier, die Thessaler, die Perrhäber und die Phthiotischen Achäer in Freiheit, ohne Abgaben und nach eigenen Gesetzen leben sollen'.

Als man die Worte des Herolds gehört hatte, war die Freude zu groß, als daß die Menschen sie ganz hätten fassen können ... Der Herold wurde zurückgerufen, da ein jeder den Boten seiner Freiheit nicht nur zu hören, sondern auch zu sehen begierig war, und er verkündete noch einmal dasselbe."

Sarkastisch bemerkt Livius zu dieser Szene, die Vilfredo Pareto im Juli 1918 angesichts des sich abzeichnenden Zusammenbruchs der österreichisch-ungarischen Doppelmonarchie unter dem Druck der für „Demokratie" und „nationale Selbstbestimmung" kämpfenden Alliierten genüßlich zitiert hat: „Da man sich nun der Freude sicher war, klatschte und tobte man vor Freude, und wiederholte den Beifall so oft, daß man leicht erkennen konnte, wie der Masse von allen Gütern nichts lieber ist als die ‚Freiheit'."

Als die Sportveranstaltung zu Ende war, stürmte die begeisterte Menge zum Oberkommandierenden der als Befreier begrüßten Besatzungsmacht, um ihm Kränze und Bänder zuzuwerfen und Ovationen darzubringen. Der gutaussehende, beinahe noch jugendliche Feldherr Quinctius Flamininus gerät durch die verblendete Masse, die den Wechsel ihres Oberherrn als Entlassung in die Unabhängigkeit frenetisch feiert, beinahe in ein lebensgefährliches Gedränge. Dann aber erwidert er die Huldigung mit Honig-Worten, die man in Rückblick auf das zwanzigste Jahrhundert wohl wissender aufnehmen wird als dies frühere Generationen getan haben:

„Es gäbe ja *ein* Volk auf der Erde, das auf eigene Kosten, unter eigener Mühe und Gefahr für die Freiheit der anderen Kriege führe und dies nicht bloß Menschen aus der nächsten Nachbarschaft zuliebe oder mit denen es eine Landverbindung habe; das vielmehr sogar die Meere überquere, damit es überall in der Welt keine ungerechte Macht gebe, damit überall Recht und Gesetz herrschen mögen ..."

Die Freiheit, die der im Grunde seines Herzens aristokratisch-republikanisch gesinnte Livius schätzte, war nicht diese demagogische Freiheit, mit der sich Expansions- und Annexionsbestrebungen heuchlerisch tarnen, sondern die als „Herrschaft der Gesetze" verstandene Freiheit, die niemals süßer mundet als unmittelbar nach dem Sturz einer Tyrannis. So verhielt es sich in legendärer Frühzeit, als der hochfahrende Autokrat Tarquinius Superbus — der letzte der sieben Könige Roms — zu Fall gebracht worden war:

„Im folgenden will ich nun die Taten des freien römischen Volkes im Frieden und im Krieg behandeln, seine Jahr um Jahr wechselnden Beamten sowie die Herrschaft der Gesetze, die wirksamer war als die von Menschen. Daß diese Freiheit so beglückend empfunden wurde, dafür hatte die Selbstherrlichkeit des letzten Königs gesorgt."

Ein zu republikanischer Selbstbehauptung fähiges Volk braucht aber nicht nur eine als Staatsgrundgesetz aufgefaßte Verfassung, sondern muß sich selbst immer wieder in eine staatgemäße moralische Verfassung bringen. Das bekannte Wort von Ernest Renan, daß eine potente Nation sich tagtäglich in einem stillschweigenden Plebiszit erneuere, ist vermutlich von Livius inspiriert. Seine Geschichte Roms ist eine ingeniöse Galerie von exemplarischen Männern und — was weniger bekannt zu sein scheint — auch von exemplarischen Frauen. Sie sind ihm normative Musterbilder vaterländischer Pflichterfüllung, republikanischen Bürgersinns und — da sich der Ernstfall nicht hinwegrationalisieren läßt — heldenmütiger Selbstaufopferung, tapferen Ausharrens oder gemeinwohlorientierten Verzichts. Hierher gehören etwa der schon erwähnte Friedenskönig und Kultstifter Numa Pompilius, aber auch die Fedajin-Gestalt des zum Opfertod entschlossenen Konsuls Publius Decius Mus. Hierher gehören die beiden sich an die Verfassung haltenden Notstands-Diktatoren Camillus und Cincinnatus, ferner der die geheimbündlerischen Umtriebe der exotischen Bakchanalien-Winkelpriester und Orgien-Mystagogen mit kriminalistischem Geschick entlarvende Konsul Postumius und der Feldherr Scipio Africanus der Ältere, der Hannibal bei Zama besiegte. Zu erwähnen sind in diesem Zusammenhang des weiteren der liebevoll gezeichnete Hinhalte-Stratege Fabius Cunctator oder der beredsame Vermittler zwischen Patriziern und Plebejern, Menenius Agrippa, den man als Vater der organischen Staatslehre ansehen kann. Nicht vergessen seien Gestalten, die Dramatiker wie Hans Sachs, Shakespeare, Alfieri und Lessing, Maler wie Botticelli, Dürer, Cranach, Palma Vecchio, Rubens, Rembrandt, Tiepolo, Tintoretto, Veronese und andere fasziniert haben: der seine rechte Hand in die Flammen legende Mucius Scaevola; die sich nach ihrer Vergewaltigung durch den Königssohn Sextus erdolchende Lucretia; der trotz seiner Verbannung aus Rom zwar spät, aber gerade darum um so eindrucksvoller zur Loyalität zurückfindende Coriolanus; die von ihrem verzweifelten Vater getötete Virginia, deren Freiheit und Ehre durch einen korrupten Richter bedroht war; der hoch zu Pferde und in voller Rüstung in die auf dem Forum Romanum aufgebrochene Erdspalte springende Marcus Curtius.

Ein solches *„exemplum virtutis"* ist auch der Feldherr Marcus Regulus, der im Verlauf des ersten Punischen Krieges in karthagische Gefangenschaft geriet. Livius schildert sein heroisches Ende in dem leider verlorengegangenen achtzehnten Buch, das dem Heiligen Augustinus um 410 noch vorlag. Ihn hat die Gestalt des Marcus Regulus, den er als „Imperator" bezeichnet, ungemein gefesselt. Er zögerte nicht, ihm die Würde eines heidnischen Heiligen und Märtyrers zuzuerkennen. Aus diesem Grund besitzen wir von dem ansonsten die römische Geschichte scharf abkanzelnden Kirchenvater eine kurze Wiedergabe des uns abhanden gekommenen Livius-Berichts. Sie steht im ersten Buch von „De civitate Dei":

„Marcus Regulus, ein römischer Feldherr, war gefangen bei den Karthagern. Da diese ihre eigenen Gefangenen lieber von den Römern zurückhaben als die römischen Gefangenen behalten wollten, schickten sie, dies zu erwirken, mit ihren Gesandten auch jenen Regulus nach Rom. Vorher aber ließen sie ihn schwören, nach Karthago zurückzukehren, wenn er ihren Willen nicht durchsetzen könnte. Er kam hin nach Rom und riet im Senat zum Gegenteil, da nach seiner Meinung der Gefangenenaustausch für den römischen Senat nicht vorteilhaft war. Er überzeugte seine Landsleute. Sodann wurde er von ihnen keineswegs genötigt, zu den Feinden zurückzukehren. Vielmehr ging er freiwillig, weil er seinen Eid halten wollte. Die Karthager haben ihn daraufhin unter ausgeklügelten, entsetzlichen Martern ums Leben gebracht. Sie schlossen ihn stehend in einen engen, überall mit scharfen Nägeln gespickten Käfig ein, so daß er sich nirgend ohne furchtbare Schmerzen anlehnen konnte, und ließen ihn so schlaflos zugrunde gehen. Mit Recht lobt man diese Tapferkeit, die selbst ein solches Unglück besiegte ... Das Beispiel zeigt, daß man die Götter nicht um leiblichen Wohlergehens oder anderer äußerlicher Güter willen verehren soll, da dieser Mann lieber auf all das verzichten als die Götter, bei denen er geschworen, durch Bruch des Schwures beleidigen wollte."

Zu den überragenden Frauengestalten, die Livius neben Lucretia und Virginia vorführt, gehören Egeria, die Geliebte und Ratgeberin des Königs Numa; die Mutter und die Gemahlin des Coriolanus; die Etruskerin Tanaquil, eine Königmacherin ohnegleichen, die sowohl dem Tarquinius Priscus als auch dem Servius Tullius zur Thronbesteigung verhilft. Johann Jakob Bachofen, der geniale Mythenforscher und Matriarchatstheoretiker des neunzehnten Jahrhunderts, hat dieser Dame Tanaquil eine tiefschürfende Abhandlung gewidmet; und vor einigen Jahren entdeckten Archäologen auf einem Grabstein den Namen der beherzt zupackenden Frau, die im ersten Buch des Livius eine so merkwürdige Rolle spielt. Es ist eigentlich verwunderlich, daß noch keine feministische Forschungsgruppe die altrömische Geschichte anhand des Livius im Hinblick auf matriarchale Spuren untersucht hat. Wer genau zu lesen versteht, dem werden in diesem Zusammenhang erstaunliche Funde glücken, die ein ganz anderes, ein sehr wenig bekanntes, ein halb pelasgisches, halb orientalisches Rom ahnen lassen: nicht das Rom der Konsuln, Legionäre und Caesaren, sondern das Rom der Mütter, Sibyllen und Nymphen, ein Rom von matronaler Heiligkeit und Würde, ein tellurisches, erdfrommes und demeternahes Rom, dem jungfräuliche und Muttergottheiten wie Vesta, Bona Dea, Flora, Juno, Luna, Ubertas, Ops, Ceres, Pomona, Abundantia, Lucina, Diana, Anna Perenna und die phrygische Kybele teuer waren. Nicht von ungefähr gibt es in Italien so zahlreiche Städte, die nach Frauen benannt sind; verraten alte Inschriften des öfteren, daß die Nachkommenschaft den Namen der Mutter trägt. Immerhin stand — war wir ebenfalls dem Livius entnehmen können — dem männlich-sonnenhaften Adlersymbol der Legionäre seit alters das Hoheitszeichen der Wölfin gegenüber, der animalisch-gütigen Ziehmutter und Amme des Zwillingspaares Romulus und Remus. Und im vierzigsten Kapitel des dritten Buches heißt es ausdrücklich: „Die römischen Männer neideten den Frauen ihren Ruhm nicht — so wenig kannte man damals Mißgunst gegenüber anderer Ehre —, und zur Erinnerung wurde errichtet und geweiht der Tempel der *Fortuna muliébris:* der Glücksgöttin der Frauen."

Mit diesen Hinweisen soll keinesweg Livius in effekthascherisch-aufdringlicher Weise aktualisiert werden. Er hat dies ebensowenig nötig wie die frühere Stilisierung zum „Klassiker", die ihn ganzen Generationen von Gymnasiasten madig machte. Wer sich die Mühe nimmt, ihn einmal einen Sommer oder Winter lang vollständig zu lesen, vergißt sämtliche Einwände moderner Livius-Kritik, weil alles Geschilderte in die Sphäre des Paradigmatischen, Modellhaften und Archetypischen erhoben ist.

So erging es auch Goethe, der Niebuhrs kritische Rekonstruktion der Geschichte Roms einbekanntermaßen durchaus schätzte, aber dessen Abwertung des Livius nicht im geringsten teilte. Als Dichter, der er war, scheute er sich nicht, in einem Aphorismus herausfordernd zu gestehen: „Das Beste, was wir von der Geschichte haben, ist der Enthusiasmus, den sie erregt." An anderer Stelle, in der „Geschichte der Farbenlehre", läßt sich Goethe zu dem ganz und gar livianischen Credo hinreißen: „Höchst reizend ist für den Geschichtsforscher der Punkt, wo Geschichte und Sage zusammengrenzen. Es ist meistens der schönste der ganzen Überlieferung." So konnte er mit der einem Grandseigneur und Humanisten geziemenden Lässigkeit die zu seinen Lebzeiten einsetzende „Entmythologisierung" des Livius abwehren: Was tut's schon, wenn Romulus, Coriolanus und andere Heldengestalten angeblich nie gelebt haben? Mögen sie historischem Kritizismus nicht standhalten, um so mehr leben sie fort als archetypische Urgestalten, als Vorbilder und Identifikationsmuster paradigmatischen Ranges. In diesem Sinne äußerte sich der Alte von Weimar am 15. Oktober 1825 zu Eckermann:

„Bisher glaubte die Welt an den Heldensinn einer Lucretia, eines Mucius Scaevola und ließ sich dadurch erwärmen und begeistern. Jetzt aber kommt die historische Kritik und sagt, daß jene Personen nie gelebt haben, sondern als Fiktionen und Fabeln anzusehen sind, die der große Sinn der Römer erdichtete. Was sollen wir aber mit einer so ärmlichen Wahrheit! Und wenn die Römer groß genug waren, so etwas zu erdichten, so sollten wir wenigstens groß genug sein, daran zu glauben."

Wer mit Goethes gültiger Begründung ausgerüstet, auf Livius zugeht und vertrauensvoll in ihn eingeht, dem werden viele Überraschungen zuteil. Oft bleiben dem Leser dramatische Szenenabfolgen im Gedächtnis haften; sie erinnern vielfach an Tableaus von Historienmalern wie Tizian, Tintoretto oder Poussin. Manchmal sind es nur lapidare Sätze wie dieser, der die Lage nach der verlorenen Schlacht bei Cannae formelhaft zusammenfaßt und heute dem Sockel der dort stehenden Gedenksäule eingraviert ist:

„Jedes andere Volk wäre gewiß unter der Wucht einer solchen Niederlage zusammengebrochen."

Oder diese, mit denen die trübe Stimmung eines gealterten, von niemandem geliebten Tyrannen umschrieben wird:

„Aber auch der Gedanke an seinen anderen Sohn machte ihm zu schaffen, der zweifelsohne nach eigener Meinung und der Meinung vieler anderen bereits König war. Auf ihn waren schon aller Augen gerichtet. Der alte König aber war verlassen, indem die einen seinen Tod erwarteten, die anderen aber ihn nicht einmal mehr erwarten wollten."

Welche Rolle die Religion sozusagen als Staatszement spielt, zeigen unter anderen Livius' bewegende Worte über den Fall der

Stadt Alba Longa um 650 vor Christus. Die Bürger, denen der Auszug gestattet worden war, irren schmerzbewegt ein letztes Mal durch die der Vernichtung preisgegebene Stadt:

„Beklommenes Schweigen und stille Trauer ließ allen das Herz erstarren, so daß sie angsterfüllt und ratlos waren, was sie zurücklassen, was sie mitnehmen sollten. Bald standen sie auf den Schwellen der Häuser und fragten einander, bald irrten sie planlos durch ihre Wohnungen, um sie zum letztenmal zu sehen. Als aber die Reiter mit lauten Rufen zum Auszug drängten, als das Zusammenkrachen der Häuser zu vernehmen war, die an den äußersten Enden der Stadt niedergerissen wurden, und der an den verschiedensten Stellen aufwirbelnde Staub sich wie eine Wolke auf alles gelegt hatte, da schaffte jeder hastig heraus, was er nur konnte, während er den Lar — den vergöttlichten Ahnengeist — und die Penaten — die über Küche und Speisekammer wachenden Hausgötter — und das Heim, in dem er geboren und aufgezogen worden war, zurücklassen mußte ... Klageschreie, vor allem von Frauen, waren zu hören, als sie an den von Soldaten besetzten ehrwürdigen Heiligtümern vorübergingen und ihre Götter wie Gefangene zurücklassen mußten."

Als die Gallier 386 die Stadt Rom verheerend plünderten, denken deren Bürger, die einst die Albaner zur Auswanderung gezwungen hatten, selbst an eine Auswanderung. Doch Camillus beschwört die zur Emigration entschlossenen Volksgenossen: „Kann das Fest des Jupiter anderswo als auf dem Kapitol gefeiert werden? Eins steht fest: die Gunst dieser Lage kann unmöglich auf einen anderen Ort übertragen werden!"

Der vom Genius der Vorzeit ergriffene Livius weiß, daß zur *„pax deorum"* — zum friedlichen Gleichgewicht zwischen Menschen und Göttern — auch die getreuliche Einhaltung der überlieferten Riten gehört. Sie sind sogar dann zu vollziehen, wenn ihre ursprüngliche Bedeutung vergessen worden oder unglaubhaft geworden ist (3, 41):

„Die Leute machen sich heutzutage über religiöse Zeremonien lustig. ‚Was liegt daran', sagen sie, ‚ob die heiligen Hühner fressen oder nicht oder ob sie zu langsam aus ihrem Käfig herauskommen, oder ob ein Vogel einen unglückverheißenden Schrei ausstößt?'

Das sind Kleinigkeiten; aber unsere Vorfahren haben damit den Staat groß gemacht, daß sie eben diese Kleinigkeiten nicht verachteten; während wir, als ob uns der Friede der Götter nicht mehr nötig wäre, alle diese Zeremonien besudeln."

Und zweihundert Jahre später läßt Livius den Konsul Marcius Philippus sagen (44, 1, 11):

„Die Götter begünstigen fromme und zuverlässige Beachtung der religiösen Pflichten; durch sie ist das römische Volk zu seiner heutigen Macht gelangt."

Unbeugsamkeit bis zum letzten trotz zweier verheerender Niederlagen bekundet wiederum das inschriftgleiche Wort im 61. Kapitel des zweiundzwanzigsten Buches: „Dennoch führten Verlust und Abtrünnigkeit der Verbündeten nicht dazu, daß bei den Römern irgendwo einmal das Wort Friedensschluß gefallen wäre."

Mit Interesse nimmt man bei der Lektüre des neununddreißigsten Buches nebenbei zur Kenntnis, daß die Mafia und verwandte kriminelle Verbände bereits im zweiten vorchristlichen Jahrhundert überaus rührig gewesen sind; eine dieser Banden hieß *conjuratio pastorum,* die Hirtenverschwörung: „Der Prätor Lucius Postumius hatte Tarent als Amtsbereich. Er führte die Untersuchung über die Verschwörung der Hirten, die die Straßen und das Weideland im Gemeindebesitz unsicher gemacht hatten, streng durch. Ungefähr siebentausend Menschen verurteilte er. Viele flohen darauf, an zahlreichen wurde aber die Todesstrafe vollstreckt."

Unvergeßlich die Szene, in der König Tarquinius ohne ein einziges Wort zu sagen eine als Staatsgeheimnis zu behandelnde Antwort gibt, die niemand außer dem Sohn versteht, dem sie der ratlose Bote überbringt:

„Diesem Boten wurde keine mündliche Antwort gegeben. Der König ging, wie um nachzudenken, in den Garten des Palastes, und der Bote seines Sohnes folgte ihm; dort soll Tarquinius im Auf- und Abgehen mit einem Stock Mohnköpfe abgeschlagen haben. Des Fragens und Harrens auf Antwort müde, kehrte der Bote zurück. Er berichtet, was er selbst gesagt und gesehen; aus Zorn oder Haß oder aus in seinem Wesen liegenden Hochmut habe der König kein Wort geäußert. Dem Sohn wird aber klar, was sein Vater wünschte und was er mit seinen wortlosen Andeutungen vorschreiben wollte: Er schaffte die Vornehmen der Bürgerschaft beiseite ... Viele wurden öffentlich niedergemacht, manche auch heimlich."

Was der Wehrbeauftragte des Deutschen Bundestags und Abrüstungs-Doktoren auf folgende Auffassung von militärischer Disziplin erwidern würden, sei der Phantasie des Lesers überlassen:

„Allein der Feldherr hat im Heer Vorkehrungen zu treffen und zu beschließen, was getan werden muß: bald für sich allein, bald zusammen mit denen, die er zum Kriegsrat berufen hat. Die nicht dazu gerufen sind, dürfen weder offen noch geheim über seine Maßnahmen diskutieren. Ein Soldat hat für folgende drei Dinge zu sorgen: daß sein Körper stark und behende, seine Ausrüstung in Ordnung und sein Proviant bereit sei für plötzliche Befehle... Wenn in einem Heer die Soldaten Beratungen abhalten und der Feldherr von deren Gerede sich leiten läßt, gibt es kein Heil. Pflicht des Feldherrn ist es, dafür zu sorgen, daß sie Gelegenheit haben, einen Erfolg zu erringen. Aber sie dürfen nicht fragen, was künftig sein werde. Wenn das Signal gegeben wird, haben sie als Soldaten ihre Pflicht zu tun."

Livius berichtet, daß sogar altgediente Krieger nach dieser Rede des Konsuls Aemilius Paulus bekannt hätten, von nun an wüßten sie zum erstenmal, was militärische Zucht bedeute. Um so bemerkenswerter ist das, was Livius wenige Seiten darauf berichtet. Als ein junger Mann, Publius Cornelius Scipio Nasica, den Konsul und Befehlshaber vorwitzig ermahnt, doch endlich zum Angriff auf den Makedonierkönig Perseus blasen zu lassen, ist der Angesprochene darüber keineswegs gekränkt:

„Auch ich habe einmal so gedacht, wie du jetzt denkst, und du wirst einmal so denken, wie ich jetzt denke. Durch viele Vorfälle im Krieg habe ich gelernt, wann man kämpfen, wann man sich des Kampfes enthalten muß. Jetzt, in der Schlachtlinie stehend, ist nicht die Zeit, nachzuweisen, warum es besser ist, daß wir uns heute ruhig verhalten. Meine Begründung dafür sollst du ein anderes Mal verlangen; jetzt wirst du mit dem Wort eines alten Feldherrn vorliebnehmen."

Der Erfolg gab übrigens dem ranghöchsten Veteranen recht, der so entschieden im Grundsätzlichen, so höflich im Einzelfall gesprochen hatte — am 21. Juni 168 vor Christus an der Front bei Pydna in Makedonien. Drei Tage darauf war das Schicksal der Antigoniden und des makedonischen Reiches besiegelt.

Unübertroffen ist Livius als Schilderer von *Massenszenen*, die sich durch farbige Gestaltung und dramatische Atmosphäre auszeichnen. Hannibals Zug über die Alpen aus dem einundzwanzigsten Buch zeigt ihn als Meister sprachlicher Historienmalerei:

„Hannibal war von der Druentia — dem linken Nebenfluß der Rhone — größtenteils in Märschen auf ebenem Gelände bis an die Alpen gelangt. Die gallischen Bewohner dieser Gebiete hatten sich recht verträglich gezeigt ... Dennoch befiel neuer Schrecken die Truppen angesichts dessen, was sie nun aus der Nähe sahen: riesige Berge mit Schneemassen, die sich fast mit dem Himmel zu vermischen schienen; elende, roh gefügte Hütten, an Felsvorsprüngen klebend; vor Eiseskälte verkümmerte Herden und Zugtiere; ungeschorene und verwilderte Menschen; die gesamte lebende und leblose Natur starr vor Frost... Als der Zug die ersten Erhebungen hinaufstieg, wurden sie gewahr, daß die Gebirgsbewohner die Höhen besetzt hielten ... Als diese die Unruhe im Paß bemerkten und den Zug selbst durch sein eigenes Getümmel — am meisten durch scheu gewordene Pferde — in Verwirrung sahen, da meinten sie, die kleinste Vergrößerung des von ihnen ausgehenden Schreckens würde zum völligen Untergang des Heeres führen. Und so kippten sie Felsen herunter und liefen herab; an wegloses oder abschüssiges Gelände waren sie ja gewöhnt. Da waren die Punier von Feinden und ungünstiger Umgebung gleichzeitig bedrängt. Es kam mehr zu Getümmel in den eigenen Reihen als zu einem Kampf gegen die Feinde; denn jeder wollte als erster der Gefahr entkommen. Vor allem die Pferde machten den Heereszug unsicher, weil sie durch das fürchterliche Gebrüll scheu wurden, das von den Wäldern und Talwänden verstärkt widerhallte. Die Kriegsrosse liefen ängstlich hin und her; und als dann noch etliche von ihnen Peitschenhiebe oder Verwundungen abbekamen, zertrampelten sie in wildem Erschrecken massenweise Leute und Gepäck. Der Paß war beiderseits steil und abschüssig; so schleuderte das panische Gedränge auch viele in den unermeßlichen Abgrund hinab, manche sogar samt Rüstung und Waffen. Die Tragtiere rollten mit den Lasten fast wie bei einem Bergrutsch in die Tiefe. Obgleich dies schrecklich anzusehen war, blieb Hannibal doch für kurze Zeit stehen und hielt seine Leute zurück, um den entsetzlichen Tumult nicht noch zu vergrößern ..."

Hier die Situation ein Jahr darauf: 217 vor Christus. Hannibal hat inzwischen die Alpen überquert und am Ticino, an der Trebbia — dem linken und rechten Nebenfluß des Po — sowie am Trasimenischen See die Römer vernichtend geschlagen. Wie wirkt das Gerücht der Niederlage in der fernen Hauptstadt?

„In Rom rennt die Volksmenge bei der ersten Nachricht von der verlorenen Schlacht voller Unruhe und Entsetzen auf das Forum. Vornehme Familienmütter rasen durch die Straßen und fragen jeden, der ihnen begegnet: Was gibt es für eine Unglücksbotschaft? Was ist mit der Armee los? Gleich einer dichtgedrängten Volksversammlung strömt die Menge zum Wahlplatz und zum Senatsgebäude und ruft die Beamten heraus. Endlich erklärt kurz vor Sonnenuntergang der Prätor Marcus Pomponius: *Pugna magna victi sumus*, ‚Wir haben eine große Schlacht verloren.' Obschon nichts Genaueres von ihm zu erfahren war, sprach es sich doch herum, bis sich alle gegenseitig von Gerüchten vollgestopft hatten und zu Hause berichteten: Der Konsul sei mit einem Großteil der Truppen gefallen; nur wenige hätten überlebt, entweder auf der Flucht verstreut in Etrurien oder in Kriegsgefangenschaft. So viele Schicksale je ein geschlagenes Heer erlitten hatte, in so viele Sorgen stürzten alle diejenigen, deren Angehörige im Heer des Gaius Flaminius gedient hatten. Keiner wußte, was er hoffen durfte oder fürchten mußte. Am nächsten Tag und den darauffolgenden stand an den Toren eine beinahe größere Menge von Frauen als von Männern und harrte auf einen der Ihrigen oder zumindest auf Nachricht von ihm. Die Ankommenden wurden von den Neugierigen umdrängt und konnten sich kaum losreißen — besonders wenn es Bekannte waren —, bevor man der Reihe nach alles erfragt hatte. Dann konnte man die gegensätzlichsten Mienen sehen, sobald sie von den Bericht erstattenden Boten weggingen, je nachdem ob jemand freudige oder traurige Kunde erhalten hatte und wie je nach den Umständen die Leute, wenn sie heimkamen, ihnen gratulierten oder sie zu trösten versuchten. Besonders deutlich zeigten sich Freude und Schmerz bei den Frauen. Von einer Mutter heißt es, daß sie, unterm Stadttor plötzlich dem geretteten Sohn gegenüber stehend, in seinen Armen gestorben sei. Eine andere, der fälschlicherweise der Tod ihres Sohnes gemeldet worden war, saß traurig zu Hause; als er dann doch zurückkehrte, fiel sie bei seinem Anblick vor übergroßer Freude tot um . . ." In die Krisensitzungen des ununterbrochen tagenden Senats platzt eine weitere Hiobsbotschaft hinein: viertausend römische Reiter sind in Umbrien von Hannibal eingeschlossen. Wie reagiert diesmal das Volk darauf?

„Diese Nachricht wirkte auf die Menschen höchst unterschiedlich. Die einen, die schon größeres Leid trugen, hielten den neuen Verlust, verglichen mit dem früheren, für gering; die andern waren nicht imstande, das Unglück für sich allein zu betrachten, sondern meinten: Ein bereits geschwächter Körper werde von einem noch so geringfügigen Unfall härter getroffen als ein gesunder von einem schwereren. Genauso müsse man nun jedes Mißgeschick, das dem angegriffenen Staat zustoße, nicht nach der Größe des Ereignisses, sondern nach den geschwächten Kräften einschätzen, die keine zusätzlichen Belastungen vertrügen."

Livius als Darsteller von Volksaufläufen und kollektiven Erregungen, ja geradezu als Massenpsychologe verdient ebenso Respekt wie als Schilderer der Schmerzen, der Leiden, Entbehrungen und Qualen der Opfer der Geschichte. Einige Beispiele wurden schon erwähnt, etwa der Auszug der Bürger aus der Stadt Alba Longa, die der Vernichtung preisgegeben wurde.

„Beim Zug über den Apennin überfiel den Hannibal ein dermaßen wütendes Unwetter, daß es die Schrecknisse der Alpen fast noch überschritt. Gewitterregen mit starkem Wind schlug ihnen ins Gesicht, und sie machten vorerst einmal Halt, da sie die Waffen abwerfen mußten oder — wenn sie sich gegen den Sturm stemmten — im Wirbel zu Boden geschleudert wurden. Schließlich raubte ihnen der Sturm völlig den Atem, und deshalb setzten sie sich eine Weile mit dem Rücken gegen den Wind auf die Erde. Da fing es furchtbar zu donnern an, Blitze zuckten schrecklich krachend hernieder. Augen und Ohren waren betäubt, alle erstarrten vor Angst. Dann prasselte endlich gewaltiger Regen herab. Der Sturm wurde dadurch noch heftiger . . . Sie konnten nichts auseinanderrollen oder aufstellen. Was man hingestellt hatte, fegte der Wind in Fetzen hinweg. Als die Dünste über den kalten Gebirgshöhen gefroren, ließen sie alsbald einen Schneehagel niedergehen; die Männer ließen alles übrige bleiben, warfen sich zu Boden und lagen — mehr vergraben als zugedeckt — unter ihren Decken. Darauf folgte ein gewaltiger Kälteeinbruch. Niemand vermochte die frosterstarrten Sehnen und Glieder zu regen . . ."

Mit den folgenden Worten beschwört Livius das ungestüme Durcheinander der Schlacht am Trasimenischen See, in der im Frühjahr 217 Hannibal das Heer des Flaminius vernichtet:

„So groß waren Lärm und Gewühl, daß die Soldaten Anweisungen und Befehle in dem Getöse unmöglich hören konnten. Sie konnten längst nicht mehr auf Fahnen, Abteilungen und Standort achten, geschweige mit der nötigen Aufmerksamkeit zu den Waffen greifen und sie zum Kampf bereiten. So stürzten einige unter ihrer Rüstung zusammen, von ihr mehr bedrückt als geschützt. In dem gewaltigen Nebelqualm verließ man sich eher auf die Ohren als auf die Augen. Man richtete sich aus nach Geräuschen: nach dem Stöhnen der Verwundeten, dem Aufprall der Hieb- und Stoßwaffen auf Leibern und Schilden, nach dem wüsten Durcheinander von Angriffsgebrüll und Angstrufen. Die einen wollten fliehen, gerieten aber dabei in eine Kampfgruppe und konnten nicht weiter. Andere trachteten zum Schlachtort zurück, wurden jedoch von flüchtenden Haufen fortgerissen . . . Da wurde jeder sein eigener Führer . . . So erbittert gerieten sie aneinander, daß kein Kämpfer jenes Erdbeben spürte, das zur selben Stunde große Teile der Städte Italiens zugrunde richtete, reißende Ströme aus ihrem Lauf ablenkte, das Meer in die Flüsse hineindrängte und Berge durch ungeheure Stürze einebnete . . ."

Man darf diese historischer Imagination und menschlicher Einfühlung sich verdankenden Schilderungen auch als Kunstwerke genießen, als bühnenreife Szenenfolgen, rhetorische Glanzstücke und von psychologischem Feingefühl zeugende Charakterstudien, deren literarische Brillanz kein anderer Geschichtsschreiber je wieder erreicht hat. Sein Patriotismus hindert Livius nicht daran, Hannibal, den Erzfeind Roms, als vielschichtigen und keineswegs nur schurkischen Charakter darzustellen. Obwohl er davon überzeugt ist, daß „kein Staat jemals größer, ehrwürdiger und an guten Beispielen reicher" gewesen sei als der römische, besitzt er die angenehme Gabe, sich in die Schrecken, Leiden und Ängste derer hineinzuversetzen, die zu den Opfern gehörten. Er berichtet überhaupt mit Vorliebe von den Stimmungen und Gefühlen der Kämpfenden wie von der Atmosphäre, die einer Schlacht oder sonstigen Auseinandersetzungen vorausging. Man hört das Röcheln der Verwundeten, das Klirren der Waffen, das Schnauben erschreckter Pferde, das Tosen der von steilen, unwegsamen und vereisten Gebirgshängen auf die Karthager herabstürzenden Felstrümmer, das Wehklagen der Überlebenden der Pestkatastrophe von Syrakus ebenso deutlich wie die Triumphschreie der Sieger und die von vaterländischem Pathos durchdrungenen Appelle der Konsuln, Senatoren und Tribunen, der als Väter des Vaterlandes gefeierten Staatsnotstandsbevollmächtigten, Ädilen und Zensoren.

Entzückend ist hingegen eine winzige Randbemerkung des Livius, die heute einen neuen „Historikerstreit" entfesseln würde, wenn sie sich bei einem zeitgenössischen Autor fände. Wie so oft sind die Quellen ungenau, ja einander widersprechend. Die einen sagen, daß der Konsul Publius Scipio in der Schlacht am Ticino von seinem jugendlichen Sohn — dem späteren Feldherrn Scipio Africanus — aus Todesgefahr errettet worden sei; andere sprechen dieses Verdienst einem ligurischen Sklaven zu. Wie entscheidet sich Livius angesichts dieser Zwangslage? Mit reizender Unbefangenheit gesteht er freimütig: „Mir gefällt die Geschichte mit dem Sohn besser, und es wäre mir sehr lieb, wenn sie wahr wäre..."

Stellen wie diese mußten vor allem im vorigen Jahrhundert den noch von Montesquieu und Goethe geschätzten Livius heillos in Verrruf bringen. Mommsen und andere deutsche Historiker betrieben ein regelrechte Livius-Schelte, der fast die ganze Reputation, die der Römer durch beinahe zwei Jahrtausende hindurch besessen hatte, zum Opfer fiel. Niemand wollte mehr einstimmen in den Livius begeistert auszeichnenden Stoßseufzer des englischen Konservativen Henry Saint-John, den Kennern britischer Geschichte als Lord Bolingbroke erinnerlich: „Ich wäre glücklich, wenn ich das, was wir von diesem Geschichtswerk besitzen, gegen das tauschen könnte, was wir nicht haben."

Stimmen wie die Bachofens blieben im deutschen Sprachraum vereinzelt. Livius schien so unseriös zu sein, daß er zum Pensum für Lateinschüler herabgewürdigt wurde. Nur akademische Außenseiter, die nicht viel zu verlieren hatten, oder vermögende Dandys und vom Universitätsbetrieb weitestgehend unabhängige Ästheten mit klassischen Neigungen, die hauptberuflich vielleicht Bankiers, Rechtsanwälte oder Fabrikbesitzer waren, frönten unverdrossen dem Vergnügen, neben anderen römischen Autoren auch Livius zu lesen. Sie taten es immer wieder, keineswegs aus Pflicht oder um des Bildungsprestiges willen, auch nicht im Hinblick auf noch zu schreibende Doktorarbeiten und Kommentare; sie taten es einfach, weil sie Livius als hinreißenden Schriftsteller schätzten, in dessen zyklopischem Werk sie — völlig zu Recht — viele unerschlossene Schätze vermuteten. Mochte Livius als Historiker zweifelhaft und umstritten sein, obwohl er auch in dieser Hinsicht von Altertumswissenschaftlern seit neuestem wieder ernster genommen wird; seine literarischen Vorzüge wie sein Sinn für menschliche Idealität ließen sich niemals leugnen.

Verglichen mit den Griechen sind, wie Walter F. Otto, Mircea Eliade und andere festgestellt haben, die Römer das an mythenbildender Kraft geringer begabte Volk. Den römischen Göttern fehlt die hinreißende Figürlichkeit und luzide Evidenz der Olympier, wie sie Homer darstellt. Eigentlich gibt es über die Gottheiten des Kapitols wenig zu berichten. Sie sind einfach Adressaten des von Experten, die zugleich Staatsbeamte sind, mit ritualistischer Pedanterie vollzogenen Kultes, nicht aber plastische Gestalten mit eigener Biographie oder gar eigenen Histörchen.

Die echten, die authentischen Mythen der Römer sind nicht kosmologischer oder theogonischer, sondern politisch-historischer Art. Sie sind exemplarische Geschichten über die großen

Taten, die der Gründung der Stadt vorausgingen und nachfolgten. Rom selbst ist der zentrale römische Mythos und Livius ist sein Prophet. Die erhabene Reihe seiner Könige, Konsuln und Imperatoren, die unendliche Kette von Feldzügen, Festen und Opfern, von Tempelgründungen, Auspizien und Vorzeichen, die den Willen der Götter auf orakelhafte und deshalb deutungsbedürftige Weise ahnen lassen — dies ist der Mythos Roms unter der Maske der Geschichtsschreibung. Wenn Kaiser Augustus stolz sagen konnte, er habe eine Stadt aus Ziegeln vorgefunden und sie in Marmor hinterlassen; so hätte Livius beanspruchen können, daß er Rom im Medium der Sprache aufgebaut habe, hellenistische Gelehrsamkeit mit dem Adel lateinischer Prosa vermählend. Was das Forum Romanum mit seinen Tempeln, Basiliken, Säulen, Triumphbögen und Standbildern der „höchsten Männer" — der „*summi viri*" — war, dies stellt des Livius „*Ab urbe condita*" in Gestalt mythosträchtig monumentaler Historiographie dar.

Mag Livius — insbesondere im ersten Buch von „*Ab urbe condita*", aber auch noch bei der Behandlung erheblich jüngerer Ereignisse — als Vermittler geschichtlicher Wahrheit noch so sehr suspekt sein; wer erfahren will, wie die Römer auf dem Höhepunkt ihrer imperialen Zivilisation über ihre Vergangenheit dachten, in welchem Licht sie die bedeutendsten Gestalten ihrer Geschichte sahen, welche Haltungen sie für vorbildlich erachteten, der kommt nicht darum herum, immer wieder Livius zu befragen. Um es drastisch zu sagen: Livius will seine Leser nicht zu Altertumsforschern, sondern zu Römern heranbilden! Geschichtliche Studien bedeuten ihm nicht Flucht in antiquarische Vergangenheiten, sondern staatsbürgerliche Selbstfindung und volkspädagogischer Appell an die Gegenwart.

Wer Livius aus diesem Gesichtspunkt liest, dem ergeht es nach einer Weile ähnlich wie Livius selbst, als er sich der Lektüre seiner Vorgänger, dem Studium patrizischer Familienchroniken und priesterlicher Annalen zu widmen begann: „Wenn ich mich dem Altertum zuwende, werde ich selbst vom Geist des Altertums erfüllt" — zu einer lebendigen Antike, zu einem Zeitgenossen der Römer, von denen wir, so lange Europa und Amerika nicht völlig fellachisiert sind, niemals loskommen werden.

So war es bereits Petrarca und Machiavelli ergangen. Machiavellis zentrale politische Kategorie der *virtù*, der staatsgründenden und staatserhaltenden Mannhaftigkeit, ist deutlich von Livius geprägt, der schon seinen Zeitgenossen die *virtus* der Ahnen vor Augen geführt hat. Livius, bisweilen als seichter Schwätzer und „Chauvinist" schnöde abgekanzelt, war für Machiavelli weit mehr als eine historische Quelle; er war für ihn eine tragende Inspiration. Dadurch steht dieser alte Römer, dem der Florentiner ein ganzes Buch — die „Discorsi" — gewidmet hat, am Beginn des neuzeitlichen Verständnisses von Politik.

In einem Brief an einen Freund berichtet der seiner früheren Würden verlustig gegangene Machiavelli, wie er allabendlich die bei Tag schmutzig gewordenen Bauernkleidung von sich wirft, um fürstlichere Gewänder anzulegen. Wie zu einer Audienz begibt er sich zu den Regalen, auf denen seine geliebten lateinischen Schriftsteller stehen, um sie immer wieder zu lesen, zu befragen und ihre Antworten zu erwägen:

„Angemessen gekleidet, ziehe ich mich in die Säulenhalle der großen Alten zurück. Freundlich von ihnen aufgenommen, nähre ich mich da mit der Speise, die allein die meinige ist, für die ich geboren ward. Da hält mich die Scham nicht zurück, mit ihnen zu sprechen, sie nach dem Grund ihrer Handlungen zu fragen, und nachsichtig antworten sie mir. Stundenlang fühle ich keinen Kummer, vergesse alle Leiden, fürchte nicht die Armut, es schreckt mich nicht der Tod . . ."

Etwa um dieselbe Zeit wähnten einige paduanische Altertumsliebhaber, die Gebeine des Livius in der Kirche Santa Justina aufgefunden zu haben. Sie stellten die vermeintlichen Überreste ihres erlauchten Mitbürgers wie ein Allerheiligstes über dem Portal des Gemeindepalastes aus. Die humanistisch gebildeten Männer und Frauen der Stadt waren nicht wenig stolz darauf, neben dem von der Kirche heiliggesprochenen Patron Antonius, der übrigens aus Portugal stammt, auch den einheimischen, im antiken Patavium geborenen Weltheiligen der Renaissance als einen der Ihren vorzeigen zu können.

Nach Dante, Petrarca und Machiavelli sei noch ein Italiener genannt, der nicht nur Livius eifrig gelesen hat und ihn immer wieder zitiert, sondern in gewisser Weise dabei selbst zu einem antiken Menschen geworden ist, für den alle Wege nach Rom führen: Giovanni Battista Vico, der Verfasser des facettenreichen, ja unausschöpflichen Buches „Prinzipien einer neuen Wissenschaft über die gemeinsame Natur der Völker", mit dem er sich — wie inzwischen immer mehr Kenner bestätigen — als der substantiellste Geschichtsphilosoph zwischen Augustinus und Hegel erweist. Mit seinem Adlerblick hat der Neapolitaner Vico, zu dessen Bewunderern sowohl Karl Marx als auch James Joyce gehören, an der Römischen Geschichte des Livius die elementaren Verlaufsgesetze abgelesen, die er dann seiner eigenen Kulturzyklenlehre zugrunde legte. Rom als Prototyp; Rom als vollständiger historisch-politischer Kreislauf; Rom als dramatische Abfolge von Szenen und Stationen, die sozusagen das Grundgerüst einer jeden möglichen Geschichte eines zur Weltmacht berufenen oder verurteilten Volkes bilden — diesen fruchtbaren Grundgedanken hat Giovanni Battista Vico dem Livius entnommen.

Ähnliches gilt für Johann Jakob Bachofen, den man nicht nur nach seinem vielgenannten, aber selten vollständig gelesenen „Mutterrecht" beurteilen sollte, sondern, weit mehr als bisher, nach seinen „Beiträgen zur Geschichte der Römer", seinen Interpretationen der Sagen von Tanaquil und Coriolanus, seinen „Politischen Betrachtungen über das Staatsleben des römischen Volkes". Geist vom Geist des Livius spricht etwa aus Bachofens Worten zu uns, die er vor ungefähr hundertfünfzig Jahren niederschrieb:

„Über künstlichen Theorien und lockenden Trugbildern ist der Sinn für die einfache ewige Wahrheit verlorengegangen. Die Heilmittel werden gesucht, wo sie nicht sind, und dienen nur dazu, das Übel immer größer, den Zustand immer unhaltbarer zu machen . . . Wo wäre aber ein Volk, an dessen Geschichte und Erlebnisse sich unsere Betrachtungen über die Gründe des Gedeihens und des Verfalls eines Staatswesens passender anknüpfen ließen als das römische? Ist irgendeinem andern gleich ihm vergönnt gewesen, alle seine Anlagen zu voller ungestörter Entwicklung zu bringen und in dem Laufe langer Jahrhunderte alle Stufen des Daseins, alle Formen des Lebens zu durchlaufen, deren die menschliche Gesellschaft überhaupt empfänglich scheint? Hierin eben liegt ein Gewinn ganz unberechenbaren Wertes. Für Zeiten des Suchens und der Abirrung ist es von der größten Bedeutung, an dem Beispiele eines großen Volkes zu erfahren, wohin diese Bahn führt und welcher Art das erstrebte Reich irdischer Glückseligkeit sein wird. In der römischen Geschichte liegt das alles wie in einem Spiegel offen vor. Was den Staat gehalten und was ihn gestürzt, was gut und was vom Übel ist, das kann in ihr jeder erkennen. Die Fäden, welche die aufeinander folgenden Zustände miteinander verknüpfen, sind leicht zu erfassen. In dieser Vergangenheit muß schöpfen, wer die Zukunft kennen will. Hier liegt die Quelle wahrer Erkenntnis und echter Prophezeiung ..."

„Für mich nun ist das Studium des Altertums der Schlüssel zu allem geworden ... Mit unsern innersten Gedanken verbinden sich von selbst die Verhältnisse und Erfahrungen der alten Zeit, und wir finden uns in unsern Meinungen erst dann völlig sicher, wenn wir die Römer auf unserer Seite haben. So lassen Sie uns denn das Altertum zum Mittel der Verständigung wählen und aus seinem Schatze schöpfen die Lehren der Weisheit, welche es jedem bietet, der sich ihm ganz hinzugeben vermag ...

Kein christliches Volk hat an Hoheit der Gesinnung, an Tugend und Aufopferungsfähigkeit das römische in den Jahrhunderten seines unverdorbenen Lebens übertroffen, und heute kann uns das Leben eben dieses Volkes, wenn in dem rechten Lichte dargestellt, zum rettenden Beispiel werden. Dessen hat sich kein Mensch zu schämen.

Für uns aber, die wir alle von Vater und Großvater her unter republikanischen Formen zu leben gewöhnt sind, für uns ist, wie die Aufforderung, so der Gewinn doppelt groß. Denn freie Gemeinwesen haben zu allen Zeiten nur auf *einer* Grundlage geruht, der der Tugend, und nichts ist so geeignet, uns zu dieser zurückzuführen, als das herrliche, alles überstrahlende Beispiel des Altertums ...

Ein Geschlecht, das die Bande des Herkommens zerrissen hat, wird die oberste Richtschnur seiner Handlungsweise nur noch in dem Interesse des Augenblicks finden und jenen großen Blick verlieren, welcher Zukunft und Vergangenheit verbindet ... Darin zeichnet sich Rom aus vor allen Völkern der Erde, daß sein Blick stets die ganze Zukunft umfaßt. In allen seinen Werken und in allen seinen Handlungen liegt der Glaube an die Ewigkeit der Stadt."

Dies die Worte des Basler Patriziers und Livius-Interpreten Johann Jakob Bachofen vor dem Hintergrund des im neunzehnten Jahrhundert sich abzeichnenden Traditionsverlusts, der von ihm beklagten Banalisierung, Musealisierung und Profanierung des antiken Erbes, der Ersetzung des lebendigen, schöpferischen und personalen Zwiegesprächs mit den Klassikern durch einen unverbindlichen, weil halt- und maßstablosen Historismus epigonaler Art.

Ebenso wie Bachofen hat auch der ihm geistesverwandte Franzose Fustel de Coulanges, ein jüngerer Zeitgenosse, das Livianische Werk leidenschaftlich studiert, wie sein bahnbrechendes Buch „Die antike Stadt" beweist. Fustel de Coulanges, dessen Vorname Numa bereits an eine der allerersten Idealgestalten erinnert, die Livius vorführt, bekannte einmal:

„Ich beschloß voller *Mut*, die antiken Autoren zu lesen. Ich sage: voller *Mut*. Nur für die Absicht brauchte ich Mut, für die Ausführung hatte ich ihn nicht mehr nötig, wie ich Ihnen versichern kann. Sie wurde durch ein Vergnügen gefördert, das größer war, als ich es mir vorgestellt hatte. Sie war leicht, und in keinem Augenblick erfüllte sie mich mit Abscheu oder Langeweile. Die Schriftsteller beider Sprachen — die griechischen wie die lateinischen — zogen in großer Vielfalt an meinen Augen vorüber und unterhielten mich auf immer neue Weise; die Historiker wechselten sich mit den Rednern ab und die Redner mit den Dichtern; manchmal war es die Tribüne und machmal das Theater. Ich entdeckte, daß ich mich dazu verurteilt hatte, das Köstlichste zu lesen, was es auf der Welt gab. So kostete ich drei Jahre lang das lebhafteste Vergnügen, das dem Menschen gewährt ist, nämlich schöne Dinge zu lesen und Wahrheiten zu finden."

Welches Gewicht muß einem Werk eigen sein, von dem bloß ein Viertel auf uns gekommen ist und das dennoch die hingebungsvolle Bewunderung eines Dante und Machiavelli, eines Vico und eines Montesquieu, eines Bolingbroke und eines Hippolyte Taine, eines Adalbert Stifter und eines Bachofen, eines

Ortega y Gasset und eines Karl Kerényi zu finden vermochte! Einem jeden erging es wie Livius selbst, der auch nicht wußte, wie ihm geschah, als er sich dem Vergangenen, das ihm selbst schon so fremd geworden war, ohne besserwisserischen Hochmut zuwandte: „Wenn ich die Ereignisse der alten Zeiten schreibend festhalte, werde ich selbst vom Geist der alten Zeit erfüllt" — von jener inneren Sympathie mit dem Gegenstande, die etwas Drittes jenseits von Zustimmung und Kritik ist, ohne das große Geschichtsschreibung (im Unterschied zur Soziologie, Politikwissenschaft oder Politischen Ökonomie) kaum geleistet werden und fruchten kann.

Von dieser Sympathie, die sich mit untergegangenen Menschentümern und Zeitaltern zumindest versuchs- und probeweise solidarisiert, wird wohl jeder ergriffen, der sich einmal ohne schulische Zwänge und Prüfungsängste in Livius eingelesen, hineingelesen, hindurchgelesen hat, um nach einer größeren Weile wieder vor vorne zu beginnen, wo uns der aus Padua stammende Wahlrömer unmittelbar anspricht:

„Eines ist vor allem beim Studium der Geschichte heilsam und fruchtbringend: daß Du da an einem augenfälligen, weithin sichtbaren Denkmal vorbildlich dargestellte Beispiele betrachtest. Ihnen mögest Du für Dich und Dein Gemeinwesen entnehmen, was Du nachahmen; ihnen mögest Du ebenso entnehmen, was — da es ebenso häßlich in seinem Anfang wie in seinem Ausgang ist — Du meiden sollst."

(1990)

Hinweise

Alle Zitate wurden vom Autor übersetzt. Er hat allerdings bei der Abfassung des Manuskripts mit Gewinn folgende Livius-Editionen dankbar benützt:

Titus Livius: Römische Geschichte. Lateinisch-deutsch. Übersetzt und hrsg. von Josef Feix und Hans Jürgen Hillen. Artemis Verlag, München -

Zürich 1982 ff. — Bislang sind erschienen die Bücher: I - III, IV - VI, XXI - XXIII, XXIV - XXVI, XXXI - XXXIV, XXXV - XXXVIII, XXXIX - XLI, XLII - XLIV.

Titus Livius: Ab urbe condita. Römische Geschichte. Band I. Lateinisch-deutsch. Übersetzt und hrsg. von Robert Feger. Reclam Verlag, Stuttgart 1988, 240 S. (Universal-Bibliothek Nr. 2031/3).

Die Kerényi-Zitate stammen aus dem Buch: Karl Kerényi: Humanistische Seelenforschung. Langen-Müller-Verlag, München - Wien 1966, S. 363 - 367, bes. S. 364.

Die Äußerungen von Michael Grant sind seinem Buch entnommen: Klassiker der antiken Geschichtsschreibung. Aus dem Englischen von Lotte Stylos. Beck Verlag, München 1973, S. 182 - 204, bes. S. 185 f. (Auch als Taschenbuch im dtv., München, 1981 erschienen: dtv-Nr. 4374).

Aufschlußreich über die Livius-Rezeption in der Neuzeit ist auch Thomas Chaimowicz: Freiheit und Gleichgewicht im Denken Montesquieus und Burkes. Ein analytischer Beitrag zur Geschichte der Lehre vom Staat im 18. Jahrhundert. Springer-Verlag, Wien - New York 1985, XI, 202 S. (Forschungen aus Staat und Recht 68)

Die Bachofen Zitate sind entnommen:

Johann Jakob Bachofens Gesammelte Werke. Hrsg. von Karl Meuli u. a. Band 1: Antrittsrede - Politische Betrachtungen über das Staatsleben des römischen Volkes - Beiträge zur Geschichte der Römer - Politische Aufsätze zur Zeitgeschichte. Benno Schwabe & Co. Verlag, Basel 1943, 523 S., bes. S. 27 - 46, S. 63 - 70 (Bemerkungen zu Livius). — Von dieser Bachofen-Ausgabe liegen vor und sind im Buchhandel erhältlich die Bände 1, 2, 3, 4, 6, 7, 8 und 10.

Eine mustergültige, reichkommentierte Übersetzung von Vicos „Prinzipien einer neuen Wissenschaft über die gemeinsame Natur der Völker" ist in zwei Bänden 1990 im Meiner Verlag, Hamburg erschienen. Das sorgfältig erstellte Register zeigt eindrucksvoll, in wie hohem Maße Vico sich an Livius geschult hat und ihm auch noch in der gelegentlichen Kritik verpflichtet bleibt.

Augustinus

Seelenfriede und Gottesstaat

Das eigentliche, einzige und tiefste Thema der Welt- und Menschengeschichte, dem alle übrigen untergeordnet sind, bleibt der Konflikt des Unglaubens und Glaubens.

Alle Epochen, in welchen der Glaube herrscht, unter welcher Gestalt er auch wolle, sind glänzend, herzerhebend und fruchtbar für Mitwelt und Nachwelt.

Alle Epochen dagegen, in welchen der Unglaube, in welcher Form es sei, einen kümmerlichen Sieg behauptet, und wenn sie auch einen Augenblick mit einem Scheinglanze prahlen sollten, verschwinden vor der Nachwelt, weil sich niemand gern mit Erkenntnis des Unfruchtbaren abqälen mag.

Goethe: Noten und Abhandlungen zu besserem Verständnis des West-östlichen Divans

Man sollte einmal eine Weltgeschichte der Bekehrungen schreiben, insbesondere die geschichtliche Entfaltung Europas unter dem Gesichtspunkt der Konversion betrachten.

Am Beginn müßte die Bekehrung des Paulus stehen, die plötzliche Umwandlung des heftigen Christenverfolgers zum glühenden Missionar des Christentums. Paulus hat die christliche Botschaft nach Europa getragen; ihm hat es das Christentum zu verdanken, daß es keine spätjüdische Sekte geblieben ist.

Die nach Paulus bedeutsamste Konversion fand im Jahre 312 statt, als Konstantin vor den Toren Roms seine Soldaten das Christus-Monogramm auf die Feldzeichen heften ließ und Maxentius besiegte, der ihm die Herrschaft streitig gemacht hatte. Die Folge war das Mailänder Toleranzedikt von 313, das die Christenverfolgungen beendete und schließlich die Erhebung des Christentums zur Religion des Römischen Reiches. Aus dem als staatsfeindlich angesehenen Glauben wurde das religiöse Fundament des Staates, aus der Kirche der Märtyrer eine privilegierte Kirche. Ob Konstantin, wie eine fromme Legende berichtet, göttlicher Traumweisung folgte — „In diesem Zeichen wirst du siegen" —; ob er, wie Jacob Burckhardt meint, den neuen Glauben als kühler politischer Rechner annahm und förderte: ohne die Bekehrung dieses Herrschers wäre die Geschichte des Imperium Romanum, des Christentums und damit auch Europas völlig anders verlaufen.

Die dritte Bekehrung, die das geistig-religiöse Antlitz des Abendlandes entscheidend geprägt hat, ist die des Augustinus. Er selbst hat sie in seinen autobiographischen „Confessiones" geschildert. Im Jahr 386 erhält Augustinus, der kein geborener Europäer ist, sondern ein in Tagaste — der heute algerischen Stadt Souk Ahras — geborener Nordafrikaner, den Besuch eines afrikanischen Landsmanns. Er heißt Ponticianus und ist Mitglied der kaiserlichen Beamtenschaft des Römischen Reiches. Ponticianus war bereits Christ. Auf dem Spieltisch Augustinus' findet er nicht ohne Überraschung eine Abschrift der Briefe des heiligen Paulus. Er berichtet ihm daraufhin von den ägyptischen Einsiedlermönchen und von Antonius, der mit zwanzig Jahren unter dem Eindruck der Worte Christi an den reichen Jüngling: „Verkaufe alles, was du hast; gib den Erlös den Armen; dann komm' und folge mir nach; so wirst du einen Schatz im Himmelreich haben!" (Matthäus 19, 21) seinen Besitz verteilte und sich in ein leeres Felsengrab zurückzog, um dort ganz Gott zu leben.

Augustinus war damals durch Ambrosius mit dem Christentum bereits bekannt, doch den entschlossenen Bruch mit seiner bisherigen Lebensweise scheute er. Eine vorteilhafte Ehe, eine höhere Beamtenlaufbahn standen lockend vor ihm; zugleich erfüllten ihn mehr und mehr Zweifel, Widerwille und Ekel vor seinem Tun und Treiben. Die Geschichte von dem Eremiten und Asketen Antonius war ihm neu. Sie bewies ihm, daß radikaler Weltverzicht nicht nur in längst vergangenen Zeitaltern möglich war, sondern auch fast noch zu Augustinus' Lebzeit von begnadeten Einzelgängern gelebt wurde. Antonius war 356 gestorben, als Augustinus sein zweites Lebensjahr erreicht hatte. Im Gespräch mit Ponticianus erfährt Augustinus, daß Antonius nicht ohne Nachfolger geblieben sei. Der Gast erzählt ihm, daß zwei ihm bekannte Beamte ihrer Karriere entsagt hätten, um nach dem Beispiel des Antonius sich nur noch dem unverderblichen Schatz himmlischer Seligkeit zu widmen. Er selbst, Ponticianus, sei allerdings zu solcher Abkehr von irdischem Treiben nicht imstande gewesen; unter Tränen in den Kaiserpalast zurückgekehrt, setzte er sein altgewohntes Leben fort.

Dieser Bericht erschüttert Augustinus. Er zwingt ihn, mit sich selbst ins Gericht zu gehen und eine tiefgreifende Entscheidung zu fällen. Nachdem der Besucher weggegangen war, schreit er seinen zurückgebliebenen Freund Alypius an: „Hast du es gehört? Ungebildete Leute stehen auf und reißen das Himmelreich an sich, und wir mit unserem Wissen und unserer Bildung treiben uns in Fleisch und Blut herum?" Augustinus stürzt aus dem Zimmer, eilt in den angrenzenden Garten, wirft sich unter einem Feigenbaum auf den Boden, fühlt sich als Kampfplatz radikal entgegengesetzter Verheißungen und Lebensformen und läßt schließlich einem „Strom von Tränen" freien Lauf. Schluchzend ruft er aus: „Herr, wie lange noch? Wie lange noch? Warum soll diese Stunde nicht das Ende meiner Schande bedeuten?"

Da vernimmt er, wie eine Antwort auf seine verzweifelte Frage, aus dem Nachbarhaus die Stimme eines Kindes — er weiß nicht zu sagen, ob es ein Knabe oder ein Mädchen ist —, die in singendem Tone mehrmals die Aufforderung wiederholt: „tolle lege, tolle lege" — „Nimm und lies, nimm und lies." Augustinus denkt einen Augenblick, daß dieser Ruf zu irgendeinem Kinderpsiel gehören könne; doch er entsinnt sich nicht, jemals von dergleichen gehört zu haben.

Er erhebt sich vom Boden, kehrt zu dem Platz zurück, wo sich Alypius aufhält und stößt dort auf die liegen gelassenen Briefe des Apostels Paulus: „Ich griff nach ihnen, öffnete sie und las für mich das Kapitel, auf das ich zuerst meine Augen richtete." Es sind die Zeilen des Römerbriefs: „Nicht in Schmausereien und

Trinkgelagen, nicht in Schlafkammern und Unzucht, nicht in Zank und Neid, sondern ziehet den Herrn Jesum Christum an und pflegt nicht des Fleisches und in Lüsten." Augustinus faßt diese Worte als eine an ihn persönlich gerichtete göttliche Weisung auf: „Ich wollte nicht weiterlesen, es war auch nicht nötig, denn bei dem Schluß dieses Satzes strömte das Licht der Gewißheit in mein Herz, und alle Zweifel der Finsternis verschwanden."

Die Jahrzehnte von Kaiser Konstantin dem Großen bis zum Tode des Heiligen Augustinus am 28. August 430 sind das große Zeitalter der antiken Christenheit. Aus einer mit vielen anderen Kulten sich befehdenden und immer wieder grausam verfolgten Sekte entfaltete sich schnell eine das ganze Reich überwölbende Kirche. Aus den Katakomben erhob sich eine hierarchisch verfaßte Hochreligion, gestärkt durch umfangreiche Schenkungen, zu einer Macht von eigenem Gewicht neben Kaiser, Heer und Verwaltung. Es entstehen damals die ersten monumentalen Gotteshäuser des neu anerkannten und bald auch privilegierten Erlösungsglaubens, etwa die Lateranbasilika in Rom und die Heiliggrabkirche zu Jerusalem. Aus der ecclesia pressa wird eine ecclesia triumphans. Die Christusdarstellungen des Zeitalters zeigen nicht den gemarterten Heiland, sondern den siegreichen, herrscherlichen, in himmlischer Glorie thronenden Gottessohn. Das Kreuz ist kein Zeichen der Qual und der Schmach, sondern Sinnbild königlicher Erhöhung und Verherrlichung.

Vor diesem Hintergrund müssen wir auch Augustinus sehen. Er ist der größte Lehrer der noch ungeteilten Christenheit; keiner der Kirchenväter des byzantinischen Ostens kommt ihm gleich (ausgenommen Origenes — aber der wurde ja postum als Ketzer verurteilt); und selbst der ranghöchste unter den doctores ecclesiae des abendländischen Mittelalters, Thomas von Aquin, überragt ihn nur in der Energie logischer Systematik, nicht aber an schöpferischer Vielfalt und religiöser Genialität. Von diesem venerabilis inceptor, der eine Überfülle von Gedanken, Haltungen und Glaubensweisen erprobt, formuliert, zusammengebracht und bis ins Äußerste gesteigert hat, gilt in einem ausgezeichneten Sinne das Wort seiner „Bekenntnisse": „grande profundum est ipse homo", ein unendlicher Abgrund ist der Mensch. Er ist schöpferischer Erbe der Antike und Stifter der geistigen Fundamente des christlichen Mittelalters. Auf dem Massiv seiner Theologie ruhte über ein Jahrtausend lang die Dogmatik der katholischen Kirche. Kaum ein Glaubenssatz der kirchlichen Lehre läßt sich ohne Rückgang auf Augustinus erläutern. Die ganze mittelalterliche Dogmengeschichte ist eine Geschichte des Augustinismus und der Auseinandersetzung mit der Autorität des Augustinus. Er hatte den Boden bereitet, auf dem dann Anselm von Canterbury, Bonaventura, Albertus Magnus und Thomas ihre philosophisch-theologischen Systeme errichten konnten. Er ist eine unvergleichliche complexio oppositorum, und eben deshalb kann man an diesem Konvertiten nicht nur studieren, was christlich-mittelalterliche Katholizität bedeutet, sondern überdies noch die Quellen des reformatorischen wie des gegenreformatorischen Christentums finden. Augustinus — das bedeutet nicht nur Scholastik und Mystik, Mönchtum und Papstkirche, sondern auch: Luther und Calvin, Jansenismus und Port-Royal, Pascal und Kierkegaard.

Darüber hinaus ist Augustinus das Paradigma einer großen, allverwandelnden Bekehrung, in der einem Suchenden, Zweifelnden, Verzweifelnden ein nicht zu erschütternder Glaube verliehen wird. Wer wissen will, was Konversion bedeutet, der versenke sich in das Leben und in die Schriften dieses leidenschaftlichen, rastlosen, erst nach langem Suchen und Fragen christlich gewordenen Vaters der abendländischen Kirche, der seiner Herkunft nach kein Europäer ist, sondern ein lateinisch gebildeter Afrikaner, unter dessen Vorfahren sich möglicherweise auch Berber und Punier, also Nachkommen der von den Römern gnadenlos zerstörten phönizischen Kolonie Karthago, befinden. Immerhin schrieb Augustinus eine Verteidigung der punischen Sprache, die damals noch in der ungebildeten, das heißt: nicht romanisierten Bevölkerung Nordafrikas verbreitet war. Ihm übelwollende Zeitgenossen nannten ihn einen „punischen Philosophaster". Von Sallust her war ihm der Gedanke vertraut, daß Rom noch für die Vernichtung Karthagos werde büßen müssen — Rom, dessen Ursprung mit einem Brudermord zusammenfällt; Rom „das zweite Babylon"; Rom, dessen Schattenseiten nur ein

Außenseiter, Fremder und Abkömmling unterjochter Völker mit solch grimmiger Freude hervorheben kann. So viel ihm, dem Bewunderer Ciceros und Vergils, auch Rom bedeuten mochte; so sehr ihn auch die Plünderung der Hauptstadt des Weltreiches durch Alarichs westgotische Scharen erschüttert hatte, niemand vor ihm hat das Imperium so grundsätzlich entgöttert, profaniert und bestenfalls als Notbehelf angesehen wie dieser Künder des „Gottesstaates", von dem der britische Historiker Christopher Dawson sagt, daß er in erster Linie Afrikaner, erst in zweiter Römer gewesen ist: „Himmel und Erde werden vergehen, was ist es dann Besonderes, wenn auch das Römische Reich einmal vergeht?"

Das lateinische Christentum, die römische Kirche des Abendlandes erhebt sich auf afrikanischem Grunde. Der größte Teil der frühchristlichen Theologie und Apologetik in lateinischer Sprache stammt von Afrikanern, von Nachfahren der einst durch die Legionen Roms niedergezwungenen Völkerschaften des punisch-numidisch-libyschen Raumes, die sich trotz jahrhundertelanger Latinisierung ihre Eigenart zu bewahren verstanden. Die theologischen und organisatorischen Fundamente der abendländischen Kirche wurden in Nordafrika geschaffen, in einem Gebiet, das seit seiner Eroberung durch den Islam, gut zweihundertfünfzig Jahre nach Augustinus' Tod, überhaupt nicht mehr christlich ist. Mit Ausnahme von Ambrosius, der einer der ersten staatstragenden Familien Roms entstammt, und dem Dalmatiner Hieronymus sind alle herausragenden Theologen, Schriftsteller und Kirchenmänner in den ersten Jahrhunderten des westlichen Christentums Afrikaner: Cyprian von Karthago, Lactantius, Tertullian, Donatus, wahrscheinlich auch Commodianus, vor allem aber Augustinus, der nicht umsonst bei der Lektüre Vergils die heißesten Tränen über den Versen weinte, die den Freitod der von Aeneas, dem Ahnherrn römischer Weltherrschaft, schmählich verlassenen Karthagerkönigin Dido besingen ...

Augustinus hat uns über zweihundert Briefe, die zum Teil den Charakter von Abhandlungen haben, fast tausend Predigten und über hundert größere Schriften hinterlassen: Auslegungen der Evangelien und anderer Teile der Bibel, metaphysische Traktate über die Dreifaltigkeit Gottes, Kommentare und Leitfäden für Seelsorger, Polemiken gegen die Manichäer, Arianer, Donatisten, Pelagianer und andere Ketzer, Auseinandersetzungen mit moralischen Fragen wie Ehe, Jungfräulichkeit und Arbeit, Vorlesungen über den Schöpfungsbericht des Alten Testaments und schließlich noch die sogenannten „Retractiones", in denen er, chronologisch vorgehend, seine eigenen Werke ergänzt, verbessert und erläutert. Er äußerte sich über das Wesen des Glücks, Probleme des Kalenders und die Weissagekunst der Dämonen, die Vorherbestimmung des Menschen, die Auferstehung von den Toten, den freien Willen und die Schönheit der Musik, über den Ursprung der Seele, die Tugend der Geduld und die Deutung von Symbolen, über die Enthaltsamkeit, das Buch Hiob, die Briefe des Paulus und Ursprung wie Ziel der Weltgeschichte.

Es bedürfte eines langen mönchischen Lebens, all das zu lesen, was dieser zwischen jubelndem Lobpreis Gottes und düsterer Weltverachtung, mystischem Aufschwung und fanatischer Unduldsamkeit, dialektischer Kühnheit und künstlerischem Raffinement schwankende Priester, Bischof und Heilige geschrieben und diktiert hat. Schon Augustinus' Schüler und Biograph Possidius meinte, daß es wahrscheinlich niemand gäbe, der fähig wäre, alles zu bewältigen, was Augustinus uns hinterlassen hat.

Doch zwei seiner Werke, die wohl am meisten den unbestrittenen Rang Augustinus' in der Geistesgeschichte des Abendlandes begründet haben und nur mit dem Christentum selbst untergehen können, sollte jeder nachdenkliche Europäer gelesen haben, nicht in einem Zug, sondern in immer erneutem Durchblättern, Sichversenken und Ergreifenlassen. Diese beiden Werke sind die „Confessiones", seine für die Psychologie des religiösen Menschen nicht nur der Spätantike so aufschlußreiche Lebensbeichte, und die monumentale Schrift über die „Civitas Dei", den Gottesstaat.

Die „Confessiones" entstanden etwa um 398, also etwa zwölf Jahre nach der Mailänder Bekehrung. Augustinus war zur Zeit der Niederschrift bereits Bischof von Hippo Regius nahe bei Karthago. Er stand in der Mitte seines Lebens. Die Bekenntnisse sind auf den ersten Blick die Autobiographie eines Philosophen, der den Neuplatonikern viel verdankt und überdies eine Zeitlang der manichäischen Gnosis angehangen hat. Neun der insgesamt dreizehn Bücher behandeln seinen Lebensweg bis zum Tode der Mutter in Ostia, kurz vor dem Abschied von Italien; eines legt im Bewußtsein, „daß in jedem Menschen etwas ist, was des Menschen Geist nicht weiß," den erreichten Stand seiner christlichen Existenz dar; und drei sind dem Schöpfungsbericht am Anfang des Alten Testaments gewidmet. Doch Selbstbeobachtung, Selbstenthüllung und Selbstkritik sind eingeschmolzen in ein einziges Gebet. Eigene Schwäche, Schuld und Blöße überstrahlt der hymnische Lobpreis Gottes und seiner Gnade. Erinnerung, Sündenbekenntnis und Reflexion sind verwoben in einen Dialog mit Gott, der ununterbrochen angesprochen, gefragt, verherrlicht wird: „Und doch laß mich reden, mich, Staub und Asche! Laß mich dennoch reden! Denn sieh, zu deiner Barmherzigkeit rede ich, nicht zu einem Menschen, der meiner spottet." — „Du, Herr, hast uns auf dich hin geschaffen, und unruhig ist unser Herz, bis es Ruhe findet in dir."

Mit dieser Bekenntnisschrift, die Selbstanklage und Gotteslob zugleich ist, beginnt eine neue Epoche menschlicher Selbsterfahrung: das Abenteuer gottergriffener Subjektivität. *Deus et anima,* Gott und die Seele — dies sind die beiden Pole, um die sich sein Denken bewegt: die Bewegung nach innen und der Aufschwung nach oben. Psychologie und Theologie, Selbstergründung und Gottergründung gehen ineinander über. Die „Confessiones" sind ein Manifest der Wende ins Innere: „Da gehn die Menschen hin, und staunend sehn sie nach den Bergesgipfeln, den Meeresfluten ohne Grenzen, dem breiten Strom gewaltiger Flüsse, dem endlos weiten Rund des Ozeans und dem Lauf der Sterne, sich selber aber sehn sie nicht und sehn sich ohne Staunen." Der Mensch kann nicht hoffen, Gott zu finden, wenn er sich nicht selbst findet. Augustinus kennt und beklagt den Drang vor sich selbst zu fliehen ins Äußerliche, Oberflächliche und Wesenlose. Das Motiv der Entfremdung, des Verfallenseins an das „Man" ist eine zentrale Kategorie der augustinischen Lehre vom Menschen. Sein kategorischer Imperativ wendet sich gegen diese ständige Versuchung:

„Gehe nicht nach draußen, kehre in dich selber ein; im inneren Menschen wohnt die Wahrheit; und wenn du deine Natur in ihrer Wandelbarkeit erkannt hast, überschreite auch dich selbst" — *transcende et te ipsum.*

Augustinus habe „in der Religion die Religion entdeckt", bemerkt geistreich Adolf von Harnack; und ein anderer protestantischer Theologe, Hans von Campenhausen, umschreibt die durch die „Confessiones" eingeleitete Wende mit den Worten: „Der Mensch wird hier seinem eigentlichen Wesen nach auf Gott und damit auf ein Unendliches außerhalb seiner selbst bezogen; damit ist die alte, ‚klassische' Geschlossenheit des Menschenbildes verlassen. Der Mensch wird im Angesicht Gottes und seiner wirklichen Bestimmung seiner ‚Uneigentlichkeit' und hoffnungslosen Zwiespältigkeit inne; damit ist die alte Bestimmung des Menschen als Vernunftwesen, dem nur einige sinnliche ‚Leidenschaften' im Wege stehen, überwunden, und die unheimliche Grenze der Freiheit im entscheidenden Bereich des Wollens selbst, die geheimnisvolle Vielschichtigkeit der menschlichen Natur bis an die Grenze des Unbewußten ist entdeckt. Indem der Mensch in seinem Leben und in seiner Zeit von Gott erreicht wird und sein Heil wiederfindet oder verfehlt, erscheint der Raum der Geschichte als die entscheidende anthropologische Dimension."

Der geschichtliche Raum als Thema theologisch-philosophischer Spekulation ist ebenso eine Entdeckung des heiligen Augustinus wie seine um die beiden Pole „Deus et anima" kreisende Eschatologie der Seele. Sein zweiundzwanzig Kapitel (oder „Bücher") umfassendes Werk „De civitate Dei" ist, wie Karl Löwith festgestellt hat, „das Vorbild jeder Geschichtsauffassung, die christlich genannt werden kann." Es steht vor uns als ein Denkmal des Abschieds für eine untergehende, als Prolog einer heraufkommenden neuen Kultur.

Unmittelbarer Anlaß der Niederschrift der „Civitas Dei" war der Fall und die Plünderung Roms im August 410 durch den Gotenkönig Alarich. Es war dies der Anfang vom Ende des Weströmischen Reiches. Der Mythos, Rom sei unbesiegbar, war zerbrochen. Christen wie Nichtchristen, die an die Ewigkeit der

Hauptstadt des zivilisierten Europa geglaubt hatten, versetzte diese Niederlage in Unsicherheit, Bestürzung und Zweifel. Sollte der christliche Gott nicht imstande sein, die Stadt der Cäsaren wie der Apostelfürsten zu schützen? War die Abkehr von den alten Göttern schuld an der Katastrophe?

In den ersten zehn Büchern versucht Augustinus mit leidenschaftlichem, bis zum Zynismus sich steigernden Eifer nachzuweisen, daß der heidnische Götterkult weder für das politische noch für das moralische Gedeihen nützlich sei. In den Büchern elf bis zweiundzwanzig erweitert sich die Apologie zu einer großangelegten Schau der Weltgeschichte im Lichte der biblischen Offenbarung. So wird diese letzte große Hervorbringung frühchristlicher Apologetik zu einer grandiosen Geschichtstheologie, zu einer konzentrierten Zusammenfassung des gesamten theologischen Denkens von Augustinus.

Man mißversteht „De civitate Dei", wenn man, wie dies häufig geschieht, in ihr vor allem eine Staatsphilosophie sucht. Grundlegend ist vielmehr der geschichtsphilosophische und -theologische Kerngedanke, mit dem der Kirchenvater das Geschichtsbild der Apokalyptik radikal umgestaltet, ja für eine nicht mehr in der Naherwartung des Jüngsten Gerichts lebende Kirche überhaupt erst tragbar gemacht hat. Die Frage nach dem Sinn des Lebens, die er in den „Confessiones" seelen-eschatologisch und persönlich-existentiell beantwortet hatte, greift er nunmehr in universalhistorischem Zusammenhang, auf der Ebene einer symbolisch gedeuteten Menschheitsgeschichte auf.

Zwei Staaten, Städte oder Bürgerschaften — das lateinische Wort „civitas" kann all dies bedeuten — stehen durch die Jahrtausende hindurch im Kampf: der „Staat Gottes" und der „irdische Staat". Der Gottesstaat ist älter und umfassender als die sichtbare Kirche. Zu seinen Bürgern gehören auch die Engel sowie die Frommen und Demütigen aller Zeiten. Im Zusammenhang damit sei an eine erstaunliche Äußerung des Kirchenvaters erinnert, die sich zwar in seinen „Retractiones" (I, 12I) findet, aber sachlich hierher gehört. Augustinus sagt, daß „die Sache selbst" *(res ipsa)*, „die jetzt christliche Religion genannt wird, auch schon bei den Alten war; vom Anbeginn des Menschengeschlechts mangelte sie nicht, bis Christus im Fleische erschien; erst von da ab begann die wahre Religion, die seit eh und je gewesen war, die christliche zu heißen." Ähnliches sagte im frühen neunzehnten Jahrhundert der ehrwürdige Münchner Philosoph Franz von Baader: „Falsch ist es, wenn man glaubt, daß das Christentum und die christliche Philosophie ex abrupto mit der Erscheinung Christi entstanden sei." Es gibt also ein Christentum avant la lettre, und der „Gottesstaat" ist ursprünglicher und umfassender als die organisierte Kirche. Der „irdische Staat" hingegen ist keineswegs die politische Gemeinschaft als solche, sondern die Gesamtheit der Hochmütigen, Selbstsüchtigen und Gewalttätigen. Beide „Staaten" sind übernationale, metapolitische, zutiefst mystische Körperschaften. So wenig die Kirche mit dem Gottesstaat identisch ist, sondern ihn bloß repräsentiert, so wenig ist der irdische Staat mit einem konkreten politischen Gemeinwesen gleichzusetzen. Zur wahren „civitas Dei" gehören neben den durch Gottes Gnade berufenen Christen auch die Patriarchen Israels und von Gott erwählte Heiden; und die „civitas terrena" umfaßt alle „Weltkinder", unabhängig von ihrer Stellung in Kirche und Staat. Doch andererseits „ist schon jetzt die Kirche das Reich Christi". Mit unerhörter Kühnheit setzt also Augustinus die endzeitlich verheißene Gottesherrschaft dem kirchlichen Regiment gleich, und nur diese Gleichsetzung vermag den anderen, modernen Ohren so anstößig klingenden Satz zu rechtfertigen, daß „außerhalb der Kirche kein Heil sei". Wobei man freilich auch, die Behauptung umkehrend, sagen könnte: Wo immer Heil ist, da ist Kirche. Wenngleich er den Staat als profanes Gemeinwesen mit der „civitas terrena" theoretisch nicht vereinerleit, so wenig läßt Augustinus einen Zweifel daran, daß dies in der Praxis eine dämonische Möglichkeit darstellt, der politische Machtverhältnisse nur zu leicht erliegen. Denn es sind vor allem imperialer Ehrgeiz, Machtgier und Größenwahn, die sich in ihnen verkörpern. Die archetypischen Symbole der „civitas terrena" sind Luzifer, Kain und Babylon. „Was anders sind große Reiche, wenn ihnen Gerechtigkeit fehlt, als große Räuberbanden?", lautet eine berühmte Stelle im vierten Kapitel des vierten Buches, wo der Kirchenvater auch zustimmend die freimütige Antwort eines von Alexander dem Großen aufgegriffenen Piraten zitiert: „Weil ich's mit einem kleinen Fahrzeug tue, heiße ich Räuber. Du tust's mit einer großen Flotte und heißt Imperator." Nicht von ungefähr singt Augustinus in „De civitate Dei" auch das Lob des Kleinstaates. Als Ideal erscheint ihm das überschaubare, friedliche, imperialer Größe entsagende, auf den schlichten Grundregeln familiären und nachbarschaftlichen Wohlwollens beruhende Gemeinwesen.

Dem „Gottesstaat" entspricht die Tugend der Demut, die von dem Mensch gewordenen Gottessohn uns vorgelebte *humilitas;* ihr gegenüber steht der luziferische Hochmut, die sich über die göttliche Ordnung hinwegsetzende *superbia.* Demut und Hochmut — das ist der Grundzug der gesamten Weltgeschichte; sie prägen die Verfassungen der beiden widerstreitenden „civitates", „einer irdischen Bürgerschaft der Selbstliebe, die bis zur Verachtung Gottes geht, und einer himmlischen Bürgerschaft der Gottesliebe bis zur Verachtung des eigenen Selbsts. Jene hat ihren Ruhm in sich, diese aber rühmt den Herrn."

Gewaltig klingt das Thema der Entfremdung auf, des zur Pilgerschaft in der Fremde *(peregrinatio)* verurteilten Menschen. Wesentlich sind der Weltgeschichte Leid, Unglück und Drangsal. Das menschliche Leben ist, wie es ganz heideggerisch heißt, „ein Lauf zum Tode". Augustinus vermag nicht an eine innerweltliche Aufhebung der Entfremdung zu glauben. Entfremdung ist nicht erst eine Folge der Arbeitsteilung oder des Privateigentums. Sie ist primär Abwendung von Gott und Selbstvergöttlichung des Menschen. Augustinus hat, obgleich er nichts von politischer Ökonomie und Hegelscher Dialektik wußte, in diesem Punkt tiefer gesehen als Marx: „Lebt also der Mensch nur nach dem Menschen und nicht nach Gott, ist er dem Teufel ähnlich." Und anders als Marx und die nachfolgenden geschichtsphilosophischen Aktionisten verzichtet er darauf, Gott in die Karten schauen zu wollen. Er ist in diesem Punkte demütiger, bescheidener und wohl auch humaner als so viele zukunftsbeflissene Agenten. Er begnügt sich mit der gläubig angenommenen Gewißheit, daß Gott der souveräne Herr der Geschichte ist. Doch eben weil dies für ihn unerschütterlich feststeht, lehnt er es ausdrücklich ab, über die Zukunft zu spekulieren oder gar den Termin des Weltendes vorherzusagen: „Die Berechnungen kommen und gehen, und bisher läßt die Ankunft des Bräutigams auf sich warten; woher wissen wir, wann er kommen wird?" Er wendet sich gegen endzeitliche Panik und millenarische Schwärmerei in gleicher Weise, mahnt zur Erfüllung der immer und überall geltenden Pflichten und erinnert daran, daß die Menschen im allgemeinen, die Christen im besonderen *peregrini* seien: Ausländer, Fremdlinge und Wanderer in dieser Welt der Vergänglichkeit. Weit davon entfernt, resignierte Weltflucht zu predigen, ist Augustinus' Werk über die Geschichte der beiden nebeneinander existierenden „Staaten" eine Aufforderung, bereits in dieser Welt der Pilgerschaft überweltlich zu wirken und ihre Gaben dankbar als einen Vorschein künftiger Herrlichkeit zu würdigen.

Noch ein Motiv muß unbedingt hervorgehoben werden. Es allein schon würde „De civitate Dei" zur Einleitung eines neuen geistesgeschichtlichen Zeitalters stempeln. Augustinus formuliert nämlich in seinem geschichtstheologischen Buch eine den antiken Konzeptionen ganz und gar entgegengesetzte Zeitauffassung. Er verwirft den Gedanken der zyklischen Zeit, die Idee der ewigen Wiederkehr, der Anaximander, Pythagoras, Heraklit, Empedokles, Platon, Aristoteles und auch noch die Stoiker Seneca und Mark Aurel gehuldigt haben.

„Was ist Zeit?" — mit dieser Frage ringt Augustinus im vollen Bewußtsein, daß mit dem Christentum ein neuer Sinn für Geschichte und Vergänglichkeit, Gegenwart und Zukunft, Zeit und Ewigkeit in Erscheinung getreten ist. „Solange mich niemand danach fragt, ist mir's, als wüßte ich's; doch fragt man mich und soll ich es erklären, so weiß ich's nicht", heißt es schon in den „Confessiones" über das Geheimnis der Zeit. „Wir sprechen ständig von ‚Zeit und Zeit' *(tempus et tempus)*, von ‚Zeiten und Zeiten' *(tempora et tempora)*... Taghell sind diese Dinge, und jedermann führt sie im Munde; und dennoch wiederum sind sie so dunkel, so fremd und unbekannt ist ihr Verständnis." Die Zeit besitzt Dauer, doch es sei falsch, sie mit der Bewegung der Gestirne gleichzusetzen. Als Gott auf die Bitte Josuas die Sonne in ihrem Lauf anhielt, damit dieser die Schlacht am selben Tag beenden könne, sei die Zeit weitergegangen. Zwar bewegten sich die Körper in der Zeit, doch sei die Zeit nicht die Bewegung der Körper. Augustinus verlegt die Zeit in die menschliche Seele. Die Zeit wurzelt in unserem Innern, in dem *„penetrale amplum et infinitum memoriae"*, dem weiten und unermeßlichen Innenheiligtum des Gedächtnisses. Augustinus verbindet das Geheimnis der Zeit mit dem der Erinnerung:

„In dir, du meine Seele, messe ich die Zeit ... und wenn ich sie messe, dann messe ich den Eindruck, den die Dinge vorübergehend in dir ließen, und der geblieben ist, auch da sie gingen. Ihn mess' ich, da er gegenwärtig blieb, nicht jene, die vorübergingen ..." Man könnte in gewisser Hinsicht sagen, daß wir nur in der Gegenwart leben, weil wir nur Gegenwärtiges wahrnehmen. Die Seele erwartet — dies ist die Gegenwart von Zukünftigem; sie nimmt wahr — dies ist die Gegenwart von Gegenwärtigem; sie erinnert sich — dies ist die Gegenwart von Vergangenem. Das Älterwerden besteht darin, daß die Erwartung ständig abnimmt, die Erinnerung sich ständig vermehrt. Nicht die Zukunft ist lang, sondern eine lange Zukunft ist nur eine lange Erwartung von Zukünftigem; nicht die Vergangenheit ist lang, sondern eine lange Vergangenheit ist nur eine lange Erinnerung an Vergangenes.

Vor dem Hintergrund dieses bereits in den „Confessiones" entfalteten Zeitverständnisses kritisiert Augustinus in „De civitate Dei" die zyklischen Konzeptionen der Antike, die weder eine absolute Einmaligkeit der Ereignisse noch ein unüberholbares Endziel der Geschichte kennen. Der Gedanke der Periodizität, der regelmäßigen Wiederkehr aller Dinge, ist Augustinus ein Greuel. Denn eine zyklische Zeitauffassung schließt ja die zentrale christliche Glaubenswahrheit aus: die Singularität von Christi Menschwerdung, Opfertod und Auferstehung. Sie ist aber auch deshalb unannehmbar, weil sie Zeit und Ewigkeit blasphemisch vermischt. Gott ist ewig, seine Schöpfung vergänglich. Vor der Schöpfung gab es keine Zeit, weil es kein anschauendes, sich erinnerndes oder erwartendes Geschöpf gab. Für Gott hingegen, der nicht Geschöpf ist, sondern Schöpfer, gibt es weder Vergangenheit noch Gegenwart noch Zukunft, sondern nur Ewigkeit, die etwas grundlegend anderes ist als endlose

Zeit, nämlich — wenn man so will — erfüllte Gegenwart jenseits der Zeit.

Der entscheidende Einwand gegen die Zyklik der Zeit ist jedoch weder ein kosmologischer noch ein theologischer, sondern ein moralischer. Die heidnische Lehre von den sich ewig wiederholenden Kreisläufen, die dem antiken Menschen völlig einleuchtend und auch nicht mit Verzweiflung gleichbedeutend war, ist für den Christen Augustinus trostlos, abscheulich und aberwitzig, weil sie uns Menschen zu Glaube, Hoffnung und Liebe unfähig mache. Was wäre das für eine Seligkeit, der in ewigem Rhythmus wieder eine Verdammung folgte? Was wäre das für eine Zukunft, in der nichts geschehen könnte, was nicht schon myriadenmal Ereignis gewesen wäre? Was wäre das für ein Gott, der nicht imstande wäre, unerwartet und unwiederholbar Neues hervorzubringen? Sogar wenn sie wahr wäre und die Vernunft dagegen nicht aufkommen könnte, müßten wir diese „gottlose" Lehre ablehnen, die kein Endziel, keine endgültige Erlösung, kein unvergleichliches Novum kennt. Wenn der Prediger des Alten Testaments mit seinem Satz, es gäbe nichts Neues unter der Sonne, die heidnische Doktrin von der ewigen Wiederkehr des Gleichen gemeint hätte, dann wäre er kein Weiser, sondern ein ungläubiger Tor.

Augustinus ist, obwohl vor mehr als eintausendfünfhundertfünfzig Jahren zur Zeit des Vandalensturms gestorben, bis auf den heutigen Tag eine geistige Macht geblieben. Man hat viel darüber gestritten, ob er noch ein spätantiker oder schon ein mittelalterlicher Denker sei. Dieses Gelehrtenproblem verliert viel an Gewicht angesichts der Tatsache, daß der Kirchenvater, Heilige und Philosoph nach wie vor Christen wie Nichtchristen anspricht, herausfordert und fasziniert. Ja, man darf sagen, daß dem Europäer des zu Ende gehenden zwanzigsten Jahrhunderts der Afrikaner Augustinus näher steht als der zeitlich und räumlich benachbartere Thomas von Aquino. Wer in die „Summa theologiae" des Aquinaten eintritt, mag sich bald bange fragen, ob deren mit kühler Folgerichtigkeit formulierte, Für und Wider gelassen abwägende und eine Stimmung pontifikaler Harmonie verbreitende Sätze überhaupt von einem lebendigen Menschen stammen oder ob sich in ihnen der objektive, hierarchisch gefügte

Zusammenhang der Dinge und Wesen vom in der Sonne spielenden Staubkorn bis zur allerheiligsten Dreifaltigkeit gleichsam selbst in autoritativer Weise vernehmlich gemacht hat. Augustinus hingegen, welches seiner Werke auch immer man aufschlägt, steht vor uns als leibhaftige, leidenschaftliche, von Affekten, Spannungen und Kämpfen durchzitterte Individualität. Weil er eine kaum überschaubare Fülle von Elementen, Ansätzen und Stimmungen umfaßt, welche er niemals in einem ausgewogenem System zu integrieren vermochte, ist dieser Kirchenvater, den man als einzigen ungescheut ein Genie nennen kann, auch heute noch so erregend. Ob man sich an den Augustinus der „Confessiones", der Predigten oder des „Gottesstaates" hält, an den Psychologen der Bekehrung oder an den Gott „in dem ungeheuren Hof unseres Gedächtnisses" *(in aula ingenti memoriae)* wohnen lassenden Theologen; ob man seine Deutung der Zeit schätzt, seine Warnung vor machtstaatlicher Hybris oder sein Lob des Kleinstaates; ob man sich in seine kühne Philosophie der Liebe vertieft: *„Virtus est ordo amoris", „Dilige et quod vis fac";* ob man den Gedanken von der Menschheit als *„civitas peregrina"* aufgreift oder seine Entgegensetzung von Kreislauf und Kreuzweg — man findet bei ihm geistige Fermente und grundsätzliche Stellungnahmen, auf die wir immer wieder zurückkommen müssen, wenn uns an Orientierung über den Tag hinaus gelegen ist.

Bei allem, was wir von ihm lesen und nehmen, sollte uns freilich immer bewußt sein, daß dieser Mann zwischen zwei Zeitaltern ein *homo religiosus* gewesen ist, ein von der überschwänglichen Verheißung des Evangeliums beflügelter Christ, in dessen Schriften sich das unendlich kühne Wort findet: *„dies septem nos ipse erimus"*, der siebente Tag — der Tag gotterfüllter und festlich das Sein bejahender Ruhe — werden wir selber sein. Geschlechter sterben aus, Throne bersten, Weltreiche gehen unter, doch was wiegen sie gegenüber der Hoffnung auf göttliche Verjüngung in Ewigkeit: „Halte dich nicht an die greise Welt, sondern werde jung in Christus, der dir sagt: ‚Die Welt vergeht, sie wird alt, sie nimmt ab, sie atmet mühsam wie ein Greis, du aber fürchte dich nicht, deine Jugend wird erneuert werden wie die des Adlers'." (Sermo 81, 8 - 9).

Vergessen wir aber auch nicht, daß dieser wortgewaltige und gottergriffene Glaubensdenker und Glaubenskämpfer, den die Künstler jahrhundertelang mit einem feuerlodernden Herzen dargestellt haben, mehrmals versichert, er sei niemals mit dem, was er vortrage, zufrieden, sodaß man ihm einiges nachsehen müsse. Dies gilt allerdings kaum von den Sätzen, die sich im letzten Buch der „Civias Dei" finden:

„Die Fülle und wunderbare Pracht des Lichtes, die Sonne, der Mond, die Gestirne, die grünen Wälder, Farben und Duft der Blumen, die zwitschernde und buntgefiederte Vogelwelt, ... das großartige Schauspiel, das uns das Meer darbietet, wenn es sich in verschiedenen Färbungen wie in Gewänder kleidet und bald grün — und das wieder in vielen Abstufungen —, bald pupurfarben, bald blau erscheint ... Und all das sind nur Tröstungen für Unselige und Gestrafte, nicht Belohnungen der Seligen. Worin werden erst diese bestehen, wenn schon jene Tröstungen so reich, herrlich und groß sind?"

(1982)

Heloise und Abaelard

Die Logik der Leidenschaft

Die Geschichte von Heloise und Abaelard ist die aufregendste, dramatischste und denkwürdigste Liebesgeschichte des Mittelalters. Sie hat noch dazu den Vorzug, daß sie wahr ist. Die historischen Zeugnisse sind seit langem bekannt, insbesondere die Schriften und Briefe der beiden Hauptgestalten: Abaelards „Leidensgeschichte" (*Historia calamitatum*) und die glühenden Episteln der Heloise. Anders als Tristan und Isolde, anders als Romeo und Julia stehen der Philosoph-Theologe Abaelard und seine Schülerin-Geliebte Heloise als lebendige Menschen vor uns. Obwohl ihre Tragödie schon vor mehr als 800 Jahren über die Bühne ging, wirken die Darsteller auf uns zeitnaher als so viele durch Schlagzeilen berühmt gewordene Figuren unseres eigenen Jahrhunderts. Ihre Leidenschaft, ihr Schicksal, ihr — zumindest im Kern authentischer — Briefwechsel bewegen noch immer unsere Herzen.

Abaelard war ein scharfsinniger Philosoph, Meister der Logik, in allen Sätteln gerechter Dialektiker, Professor der Theologie an der angesehenen Domschule zu Paris, temperamentvoll, geistreich, streitbar und noch dazu gut aussehend, ja geradezu das, was man im Französischen „coqueluche des femmes" nennt. Vielleicht wäre er wie Albertus Magnus, Anselm von Canterbury, Duns Scotus, Bonaventura und Thomas von Aquin ein Fürst der Scholastik, ein von der Kirche heiliggesprochener Interpret des christlichen Dogmas geworden. Jedenfalls befand Abaelard sich schon auf dem besten Wege zu diesem Ziel, als er eines Tages der jungen Nichte eines Domherrn begegnet: Heloise. Sie ist schön „wie der helle Mond", noch dazu außergewöhnlich belesen und philosophisch interessiert. Schnell entflammt, erobert der berühmte Philosoph sie im Sturm. Doch eigentlich stimmt das gar nicht, denn für Heloise war die Begegnung ein coup de foudre: blitzartige Liebe auf den ersten Blick. Der Skandal folgt auf dem Fuße. Für den geistlichen Onkel und Vormund, der dem Mädchen sehr zugetan war und ihr eine überdurchschnittliche Bildung vermittelt hatte, ist Abaelard ein mieser Verführer und Schandfleck für die Theologenzunft. Er läßt sich auch nicht versöhnen, als Abaelard sich dazu bereitfand, Heloise heimlich zu heiraten. Um das öffentliche Ärgernis einzudämmen, schickt Abaelard die soeben geehelichte junge Frau vorübergehend in ein Kloster. Aber auch das hilft ihm nichts. Eines Nachts trifft den Geliebten die denkbar grausamste Rache. Er wird von gedungenen Häschern entmannt. Der einst so selbstbewußte, in ganz Europa berühmte Professor muß sich in ein Monasterium zurückziehen. Auf sein Geheiß nimmt Heloise den Nonnenschleier.

Nach Jahren der Trennung kommt es zu einem Wiedersehen, ja sogar zu einer geistig-geistlichen Zusammenarbeit. Die zur Nonne gewordene Schülerin, Geliebte und Ehefrau des kastrierten Abaelard erweist sich auch im kirchlichen Bereich als ausgesprochene Karrierefrau. Sie wird Priorin, schließlich Äbtissin, Vorsteherin eines blühenden Frauenklosters; und der theologische Dialektiker steht ihr — ausschließlich auf postalischem Wege — als Ratgeber bei. Er schreibt ihr salbungsvolle Trostbriefe, in denen er sie erbaulich tituliert: „Schwester in Christo", „Teuerste Schwester", „Braut Christi". Heloise korrespondiert mit ihrem einstigen Lehrer über subtilste theologische und philosophische Fragen. Sie erörtert mit ihm schwierige Bibelstellen und Probleme moralischer Kasuistik. Sie ist eine intelligente, hochgebildete und überdies auch kluge Frau, eine kongeniale Partnerin des mönchischen Intellektuellen, der Traktate über die göttliche Dreieinigkeit und die Methode ordnungsgemäßer akademischer Disputation (*„Sic et non"*) verfaßte.

Aber Nonnendasein, Gelübde und Äbtissinwürde erscheinen ihr wesenlos, eitel und nichtig, wenn Heloise zur „Sache" kommt: zur Hauptsache und Herzmitte ihres Lebens. Sie bleibt, was sie von Anfang an war: hingebend liebende Frau, bis zu ekstatischer Hörigkeit sich preisgebende Geliebte. Es wundert kaum, daß der Mann, verglichen mit dieser maßlos liebenden Bacchantin, eine schlechte Figur macht. Neben ihrem sich über Gelübde und Priestertadel kühn hinwegsetzenden Pathos wirkt Abaelards Temperament geradezu schwerfällig und spießig. Anfänglich bloß von Heloises Charme und Sinnenreiz bezaubert, wird ihm ihre keinen Widerspruch duldende Leidenschaft unheimlich und, vor allem, lästig. Für ihn war nur ein erregendes Abenteuer, was für sie zu einer Leib und Seele verzehrenden Feuersbrunst wurde. In ihrer Glut wirkt sie groß. Jenseits von Gut und Böse muß jeder, der nicht engherzig moralisiert, Heloise auch dann noch bewundern, wenn sie schamlos, exhibitionistisch, nymphoman zu sein scheint. Der zur Ordnung mahnende Mann spielt daneben eine fast klägliche Rolle. Bereits in den Anredeformeln ihrer Briefe an Abaelard wischt Heloise dessen Ermahnungen zu Entsagung, Verzicht und „Abtötung" sinnlichen Begehrens mit einer Kühnheit ohnegleichen hinweg. Sie stellt sich einfach taub, wenn ihr entmannter Verführer das Hohelied christlicher Askese anstimmt. Sie pfeift auf den Himmel, in dem ja, wie das Evangelium lehrt, nicht mehr geheiratet wird. Himmlisch-platonische Liebe ist ihr nichts als Firlefanz und Schwindel eunuchischer Seelen. Wenn sie in ihren Briefen an Abaelard von Liebe spricht, dann meint sie ausschließlich den amour sensuel, die Wonnen geschlechtlicher Liebe, die Orgien erotischer Verzückung. Liebe ist ihr Leidenschaft, Taumel, ganz oder gar auf das irdische Paradies und die Tröstungen des Fleisches eingestellt:

„Dir zu gefallen liegt mir mehr am Herzen als Gott zu gefallen. Mir bist Du verpflichtet und verfallen; denn alle Welt bezeugt es, daß meine Liebe zu Dir kein Maß und kein Ziel gekannt. Du allein schlugst mir die Wunde, heile Du sie auch gnadenvoll!"

Sie verlange nichts von Gott, Gott schulde ihr keinen Lohn, sie sei Gottes quitt. Auch im Kloster, in das sie doch nur Abaelards wegen gegangen sei, habe sie nicht das geringste um Gottes willen getan. Diese Äbtissin, die über Aristoteles, Seneca und die alten Kirchenväter bestens Bescheid weiß, erhebt sich in Höhen verwegenster Ketzerei, wie sie nur eine von einem *anderen* Gott völlig Entflammte zu erfliegen vermag:

„Für andere Frauen ist vielleicht ‚Gattin' das edelste Wort; mir war es aber immer der Inbegriff aller Süße, Deine Geliebte zu heißen, ja — bitte zürne nicht — Dein Bettschatz, Deine Schlafbuhle, Deine Dirne. Ich möchte lieber Deine Dirne heißen — und wäre noch stolz darauf — als eine Kaiserin. Die Tiefe meiner Liebe zu Dir gründet sich auf ihre Irrtumslosigkeit!"

Unsentimentale Worte von einer grandiosen Vermessenheit, die ehrfurchtgebietend ist, niedergeschrieben von einer Klosterschwester des 12. Jahrhunderts, die sich in ihrer Abneigung gegen die Institution der Ehe durch Ovid und Cicero bestärkt fühlte. Zeugnis einer sich verzehrenden Frauenseele, die der unfehlbaren Autorität der Kirche die Irrtumslosigkeit ihrer Liebe entgegensetzt, die „infaillibilité d'amour". Wer war diese Frau, die beinahe gotteslästerlich Gott zum Zeugen anrief, daß sie nie etwas anderes gesucht und begehrt habe als diesen einen Mann Abaelard? Wer war sie, die der Liebe vor der Ehe den absoluten Vorzug gab, weil Freiwilligkeit, Selbstlosigkeit und Ursprünglichkeit für sie königlichen Ranges waren? Sie war jedenfalls eine Frau, die nicht bloß die Geliebte eines bedeutenden Mannes war, sondern selber eine überdurchschnittliche Persönlichkeit, ihrem Gefährten geistig ebenbürtig, seelisch sogar überlegen.

Die Geschichte dieses wirklichen, keineswegs dichterischer Imagination entsprungenen Paares ist die Liebesgeschichte zweier über sich selbst und den andern reflektierender Menschen. Die Liebesgeschichte eines Intellektuellenpaares, in dem beide Teile problematische Naturen sind: Wesen in ihrem Widerspruch. Die Love-Story eines Paares, das erst nach dem Tode wieder zusammenkommen durfte: der vom Papst verurteilte Abaelard starb 1142 und wurde auf dem Friedhof des Klosters Paraklet in der Champagne beigesetzt; etwa zwanzig Jahre später erhielt auch die tote Heloise in diesem Grab ihren letzten Ruheplatz. Später immer wieder umgebettet, fanden ihre sterblichen Überreste nach Jahrhunderten auf dem Pariser Friedhof Père Lachaise endgültig eine Heimstatt. Noch heute wird das Grab immer wieder von Liebespaaren aus allen Ländern der Welt andächtig aufgesucht und täglich neu mit Blumen geschmückt. Doch wenn man ihren Briefwechsel zu Ende gelesen hat, dann stellt sich der Zweifel ein, ob Heloise und Abaelard überhaupt gestorben seien. Die hingebungsvoll liebende Intellektuelle und der ihr menschlich nicht ganz gewachsene Gottesgelehrte leben fort, solange das Pascal'sche Wort von der „*logique du coeur*" gültig ist: „Das Herz hat seine Gründe, die die Vernunft nicht kennt."

(1987)

Katharina von Siena

Sibylle heiliger Bluthochzeit

Nichts anderes brachte sein Mund hervor als „Jesus und Katharina", und so empfing ich sein Haupt in meine Hände, und sein Auge schloß sich in göttlicher Güte mit dem Wort: „Ich will".

Lettere di Santa Caterina di Siena XXXI.

Katharina von Siena (1347 bis 1380) hatte wohl das Zeug zu einer italienischen Jeanne d'Arc; vielleicht wäre sie unter anderen Umständen ein weiblicher Garibaldi an der Spitze nationalrevolutionärer Freischaren oder auch eine toskanische Charlotte de Corday geworden. Die Färberstochter ist jedenfalls eine Frau aus dem Volke, in ihrer Sprache von beispielloser Kühnheit gegenüber Machthabern und Würdenträgern; von Titeln, Reichtum und Prestige läßt sich die Unbestechliche keinen Augenblick lang beeindrucken. So sehr sie den Mystiker Paulus schätzt, so wenig bezieht sie sein Wort auf sich, daß das Weib in der Gemeinde zu schweigen habe. Von den religiösen Orden bevorzugt sie entschieden den damals modernsten und radikalsten: die Dominikaner-Bettelmönche. Eine Weile spielt sie mit dem an die Legenden um die Heiligen Eugenia, Marina, Pelagia, Hildegund und Euphrosyne erinnernden Einfall, als Mann verkleidet ins Kloster zu gehen. Von der Ehe will sie nichts wissen, und als die Eltern sie zu einer Heirat nötigen wollen, widersetzt sie sich ihnen aufs äußerste. Sie träumt stattdessen von einem ihr gemäßen Leben halb nach der Art der antiken Amazonen, halb im Stil der frühchristlichen Wüstenväter, Einsamkeit und Gemeinschaft, Kriegertum und Mystik verbindend.

Aber dann wird sie trotz der erwähnten Anlagen und Neigungen weder Kreuzfahrerin noch Nonne, weder Theologin noch Umstürzlerin, sondern eine ihres Gottes ekstatisch gewisse Seherin, eine Auserwählte der katholischen Kirche, die neben Franziskus von Assisi beliebteste Heiligengestalt Italiens.

Der „Poverello" und die „Mamma dolce", wie man die asketisch lebende Katharina wegen ihrer notorischen Nächstenliebe genannt hat, verkörpern jedoch zwei sehr verschiedene Heiligkeitsstile. Franziskus erscheint uns als das Urbild des kindhaft strahlenden und liebenswürdig unbekümmerten Italieners, der sich nicht ängstlich um den morgigen Tag sorgt, weil Gott in diesem Land ohnehin schon seit eh' und je spürbarer als anderswo für die „Pflanze Mensch" als freundlicher Gärtner sorgt. Katharina hingegen, sosehr sie Glaube, Mystik und visionäre Gabe mit ihm teilt, ist von anderer Art: herber, rebellischer und, um es etwas mißverständlich auszudrücken, „männlicher" als der demütige Bruder Franz. In diesem Mädchen, das nie ein Kind wie andere gewesen ist, glüht etwas Stolzes, Hochfahrendes und Grimmiges, das uns auch heute noch erbeben läßt. Vielleicht hat kein Heiliger vor ihr so oft gesagt: „Ich will". Sie kann erzürnen wie eine Erinnye. Manchmal unterfängt sie sich, sogar Jesus zu tadeln; noch weit mehr stimmt sie mit ihm in so hohem Maße überein, daß sie als sein Mundstück mahnt, droht, weissagt und wettert. Katharina unterschlägt nicht den unheimlichen, rätselhaften, ja schreckenerregenden Christus, der die Wechsler mit der Geißel aus dem Tempel treibt, der durchaus ewige Höllenstrafen ansagt, von einer unsühnbaren Sünde wider den heiligen Geist spricht und an anderer Stelle keineswegs dem Frieden, sondern dem Krieg das Wort redet: „Ich bin gekommen, Feuer in die Welt zu werfen, und was will ich anders, als daß es brenne? Meint ihr, ich sei gekommen, den Frieden auf Erden zu bringen? Nein, sage ich, vielmehr Zwietracht." Wenn sich Franziskus der Frau Armut und Heinrich Seuse der gestalt- und antlitzhaft erfahrenen „Ewigen Weisheit" vermählt, so weiß sich Katharina von Siena eins mit der göttlichen Vorsehung selbst. Dabei wirkt sie trotz ihrer Leidenschaft keineswegs wie eine überspannte Exzentrikerin oder Besessene; es sei denn, daß wir unsere aufgeklärte Nivelliertheit und Transzendenzunfähigkeit mit seelischer Gesundheit gleichsetzen wollten (was aber nicht gerade selbstkritisch, vorurteilsfrei oder auch nur duldsam wäre).

Es wird für immer ein Geheimnis bleiben, was diese seltsame, manchmal sehr befremdliche Frau wirklich erlebt und erfahren hat. Wir sind vielleicht dazu verurteilt, die sie schon bei Lebzeiten umrankende Legende zu „hinterfragen", wie der bezeichnenderweise unfreiwillig komisch klingende Intellektuellenausdruck lautet; aber wir können sie gewiß nicht völlig entbehren, sofern wir von ihr überhaupt sprechen, uns mit ihr einlassen wollen. Ansonsten gibt es nur ihre Briefe. Aber damit hat sich die Schwierigkeit, mit der ebenso streitbaren wie gottesinnigen Italienerin auf die heute übliche Weise in Kontakt zu kommen, bloß um eine Stufe verschoben. Katharina von Siena war nämlich, erstens, eine Analphabetin und, zweitens, sind die von ihr durchweg diktierten Briefe erst nach ihrem Tode von ihren Freunden gesammelt und trotz aller Pietät überarbeitet, insbesondere aber gekürzt worden.

Katharinas epistolarische Wirksamkeit stützte sich auf ihr „Büro", in dem ihr freundschaftlich zugeneigte und geistlich gleichgesinnte Schreiber arbeiteten. Bereits diese „Sekretäre" redigierten oder übersetzten sozusagen das, was die Seherin in bisweilen verzücktem Zustande gesagt hatte. Ähnlich ging bekanntlich noch im vorigen Jahrhundert Clemens Brentano vor, als er die Schauungen der westfälischen Nonne und Stigmatisierten Anna Katharina Emmerick aufzeichnete. Hier wie dort hat sich bei der Umsetzung von mündlicher Rede über Feder und Tinte auf Pergament oder Papier manches nicht unerheblich verändert. Beide Katharinen — die von Siena und die von Dülmen — haben in ihren Reden zweifellos viele einheimische Ausdrücke gebraucht, während in den uns vorliegenden Fassungen alle Dialektspuren getilgt sind. Was die mittelalterliche Visionärin betrifft, so faßt die Mystik-Expertin Louise Gnädinger das Problem mit den Worten zusammen: „Die Abschriften der Briefe sind lückenhaft und ohne Chronologie. Allzu Privates, vielleicht Intimes berührende geistliche Ratschläge und Ermahnungen, ließ man bald weg . . . Triviale Mitteilungen, an denen man natürlich heute, um das alltägliche Zusammenleben der caterinianischen ‚famiglia' besser kennenzulernen, sehr interessiert wäre, fielen für immer weg, selbstverständlich auch politisch heikle Passagen."

Von den fast vierhundert Briefen der Heiligen, die uns überliefert sind, gibt es keine Autographe; nur etwa sieben liegen wenigstens in der Urschrift ihrer Sekretäre vor, bei allen andern handelt es sich um Abschriften und Abschriften von Abschriften. Für sämtliche gilt, daß sie nicht nur keine „Originale" sind, sondern auch gar nicht zu biographischen und historischen, sondern einzig zu religiösen Zwecken verfaßt wurden. Sie wollen als „geistliche Dokumente" gelesen sein — dies auch im Sinne ihrer Urheberin, die höchstwahrscheinlich die postume Tilgung des „Allzumenschlichen" sogar gebilligt hätte.

Die Briefe, die in gewisser Weise ein Werk ihres Kreises darstellen, dürfen dennoch in einem tieferen Sinne als authentisch angesehen werden. Dies wieder aus zwei Gründen. Die Schreiber verehrten Katharina als eine gottbegnadete Auserwählte und hätten sich wohl kaum zu erdreisten gewagt, ihre Worte absichtlich zu verfälschen. Gewichtiger ist jedoch das Argument der nicht auf das Historische und Philologische eingeschränkten Ursprünglichkeit im spirituellen Sinne: Solche Dinge erfindet und kompiliert man nicht, sie können sich unmöglich bloßer Mache verdanken, sie sind das Ergebnis einer spezifischen „Genialität". Sofern er ein gewisses Organ für Texte solcher Art hat, wird wohl auch der kirchenfremde, sogar der areligiöse Leser zu diesem Urteil gelangen. Er wird zumindest ahnen, daß es hier einen Kern gibt, der sich nicht hinwegrationalisieren läßt. Ob man ihn auf eine seltene Art von Feinfühligkeit, sozusagen einen gesteigerten „musikalischen" Sinn in religiösen Dingen, auf schöpferische Eruptionen aus dem Un- oder, besser, Überbewußten oder auf einen Zuspruch aus uns transzendenten Sphären, auf Gnade im theologischen Sinn des Wortes zurückführen kann, mag der einzelne Leser selbst entscheiden.

Was muß dies für eine Frau gewesen sein, die, kleiner Leute Kind und eines von insgesamt fünfundzwanzig Geschwistern, seit ihrem sechsten Jahr andauernd von himmlischen Erscheinungen heimgesucht wird; trotz strengster Askese einem Leben im Kloster eines in der „Zelle des Herzens" vorzieht; dann sich aus mystischem Antrieb bis zum Heroismus den Werken der Nächstenliebe widmet; und schließlich mit Feldherren, Kondottieri, Legaten, Fürsten, Kardinälen und Päpsten in Verbindung steht — als Ratgeberin und Vermittlerin, aber auch als zornesmächtige und wortgewaltige Züchtigerin und sendungsbewußte Prophetin.

Katharina hat gekrönte Gangster und infulierte Schwächlinge zurechtgewiesen, gemaßregelt und verurteilt. Erschüttert liest man zum Beispiel ihren Brief an den Bandenführer Bartolomeo Smeducci von Sanseverino, dem sie mit heiligem Eifer und lyrischem Schwung ihre erhabenen Gedanken darlegt, um ihn zu einem weniger rohen Leben zu veranlassen: „Wie töricht wäre der Mensch, auf etwas zu bauen, das nicht währt; auf die Zeit zu warten, die man doch nicht besitzen kann; und das zu fliehen, was man allein in sicherem Besitz haben kann: die Gnade … Folgen Sie den Spuren des Gekreuzigten, waschen Sie sich rein in seinem Blut, bergen Sie sich in seinen Wunden! Entschuldigen Sie meine Liebe und den Schmerz darüber, uns verbohrt und blind in das Unglück der Todesünde rennen zu sehen …" Die selbe Visionärin, die auf diesen massakrierenden Gewaltmenschen einredet, erkühnt sich, der Königin von Neapel ohne Umschweife zu sagen: „Niemand, sei er Fürst, sei er reich oder sei er aus dem Adel, niemand kann es sich leisten, dem milden Herrn Jesus nicht zu dienen." Die furiose Frau, die dem Erzbischof von Otranto gebietet, eine „feste Säule" zu sein, und grimmig drei Kardinäle „feige Mietlinge", „erbärmliche Ritter", „Strohhalme", „Pestgestank" und „Teufel" schilt, pflegt auch Pestkranke, begleitet Opfer politischer Justiz bis zum Schafott, schützt Juden und uneheliche Kinder vor Angriffen. Sie hat vergeblich einen Kreuzzug gegen die Türken gepredigt, aber mit diplomatischen und bisweilen auch sehr undiplomatischen Mitteln ständig für die Befriedung des damals heillos zerstrittenen Italien gewirkt. Sie hat unter der Korruption der römischen Kirche kaum weniger als später Hus, Savonarola und Luther gelitten, aber dessenungeachtet niemals mit ihr gebrochen. Die Reformation war ihr ein Herzensanliegen, aber sie wurde deshalb nicht zur „Protestantin". Sie roch den Sündenpfuhl der Kurie bis nach Siena, wie sie einmal drastisch sagte, und machte sich keine Illusionen über die menschlichen Qualitäten höchster Würdenträger; aber sie kämpfte für die Rückkehr des zum Satelliten der Könige Frankreichs gewordenen Papstes aus Avignon nach Rom. Das Ende des „babylonischen Exils der Kirche" ist das Werk dieser zeitlebens körperlich schwachen und kränkelnden Frau, die alle Briefe „im kostenbaren Blut des Gottessohnes" schreibt und auffällig oft mit der vielsagenden Formel abschließt: „Non dico più", „Mehr sage ich nicht."

Katharinas „Blut-Mystik" ist ein Kapitel für sich. Sie muß moderne Leser, die meist ebenso verzärtelt wie verkopft, ebenso wehleidig wie kaltherzig, ebenso humanitätsbesoffen wie rücksichtslos-brutal sind, beinahe unvermeidlich schockieren. Wer Schmerzlosigkeit und Abtreibungsfreiheit als einklagbare Menschenrechte zugleich zu fordern imstande ist, dem traue ich auch zu, daß er Katharinas Mystik des heiligen Blutes als „Rationalisierung" oder „Überbau" perverser Gelüste abtut. In Wirklichkeit hat sie jedoch nicht das geringste mit Sadismus oder Masochismus zu tun. Anstatt in Abstraktionen und Floskeln denkt die leidenschaftliche Christozentrikerin sinnenhaft und leibbezogen, in Chiffren, Bildern und Gesichten. Ähnliches tut später noch der Romantiker Novalis in seiner für viele anstößigen Abendmahlshymne. Dort stehen die Verse: „Einst ist alles Leib, / *Ein* Leib, / In himmlischem Blute / Schwimmt das selige Paar . . ." Der deutsche Dichter pietistischer Abkunft greift damit unbewußt das Leitmotiv der sienesischen Mystikerin auf. Für Katharina ist das Sühneblut des auf Golgota geopferten Gottmenschen das Unterpfand der Erlösung: „Tauchet unter im Blute Christ, des Gekreuzigten; badet euch in seinem Blute, sättigt euch im Blut, berauscht euch im Blut, bekleidet euch mit Blut, leidet im Blut, freut euch im Blut, wachset und werdet stark im Blut . . ."

In Novalis' Tagebuch, das er nach dem Tode seiner jungen Braut zu schreiben anfing, steht der lapidare Satz: „Christus und Sophie". Der Dichter deutet damit an, daß die verstorbene Sophie über ihm, weil Christus näher sei. Sie erscheint ihm als

Schutzgeist und Mittler zu Christus, so wie Christus der Mittler zum Vater ist. Auch dazu gibt es eine Parallele im Leben der italienischen Mystikerin des heiligen Blutes. Als an einem strahlenden Frühlingsmorgen des Jahres 1369 Niccolò Toldo, ein junger, des Hochverrats bezichtigter Ritter aus Perugia, durch die Gassen Sienas zum Tode geführt wird, erwartet ihn nahe dem Blutgerüst die betende Katharina. Sie hatte ihn in der Gefangenschaft getröstet und dazu bewogen, sich mit Gott zu versöhnen. Sie erfüllt den letzten Wunsch des Verurteilten. Er hatte das ihm vor seiner Kerkerhaft unbekannt gewesene Mädchen gebeten, bei der eigenen Hinrichtung zugegen zu sein. Als er vor dem Scharfrichter niederkniet, entblößt Katharina seinen Hals, kniet neben ihm nieder und erinnert ihn an das Blut des Lammes. Toldos Lippen bringen nichts anderes hervor als die Parole: „Jesus und Katharina!" Dann wird er enthauptet. Sein Blut rötet das Gewand der jungen Todesbegleiterin. Als zwei Frauen herbeieilen, um die ohnmächtig gewordene Katharina aufzuheben und zu stützen, erwacht die Heilige mit dem ekstatischen Ruf: „Ich habe den Himmel gesehen." Eine der Frauen schickt sich an, das Blut, das vom weißen Kleid der Todesbegleiterin träufelt, mit einem Schwamm abzuwischen. Aber die Jungfrau wehrt sie heftig ab: „Laßt mir meinen Purpur und Duft!" Für Katharina gehört der politische Verbrecher zur Zahl jener, die, wie die Geheime Offenbarung sagt, ihre Kleider im Blut des Lammes reingewaschen haben. Sie beneidet ihn um seinen gewaltsamen Tod, den sie als Opfer und Zeugnis in der Nachfolge Christi, als Martyrium und Bluthochzeit deutet. Im geköpften Kriminellen sieht sie sowohl das zur Schlachtbank geführte Lamm Gottes als auch den durch Jesu freikaufendes Blut Erlösten. Dieser aber stirbt mit dem Ruf: „Jesus und Katharina!" Das gräßliche Schaustück der Hinrichtung erfahren zwei junge Menschen als Mysterium. Toldo stirbt den Tod der Namenspatronin seiner Trösterin, der ebenfalls durch Schwerthieb umgebrachten Katharina von Alexandrien. Er stirbt den Tod, nach dem sich im Grunde ihres Wesens auch Katharina von Siena selbst sehnt. Sie aber sieht ihn geborgen in der Herzwunde des gekreuzigten und auferstandenen Jesus. Die geöffnete Seite Christi erscheint ihr in geradezu barocker Weise als Kammer der Barmherzigkeit; vielleicht denkt sie auch an eine Weinschenke, die den ermatteten Wanderer tröstlich aufnimmt, oder eine Apotheke, die dem sonst zu Tode Verwundeten die rettende Arznei bereithält. Der in Heidelberg wirkende Religionshistoriker Rolf A. Beyer bemerkt dazu in seinem Buch „Die andere Offenbarung" (1989), das er der weiblichen Mystik des Mittelalters gewidmet hat: „Dem blutigen Alltag der Politik stellt Katharina eine Mystik des Blutes entgegen, die von Frieden, Heilung und Bewahrung menschlichen Lebens bestimmt ist . . . In der Verwirklichung einer,energetischen' Mystik liegt ihre besondere Bedeutung. Bei ihr schlägt die mystische Innenerfahrung unmittelbar um in konsequentes Handeln, Meditation gestaltet sich als Aktion, Weltentsagung verwandelt sich in Weltzuwendung."

Das Merkwürdigste an dieser Geschichte ist jedoch, daß Katharina selbst sie in einem Brief mit allen Einzelheiten samt ihrer Deutung festgehalten hat. Dem aufmerksamen Leser, der sich durch die auf den ersten Blick befremdlichen Sinnbilder nicht abstoßen läßt, erschließen sich reichverzweigte Zusammenhänge. Rückwärts wie vorwärts tun sich ihm Fenster in sehr verschiedene Welten auf, zum archaischen Opferkult, zur Gralssage, zur Abendmahlstheologie, zur Lehre von den Archetypen und auch zu einem tieferen Verständnis dessen, was mit dem abgegriffenen Pfennigwort „Solidarität" zutiefst gemeint sein könnte. Alles wird durch den Glauben zusammengehalten, daß „die ewige Wahrheit uns ohne uns erschaffen hat, uns aber nicht ohne uns erlösen kann."

Katharina von Siena hat nur ein Alter von dreiunddreißig Jahren erreicht. Wer wissen will, welche Dimensionen ein kurzes Leben haben und welche Kraft in einer ständig kränkelnden Frau stecken kann, der lese die Briefe dieser Analphabetin, die alle theologischen Traktate ihres Jahrhunderts an Eindringlichkeit und Erfahrungsgehalt turmhoch überragen. Von zartgliedriger Figur und zeitlebens zerbrechlicher Verfassung, zeigt sie sich im nachhinein als unnachgiebige, herrische und herausfordernde Riesin, der kein einziger Mann gewachsen war. „Wenn es wahr ist, daß vollendete Menschlichkeit erst im Aushalten von zerreißenden Widersprüchen erfahren wird, dann ist Katharina ein bedeutendes Beispiel", sagt zur Recht Rolf A. Bayer, der sie in eine Reihe mit Hildegard von Bingen, Mechthild von Magdeburg, Marguerite Porète, Angela von Foligno, Birgitta von Schweden, Juliana von Norwich und den großen Beginen stellt. Die geistige Ingestalt dieser Seherin und Dulderin lebt in den überlebensgroßen Sibyllen Michelangelos, ihr liturgisches Andenken im Gebet der Kirche weiter, das sie regelmäßig am 30. April wiederholt: „Allmächtiger Gott, gib, daß wir dieses alljährlich wiederkehrende Fest froh begehen und dank dem Beispiel so großer Kraft fortschreiten."

(1990)

Pierre de Ronsard

Fürst französischer Poesie

Er war der Sohn einer adeligen Familie, geboren 1525 im Schloß La Poissonnière bei Vendôme: *Pierre de Ronsard.* Sein Vater bekleidete die Stelle eines Haushofmeisters des Königs Franz I. Der Sohn wurde als Spielgefährte des Dauphins, des späteren Königs Heinrich II., erzogen und blieb ihm wie auch dessen Nachfolger Franz II. in Freundschaft verbunden. Zu seinem täglichen Umgang gehörten Katharina von Medici, die aus Florenz stammende Gemahlin Heinrichs II., und Diane de Poitiers, die politisch einflußreiche Mätresse des Königs. 1543 erhielt er die Tonsur, das Standeszeichen eines Mönchs, um dadurch das Recht zu erlangen, mit kirchlichen Pfründen belehnt zu werden. Er selbst dachte nicht daran, sich in ein Kloster zurückzuziehen, sondern bereitete sich auf eine militärische Laufbahn vor. Er nahm teil an diplomatischen Missionen, die ihn nach Deutschland und Britannien führten, war eine Zeitlang Adjutant am schottischen Königshof, und nichts schien ihn daran zu hindern, dereinst als erfahrener Diplomat, Minister oder Feldherr seine Tage zu beschließen. Doch schon früh begann er an Schwerhörigkeit zu leiden, und mit achtzehn Jahren wurde er „mehr als halb taub".

Gezwungen, den Dienst bei Hofe zu verlassen, widmete er sich humanistischen Studien, las die alten Griechen, insbesondere Aischylos, Aristophanes, Anakreon, Kallimachos, Theokrit, vor allem aber den aristokratischen Odenschöpfer und Rhapsoden Pindar. Ihnen eiferte er nach, ganz im Sinne der Renaissance. In einem Volk, das immer eine lateinische Nation sein wollte und sich seit je als Erbin Roms fühlt, gehört Ronsard neben dem unter Robespierre hingerichteten Revolutionsdichter Chénier zu den „griechischsten" Lyrikern unter den Franzosen.

Abgestoßen von den ihm rüpelhaft-plebejisch dünkenden Grotesken eines Rabelais, schloß er sich mit einigen gleichgesinnten Literaten zum Dichterkreis „La Brigade" zusammen, dem ein mißgünstiger Kritiker den Spitznamen „Pléjade" — das Siebengestirn — verlieh. Wie so oft wurde die herabsetzend gemeinte Bezeichnung zum Ruhmestitel, und als ihr unangefochtenes Haupt galt schon bald Pierre de Ronsard. Mit der Pléjade beginnt eine neue Epoche der französischen Dichtung. Überwältigt von der als normatives Vorbild erfahrenen Kunst der Antike, stellte Ronsard sein ganzes Schaffen in den Dienst einer Erneuerung klassischer Schönheit. Sein Ehrgeiz war es, der Pindar der Franzosen zu werden. Dichtertum galt ihm als ein hohepriesterliches Amt. Als Edelmann, der er war, sah er im Poeten eine Gestalt gleichen Ranges wie der König. Sänger und Herrscher, Dichter und Staatsmann, Träumer und Täter erschienen ihm als aufeinander angewiesene, als komplementäre Figuren auf der staatlichen Bühne. Ästhetik und Politik gehörten zusammen. Kein selbstbewußtes Gemeinwesen kann auf dichterische Rühmung verzichten. Eine Regierung ohne Grazien und Musen entbehrt jene Salbung, ohne die jede Legitimität unvollendet und brüchig bleibt. Ohne Kunst kein herrscherliches Charisma. Das wußten schon die griechischen Polis-Fürsten, Kaiser Augustus und sein Freund Mäcenas, und die italienische Renaissance knüpfte bewußt an diese alteuropäische Überlieferung an. „Ich kann nur den Tod geben", sagte der König zu Ronsard, „du aber verleihst Unsterblichkeit". Die Polarität von Lyriker und König, von Fürst und Dichterfürst trat an die Stelle des mittelalterlichen Dualismus von Kaiser und Papst. Gneisenaus berühmtes Wort „Auf Poesie ist die Sicherheit der Throne gegründet" hätte auch von Ronsard stammen können.

Dieses Programm hat der französische Bewunderer antiker Poesie mit seinen Hymnen, Elegien und Eklogen, nicht zuletzt auch mit seinen in der Nachfolge Petrarcas geschaffenen Sonetten, in einer vollendeten Weise erfüllt. Er gehört zu den unübertroffenen Virtuosen der französischen Poesie und als solcher hat er noch auf Baudelaire, Mallarmé, Francis Jammes, Valéry, Pierre Louys und Jean Cocteau gewirkt, ja zum mindesten in Ansätzen ganze Jahrhunderte der Literaturgeschichte experimentell vorweggenommen. Pierre de Ronsard beherrschte überlegen fast alle Formen der Dichtung; einzig die als französisches Nationalepos geplante „Franciade" ließ er unvollendet, weil er fühlte, daß er dazu nicht den nötigen langen Atem aufzubringen vermochte.

Obwohl in der ländlichen Abgeschiedenheit seines alten Schlosses inmitten kostbarer Inkunabeln und Folianten lebend und seinen ausgedehnten Park mit Nymphen und Eroten bevölkernd, stieg Ronsards Ruhm von Jahr zu Jahr höher. Von Fürsten, Humanisten und kunstsinnigen Freunden als „le prince des poètes français" gefeiert, genoß er die Ehren eines Hofdichters und „poeta laureatus", der bei festlichen Anlässen eine mit Hermelin verbrämte Purpurtoga anlegte und sich mit einem Lorbeerkranz krönte. Er gewann überdies die Gunst Michel de l'Hopitals, der 1560 Kanzler des Königreichs wurde, und wurde mit drei reichbegüterten Abteien belehnt, die ihm eine grandseigneuriale Lebensführung gestatteten. Auch ausländische Monarchen überschütteten ihn mit Ehren und Geschenken. Die unglückliche Maria Stuart brachte, aus Frankreich kommend, Ronsards Gedichtbände als kostbare Fracht nach England; und Elisabeth I., die später Maria Stuart hinrichten ließ, übersandte dem Poeten einen Diamantring. Sie war übrigens eine weitläufige Verwandte des Dichters. Trotz seiner Krankheit sah Ronsard gut aus. Zeitgenossen preisen seine Eleganz, seine schlanke Gestalt, sein blondes Haar und die vornehm stolzen Gesichtszüge, die sie an die des Hermes von Praxiteles erinnerten. Mit Fünfzig hatte er sich schon als Greis erklärt, sechzigjährig starb er am 27. Dezember 1585 in Saint-Cosme bei Tours, einem der drei Klöster, die ihm als Sinekuren übertragen waren.

Trotz Ruhm, Ansehen und Erfolg, deren er sich durchaus erfreute, durchschauert manche Verse Ronsards das Bewußtsein von der Vergänglichkeit aller Dinge, auch von der Eitelkeit irdischen Ruhms. Die epikureische Mahnung, das Leben freudig zu genießen, solange es Zeit sei, wird überschattet von wehmütiger Resignation.

Durch die Begegnung mit drei Frauen hat sich Ronsard als Dichter der Liebe einen bleibenden Platz in der französischen Literatur verschafft. Obwohl am Ende seines Lebens fast völlig ertaubt, verfügte er wie Beethoven über einen begnadeten Sinn für Klang, Rhythmus und Harmonie. Seine Liebesgedichte erfüllen die strengen Formen antiker Versmaße mit der „unergründlichen Süßigkeit" eigenen Erlebens. Die der klassischen Mythologie entnommenen Götter, Heroen und Nymphen sind bei ihm nicht Staffage. Griechische Ideallandschaften gewinnen heimatliches Gepräge. Arkadien mit seinen Musen duftet nach französischer Erde, wird mit den Rebstöcken, Haselnußsträuchern und Eichenbäumen seines nördlicheren Mutterlandes, der „süßen Mutter Frankreich" bepflanzt, mit Hirten und Kindern der Ländereien in Saint-Cosme bei Tours bevölkert. Manche seiner an die drei Damen Cassandra, Marie und Hélène gerichteten Gedichte wurden schon zu Lebzeiten Ronsards von bekannten Komponisten wie Jannequin und Goudimel vertont; und einige davon werden auch heute noch in Frankreich gesungen, sind dort jedem Schulkind vertraut, etwa dieses: „Mignonne, levez-vous . . ."

Steh auf, Geliebte! ach, wie schläfst du, Träge, lang!
Schon hat die Lerche hell ihr trillernd Lied gesungen,
Schon ist vom Schlehdornstrauch vertraut und zart erklungen
Der süßen Nachtigall verliebter Klagesang.

Das übermütige Sonett an die verschlafene Geliebte schließt mit den Zeilen:

Doch soll dir das Lager nicht lange mehr taugen:
Ich küß dir den Schlummer von Augen und Brust,
Dann lernst du am Morgen aufstehen mit Lust.

Gedichte von dieser morgendlichen Taufrische — in keiner Übersetzung wiederzugeben — sind in der französischen Lyrik sonst kaum zu finden. Idee und Gefühl sind hier ebenso innig ineinander verschlungen wie antike Form und französisches

Kolorit, preziöse mythologische Anspielungen und mundartliche Ausdrücke von volksliedhafter Anmut. Über Ronsards Dichtung liegt Morgenschimmer, das Licht eines Tagesanbruchs, der rosenfingrigen Eos. Obwohl es sein Ehrgeiz war, ein von Gott erkorener Dichter-Prophet zu sein, ist seine Lyrik trotz höfischer Prägung immer auch bodenwüchsig, sich darbietend mit dem physisch zu empfindenden Charme eingeborener gallischer Gebärde. Sie ist frei sowohl von manieristischer Gestelztheit als auch von klassizistischer Kälte. Sie hat Würde und Noblesse, zugleich aber auch ursprüngliche und ungekünstelte Anmut, den Reiz holder Naivität, die leidenschaftliche Sinnlichkeit und überlegene artistische Intellektualität beinah spielerisch verbindet. Ronsards Poesie verkörpert den wunderbaren Glücksfall einer sublimen und reflektierten Sinnlichkeit, die ihrer Unbefangenheit nicht verlustig gegangen, sondern fähig ist, innerhalb vorgegebener gesellschaftlicher Umgangsformen und jahrhundertealter metrischer Maße das Abenteuer lyrischer Subjektivität funkelnd zu entfalten. Obwohl keine Nuance individuellen Empfindens geopfert wird, bleibt vermittels eines durch völlig angeeignete Tradition nie aussetzenden Takts auch noch das Privateste, Intimste und persönlich Einmalige von allgemeinmenschlicher Typik.

So auch in diesem Sonett an Hélène de Surgères, eine stolze Hofdame der Königin, die dem Dichter Ronsard zwar freundschaftliche Gefühle, aber keine Leidenschaft widmete und ihn eben dadurch zu vielen seiner schönsten Verse anfeuerte:

„Quand vous serez bien vieille ...“ — in der Übersetzung von Randolph H. Newman:

An Hélène

Wenn Du als Greisin abends am Kamin
Beim Talglicht spinnst, dann singst Du wohl mein Lied
Und sprichst, dieweil Verwundrung Dich durchzieht:
„So riß ich einst Ronsard zum Dichten hin,

Als ich noch schön war.“ Und die Dienerin,
Die schläfrig mit der Arbeit sich gemüht,

Ist wieder wach beim Wort Ronsard und sieht
Gesegnet Deinen Namen, weil ich ihn

Unsterblich machte. — Mein verdorrt Gebein
Wird längst verscharrt sein in dem Myrthenhain.
Du selbst hockst dann gebückt am Herd, vergebens

Beklagend Deinen Trotz und meine Liebe.
Drum lebe jetzt, vertrau' mir. Nichts verschiebe.
Von heut an pflück die Rosen Deines Lebens.

Pflück, ehe sie welkt, die Rose dieser Welt — mit dieser Botschaft vertritt Pierre de Ronsard eine seit Anakreon und Horaz immer wiederkehrende Möglichkeit der europäischen Poesie, den Traum ländlich-idyllischen Lebens in bukolischer Zurückgezogenheit, die Vision einer von Aphrodite, Dionysos und Apollo einträchtig regierten Welt, die schön ist, obwohl auch von ihr einmal Abschied genommen werden muß. Das in den späten Hélène-Gedichten refrainartig auftauchende „*Adieu*" nimmt dieses Lebewohl vorweg, den Abschied nicht nur vom Leben, sondern auch von den „*douces chansons*", die, in der Zeit der Aufklärung verkannt und vergessen, bei Sainte-Beuve und den Romantikern wieder zu höchsten Ehren gelangt sind und in Deutschland so unterschiedliche Dichter wie Opitz, Goethe, Richard von Schaukal und Hermann Burte entzückt haben. Um so bedauerlicher ist es feststellen zu müssen, daß bei uns eine umfassende französisch-deutsche Parallelausgabe der wichtigsten Werke oder auch nur eine repräsentative Anthologie seit langem fehlt.

(1985)

Johann Gottfried Herder

Ostpreuße, Weimarer und Vordenker europäischer Humanität

Wenige deutsche Autoren sind, zumindest dem Namen nach, so bekannt und werden dennoch so wenig gelesen wie Johann Gottfried Herder (1744 - 1803), der aus ärmlichen ostpreußischen Verhältnissen zum Weimarer Generalsuperintendenten aufgestiegene Philosoph, Theologe, Literaturkritiker, Sprachwissenschaftler, Geschichtsdenker, Anthropologe und Sammler der „Stimmen der Völker in Liedern". Auf ihn und sein vielseitiges, bis auf den heutigen Tag, wenngleich vielfach unterirdisch, fortwirkendes und fortzeugendes Oeuvre trifft Schillers geistreicher Zweizeiler zu: „Wie doch ein einziger Reicher so viele Bettler in Nahrung setzt! Wenn die Könige baun, haben die Kärrner zu tun." Herder war in der Tat ein Fürst im Reiche der Ideen, der zwischen Leibniz und den Brüdern Humboldt meistgebildete Deutsche. Er hatte, um den Dichter Jean Paul zu zitieren, nur den einen Fehler, „daß er kein Stern erster oder sonstiger Größe war, sondern ein Bund von Sternen, aus welchen sich dann jeder ein beliebiges Sternbild buchstabiert". Mit verschwenderischer Großzügigkeit streute er eine Fülle von Einfällen, Anregungen und Leitgedanken aus, die dann auf den verschiedensten Gebieten zum Tragen gekommen sind.

Er hat nicht nur kompilierenden Bettlern, Kärrnern und Pedanten ganzer Fakultäten Brot verschafft, sondern als wahrer *Homo genialis* auch andere schöpferische Geister inspiriert. Der junge Goethe verdankt ihm die Begegnung mit dem eigenen Genius. Herder war es, der in Straßburg Goethe dessen innerste Berufung enthüllte. In unseren Tagen hat der Anthropologe, Soziologe und Kulturkritiker Arnold Gehlen öffentlich bekannt, daß er im Grunde nur das, was J. G. Herder intuitiv vorweggenommen habe, mit Hilfe fortgeschrittener wissenschaftlicher Methoden zu untermauern versuche. Noch in der letzten Auflage von Gehlens Hauptwerk „Der Mensch, seine Natur und seine Stellung in der Welt" heißt es mit feierlicher Emphase: „Die philosophische Anthropologie hat seit Herder keinen Schritt vorwärts getan. Sie braucht auch keinen Schritt vorwärts zu tun, denn dies ist die Wahrheit."

Doch nicht nur in Deutschland, sondern vor allem auch bei den slawischen Völkern steht Herder in hohem Ansehen. Tschechen, Slowaken, Polen, Serben, Kroaten und Russen, aber auch Esten, Letten und Litauer, verehren den deutschen Patrioten wegen seiner nicht nur literarisch und volkskundlich motivierten Sympathien für die Nationen Osteuropas, des Balkans und des Baltikums. Manche halten Herder geradezu für den Vorläufer des Slawophilentums, das man allerdings — worauf vor kurzem Wolfgang Strauss nachdrücklich aufmerksam gemacht hat — nicht mit dem imperialistisch vermessenen „Panslawismus" verwechseln darf. Um so grotesker wirkt die Behauptung eines deutschen Professors namens Kurt Rossmann, der später den Lehrstuhl von Karl Jaspers erhielt und Herder einschränkungslos als geistigen Ahnherrn des Nationalsozialismus und Wegbereiter Hitlers hinzustellen wagt (Deutsche Geschichtsphilosophie München 1969, S. 102). Das ist auch deshalb so töricht, weil Herder, obwohl in manchen „völkischen" Kreisen (insbesondere der Baltendeutschen) verehrt, im „Dritten Reich" von einigen Seiten als liberalistischer „Humanitätsduselei" verdächtiger Freimaurer angegriffen wurde. Sympathischer ist der wahrlich merkwürdige Ausspruch eines Moskauer Gelehrten, der bundesdeutsche Besucher, insbesondere Linksintellektuelle, nach erfolgter Begrüßung gebieterisch aufzufordern pflegt: „Erzählen Sie mir etwas von Herder!" Als wieder einmal einer der Gäste sprachlos blieb, sagte der Russe: „Herder ist ein Zar in der Welt des Geistes, sein faszinierendes Werk erhaben und unergründlich wie der Kreml mit seinen Palästen, Kathedralen und Schatzkammern; Marx' denkerische Hinterlassenschaft nimmt sich, damit verglichen, wie eine Hundehütte aus."

Daß Herder trotz seiner Berühmtheit so wenig gelesen wird, hat manche Gründe. Der wichtigste: Seit der großen Edition von Bernhard Suphan, deren 33 Bände zwischen 1877 und 1913 erschienen sind, ist keine einigermaßen brauchbare Ausgabe mehr vorgelegt worden. Die Suphansche Edition, von der es einen Reprint gibt (Olms Verlag, Hildesheim 1967 - 1968, insgesamt 18109 Seiten), wird zwar gewiß noch für lange Jahre jedem wissenschaftlich Interessierten unentbehrlich sein. Aber sie weist, neben einigen anderen Mängeln, den gewichtigen Nachteil auf, daß sie im Buchhandel DM 2.933,40 kostet. Ihre Anschaffung kommt somit vorwiegend nur für Bibliotheken und Institute in Frage.

Seit kurzem zeichnet sich ein Ausweg aus dem Dilemma zwischen Herder-Ignoranz oder Zahlung eines geradezu prohibitiven Preises ab. Der mit dem traditionsreichen Insel-Verlag engstens verbundene neue „Deutsche Klassiker Verlag" (Frankfurt) hat den ersten einer auf zehn Bände berechneten repräsentativen Ausgabe der literaturwissenschaftlichen, dichterischen, kritischen, philosophischen, ästhetischen, pädagogischen, theologischen und altertumskundlichen Werke J. G. Herders vorgelegt. Dieser erste Band, herausgegeben von Ulrich Gaier, umfaßt beinahe 1400 Dünndruckseiten und bietet die unendlich aufschlußreichen Schriften des frühen Herder.

Um es gleich zu sagen: Wenn die — hoffentlich bald folgenden — neun weiteren Bände ebenso sorgfältig und fachkundig ediert, erläutert und mit Zeittafeln, Anmerkungen, Erklärungen fremdsprachiger Zitate und schwerverständlicher Anspielungen sowie kombiniertem Personen- und Werkregister in ebenso handlicher wie nobler Ausstattung erscheinen, dann dürfen alle Interessierten dankbar ein Tedeum anstimmen. Es gilt dann keine entschuldigende Ausrede mehr, wenn Herder in deutschen Landen ungelesener bliebe als etwa in Rußland.

Was die Frühschriften so interessant und reizvoll macht, ist die erstaunliche Tatsache, daß sie bereits, meistens in Form von Entwürfen, Notizen und Fragmenten, den späteren und reiferen, ja den *ganzen* Herder enthalten. Alle Grundgedanken und Eingebungen sind schon da. Wie so oft, fesseln die ersten, gleichsam hingehauchten Zeichnungen und plötzlichen al-fresco-Einfälle mehr als die kunstvoll ausgearbeiteten Gemälde. Schon beim Zwanzig- bis Dreißigjährigen finden sich die zentralen Ideen, die dann Herder, ein unermüdlicher Arbeiter, im Laufe intensiver Studien verfeinert, auf neue Gegenstände angewandt und zu einem umfassenden „offenen System" erweitert hat. Ebenso vermittelt der Start-Band eine Ahnung von der enzyklopädischen Vielseitigkeit, dem literarischen Temperament und der den Leser immer wieder unmittelbar ansprechenden, herausfordernden und zum Weiterdenken ermunternden Ausdruckskraft Herders. Er enthält unter anderem den „Versuch über das Sein" (in dem der beinahe noch Halbwüchsige seinen Königsberger Lehrer Kant kritisiert); die Abhandlungen „Haben wir noch ein Publikum?", „Wie die Philosophie zum Besten des Volkes nützlicher werden kann" und „Ist die Schönheit des Körpers ein Bote von der Schönheit der Seele?"; Essays und Dialoge über deutsche, griechische und orientalische Literatur, darunter das köstliche „Gespräch zwischen einem Rabbi und einem Christen über Klopstocks ‚Messias' "; Fragmente über die lyrische Form der Ode, den Wandel des Geschmacks und die Nachwirkungen antiker Poesie; Beiträge zur Ästhetik, Psychologie und schließlich die von der Berliner Akademie preisgekrönte Arbeit über den Ursprung der Sprache — und jeder Text ist kommentiert, erläutert, mit Hinweisen auf Entstehungs- und Wirkungsgeschichte bestens versehen.

Was Herder eben heute, da manche Auguren den Anbruch der „Nachmoderne" weissagen, so aktuell erscheinen läßt, ist sein lebenslanges Bemühen um eine schöpferische Verbindung von Sinnlichkeit, Einfühlung, Phantasie und Vernunft. Sein gesamtes Denken kreist um eine symphonische Zusammenfügung, die nichts menschlich Bedeutsames ausschließt. Herder weigerte sich, zugunsten einer verabsolutierten Teilwahrheit oder Fachmethode alle andern möglichen Einsichten, Betrachtungsweisen und Erkenntnisquellen zu opfern. Deshalb erscheint er bis heute den einen als verspäteter Aufklärer, den andern als verfrühter Romantiker, den einen als noch nicht „bewältigter" Vorläufer der Nazis, den andern als liberalistisch angekränkelter Logenbruder: als Rationalist wie als Irrationalist, als Humanist wie als Biologist, als Nationalist wie als Kosmopolit, als Christ wie als Heide oder auch „Über-Christ".

Dieses schwankende Bild Herders hängt nicht nur von dem jeweiligen Standort ab, von dem aus man sich dem Denker nähert. Es ist aber auch nicht bloß eine Folge von Herders angeblicher Unfähigkeit, konsequent zu argumentieren und sich für eine bestimmte Richtung zu entscheiden. Das scheinbare Schwanken und Oszillieren ist bei ihm nicht Mangel, sondern Methode. Gegenüber allen einseitigen Extremen verfolgt er beharrlich ein wahrhaft radikales Ziel. Er will sozusagen „alles", weil er nichts auslassen, nichts nivellieren, nichts vergewaltigen will. Es gehört zu seinem Ethos und Pathos, daß er von allem Anfang darum ringt, „eine Meinung nur mit ihrem Gegensatz und dem Prozeß ihrer Vermittlung gelten zu lassen" (Ulrich Gaier). Herder will den Teil *und* das Ganze. Sein Herz schlägt für eine deutsche Wiedergeburt *und* für eine europäische Eidgenossenschaft. Er sehnt sich nach Einfühlung in die Fülle des Individuellen *und* ringt um Deutung der geschichtlichen Mannigfaltigkeit als Gestaltwandel des „Ewig-Menschlichen". Er ist ein eminent kritischer, das heißt: sondernder, differenzierender und unter-scheidender Denker *und* ein um Zusammenschau, Verknüpfung und Einheit bemühter „Ökumeniker" oder „Universalist".

In letzter Instanz kann so etwas, wie sich von selbst versteht, nur Gott gelingen, nie aber einem einzelnen Menschen, sei dieser noch so genial und gebildet. Aber es gehört eben zur weltgeschichtlichen Größe des deutschen Geistes, daß in der Mitte Europas um 1800 einige überragende Philosophen sich dieser pontifikalen Zielsetzung gewidmet haben: Fichte, Hegel, Schelling und, allen voran, Johann Gottfried Herder, der Konsistorialrat, Hofprediger und, durch Vermittlung Goethes, zum Generalsuperintendenten des Herzogtums Sachsen-Weimar beförderte lutherische Theologe, der trotz seines hohen kirchlichen Amtes insgeheim ein überaus freier Geist, ja geradezu ein vulkanischer Ketzer war. Späteren, ängstlicheren, genügsameren Generationen mag das Unterfangen, dem lieben Gott sozusagen in die Karten gucken und den Gang der Vorsehung geschichtsphilosophisch nachbilden zu wollen, tollkühn, überheblich, ja sogar luziferisch erscheinen. Man hat darin so etwas wie einen ins Geistige übertragenen prometheischen „Imperialismus" sehen wollen. Bedenklich, kummervoll oder auch schadenfroh wurde gesagt, daß eine solche Kühnheit nicht gut ausgehen konnte. Sie mußte scheitern wie der verwegene Sonnenflug des Ikarus, wie der Aufstand der Titanen gegenüber den olympischen Göttern. Wer späterhin sich davon noch inspirieren ließ, wie Othmar Spann zum Beispiel, der mußte sich den Anwurf „totalitärer" Gesinnung und „elitären Hochmuts" bieten lassen.

Es ist *hier* nicht der Platz, mit diesen Urteilen zu rechten. Sie kommen ja auch von entgegengesetzten Seiten: sowohl von christlich-dogmatischer als auch von nichtchristlich-skeptischer Seite, sowohl von rechtgläubigen Theologen als auch von jede Erkenntnis des Göttlichen leugnenden Tatsachenanbetern, die sich selbst oft „Agnostiker" („Nichtwissende") nennen, weil sie alles Metaphysische für sinnlosen und überflüssigen Mumpitz halten. Gegenüber dieser pauschalen Verwerfung des der aberwitzigen Gigantomanie bezichtigten Deutschen Idealismus sei jedoch an ein Wort Hegels erinnert, mit dem er seine eigene Zeit zu treffen gedachte, das aber große Teile der gegenwärtigen geistigen Szene noch weit mehr kennzeichnen dürfte: „Der Geist zeigt sich so arm, daß er sich, wie in der Sandwüste der Wanderer nach einfachem Trunk Wassers, nur nach dem dürftigen Gefühle des Göttlichen überhaupt für seine Erquickung zu sehnen scheint. An diesem, woran dem Geiste genügt, ist die Größe seines Verlustes zu ermessen."

Wer Herder gerecht werden will, muß dieses hochgemute, erkenntnis-optimistische Grundanliegen, das er mit dem gesamten Deutschen Idealismus teilt, wenigstens experimentell und hypothetisch nachvollziehen. Dem um Verständnis bemühten Leser macht es Herder insofern leicht, als er, verglichen mit Fichte, Hegel und Schelling, der maßvollste, der am wenigsten „prometheische" Denker seiner Epoche ist. Mit Recht hat Jean Paul in

Herder, ungeachtet seines bisweilen doch teutonisch wolkigen Stils, etwas von griechischer Geistesart wahrgenommen: „Herder war gleichsam nach dem Leben griechisch gedichtet." Das klassisch-antike Ideal der „Mesotes", der rechten und wohlverstandenen Mitte, des Maßes und der Besonnenheit war ihm heilig. Adalbert Stifter mit seinem „Sanften Gesetz" ist nachweisbar auch von dem als „Präfaschisten" denunzierten Herder nachhaltig beeinflußt worden. Nicht von ungefähr heißt eines der Hauptwerke Herders „Briefe zur Beförderung der Humanität" (sie werden in Band 7 der neuen Edition erscheinen). Goethe hat ihm in seinem fragmentarisch gebliebenen Rosenkreuzer-Epos „Die Geheimnisse" in der Gestalt des edlen „Bruders Humanus" ein Denkmal gesetzt.

Man kann das vielleicht auch so sehen: Herders leidenschaftliches Ringen um Integration widersprüchlich scheinender Einsichten, Perspektiven und Denkstile, das oberflächlichen Lesern chaotisch, verworren oder wie dünkelhafte Nachahmung göttlicher Allwissenheit vorkommen mag, verdankt sich einem zutiefst menschlichen, menschenfreundlichen und größtmöglicher Duldsamkeit, Fairneß und Humanität verpflichteten Streben. Wenn er gegenüber platter Verständigkeit die Würde des Gefühls betont; wenn er einem überschwänglichen Mystizismus das Recht der Vernunft entgegenhält; wenn er der hochnäsigen Tristesse einer alle geschichtlich gewordenen Unterschiede einebnenden abstrakten Weltbürgerei die bunte Vielfalt nationaler Besonderung und Unverwechselbarkeit entschieden vorzieht; wenn er wider einen bornierten und überheblichen Chauvinismus oder „Rassismus" am Vertrauen auf eine zu fortschreitender Humanisierung berufene Menschheit festhält — immer will er vermeiden, ein Extrem durch ein anderes zu ersetzen, einen Fanatismus mit einer andern Bedenkenlosigkeit zu bekämpfen. Vielmehr soll die verhältnismäßige Berechtigung der unterschiedlichsten Blickwinkel erwiesen, die Einseitigkeit eines Standpunktes durch Erörterung des entgegengesetzten gemildert und *dennoch* ein völlig bodenloser, alles für „gleich-gültig" haltender Relativismus vermieden werden.

Es geht Herder — und das zeigt schon der erste Band der neuen Edition mit beglückender Deutlichkeit! — um den *„ganzen Menschen"* gegen jede Nivellierung und Reduzierung. Sein humanes Maß bekundet sich in dem wachen Bewußtsein, daß dieser „ganze Mensch" weder durch Dekret hergestellt, noch durch Entfesselungsprogramme durchgesetzt zu werden vermag. Menschsein in seiner Ganzheit verwirklicht sich geschichtlich-konkret immer als je individuelle, besondere und damit unvollständige Gestalt. Der Mensch ist, so paradox es klingt, unaufhebbar zugleich ein „Ganzes" und ein „Teil", Gesamtwesen und Bruchstück. Niemals lebt er so lange, um alle Möglichkeiten des Menschseins extensiv und intensiv erschöpfen zu können. Ja, er würde ein Ungeheuer, wenn er dies auch nur versuchte. Der „ganze Mensch" ist ein werdender Mensch; erst die gesamte Geschichte der Menschheit kann günstigstenfalls die verborgene Fülle aller humanen Anlagen darleben. Dennoch vermag auch der geringste Mensch komplett, in seiner eigentümlichen Weise ein „Ganzer" zu sein, wenn er sich innerhalb der Grenzen seiner Fähigkeiten besonnen bewegt.

Das ist der kernhafte Leitgedanke des Herderschen Humanismus. Ihm entspricht die *Form* der allermeisten Schriften dieses in seinem Gehalt nach wie vor unausgeschöpften Denkers. Sie sind überwiegend Fragmente, Bruchstücke, Skizzen, Entwürfe, Einfälle, Ahnungen, Notizen, genialisch anverwandelte und einverseelte Exzerpte. Man muß das durchaus nicht mit Bedauern feststellen. Fragmente sind nicht dasselbe wie Ruinen. Sie können mehr enthalten als rundum abgeschlossene Systeme, Lehrbücher und Katechismen, die sich anheischig machen, jede Frage fix und firm zu beantworten. Ganz anders bei Herder: seine Fragmente sind so human, weil sie nicht als arrogante Unfehlbarkeitsaussagen verstanden werden können. Sie sind Sämereien, Anregungen, Keime, manchmal auch provisorische Stege oder behelfsmäßige Pontons. Ihre unvollendete Vorläufigkeit ist eine dialogische Ermunterung, eine Einladung zum Gespräch mit dem Leser. Der Leser soll nicht nur das lesen, was Herder buchstäblich geschrieben hat, sondern auch lesen im Sinne von: sammeln, ordnen, auswählen. Doch das Anerbieten geht noch weiter: der sich auf den genialischen (und das heißt ursprünglich: lebenzeugenden) Fragmentisten nachdenklich einlassende Leser soll die Herdersche „Unvollendete" — ein „*work in progress*" — selber sinngemäß ergänzen, fortführen und somit an ihr weiterschaffen. Ihre allemal nur für eine bestimmte Weltstunde gültige Vollendung erfährt sie durch den Leser, den Herder im Verlauf der Lektüre mit einer Ahnung seiner ihm eigentümlichen, unübertragbaren Anlage zur „Ganzheit" und seiner alle Grenzen überwindenden Teilhabe am Universum beschenkt.

Es ist lohnend, auf solche Weise die Schriften jenes Ostpreußen zu lesen, über dessen Gruft in der Stadtkirche zu Weimar Herzog Karl August eine eiserne Tafel anbringen ließ. Sie nennt die drei Worte von Herders Wahlspruch: „*Licht Liebe Leben.*"

(1986)

Franz von Baader

Samenhändler und Wissender unter Schatten

Gott und Engel, diese zwei sind unbezwingbar; der dritte in diesem Bunde aber ist der Weise. Er gehört der Körperwelt an und ist doch unkörperlich, im Leibe und doch ohne Grenze und Schranke. Er läßt sich in allem besiegen, nur nicht im Hochsinn.

Gregor von Nazianz:
Nach der Rückkehr vom Lande, c. 13

Es gibt Philosophen, deren Gedankensysteme, abgelöst vom Leben, in einem keimfreien Ideenhimmel schweben. Oft folgen sie dem spätantiken Tiefdenker Plotin nach, der es als transzendenzmindernden Makel erachtete, vom Weibe geboren zu sein. Es gibt auch Philosophen, die sich darin verzehren, einen absoluten Anfang zu setzen. Was im Laufe von einigen Jahrtausenden gedacht worden ist, das erscheint ihnen als albtraumgleicher Irrsinns-Müll, der tunlichst zu beseitigen sei: „Die Welt, sie war nicht, eh' ich sie erschuf."

Franz von Baader, der vor hundertundfünfzig Jahren — am 23. Mai 1841 — in München starb, gehört nicht zu diesen Denkern. Wie ein erratischer Block nimmt er sich unter den Großen des Deutschen Idealismus aus. Obwohl Zeitgenosse der Romantiker und teilweise auch mit ihnen befreundet, unterscheidet er sich in geistiger Statur und seherischem Wollen von Männern wie Friedrich Schlegel, Ludwig Tieck oder Adam Müller. Weither scheint Baader zu kommen. Nicht das protestantische Pfarrhaus ist sein Erbgut, sondern der bayerische Barockkatholizismus. „Bei dem Anblick des festlichen, feierlichen Altargerätes", bekennt Baader in seinem Jugendtagebuch, habe ihn manchmal „ein Hauch von Oben angeweht", der bisweilen „stunden- und tagelang sein Innerstes durch- und in ihm nachzitterte". Mütterlicherseits hängt er mit der bedeutenden Altarbild- und Freskomalerfamilie Schöpf zusammen, deren Werke heute noch süddeutsche, böhmische und österreichische Kirchen, Klöster und Schlösser schmücken. Als Denker knüpft er nicht an Kant, Fichte oder Descartes an (obwohl er sie eifrig gelesen hat), sondern an ältere, damals für überholt geltende Überlieferungen, Schulen und Weisheitslehren. Genau in dem Augenblick, da Lavoisier die moderne Chemie begründet, greift Baader auf die tiefsinnige Symbolik der wissenschaftlich ausgedienten Alchymie zurück. Von konfessioneller Engherzigkeit frei, wendet sich der Katholik Baader der von den Protestanten im allgemeinen für ketzerisch gehaltenen Mystik und Theosophie des Lutheraners Jakob Böhme und der pietistischen „Schwabenväter" zu. Paracelsus, der Arzt, Naturforscher und Magier, ist ein Grenzgänger und Wegbereiter nach seinem Herzen. Meister Eckhart und Tauler sind ihm vertraut. Als die Scholastik für immer als Tand abgetan schien, viele Jahrzehnte vor der von Papst Leo XIII. feierlich verkündeten Wiederkehr des Thomismus, hatte sich Baader schon in die Werke des Aquinaten bewundernd vertieft. Aber er schätzt auch die Lehren der jüdischen Mystik, die sogenannte Kabbala, spricht von seinem „Zug und Hang zu einem pythagoreischen Einsiedlerleben" und läßt 1798 bei Cotta eine Schrift „Über das pythagoreische Quadrat in der Natur oder die vier Weltgegenden" erscheinen, die Goethes nicht leicht erringbare Anerkennung findet. Den häretischen Gnostizismus entschieden ablehnend, hält er daran fest, daß einer davon unabhängigen, theologisch einwandfreien Gnosis innerhalb der Kirche eine eigenständige Sendung zukomme. Bereits vor Schelling und Goethe spricht Baader, älteste Kosmologien erneuernd, von der „Weltseele"; und mehr als ein Jahrzehnt vor Karl Marx greift er den Skandal des „Mißverhältnisses der Vermögenslosen oder Proletairs" in einem wortgewaltigen Manifest auf. Eine andere

Baadersche Schrift trägt den rätselhaft an Heraklit gemahnenden Titel: „Über den Blitz als Vater des Lichtes". Anders als die von Jesaja gescholtenen Ratgeber Pharaos hätte dieser in so vielen, bisweilen anrüchigen und verborgenen Welten verwurzelte Baader berechtigterweise sagen können: „Ich bin der Weisheit Sohn und komme von uralten Königen her."

Die Liste der Schriften umfaßt etwa 150 Titel; hinzu kommen zahlreiche Briefe, von denen viele erst in unserem Jahrhundert entdeckt und veröffentlicht worden sind. Wer aber Bücher nach Art von Kants „Kritik der reinen Vernunft", Hegels „Phänomenologie des Geistes" oder Schopenhauers „Welt als Wille und Vorstellung" erwartet, wird enttäuscht sein. Baaders Philosophieren liegen zwar einige durchaus faßbare Herzgedanken zugrunde, aber es schlug sich in keinem repräsentativ ausgereiften Hauptwerk nieder. Er verzettelte sich in einer Überfülle von Opuscula: Zeitschriftenbeiträgen, Vorworten, Studien, Denkschriften, Sendschreiben, vielfach polemischen Stellungnahmen im Stile von „Apropos..." Hinreißend als sokratisch vorgehender Gesprächsteilnehmer, der metaphysische „Schnadahüpfl" zum besten gab und mit dem Spazierstock den Grundriß seiner das Ganze der Wirklichkeit ertastenden Gedankengänge in den Sand zeichnete, hat Franz von Baader seine Einsichten niemals in einem abgerundeten System zusammengefaßt. Er selbst verglich sich einmal einem „Samenhändler", dem man billigerweise nicht vorwerfen möge, „daß er nur Samen und nicht vollendete Gewächse verkauft". Eine seiner bedeutsamsten Abhandlungen sind die sechs Hefte umfassenden „Fermenta cognitionis", was an Gärstoffe der Erkenntnis oder geistigen Sauerteig denken läßt. Vom „Sprühregen" der „Geistesfunken" sprachen schon wohlwollende Zeitgenossen, die, wie der Mediziner Johann Nepomuk Ringseis, vermuteten, daß „eben die Fülle, das stets neue Hervorsprudeln der tiefsinnigsten, beziehungsreichseten Einfälle" Baader in methodischer wie systematischer Hinsicht nachteilig gewesen sei. Dessenungeachtet weist seine so vielfältig verzweigte, an der Oberfläche manchmal wie ein wüster Geröllhaufen wirkende Ideenwelt eine innere Ordnung auf. Und trotz des bereits zu Lebzeiten berüchtigten „Baader-

Stils" findet sie immer wieder in überraschenden Wendungen aphoristischer und sentenziöser Art einprägsamen Ausdruck. Von ihnen aus fällt schließlich Licht auch auf das, was dem neugierigen Leser verworren oder trübe dünken mag. Es wird ihm manche Mühe zugemutet, und bei diesen Strapazen ist es ratsam, des Sokrates-Wortes über den ebenfalls wegen seiner Dunkelheit verschrienen Heraklit eingedenk zu sein: „Was ich von ihm verstanden habe, ist vortrefflich. Daraus schließe ich, daß das andere, was ich noch nicht begriffen habe, gleichermaßen vortrefflich ist."

Der leitenden Grundsätze des impliziten Systems Baaders sind drei: ein erkenntnistheoretischer, ein anthropologischer und ein historischer oder heilsgeschichtlicher. Sie werden in seinen Schriften stets aufs neue formuliert und erprobt. Das erkenntnistheoretische Prinzip besagt, daß es zwischen Wissenschaft und Religion keinen schwerwiegenden Widerspruch geben könne. Der Zwiespalt von Glauben und Wissen sei alles andere als „normal". Er ist — drastisch formuliert — das Ergebnis lichtscheuer Theologie und unaufgeklärter Aufklärung. Das „Buch der Natur" und die heilige Schrift sind für den „spekulativen" Denker zwei einander wechselweise erhellende Sphären — wobei „Spekulation" im Sinne Baaders nichts mit dem zu tun hat, was man landläufig darunter versteht. Spekulative Erkenntnis sei „die freie oder geniale Erkenntnis, die überall bei der Sache bleibt, indem sie deren Mitte trifft." Das Ziel ist: „den Staub der Abstraktionen vor sich herzutreiben und der Welt den alten Glauben im vollen Strahlenglanz der Wissenschaft zu zeigen." Für spekulative Vernunft, die im Grunde mit Philosophie im anspruchsvollen Sinne bedeutungsgleich ist, löst sich der angeblich unvermeidliche Widerstreit von Erkennen und Glauben in ein Scheinproblem auf. Auch der sogenannte Ungläubige glaubt — ohne sich darüber Rechenschaft zu geben. Philosophie besteht nicht in der Verneinung des Glaubens, sondern im Aufweis, was der Mensch tatsächlich glaubt, woran er sinnvoll glauben kann und was er voraussetzen muß, um mit sich selbst ins reine zu kommen. So wie man nicht gehen kann, ohne den Boden zu berühren, so kann man nicht vernünftig sein, ohne sich auf

Glaubnisse und Glaublichkeiten zu stützen. Dies soll allerdings auf intelligente, nicht aus obskurantistische Weise geschehen. Baader erneuert damit auf seine Weise die alte Maxime „credo, ut intelligam", „ich glaube, damit ich erkenne".

Der anthropologische Grundsatz Baaders lautet, daß man die Dinge durch den Menschen, nicht aber den Menschen durch die Dinge erklären müsse. „Der Mensch ist das Antlitz des Universums"; mehr noch als einen Mikrokosmos stellt er einen „Mikrotheos" dar. Der Mensch in seiner leib-seelischen Ganzheit, eingeschlossen seine Einbildungskraft oder Imagination und Dialogfähigkeit, ist für Baader der Leitfaden sowohl eines erleuchteten Naturverständnisses wie einer analogisch angeleiteten Gotteslehre. Nicht nur der Mensch hat ein Inneres und Innerstes, auch die Natur weist neben einer äußerlichen Seite eine seelisch-intime Sphäre, eine „Dimension der Innigkeit" auf. Wer den Menschen verkennt, der verkennt Gott und die Welt, lehrt Baader: „Die Welt ohne den Menschen ist ohne Auge."

Der historisch-genetische Grundsatz Baaders deutet nicht nur die Ereignisse der Menschheitsgeschichte, sondern den Kosmos im ganzen als universales Geschehen, als ein Drama, in dem nichts Geringeres als das „Reich Gottes" auf dem Spiel steht. Für den gläubigen Katholiken Baader, der die Dogmen der Kirche nicht als Gefängnismauern, sondern als eine der spekulativen Vernunft anvertraute Himmelsleiter betrachtet, haben Fall, Störung, Erlösung und Versöhnung des Menschen einen kosmischen Aspekt. Baader nimmt das Wort des Apostels Paulus so ernst wie überhaupt möglich: „Denn die harrende Schöpfung erwartet voller Sehnsucht das Offenbarwerden der Kinder Gottes. Wir wissen ja, daß die ganze Schöpfung mitseufzt und in Wehen liegt bis jetzt." Baaders Philosophie ist eine aus religiöser Urüberlieferung schöpfende, sie mit Hilfe spekulativer Anstrengung auslegende „Archäologie" und „Ätiologie". Sie entziffert die von der Aufklärung mißachtete Hieroglyphenschrift der in Wehen liegenden Natur, die seufzend der Befreiung harrt. Sie weigert sich, die uns bekannte Verfassung der Welt für ursprünglich, ewig oder ordnungsgemäß zu halten. Was dem oberflächlichen Verstandesmenschen eine unaufhebbare Tatsache zu sein scheint, deutet Baader als das Ergebnis einer unvordenklichen Katastrophe. So wie der „nachparadiesische" Mensch nicht das ursprüngliche, sondern nur das bis zur Karikatur entstellte und tiefgreifender Restauration bedürftige „Bild Gottes" darstellt, so verkörpert auch die materielle Gestalt der Natur nicht deren ursprüngliche Wesenheit.

Baader unterscheidet streng zwischen Natur und Materie, die er als eine Vergröberung und Mißbildung der Natur auffaßt. Wenn er von der Natur in Gott spricht, so hat solche Rede bei ihm kein „pantheistisches" Vorzeichen. Ebenso vermeidet er die gnostizistische Unterstellung, daß das Leibliche bloßes Teufelswerk sei. Stattdessen spricht er vom stofflichen Weltall als einer „gewitterschwangeren Wolke", an anderer Stelle vom „Frühungewitter der Schöpfung". Dem Körperlichen kommt eine heilsgeschichtliche Rolle zu. Aber festzuhalten bleibt, daß auch die als „Bauhütte" verstandene Materie über sich hinausweist. Über den in kosmo- und theogonische Gedanken sich vertiefenden Baader schrieb Friedrich Schlegel, er sei „in der Gruft der Naturphilosophie ein Wissender unter Schatten". Der „tiefsinnige Baader" habe „aus der Mitte der Physik sich erhoben, die Poesie zu ahnden, die Elemente als organische Individuen zu verehren und das Göttliche im Zentrum der Materie zu deuten." Ihm folgte der 1988 verstorbenen Kardinal Hans Urs von Balthasar, der von „ungehobenen Schätzen" sprach und Baader nachrühmte, er habe „als einziger seiner Zeit Hegel und Thomas von Aquin ineins zu bauen" versucht.

Bevor man die hier in beinahe unzulässiger Vereinfachung wiedergegebenen Gedankengänge als mythologische Fabeleien oder als „Gnosis" im üblen Sinne des Wortes abtut, möge die biographische Tatsache gebührend erwogen werden, daß Baader alles andere als ein spintisierender Schreibtisch-Philosoph gewesen ist. Er war eine „bedeutende Natur" im Sinne Goethes, betätigte sich als Mediziner, Physiker, Bergbaufachmann, Erfinder, Unternehmer, höherer Beamter, Sozialpolitiker und wurde erst in einem Alter Professor der Philosophie, in dem andere sich bereits auf ihre Emeritierung vorbereiten. Er begnügte sich niemals mit reiner Theorie, sondern drängte stets zur Praxis. Zeugnisse dieses heißen Zugs zu tätiger Verwirklichung sind Baaders Bemühungen um eine europäische Eidgenossenschaft auf christlicher Grundlage; sein Plan einer überkonfessionellen Unionsakademie in St. Petersburg; sein jahrzehntelanger Briefwechsel mit russischen, litauischen, estländischen Staatsmännern, Gelehrten und Intellektuellen; sein nicht gering anzuschlagender Eifer für eine Vereinigung der großen christlichen Bekenntnisse, wobei er der griechisch-orthodoxen Kirche eine besondere Mission zudachte. Als Merkwürdigkeit sei noch erwähnt, daß er leidenschaftlich einem Bündnis zwischen gnostisch erleuchtetem Priestertum und antikapitalistischem Proletariat das Wort sprach, aber auch erstmals die Ausdrücke „christlich-sozial" und „christlich-liberal" prägte (daß diese bei ihm einen gediegeneren Sinn haben als in unserem Parteienjargon, versteht sich von selbst). Nicht zuletzt sei daran erinnert, daß die gesamte russische Philosophie, soweit sie nichtmarxistisch ist, mittelbar und unmittelbar von Baader (und dessen Freund-Feind Schelling) stärkste Anregungen empfangen hat. Keinem ideengeschichtlichen Detektiv kann verborgen bleiben, daß namhafte Denker Rußlands vom Range eines Wladimir Solowjow, Nikolai Berdjajew und Pawel Florenskij mit Baaders Schriften bekannt gewesen sein müssen. An diese geistesgeographische Tatsache sei vorsorglich schon jetzt erinnert, damit sich deutsche Kulturdiplomaten, Austauschakademiker und postmarxistische Moskaufahrer darauf einstellen können. Es wäre schmachvoll, wenn Gästen aus Deutschland nichts einfiele, falls ihnen demnächst russische Philosphiestudenten zurufen: „Erzählen Sie uns etwas über Franz von Baader!"

Im Rahmen seiner Dissertation hatte der junge Baader geschrieben: „Liebe ist das allgemeine Band, das alle Wesen im Universum an- und ineinander bindet und verwebt". Der reife Mann veröffentlichte in einer Romantiker-Zeitschrift „Sätze aus der erotischen Philosophie", eines seiner verständlichsten, liebenswürdigsten und anmutigsten Werklein.[1] Der Greis, der nach dem Tode seiner ersten Frau eine fünfundzwanzigjährige Bäckerstochter geheiratet hatte, nannte sich mit scherzendem Ernst einen „Professor der Liebe". An die Stelle des cartesianischen Zweifels setzte er den Affekt ehrfürchtiger Bewunderung. Dem „Ich denke, also bin ich" stellte er den Grundsatz gegenüber: „Ich werde geliebt, darum liebe und bin ich", „Der Mensch weiß nur, indem er sich von einem ihm Höheren gewußt weiß". Das die Natur entseelende „maschinistische System" wollte er durch eine erneuerte Schöpfungslehre überwinden: „Dem Verhalten des Menschen zu Gott entspricht sein Verhalten zum Grund und Boden, dem Kultus die Kultur, und wie er mit seinem Vater im Himmel steht, so steht er mit seiner Mutter — der Erde." Was Jesus für den Menschen war und ist, das soll der als Mitwirker und Mitspieler Gottes sich verstehende Mensch für die Natur sein. Der Philosoph der Himmel und Erde einbeziehenden Liebe, in dessen Werk der Begriff des „Androgynen" zu höchsten metaphysischen Ehren gelangt, war gleichwohl kein rührseliger Denker: „Wir dürfen nicht vergessen, daß keine Versöhnung ohne eine Scheidung des Unversöhnlichen zu bewirken steht. Mißtrauen Sie darum, meine Herren, jenen falschen Propheten unserer Zeit, welche uns vom allgemeinen Frieden reden, da doch kein wahrhafter Friede ist, und da zwischen diesem und jenem heuchelnden, die Fäulnis und Verwesung nur bergenden und begünstigenden Scheinfrieden nichts geringeres als ein allgemeiner Krieg in der Mitte liegt ... Der Lügengeist ist öffentlicher Doktrinär geworden ..." Oder an anderer Stelle: „Der Liberalismus ist eine Fabel, deren Moral der Servilismus ist." Oder auch dies: „In demselben Verhältnis, wie die Desorganisation bis zur Zerstörung losgelassen worden ist, in demselben hört man vom Organisieren unaufhörlich sprechen." Baader konnte sehr barsch reden und überaus knorrig schreiben. Oft steht das Bedeutsamste in einer seitenlangen Fußnote versteckt.

Gegen Baaders sperrige Philosophie lassen sich zweifellos gewichtige Einwände erheben; er scheint manchmal Unmögliches erstrebt zu haben. Aber den Spott, mit dem ihn Schopenhauer und Feuerbach bedachten, hat dieser „prophetische Mensch" (als den ihn Hegel bezeichnete) gewiß nicht verdient. Lange Zeit hindurch vergessen, verkannt und verdrängt, scheint heute die Stunde der Wiederkehr dieses einsamen und leisen, insgeheim jedoch sehr wirksamen Grüblers gekommen zu sein. Baader ist gewiß kein Autor für Massenmenschen, die bloß darauf versessen sind, ihre eigenen Vorurteile mit einer unterhaltsamen Phrase zu drapieren. Nachdenkliche werden allerdings Vertrauen fassen zu diesem „unterirdischen Menschen" (so Schelling über ihn), der so vieles vorweggenommen hat. Der Dichter Nikolaus Lenau, dem Baader eine seiner spätesten Schriften gewidmet hat, gestand einmal unumwunden: „In einem Gespräch mit ihm wächst man um viele Jahre." Fast möchte man auf sein wenig gelesenes, aber an lebenskräftigen Gedankenkeimen erstaunlich reiches Werk das Wort anwenden, das sich in dem Roman „Die Kronenwächter" des ihm geistesverwandten Arnim findet: „Es gab zu allen Zeiten eine Heimlichkeit in der Welt, die mehr wert ist in Höhe und Tiefe der Weisheit und Lust als alles, was in der Geschichte laut geworden . . ."

(1991)

Anmerkung

1) Als Insel-Taschenbuch (Band 1320) ist 1991 die 256 Seiten umfassende Anthologie erschienen: Franz von Baader, „Sätze aus der erotischen Philosophie und andere Schriften." Hrsg. von Gerd-Klaus Kaltenbrunner.

Friedrich Hölderlin

„Dichterisch wohnet der Mensch auf dieser Erde"

Auf einer vielbegangenen Brücke stand ein blinder Bettler. Eines Tages fragte ihn ein mitleidiger Passant, wieviel Almosen er denn durchschnittlich am Tag erhalte. Der Bettler sagte, daß die Summe nur selten fünfundzwanzig Schilling betrage. Der unbekannte Spaziergänger nahm das Schild, das der arme Blinde auf der Brust trug und auf dem er sein Gebrechen bekanntgab, drehte es um und schrieb einige Worte auf die Rückseite. Dann gab er es dem Bettler zurück und sagte: „Verzagen Sie nicht. Von nun an werden Sie mehr erhalten als früher." Nach einigen Wochen kam der Mann wieder zu dem auf der Brücke um milde Gaben bittenden Blinden. „Gnädiger Herr", sagte der Bettler, „wie soll ich Ihnen danken? Ich bekomme nunmehr täglich zweihundertfünfzig und bisweilen sogar dreihundert Schilling. Es ist das reinste Wunder. Haben Sie mir einen Zauberspruch auf das Schild an meiner Brust geschrieben?" — „Ganz einfach", antwortete der Mann, „auf Ihrem Schild stand: ‚Von Geburt an blind'; ich habe stattdessen daraufgeschrieben: ‚Der Frühling wird kommen, und ich werde ihn nicht sehen'."

Warum erzähle ich diese Geschichte? Sie beweist zum einen, daß Wörter unser Leben verändern können. Doch dies ist eine altbekannte Tatsache; ohne sie gäbe es weder Politik noch Liebe im uns vertrauten Sinn. Zum andern bietet uns die Anekdote einen Fingerzeig zum Thema Dichter und Dichtung. Sie gibt uns ein Bild von der Eigenart und Eigenmacht des Dichterischen, von der Macht der Poesie. „Von Geburt an blind" ist eine Information, kurz und zutreffend, so wie es auch die in unseren Reisepässen und anderen amtlichen Papieren enthaltenen Angaben sind — präzise und exakt, doch ohne unsere Phantasie, ohne unsere Sinne und Gefühle zu erregen.

„Der Frühling wird kommen, und ich werde ihn nicht sehen": Wer diesen Satz liest oder hört, dessen Einbildungskraft gerät in Schwingung; Schauer, Mitleid und das Gefühl unendlicher Dankbarkeit für die Gnade des eigenen Augenlichts bemächtigen sich seiner. Der Satz bringt einem erschreckend zu Bewußtsein, was es bedeutet, blind zu sein. Er zeigt es nicht abstrakt und allgemein, sondern konkret, individuell und höchstpersönlich, an diesem bestimmten Fall, dem die Kraft des Augenfälligen innewohnt: *Tua res agitur*, um deine Sache geht es hier und jetzt! Er vergegenwärtigt uns den leuchtenden Glanz, die Farbenpracht und die liebliche Bläue des Frühlings, den der Blinde nicht wahrnehmen kann, von dem er ausgeschlossen ist, und vielleicht macht er uns nicht nur geneigt, die Not des Bettlers durch eine Geldspende ein wenig zu lindern, sondern nötigt uns auch das Eingeständnis ab, daß wir, obwohl mit gesunden Augen begabt, uns nur allzuoft wie Blinde verhalten. Wann haben wir einen Frühlingsmorgen wirklich mit allen Sinnen wahrgenommen? Gehen wir nicht ständig zerstreut, achtlos und in einem sehr schlimmen Sinne unhöflich an den schönsten Dingen vorbei? Kennen wir überhaupt aus eigenem Anschauen die uns nächsten, die uns durch täglichen Umgang angeblich so vertrauten Wesen und Dinge? Es sind die Dichter, die uns zu dem beschämenden Geständnis zwingen, daß wir, ungeachtet aller Kenntnisse, Informationen und Erfahrungen, uns nur zu oft wie Blinde benehmen. Wie durch eine Ritze blitzt in unser betriebsam zerstreutes Dasein plötzlich, um wieder auf unsere einleitende Geschichte zurückzukommen, die Wirklichkeit des Frühlings hinein. Der Dichter läßt uns ahnen, daß wir, hier und jetzt, von Wundern und Geheimnissen umgeben sind, und er sagt uns wie Shakespeares Antonius zu Kleopatra in der Dämmerung: „Wohlan, Königin, das Leben ist noch nicht versiegt!"

Das Leben ist noch nicht versiegt, und ein einziger Frühling vermag, beschworen durch das Wort eines Dichters, zum Symbol für die Rhythmen des Lebens, für das Geheimnis des Universums, für das in einer rätselhaften Welt sich abspielende Abenteuer unseres Menschseins zu werden.

Wir wollen, bevor ich auf Hölderlin zu sprechen komme, drei große deutsche Dichter hören: Novalis, Goethe und Rilke.

Novalis schreibt in seinen Fragmenten:

„Es sind nicht die bunten Farben, die lustigen Töne und die warme Luft, die uns im Frühling begeistern. Es ist der stille weissagende Geist unendlicher Hoffnungen, ein Vorgefühl vieler froher Tage, des gedeihlichen Daseins so mannigfaltiger Naturen, die Ahndung höherer ewiger Blüten und Früchte, und die dunkle Sympathie mit der gesellig sich entfaltenden Welt."

Hören wir den Anfang von Goethes „Ganymed":

Wie im Morgenglanze
Du rings mich anglühst,
Frühling, Geliebter!
Mit tausendfacher Liebeswonne
Sich an mein Herz drängt
Deiner ewigen Wärme
Heilig Gefühl,
Unendliche Schöne!

Daß ich dich fassen möcht
In diesem Arm!

Und nun einige Verse aus der neunten Elegie von Rilke:

Erde, ist es nicht dies, was du willst: u n s i c h t b a r
in uns erstehn? — Ist es dein Traum nicht,
einmal unsichtbar zu sein? — Erde! unsichtbar!
Was, wenn Verwandlung nicht, ist dein drängender Auftrag?
Erde, du liebe, ich will. Oh glaub, es bedürfte
nicht deiner Frühlinge mehr, mich dir zu gewinnen — e i n e r,
ach, ein einziger ist schon dem Blute zu viel.

Novalis, Goethe und Rilke sprechen von demselben, vom Frühling, und doch wie verschieden sprechen sie von ihm, indem sie ihn dichterisch vergegenwärtigen! Rilke legt sogar der Erde den Wunsch nach Unsichtbarkeit bei: „Ist es nicht dies, was du willst: *unsichtbar* / in uns erstehn? — Ist es dein Traum nicht, / einmal unsichtbar zu sein?" Doch dieses Unsichtbarsein ist nicht dasselbe wie die Unsichtbarkeit der sich dem blinden Bettler entziehenden Dinge. Der Dichter meint damit etwas völlig anderes. Der Bereich des Menschen ist, wie er an anderer Stelle sagt, der des „Säglichen": die „Ortschaft der Worte". Der Mensch ist nicht nur ein fühlendes, erkennendes und handelndes Wesen, sondern auch ein sagendes. Als sagendes Wesen ist er ein dichterisches Wesen. Sagend und dichtend vermag er die Welt zu verwandeln, ihre Dinge ins Unvergängliche zu erheben: durch das sie benennende und rühmende Wort der Dichtung. Sie werden gerettet und aufgehoben im unsichtbaren Weltinnenraum der Dichtung. [1]

Doch es geht hier nicht um Rilke, sondern um eine Erörterung der Eigenart des Dichterischen. *Erörterung* heißt soviel wie *Ortsbestimmung*. Es geht darum, die Stellung des Dichterischen im Leben zu bestimmen und den Ort zu finden, von dem aus wir angemessen über Dichtung und Dichter sprechen können. Dabei gehe ich von der Vermutung aus, daß das Dichterische mehr ist als eine bloße Fähigkeit des Menschen neben vielen anderen. Ich glaube, daß es nicht bare Schwärmerei und Romantik im abschätzigen Sinne des Wortes ist, wenn man die Aussage riskiert, daß die Gabe des Dichterischen ein Wesensmerkmal der menschlichen Natur ausmacht. Der Einwand, daß doch viele Menschen Gedichte weder schreiben noch lesen, ist in diesem Zusammenhang nicht stichhaltig. Das Dichterische, verstanden als eine Urfunktion des Menschen, äußert sich nicht nur im Schaffen oder Auswendiglernen oder Zitieren von Versen, sondern als eine bestimmte und unverwechselbare Art zu leben, zu fühlen und mit der Wirklichkeit umzugehen. So verstehe ich auch Hölderlins rätselhaftes Wort:

Voll Verdienst, doch dichterisch wohnet
Der Mensch auf dieser Erde. [2]

Laßt uns diesem Fingerzeig des Dichters nachgehen. Wir wollen uns dessen, was Hölderlin damit auf eine einprägsame Formel gebracht hat, von verschiedenen Ausgangspunkten aus erörternd vergewissern.

1. Was immer Dichtung sein mag und so vielfältig ihre Aufgaben, Formen, Ausdrucksweisen, Stile und Aussagen auch sein mögen, eines steht fest: Dichtung ereignet sich im Medium der *Sprache,* und nur der Mensch kann sprechen. Der Mensch ist wesentlich ein sprachfähiges Wesen, und nur zu oft erweist er sich auch als ein redseliges. Die Sprache aber dient nicht nur der Information, der Vermittlung von Tatsachen; sie ist auch Vehikel von Gebet und Fluch, von Beschwörung und Täuschung, von Sehnsucht und Jubel, von Befehl und Klage. Und je ursprünglicher die Sprache ist, desto dichterischer erscheint sie uns, voll von Symbolen, Metaphern und Bildern. [3] Die Sprache, so dürfen wir sagen, ist der größte Dichter. Sie selber ist's, die dichtet. Jede Sprache, sagt Jean Paul, ist „in Rücksicht geistiger Beziehungen ein Wörterbuch erblasseter Metaphern". [4] Doch das, was heute eine blasse Metapher ist, deren Bildhaftigkeit uns gar nicht mehr zu Bewußtsein kommt, war einmal ein lebendig-herzhaftes Urwort, ein dichterischer Keim, ein kleiner Mythos.

So reden wir etwa von *„Handel"* und *„Handlung"*. Es gibt Handlungen, die man tut, und Handlungen, die man aufsucht, um etwas zu kaufen.
Die Taufe ist eine heilige Handlung, ein Sakrament; doch es gibt auch Gemischtwarenhandlungen. Man spricht von der Handlung eines Dramas oder eines Romans und im geschäftlichen Leben von Handlungsvollmacht. Die juristischen Einzelheiten bestimmt das Handelsrecht.

Doch wer denkt schon daran, daß in all diesen Wörtern unsere *Hand* enthalten ist, die Hand, mit der wir arbeiten und kämpfen, beten und grüßen, einen Bissen zum Mund führen und uns waschen, ein Kind liebkosen und eine Blume pflücken, eine Übereinkunft besiegeln und jemandem den Weg weisen? Überall ist die Hand im Spiel — die Hand als das Signum der Menschwerdung, die Hand als Mutter der Technik, der Kunst, des Ritus, des Spiels, des Vertrags. [5]

Oder nehmen wir das Wort *„Wirklichkeit"*! In ihm verbirgt sich wie hinter einem fast durchsichtigen Schleier die Vorstellung, daß die Welt gewirkt und gewebt ist wie ein Tuch. Die Wirklichkeit als Gewebe, in dem alles mit allem verflochten ist. Als Teppich mit unendlich vielen Ranken und Figuren. Als Mantel und, wie es in Goethes Faust der Erdgeist verkündet, „der Gottheit lebendiges Kleid". Uralt ist die Vorstellung von der Welt als gewirktem Gewand; die Schau der Wirklichkeit durch das Webegleichnis von Kette und Einschlag; das Bild vom Weltenschleier, in den die Göttin, die Große Mutter, sich hüllt; wenn sie ihn „entfaltet", dann gedeihen die Wesen und Dinge; wenn sie ihn „zusammenrafft", kommt es zum Weltenuntergang. Hierher gehört auch noch das uns aus dem Volkslied vertraute Wort vom „Himmelszelt", auf dem die Sterne prangen, und dessen Abbild die Baldachine der Könige wie die Kuppeln der Kirchen sind. [6]

Ganze Welten erschließen sich uns, wenn wir uns in die Welt des Mythos und der Religionen vertiefen. Ich erinnere an die indische Weltenmutter *Maya,* wobei Maya den scheinhaft-illusorischen Charakter der sinnlich wahrnehmbaren Welt bezeichnet; sie ist gleichsam ein bunter Schleier, der das zeitlose Wesen des göttlichen Urgrundes täuschend verbirgt. [7] Ich erinnere an die *Moiren,* die griechischen Schicksalsgöttinnen, welche Spinnerinnen sind; was sie spinnen, sind unsere Lebenstage, und jedem Lebenslauf entspricht ein mehr oder weniger langer Faden, den sie bemessen. [8]

Den griechischen Moiren entsprechen im Glauben der Römer die *Parcae,* die ursprünglich Geburtsgöttinnen waren: Gebären ist Ent-Binden! Auch *Penelope,* die treue Gemahlin des Odysseus, die das tagsüber gewebte Gewand des Nachts wieder auftrennt, war vielleicht ursprünglich eine arkadische Lebens- und Todesgöttin. Ich erinnere an den Webwettstreit zwischen der Göttin *Athena* und der *Arachne,* die dann in eine Spinne verwandelt wird. *Persephone* webt in einer sizilischen Höhle ein großes Gewebe mit dem Bild der ganzen Welt. [9] Leicht ließe sich das Thema der göttlichen Weberinnen, die den Weltenschleier anfertigen, in den alle Wesen verstrickt sind, noch fortspinnen — gedenken wir noch der germanischen *Nornen,* die jedem Menschen sein Geschick zuteilen, und der schließlich zur Himmelskönigin aufgestiegenen ägyptischen Urmutter *Isis,* deren Schleier zu heben Verderben bringt [10] —; doch wir brechen ab. [11]Alle diese Bilder stellen uns die Wirklichkeit als Gewebe,

Schleier und Kleid vor, so wie es auch noch Goethes Erdgeist tut:

Ein wechselnd Weben,
Ein glühend Leben:
So schaff ich am sausenden Webstuhl der Zeit
Und wirke der Gottheit lebendiges Kleid.

„*Entwicklung*" ist ein anderes Wort, das in der Biologie eine so wichtige Rolle spielt, in der Theorie der Evolution. „Evolutio", von uns mit Entwicklung übersetzt, bezeichnet ursprünglich das Auseinanderwickeln einer Buchrolle. Wenn in übertragenem Sinn von der geschichtlichen Entwicklung geredet wird, dann schwingt allemal noch diese suggestive Buch-Metapher mit: die Weltgeschichte gleichsam als Buch, das entrollt wird und dessen Inhalt wir zugleich niederschreiben und entziffern. [12] Die Welt als Buch, als Text, als Gedicht und Chiffernschrift — wir werden darauf noch zurückkommen. Soeben gebrauchte ich das Wort „*übersetzen*" — wer ein Buch aus einer Sprache in eine andere übersetzt, der ist ein Fährmann, der eine Fracht von einem Ufer zum andern bringt.

Die Sprache selber dichtet; der Dichter ist gleichsam ihr Organ. Schillers Distichon über den Dilettanten spricht eine tiefe Wahrheit aus:

Weil ein Vers dir gelingt in einer gebildeten Sprache,
Die für dich dichtet und denkt, glaubst du schon Dichter zu sein?

2. Laßt uns, nach getanem Hinweis auf die selber dichtende Sprache, nun von einem zweiten Ansatz aus die Eigenart des Dichterischen erörtern. Zunächst möchte ich daran erinnern, daß man schon umgangssprachlich von „poetischen Stimmungen" redet. Es gibt *dichterische Erregungen, Affekte und Gemütszustände.* Manchmal heißt es auch, dieser oder jener Mensch habe etwas von einem Dichter in sich. Man spricht auch von dichterischer Inspiration. Stellen wir uns für wenige Augenblicke vor, wir befänden uns in Athen, und wir lebten etliche Jahrhunderte vor Christi Geburt, etwa zur Zeit Pindars, Sapphos oder Sophokles'. Stellen wir uns vor, damals hätte es bereits den

schönen Brauch gegeben, alljährlich im Herbst Literatur und Dichtung — beides ist freilich nicht dasselbe, doch davon später! — in öffentlichen Veranstaltungen zu feiern. Wie würde wohl derjenige, dem der Auftrag zuteil geworden wäre, in diesem Rahmen über Dichter und Dichtung zu sprechen, seine Rede begonnen haben?

Er hätte zuerst, ihre Huld und ihren Beistand erflehend, die *Musen* angerufen, so wie es auch Homer in den ersten Versen der Ilias wie der Odyssee tut —

Singe den Zorn, o Göttin, des Peleiaden Achilleus . . .

und

Sage mir, Muse, die Taten des vielgewanderten Mannes . . .
— so wie auch Vergil zu Beginn seiner Aeneis die Muse anruft:

Muse, sag mir die Gründe, ob welcher Verletzung des hohen
Willens, worüber voll Gram die Götterkönigin jenen
Mann, das Vorbild der Ehrfurcht, in so viel Jammer, in so viel
Mühsal gejagt . . .

Wollte heute ein Redner in dieser Weise beginnen, so würde er Gefahr laufen, für verrückt gehalten zu werden. Die Anrufung der Musen paßt nicht mehr in unsere Welt. Ist deshalb unsere musenlose Welt auch eine a-musische? Oder ist das, wofür die Musen einst standen und einstanden, auch heute noch wirksam?

Wer aber sind die Musen, die uns entschwunden zu sein scheinen, obgleich ihr Name noch immer enthalten ist in Wörtern wie Museum, Musik, Musikant, in etwas verstaubt wirkenden Ausdrücken wie Musensohn oder Musenjünger (für Dichter) oder Musentempel (für Theater)?

Für die Griechen waren sie gestalthafte Mächte, mädchenhafte Göttinnen. Sie galten als Töchter des Zeus, also des höchsten der olympischen Götter, und der Mnemosyne, der Erinnerung. Es gibt auch Sprachforscher, die annehmen, daß das Wort Muse ursprünglich „die Sinnende" oder „die Erinnernde" bedeutet habe. [13] Die Musen stehen in enger Beziehung zu Apollo, dem Licht- und Sonnengott, der in der einen Hand den Bogen hält, in der andern die Leier oder Kithara. Apollo heißt auch

Musagetes, Musenführer.[14] Die Angaben über die Zahl der Musen schwanken stark; meist werden neun genannt. Platon nannte die Dichterin Sappho rühmend „die zehnte Muse". Die den Humanisten geläufige Zuordnung bestimmter Künste zu einzelnen Musen, etwa der Lyrik zu Euterpe, der Komödie zu Thalia, war in der Antike noch sehr unbestimmt. Eines ist jedoch von allem Anfang an gewiß: für die Griechen waren die Musen mehr als rhetorische Figuren; sie erfuhren sie als göttliche Wirklichkeiten. Und zweitens: die Muse ist primär der himmlische Beistand des *Dichters.* Jeder Dichter hat eine Muse, ohne daß man sagen kann, ob es dieselbe sei. In der Muse erscheint gestalthaft, was zum Wesen des Dichterischen gehört: die dichterische Erregung und Stimmung, Inspiration und Enthusiasmus des Dichters.

„Der Gott selbst ist es, der spricht, durch sie — die Dichter — tönt er zu uns."[15] Platon faßt in diesem Satz eine Überzeugung formelhaft zusammen, die für den Griechen zweifelsfrei feststand. Sie meinten in allem Ernste, daß es in letzter Hinsicht nicht der Mensch sei, der das dichterische Kunstwerk hervorbringe, sondern die Gottheit, insbesondere die Muse. Der inspirierte Dichter dient dem Gott als Instrument. Im Zustand der Inspiration — wörtlich: der Einhauchung — wird durch den sprechenden oder singenden Dichter etwas laut, das sich göttlicher Herkunft verdankt. Durch ihn hindurch spricht eine göttliche Macht. Der Dichter schafft nicht aus eigenem; sein Tun ist Vollzug dessen, was die Musen ihm eingeben. Von der Gottheit angetrieben, von göttlichem Pneuma erfüllt, spricht er zu den Menschen. Homer ruft die Muse an, damit *sie* — nicht er, der Sänger — von den Taten und Abenteuern des Helden erzähle. Dichtung ist ein göttliches Amt. Überall, wo in einem hohen Sinne gedichtet wird, ist *Enthusiasmus* im Spiel. Enthusiasmus bedeutet aber wörtlich: von Gott erfüllt sein. Die Musen, ohne deren Beistand nichts geschaffen wird, verkörpern gestalthaft diesen *ekstatischen* Zug im Wesen der Dichtung. Sie sind im Schaffen des Menschen die wahren Schaffenden. Sie offenbaren die Schönheit und Tiefe der Welt. Dichtung ist nicht bloß schöner Überfluß, heitere Zutat oder entbehrlicher Zierrat, sondern entspringt dem Wesen der Welt. Sie hat, mit anderen Worten, nicht eine kosmetische Funktion, sondern eine kosmische. Die Welt wäre nicht so abenteuerlich, reich und tief, gäbe es nicht auch die Möglichkeit, das, was ist, dichterisch darzustellen und zu preisen. Erst in der Dichtung vollendet sich die Ordnung der Welt. Es ist gleichsam so, daß die Dinge danach verlangen, benannt, erinnert und gerühmt zu werden. Denken wir in diesem Zusammenhang an Rilkes neunte Duineser Elegie:

„Erde, ist es nicht dies, was du willst: *unsichtbar*
in uns erstehn? — "

Denken Sie auch an den biblischen Schöpfungsbericht, wo es heißt (1 Mose 2, 19):

„Als Gott der Herr gemacht hatte von der Erde allerlei Tiere auf dem Felde und allerlei Vögel unter dem Himmel, brachte er sie zu Adam, daß er sähe, wie er sie nennte; denn wie Adam allerlei lebendige Tiere nennen würde, so sollten sie heißen."

Adam war ein Dichter. Erst indem er den sprachlosen Geschöpfen Namen gab, verlieh er ihnen recht eigentlich Wirklichkeit und vollendete er die Erschaffung der Welt. Zum Paradies gehört auch dies: Adam sah die Tiere, bevor er sie benannte und dichterisch vollendete; heute lernen die Kinder die Namen der Tiere, bevor sie sie gesehen haben. [16]

„Voll Verdienst, doch dichterisch wohnet / Der Mensch auf dieser Erde." [17] Das bedeutet auch, daß das Dichterische, schon vor aller Poesie und Literatur, die menschliche Seinsweise als solche auszeichnet. Der Mensch ist nicht nur *Homo sapiens* und *Homo faber*, sondern auch *Homo poeta* und *Homo ludens.* [18] Er ist ein spielendes, ein feierndes und ein ekstatisches Wesen, und so weit wir in die Vergangenheit zurückblicken, immer sehen wir ihn auch damit beschäftigt, sich durch Erregungen der verschiedensten Art — durch Rhythmus und Tanz, durch Musik und Drogen, durch Magie und Kult — in außeralltägliche Zustände zu versetzen. Ja, er scheut sich nicht, diese ungewöhnlichen, gefährlichen und extremen Zustände als höchste Erfüllung, Vollendung und Begnadung zu ersehnen und zu erfahren. Keine Anthropologie ist vollständig, die diese Seite des Menschen nicht ernst nimmt: seine Neigung zum Exzeß, zum Rausch, zur Verzückung, zum Außer-sich-sein, zur Entfesselung, zum Aufbruch ins Imaginäre, Phantastische und Hybride. Man macht sich viel zu wenig Gedanken über das „Erdbebenhafte" in der menschlichen Natur. Wie nur der Mensch lachen und weinen kann; wie seine Erotik heftiger, konvulsivischer und grenzenloser ist als die der Primaten; wie er nicht nur im Schlaf träumen kann, sondern auch am Tage, und seine Einbildungskraft alle andern Fähigkeiten sich unterzuordnen vermag, so ist er auch ein dichterisches Wesen. Seine träumerische, ekstatische, orgiastische, ins Imaginäre und Unvordenkliche schweifende Existenz ist gleichsam eine Bresche in der Schöpfung. [19] Das kosmogonische Abenteuer ist noch unabgeschlossen, es geht weiter; wie auch der Mensch, dieses extrem erregbare Wesen, nach Nietzsche, das noch nicht fest-gestellte Tier ist.

3. Haben wir bislang der dichterischen Potenz der menschlichen Sprache gedacht und dann, ausgehend von dem Phänomen musischer Inspiration, das Dichterische im Element menschlicher Erregungen und Stimmungen, als überwältigende Erfahrung der Welt im Lichte eines die gesamte Existenz durchwaltenden Affekts, angesprochen, so sei nun, drittens, der *Leistungs-, Werk- und Gebildecharakter*, der Niederschlag oder die Kristallisation des (Sprache und Leben durchflutenden) Dichterischen in *künstlerischer Form* behandelt.

Das Dichterische offenbart sich bereits in der Sprache als solcher, vor allem in der Sprache, die ursprünglich ist, und nicht ganz zu Unrecht haben Denker wie Hamann und Herder den poetischen Charakter der frühmenschheitlichen Sprache hervorgehoben, ihre magische Bildhaftigkeit und ihren Ausdrucksreichtum. Und es gibt gewisse Gemütsbewegungen, Stimmungen und Erregungen, die man ebenfalls als dichterisch bezeichnen kann. Wie verhält sich nun dieses elementar Dichterische zu dem, was uns in Dichtung als Ergebnis schöpferischer Arbeit, als Werk und Gebilde begegnet? Dichtung ist ja alles andere als regelloser Überschwang, ungezähmte Begeisterung, improvisierte Herzensergießung — sondern eine überaus strenge, größte Bestimmtheit, Genauigkeit und peinliche Kleinarbeit erfordernde Kunst. Ein französischer Dichter hat einmal gesagt: „Ein Autor, der ein Sonett vollendet hat, verdient zehn Jahre Ruhe." [20] Auch Wladimir Majakowski, der bedeutende russische Lyriker, verkündet den Arbeitscharakter von Dichtung mit eindringlich hämmerndem Pathos:

Dichten
ist dasselbe wie Radium gewinnen.
Arbeit: ein Jahr.
Ausbeute: ein Gramm.
Man verbraucht,
um ein einziges Wort zu ersinnen,
Tausende Tonnen
Schutt oder Schlamm.
Doch neben dem Erz,
dem zerfallenden, fahlen,
brennt
jenes Wort
ur-elementar;
es setzt in Bewegung
mit seinen Strahlen
Millionen Herzen
durch tausend Jahr. [21]

Aussagen dieser Art finden sich auch bei Josef Weinheber und Gottfried Benn, und schon Novalis legt im „Heinrich von Ofterdingen" dem Dichter Klingsor die Worte in den Mund:

„Nichts ist dem Dichter unentbehrlicher als Einsicht in die Natur jedes Geschäfts, Bekanntschaft mit den Mitteln, jeden Zweck zu erreichen, und Gegenwart des Geistes, nach Zeit und Umständen die schicklichsten zu wählen. Begeisterung ohne Verstand ist unnütz und gefährlich ... Der junge Dichter kann nicht kühl, nicht besonnen genug sein. Der Dichter ist reiner Stahl, ebenso empfindlich, wie ein zerbrechlicher Glasfaden, und ebenso hart, wie ein ungeschmeidiger Kiesel ... Die Poesie will vorzüglich als strenge Kunst getrieben werden. Als bloßer Genuß hört sie auf, Poesie zu sein." [22]

Also auch hier: Dichtung als Arbeit, als Handwerk, als Anstrengung und Mühe. Und das Ergebnis solcher Anstrengung ist schließlich eine bestimmte „*Welt*". Jede Dichtung, auch noch das kürzeste Gedicht, etwa ein japanischer Haiku oder ein Sinnspruch von Angelus Silesius, ist eine Welt für sich. Wer sich in sie versenkt, begibt sich, mitten in der Welt des Alltags, in eine andere Welt. In welcher Beziehung steht nun diese andere Welt, das Universum der Dichtung als *Werk*, zum Dichterischen, wie es sich in der *Sprache* überhaupt und in gewissen *Stimmungen* ausdrückt? Zwischen dieser Sphäre und jener bestehen, so kann man im Bilde sagen, die gleichen Beziehungen wie zwischen dem Duft einer Blume auf der Wiese und den Verfahren eines Chemikers, der diesen flüchtigen Duft rein, konzentriert und haltbar in einem Parfum herzustellen trachtet. Künstlich, durch Artistik und Alchymie der Sprache, soll reiner, dichter und dauernder das von neuem erstehen, was im Leben nur flüchtig, trüb und unvollständig, mit anderen Elementen vermischt und zufällig uns widerfährt. Diese Zustände sollen in geläuterter Form festgehalten, dem Schicksal der Verflüchtigung entrissen werden. Ich habe oben vom Dichterischen als Stimmung und Affekt gesprochen und folge nun Paul Valéry, der im Hinblick auf unser Problem folgendes ausführt:

„Für diese höhere Erregung hat der Mensch also getan, was er für alle vergänglichen Dinge, um die es schade ist, getan oder zu tun versucht hat. Er hat Mittel gesucht und gefunden, die schönsten oder die reinsten Zustände seines Selbst nach Belieben wiederzuerwecken, die Formeln für seine Begeisterung, seine Ekstase, seine persönliche Schwingung durch Jahrhunderte hindurch zu reproduzieren, zu überliefern, zu bewahren; und durch eine glückliche und bewundernswerte Konsequenz hat ihm die Erfindung dieser Konservierungsverfahren zugleich die Anregung und die Fähigkeit gegeben, die Bruchstücke poetischen Lebens, die ihm die Natur dann und wann zum Geschenk macht, künstlich zu entfalten und zu bereichern ... Alle Künste sind geschaffen worden, um, jede nach ihrer eigenen Wesensart, einem Augenblick flüchtiger Köstlichkeit Dauer zu verleihen und ihn in die Gewißheit einer unendlichen Anzahl köstlicher Augenblicke zu verwandeln. *Ein Werk ist nichts anderes als das Instrument dieser Vervielfältigung oder dieser möglichen Wiedererzeugung.* Musik, Malerei, Architektur sind die verschiedenen Formen, die der Verschiedenartigkeit der Sinnesorgane entsprechen. Nun, unter diesen Mitteln, einen poetischen Zustand zu erzeugen oder wiederzuerzeugen, ihn für den Fortbestand zu ordnen und ihn durch überlegte Arbeit zu erweitern, ist vielleicht das älteste, das unmittelbarste, und doch das umfassendste — die Sprache." [23]

Durch das dichterische Wort werden also Zustände, die sich etwa der Liebe, dem Wein, dem Schauer angesichts einer unberührten Landschaft, dem Entzücken eines Frühlingsmorgens oder der Trauer verdanken, werden die unhörbaren Akkorde, die unser Tun und Lassen begleiten, für uns und für andere nachvollziehbar, potentiell unbegrenzt wiederholbar. [24] Wir können, unter diesem Gesichtspunkt, auch vom *Partitur*-Charakter der Dichtung sprechen. Indem sie die Sympathie, die Einbildungskraft und auch die Lebenserfahrungen des Lesers oder Hörers aktiviert, vermag dieser gleichsam stellvertretend in der relativ gefahrlosen (doch darum keineswegs gefühllosen) Zone der Vorstellung das mit- und nachzuerleben, was im geformten Werk sich kristallisiert hat.

Doch dies ist keineswegs alles, was Dichtung als Kunst zu leisten vermag. Sie ist durchaus nicht nur eine Konserve, die bestimmte Erfahrungen und Stimmungen speichert und — merkwürdig schwebend zwischen Abstraktem und Konkretem, Sinnlichem und Geistigem, Gedanke und Empfindung — allgemein zugänglich macht. Vor allem müssen wir uns des Gedankens entschlagen, daß Dichtung, um dies leisten zu können, vorwiegend beschreiben oder gar detailliert-minutiös darstellen müsse. Dies ist keineswegs der Fall. Homer vermittelt uns eine bezwingende Ahnung von der verhängnisvollen Schönheit Helenas, deren Raub zum Trojanischen Krieg geführt hat, obwohl die Ilias nicht die geringste Einzelheit über das Aussehen dieser betörenden Frau verrät. Der Dichter erwähnt bloß, wie die Ältesten der Stadt, mit König Priamos beim skaiischen Tor versammelt, Helena kommen sehen und zueinander sagen:

Tadelt nicht die Troer und hellumschienten Achaier,
Die um ein solches Weib so lang' ausharren im Elend!
Einer unsterblichen Göttin fürwahr gleicht jene von Ansehn!

Trotz dieser Knappheit, die der Phantasie des Lesers den größten Spielraum läßt, steht Helena strahlender, klarumrissener und berückender vor uns, als wenn sie Homer lang und breit beschrieben hätte. Nur nebenbei verrät uns der Dichter, daß Helena weiße Arme und schöne Haare hatte, nicht mehr; und doch hinterläßt die kurze Szene, in der die greisen Würdenträger der Stadt sie als des Krieges wert erkennen, im Leser einen kaum überbietbaren Eindruck von der Schönheit dieser Frau. [25]

Diese wunderbare Fähigkeit der Poesie zeigt sich auch darin, daß sie in den Menschen, die sich ihr zuwenden, nicht nur frühere Erfahrungen wieder ins Bewußtsein zurückzurufen vermag, sondern darüber hinaus ihnen gewisse Erfahrungen überhaupt erst zugänglich macht. „Romeo und Julia" sind grundsätzlich auch dem verständlich, der die in diesem Drama dargestellten Möglichkeiten menschlicher Liebe selber noch nie erlebt hat.

Dichtung vermag dem Menschen, der sich in sie versenkt, ungeahnte Möglichkeiten zu erschließen — Möglichkeiten, die zwar grundsätzlich zur Wirklichkeit eigener Erfahrung werden können, aber nicht werden müssen. [26] Eine zweideutige Möglichkeit, gewiß, die jedoch ihren Grund darin hat, daß der Mensch selber zweideutig, oder, wie Nietzsche sagt, noch nicht fest-gestellt ist, daß seine Natur weit mehr „Möglichkeit" ist als gegebenes Faktum. Das Mögliche aber umfaßt, wie Robert Musil schreibt, „nicht nur die Träume nervenschwacher Personen, sondern auch die noch nicht erwachten Absichten Gottes". [27] Der Mensch ist ein dichterisches Wesen, er ist *Homo poeta*, weil er nicht nur in der Wirklichkeit lebt, sondern auch in der Möglichkeit, „in einem Gespinst von Dunst, Einbildung, Träumerei und Konjunktiven", wie Musil sagt. [28] Er lebt ununterbrochen, auch wenn er sich für einen Realisten hält, in einer ihn begleitenden Welt von Symbolen, Mythen, Imaginationen.Er führt nicht nur sein Leben, sondern er dichtet es auch.

La Rochefoucauld hat einmal gefragt, wieviele Menschen daraufgekommen wären, sich zu verlieben, wenn sie nie von Liebe hätten reden hören, und Michel Tournier hat darauf geantwortet: nicht ein einziger. [29] Es ist eine kulturgeschichtliche Tatsache, daß auch unsere intimsten Gefühle durch den jahrhundertelangen Einfluß der Dichtung sich gewandelt haben, ja teilweise überhaupt erst entstanden sind. Man kann ohne Übertreibung sagen, daß auch Hans und Grete, die literarisch desinteressiert sind, anders lieben würden, wenn nicht Sappho, Platon und Paulus (1 Korinther 13), die Troubadoure, Goethe und die Romantiker die Erfahrung der Liebe in weiterwirkenden Werken dargestellt, beschworen und verherrlicht hätten. Dichtung läßt bisweilen auch ganze Bereiche der Natur erst sichtbar werden, die uns ohne sie verborgen geblieben wären. Erst der Berner Albrecht von Haller und der Genfer Rousseau haben die Schönheit der Alpen wahrgenommen, um nicht zu sagen: dichterisch *erfunden;* vorher galten die Berge als häßlich und abstoßend. Was wäre uns die Rose, wenn sie nicht durch Jahrtausende die Dichter inspiriert hätte? Es gibt eine Reihe von Pflanzen, die sich uns erst vermittelst der Dichtung unvergeßlich eingeprägt haben. Rousseau hat das Immergrün, Chateaubriand den Heliotrop, Goethe Gingo biloba, Lenau das Schilf, Aloysius Bertrand die Levkoje, Trakl und Benn haben die Aster verewigt. Oscar Wilde hat geistreich bemerkt, daß der Nebel in London erst gesehen wurde, als die Dichter und Maler ihn entdeckt hatten; er existierte nicht, bis ihn die Kunst vorstellte. [30]

Dichtung ist Vertrauen in das Wort, und eben dieses Vertrauen verbindet sie mit der *Magie.* Wieder begegnen wir der Ambivalenz, der Doppeldeutigkeit alles Menschlichen. Es gibt eine weiße und eine schwarze Magie. Das Wort kann verbinden und trennen. Es kann der Mitteilung dienen und der Täuschung. „Der Frühling wird kommen, und ich werde ihn nicht sehen": dieser Satz, der den Anfang der Poesie verkörpert, bleibt auch dann dichterisch und erregend, wenn er auf dem Schild eines Simulanten stünde . . .

Dichtung ist Vertrauen in das Wort, und dem Dichter ist das Wort anvertraut. Wort und Wort ist jedoch nicht dasselbe. Es gibt

Worte, die gleichsam Fenster hinein in die Tiefe der Wirklichkeit sind. Es gibt Worte, in denen, wie in einer Muschel, die ozeanische Unendlichkeit des Lebens zittert und dröhnt. Es gibt Worte, die dem Herzen des Seins selber entsprungen zu sein scheinen und wie Hymnen erklingen. Worte haben ihre Schicksale. Es gibt Worte, die ausgeleiert, verbraucht, zerschlissen sind. Worte, die noch vor einigen Jahrzehnten lebendig waren, volltönend und erhellend, und heute sind sie verdorrt und tot.

Es verhält sich mit der Sprache wie mit einem Baum, der wächst und blüht, im Licht der Sonne und im Wehen des Windes atmet und seine Säfte von den Wurzeln in der Tiefe der Erde empfängt. Am Anfang steht das lebendige Bild, das uns beseligt, tröstet und anspornt, aber auch erschreckt, bedroht und bannt. Doch mit der Zeit wird der Baum morsch, er wird zu Torf mit der Zeit; die visionär geschauten Bilder werden zum gedankenlos gebrauchten Kleingeld der Umgangssprache und des Geschwätzes; der Torf wird zur Kohle; was früher Stamm, Ast, Laub und Blüte war, verliert seine ursprüngliche Gestalt; und doch empfängt das Feuer, dem die Kohle zur Speise dient, seine Kraft von dem Leben, das einst in Wurzel, Rinde, Blatt und Same pulsierte. Die ursprünglich lebendigen Wörter und Bilder verhärten, versteinern und verkohlen. [31] Aus dem Wasser, dem alles Leben entsprungen ist, wird das sterile H_2O des Chemikers. Aus dem Gespräch, das, nach einem schönen Wort Hölderlins, wir selber sind —

Viel hat von Morgen an,
Seit ein Gespräch wir sind und hören voneinander,
Erfahren der Mensch . . .

— aus dem Gespräch werden die „Kommunikationsprozesse" der Sozialingenieure. Aus dem Volkslied wird der Schlager der Saison, aus dem Märchen das Protokoll . . . Und dann kommen plötzlich Shakespeare oder Hölderlin oder Baudelaire, kommen Rilke oder Benn oder Ezra Pound, kommen Else Lasker-Schüler, Ingeborg Bachmann und Gabriela Mistral unvorhergesehen, unerklärlich und wunderbar, und alles ist mit einem Schlage anders. Sie schlagen Feuer aus der versteinerten Sprache, und sie vermögen sogar die Sprache neu blühen zu lassen, und wie der

Baum seine Samen dem über die Erde wehenden Wind überläßt, bis sie hier und da auf fruchtbaren Boden fallen, so pflanzen sich auch ihre Worte fort, und sie bürgen dafür, daß das Abenteuer der Schöpfung weitergeht. Der Dichter, schon Gefährte des steinzeitlichen Höhlenbewohners, begleitet uns auch noch im Atomzeitalter. Er wird immer wieder erscheinen, solange es Menschen geben wird, weil der Mensch selber ein dichterisches Wesen ist, weil wir, genau genommen, nur so weit existieren, als wir uns dichterisch verhalten — auch wenn wir keine Gedichte schreiben oder lesen. Dichtung ist ursprünglicher und umfassender als Literatur; sie ist nicht notwendig an schriftliche Aufzeichnungen gebunden. Manche Gleichnisse Jesu, etwa die vom verlorenen Sohn oder vom armen Lazarus oder vom Getreidekorn, sind tiefsinnige Poesie, obwohl sie nur ganz schlichte, alltägliche Worte verwenden; doch sie gehörten usprünglich nicht zur Literatur. Und es gibt darüber hinaus eine elementare, eine kosmische Poesie noch vor aller menschlichen Kunst; sie verhält sich zur Dichtung im uns vertrauten Sinne wie das Meer zur schaumgeborenen Aphrodite. Das Universum selbst ist ein Gedicht. Eine Dichtung, die noch nicht zu Ende ist. Ein Gedicht, das vom Grashalm vor unseren Füßen bis zu den Planeten reicht, vom Tanz der Elektronen bis zu den Sternensystemen jenseits der Milchstraße. Eine Dichtung, die wir entziffern und auch mitschaffen — in eine offene Zukunft hinein.

Doch über die Zukunft möchte ich nichts sagen. Wenn Sie es mir erlauben, so will ich schließen mit dem Zweizeiler, den der Priester, Dichter und Mystiker Angelus Silesius an den Schluß seines „Cherubinischen Wandersmanns" gestellt hat:

Freund, es ist auch genug. Im Fall du mehr willst lesen,
So geh und werde selbst die Schrift und selbst das Wesen. [32]

Anmerkungen

1) Vgl. Käte Hamburger: Rilke. Eine Einführung. Stuttgart 1976, S. 157 f.

2) Hölderlin: Sämtliche Werke. Hrsg. von Norbert Hellingrath. München ^{2}1923, Bd. 6, S. 25.

3) Vgl. Gerd-Klaus Kaltenbrunner: Der Dichter im Ernstfall. In: Noch gibt es Dichter. INITIATIVE 31. München-Freiburg i. Br. 1979, S. 7 ff., bes. S. 21 ff.

4) Zit. bei Dolf Sternberger: Die Bilder, in denen wir denken (Besprechung von Alexander Demandts Buch „Metaphern für Geschichte"). In: Frankfurter Allgemeine Zeitung, 30. Oktober 1979.

5) Vgl. Leopold Ziegler: Überlieferung. München ^{2}1949, S. 71 f.

6) Vgl. Robert Eisler: Weltenmantel und Himmelszelt. München 1910; E. Baldwin Smith: The Dome. A Study in the History of Ideas. Princeton 1950; H. P. L'Orange: Studies on the Iconography of Cosmic Kingship in the Ancient World. Oslo 1953.

7) Vgl. Heinrich Zimmer: Maya. Zürich 1952.

8) Vgl. Karl Kerényi: Die Mythologie der Griechen. Bd. 1. Zürich ^{3}1964, S. 37 f.; E. Steinbach: Der Faden der Schicksalsgöttinnen. Diss. Leipzig 1931.

9) Vgl. Karl Kerényi, aaO., S. 245.

10) Vgl. Ludwig Klages: Warum bringt es Verderben, den Schleier des Isisbildes zu heben? In: Mensch und Erde. Gesammelte Abhandlungen. Stuttgart 1956, S. 111 ff.

11) Vgl. Franz Vonessen: Der Mythos vom Weltschleier. In: Mythische Entwürfe. Hrsg. von Philipp Wolff-Windegg. Stuttgart 1975, S. 10 ff., bes. 16 ff.

12) Alexander Demandt: Metaphern für Geschichte. Sprachbilder und Gleichnisse im historisch-politischen Denken. München 1979.

13) Vgl. Walter F. Otto: Die Musen und der göttliche Ursprung des Singens und Sagens. Darmstadt 1954.

14) Vgl. Hans Walter: Griechische Götter. München 1971, S. 304 ff., bes. 331 f.

15) Ion 534 a.

16) Alfred North Whitehead: Wissenschaft und moderne Welt. Zürich 1949, S. 257 f.

17) Vgl. dazu Martin Heidegger: „... dichterisch wohnet der Mensch ..." In: Akzente 1 (1954), S. 57-71. Wiederabgedruckt in: Vorträge und Aufsätze. Pfullingen 1954.

18) Vgl. Johan Huizinga: Homo Ludens. Vom Ursprung der Kultur im Spiel. Hamburg 1956, bes. S. 117 ff. (Spiel und Dichtung).

19) Vgl. Edgar Morin: Das Rätsel des Humanen. Grundfragen einer neuen Anthropologie. München-Zürich 1974, S. 129 ff., 137 ff., 145 ff.

20) Zit. bei Paul Valéry: Zur Theorie der Dichtkunst. Frankfurt a. M. 1975, S. 28.

21) Wladimir Majakowski: Werke. Hrsg. von L. Kossuth. Wiesbaden-Berlin 1973, Bd. 1, S. 15.

22) Novalis: Heinrich von Ofterdingen, Teil 1, Kap. 7.

23) Paul Valéry, aaO., S. 14 f.

24) Vgl. dazu Adam Müller: Von der Idee der Schönheit (1807/1808). In: Kritische, ästhetische und philosophische Schriften. Hrsg. von Walter Schroeder und Werner Siebert. Bd. 2. Neuwied-Berlin 1967, S. 12 f. 20 ff.

25) Vgl. dazu Edmund Burke: Vom Erhabenen und Schönen. Hrsg. von Friedrich Bassenge. Berlin (Ost) 1956, S. 215 f.; Lessing: Laokoon oder über die Grenzen der Malerei und Poesie, Kap. XXI.
26) Vgl. Hans Jonas: Wandel und Bestand. Vom Grunde der Verstehbarkeit des Geschichtlichen. Frankfurt a. M. 1970, S. 16 f.
27) Robert Musil: Der Mann ohne Eigenschaften. Hamburg 1965, S. 16.
28) Ebd.
29) Michel Tournier: Der Wind Paraklet. Hamburg 1979, S. 176 f.
30) Oscar Wilde: Der Verfall der Lüge. In: Werke. München 1970, Bd. 2, S. 418 f.
31) Dieses Bild verdanke ich Ernst Benz: Adam. Der Mythus vom Urmenschen. München-Planegg 1955, S. 30.
32) Gerhard Wehr (Hrsg.): Angelus Silesius — Der Cherubinische Wandersmann. Schaffhausen 1976, S. 237.

(1979)

Novalis

Der deutsche Orpheus und seine Braut

I.

„Fern ab liegt mir alle Habsucht: aber die blaue Blume sehn ich mich zu erblicken. Sie liegt mir unaufhörlich im Sinn, und ich kann nichts anders dichten und denken."

Selten hat ein Symbol die allgemeine Vorstellung von einem Dichter in solchem Ausmaße bestimmt wie die blaue Blume im Falle von Novalis, der mit bürgerlichem Namen Georg Philipp Friedrich von Hardenberg hieß und am 2. Mai 1772 geboren wurde. Die blaue Blume, nach der den Helden seines 1802 postum erschienenen Romans „Heinrich von Ofterdingen" träumerisch verlangt, ist nicht nur das bekannteste poetische Bild von Novalis, sondern auch das volkstümlichste Symbol dessen, was wir, unbestimmt genug, Romantik nennen. Novalis ist in die Literaturgeschichte als der Dichter der blauen Blume eingegangen.

Blau — das ist die Farbe der Elemente Wasser und Luft, das läßt denken an ferne Horizonte und kosmische Sphären, an Zukunft, Wunder und Unendlichkeit, an den gestirnten Schleier der Madonna und die absolute Sehnsucht nach dem utopisch entrückten Ideal: „Dem Traum folgen und nochmals dem Traum folgen und so ewig — usque ad finem." Die berühmte blaue Blume erscheint um so geheimnisvoller, weil sie botanisch unbestimmt bleibt; sie steht für Dichtung, Liebe, Magie, für das Wunderbare schlechthin und die Möglichkeit einer ekstatischen Wirklichkeitserfahrung, die ganz anders ist als unser gewohnter Kontakt zur Welt. „Trägt nicht alles, was uns begeistert, die Farbe der Nacht?", heißt es in diesem Sinne in der vierten „Hymne an die Nacht".

Die blaue Blume, nach der Heinrich von Ofterdingen auszieht wie Parzival nach dem Gral, versinnbildlicht des Esoterische und Transparente in Novalis' Stil, die visionäre Alltagsferne im Gehalt seiner Poesie, den Tiefsinn seiner Deutung des Universums. Der Quell, an dem er die Wunderblume im Traume findet, ist der Brunnen der Erkenntnis, die Blume — in ihrem Kelch schwebt ein zartes Mädchenantlitz — die Liebe als der Urquell der Erkenntnis. Der Ofterdingen-Roman sollte eine Apotheose der Poesie sein. Novalis starb vor der Vollendung dieses Werkes, so daß von der eigentlichen „Erfüllung" — wie der zweite Teil heißen sollte — nur rätselhafte Bruchstücke und Skizzen andeutungsweise Kunde geben. Wie der Roman, blieb das meiste von Novalis Ahnung, Entwurf, Fragment und eben deshalb so vieldeutig, zu verwandelnder Auslegung einladend. Man hat sein Lebenswerk mit einem unvollendeten Dom verglichen, dessen Dreiflügelaltar die „Hymnen an die Nacht", die „Geistlichen Lieder" und das geschichtsmystische Manifest „Die Christenheit oder Europa" bilden, während die naturphilosophische Schrift „Die Lehrlinge zu Sais" das weite Schiff darstellt und der „Ofterdingen" die sich mächtig darüber wölbende Decke, die jedoch, nie geschlossen, den Himmel hereinleuchten läßt, den blauen Schleier Sophiens, wie es im Märchen von Eros und Fabel heißt, mit dem der erste Teil des Romans ausklingt.

So haben Symbolik, Melodie und Aura seines dichterischen Werkes, aber auch gewisse Ereignisse im Leben dieses „Frühvollendeten", insbesondere dessen Liebe zu der kindlichen Sophie von Kühn, den Zugang zu Novalis sowohl eröffnet als auch verbaut. Die Gestalt dieses Zeitgenossen von Hölderlin, Schlegel und Schelling wurde verfälscht zum süßlichen Andachtsbild einer emsigen Gemeinde von Suchern und Süchtigen. Dieser sektiererische Zug zeichnete sich schon zu Lebzeiten des Dichters ab, als Friedrich Schlegel dem Freunde schrieb, er habe vielleicht „Talent zu einem neuen Christus", dann in Kreisen mancher Konvertiten und Schöngeister wie Otto Heinrich Graf von Loeben und hörte mit Rudolf Steiners Emphase für den „wiedergeborenen Raffael, Elias und Johannes", den deutschen Seher und Christuskünder noch lange nicht auf. Teuer ist dieser Novalis-Kirche, wie man sie nennen könnte, die Ikone vom blassen, erdenfernen, an Schwindsucht dahinsiechenden Schwärmer mit der kindlichfrommen Miene, vom träumerischen Liebhaber eines todgeweihten adeligen Fräuleins, vom weltflüchtigen und jenseitstrunkenen Mystiker. Es ist nicht ausgeschlossen, daß die Sucht- und Rausch-Welle, die gegenwärtig unter den jungen Menschen Westeuropas und Amerikas grassiert, nach Hermann Hesses „Steppenwolf" auch noch Novalis' romantische Todeserotik und Mystik der Nacht für sich entdecken wird.

Es wäre nicht der ganze Novalis, der damit in den Blick rückte, jener Novalis, den die neueren Forschungen von Richard Samuel, Heinz Ritter und Gerhard Schulz sowie Thomas Manns bahnbrechende Hinweise in seiner Rede „Von deutscher Republik" (1922) uns erschlossen haben.

Da ist einmal Friedrich von Hardenberg, der juristisch, kameralistisch und naturwissenschaftlich hervorragend geschulte Verwaltungsbeamte und Manager, der als einziger Romantiker — wenn man von Franz Baader absieht — einem nichtliterarischen Beruf nachging und die Schriftstellerei ausdrücklich nur als Nebensache ansah. Briefe, Tagebücher, Memoranden und Gutachten geben Aufschluß über seine rastlose berufliche Aktivität. Sie lassen sein Gefühl für soziale Nöte, sein ausgeprägtes Interesse an wissenschaftlich-technischen Neuerungen erkennen. Nach seinen Universitätsstudien in Jena, Leipzig und Wittenberg zuerst Aktuarius in einem Kreisamt, wurde er 1796 Akzessist bei der kursächsischen Salinenbergwerksverwaltung in Weißenfels und schließlich Mitglied des Salinendirektoriums. Daß Novalis im Bergbau tätig war, ist eine der schönsten Übereinstimmungen zwischen seiner äußeren und inneren Existenz. Es kann keine Rede bei ihm sein von einem Doppelleben zwischen Beruf und Berufung: er suchte und bejahte die tätige Berührung mit der Welt in Arbeit, Forschung und Verwaltung. Stets bewährte sich sein Fleiß, seine Umsicht und Genauigkeit, die Dinge zu überblicken und praktisch zu meistern, mochte es sich um Gutachten über das Vorkommen von Bodenschätzen, Vorschläge für die Verbesserung von Schmelzöfen und Fabrikationsmethoden, Berichte über administrative und personelle Probleme handeln. Hardenberg war überdies auf Veranlassung des weltberühmten Freiberger Mineralogen Abraham Gottlieb Werner, bei dem er 18 Monate studiert hatte, an verantwortlicher Stelle bei der geologischen Erschließung und Kartographierung Sachsens tätig und hat insofern maßgebenden Anteil an der Entdeckung eines der reichsten Braunkohlevorkommen in Deutschland. Seine poetischen und philosophischen Hauptwerke entstanden durchwegs in Zeiten angestrengtester und vorbildlicher beruflicher Arbeit; sie wurden geschrieben von einem jungen Mann, der ununterbrochen in praktischem Kontakt mit der natürlichen, gesellschaftlichen und ökonomischen Wirklichkeit stand und der diese Wirklichkeit nicht nur interpretieren, sondern auch verändern wollte.

Ein Mann, der dies alles geleistet hat, der fast ständig — meist zu Pferde — unterwegs war, der immense Konzentration, produktive Vielseitigkeit und nüchterne Rationalität mit einem Enthusiasmus für Metaphysik, Theosophie und Mystik in sich vereinigte, kann denn nicht von so kränklicher Konstitution gewesen sein, wie meistens unterstellt wird. Er muß ein überaus robustes Naturell gehabt haben, um überhaupt eine derartige berufliche Laufbahn einschlagen und eine solche Fülle enzyklopädischer Studien hinterlassen zu können. Es leidet keinen Zweifel, daß er alle Anlagen zu einem genialen Manager aufwies, daß ihm, lebte er heute, die Leitung eines multinationalen Konzerns oder einer Raumfahrtbehörde durchaus zugemutet werden könnte. Novalis hat nichts mit der Idyllik der Biedermeierzeit, sehr viel aber mit dem Zeitalter der Computertechnik, der Kybernetik und der technologischen Langfristplanung zu tun.

„Man muß die ganze Erde wie ein Gut betrachten und von ihr Ökonomie lernen", dieser Satz stammt ebenso von ihm wie die Prägung „Zukunftslehre", also Futurologie, und das Postulat, „die Vergangenheit aus der Zukunft" zu erklären. „Maschinen und chemische Bereitungsarten zu erfinden, ist für den szientifischen Kopf das fruchtbarste Feld", notierte dieser hochintellektuelle Träumer, und an anderer Stelle: „Wolkenerzeugungsapparate im großen, um Wasser an wasserleere Orte zu bringen." Fremd war ihm die Wirtschaftsfeindlichkeit so vieler deutscher Romantiker, wie ein weiteres Fragment beweist: „Der Handelsgeist ist der Geist der Welt. Er ist der großartigste Geist schlechthin. Er setzt alles in Bewegung und verbindet alles. Er weckt Länder und Städte, Nationen und Kunstwerke. Er ist *der* Geist der Kultur, der Vervollkommnung des Menschengeschlechts." Ein halbes Jahrhundert nach Novalis wird Marx im Kommunistischen Manifest in ähnlich hymnischen Worten die weltgeschichtlich revolutionäre Rolle des aufstrebenden Kapitalismus preisen. Es finden sich aber auch sozialistische — freilich: staatssozialistische — Ansätze bei diesem vielfach zum reaktionären Monarchisten abgestempelten Aristokraten: „Zur Holzersparung — gemeinschaftliche Küchen — gemeinschaftliche Wohngebäude ... Die ganze Ökonomie im Staate könnte im großen betrieben werden ... Taxation der Arbeiten." Und im „Ofterdingen" läßt Novalis einen alten Bergmann folgendes sagen: „Die Natur will nicht der ausschließliche Besitz eines einzigen sein. Als Eigentum verwandelt sie sich in ein böses Gift, was die Ruhe verscheucht, und die verderbliche Lust, alles in diesen Kreis des Besitzers zu ziehn, mit einem Gefolge von unendlichen Sorgen und wilden Leidenschaften herbeilockt." Der Novalis, der aus diesen Sätzen spricht, war es auch, der, wie einem Brief an Friedrich Schlegel zu entnehmen ist, „die Errichtung eines literärischen, republikanischen Ordens — der durchaus merkantilisch politisch ist — einer echten Kosmopolitenloge" projektierte. Geplant war so etwas wie ein den Autoren eigener Verlag mit angeschlossener Druckerei und einem Büro in Jena, Hamburg oder der Schweiz. Eine solche übernationale Assoziation sollte nicht zuletzt Schutz vor staatlicher Bevormundung und verlegerischer Abhängigkeit gewähren. Novalis, der dem preußischen Königspaar Friedrich Wilhelm III. und Luise mit seiner Schrift „Glauben und Liebe" huldigte, war sogar der ganz radikaldemokratische, geradezu proto-marxistische Gedanke nicht fremd, daß es nur „aus Ökonomie" *einen* König gebe; müßten wir mit unseren Mitteln weniger haushälterisch umgehen, so wären „wir alle

Könige". Die Marxsche Idee, daß ein entwickelter Stand der Produktivkräfte die Herrschaft eines oder weniger obsolet machen würde, hat Novalis mit seiner freundlichen Utopie einer Republik von Königen bereits vorweggenommen: „Alle Menschen sollen thronfähig werden. Das Erziehungsmittel zu diesem fernen Ziel ist ein König. Er assimiliert sich allmählich die Masse seiner Untertanen. Jeder ist entsprossen aus einem uralten Königsstamm. Aber wie wenige tragen noch das Gepräge dieser Abkunft." Zweck des Staates sei es, „den Menschen absolut mächtig — und nicht absolut schwach — nicht zum trägsten — sondern zum tätigsten Wesen zu machen ... Die Staaten müssen endlich gewahr werden, daß die Erreichung aller ihrer Zwecke bloß durch Gesamtmaßregeln möglich ist."

Antonio Gramsci, der bedeutende italienische Marxist, hatte nicht so unrecht, wenn er in einem Artikel aus dem Jahre 1916 Novalis für den Sozialismus reklamierte. Ich würde es freilich vorziehen, die Aktualisierung nicht so weit zu treiben, und den Romantiker statt dessen einen konservativen Revolutionär nennen. Diese dialektische Formel scheint mir die ganze Spannweite des Novalisschen Geistes besser zu charakterisieren als andere, direktere Etikettierungen. Doch bevor wir uns am Schluß diesem Aspekt Hardenbergs zuwenden, sei noch versucht, seine Seelenlandschaft, sein Lebensgefühl wenigstens andeutungsweise zu umreißen.

Das Rätsel von Novalis' Dasein liegt nicht zuletzt darin, wie dieser von hellwacher Aufmerksamkeit, grenzenloser intellektueller Neugier und ungemein praktischem Verstand erfüllte Mann zugleich wie nur noch einige seltene homines religiosi ständig in einer Welt des Wunderbaren zu leben vermochte, gleichsam als ein frei in seiner irdischen Verkörperung spielender Geist, der unendlicher Metamorphosen sich lächelnd bewußt ist. Es gibt wohl in jedem Leben — in dem einen häufiger, dem andern seltener — bevorzugte Augenblicke, in denen unser gewohnter Kontakt zur Welt und zu uns selbst von einer spontanen, ursprünglicheren und ungetrübteren Wirklichkeitserfahrung außer Kraft gesetzt wird. Die scheinbar undurchdringliche, in langer Gewöhnung erstarrte Realität bricht dann in sich zusammen, ohne jedoch zum Chaos zu werden, sondern eine tiefere, umfassendere und reinere Sicht der Dinge freigebend. Echtes Staunen ist bereits der Anfang eines solchen ekstatischen Moments, in dem sich das wahre Antlitz des Seins zu enthüllen scheint und alles in einem neuen Licht erstrahlt. Selbst wenn wir von der Frage absehen, ob das, was er am Grabe seiner Verlobten erlebte — die dritte Hymne an die Nacht berichtet davon —, eine Vision genannt werden kann oder nicht, so steht doch außer Zweifel, daß Novalis mit einem eminenten Sinn für das Wunderbare begabt war.

„Es liegt nur an der Schwäche unserer Organe und der Selbstberührung, daß wir uns nicht in einer Feenwelt erblicken. Alle Märchen sind nur Träume von jener heimatlichen Welt, die überall und nirgends ist." — „Die höhere Welt ist uns näher, als wir gewöhnlich denken. Schon hier leben wir in ihr, und wir erblicken sie auf das innigste mit der irdischen Natur verwebt." — „Wünsche und Begehrungen sind Flügel. Es gibt Wünsche und Begehrungen, die so wenig dem Zustande unseres irdischen Lebens angemessen sind, daß wir sicher auf einen Zustand schließen können, wo sie zu mächtigen Schwingen werden, auf ein Element, das sie heben wird, und Inseln, wo sie sich niederlassen können." — „Das willkürlichste Vorurteil ist, daß dem Menschen das Vermögen außer sich zu sein, mit Bewußtsein jenseits der Sinne zu sein, versagt sei: Der Mensch vermag in jedem Augenblicke ein übersinnliches Wesen zu sein. Ohne dies wäre er nicht Weltbürger, er wäre ein Tier." Dies sind nur einige Beispiele, die bezeugen, wie sehr Novalis mit dem vertraut war, was Robert Musil den „anderen Zustand" genannt hat. Bemerkenswert sind diese Stellen vor allem insofern, als sie durchwegs nicht auf religiöse Offenbarung zurückgreifen und auch nicht dem Gebrauch von halluzinogenen Drogen zwecks Erzwingung solcher metaphysischer Zustände das Wort reden. Weder Theologie noch Pharmazie bemühend, notiert Novalis vielmehr in bemerkenswert nüchternen Sätzen die möglichen Anlässe jenes wunderbaren Erlebens: „Freilich ist die Besonnenheit, Sichselbstfindung, in diesem Zustande sehr schwer, da er so unaufhörlich, so notwendig mit dem Wechsel unserer übrigen Zustände verbunden ist ... Auffallend wird die Erscheinung besonders beim Anblicke mancher menschlichen Gestalten und Gesichter, mancher Mienen, mancher Bewegungen, beim Hören gewisser Worte, beim Lesen gewisser Stellen, bei gewissen Hinsichten auf Leben, Welt und Schicksal. Sehr viele Zufälle, manche Naturereignisse, besonders Jahres- und Tageszeiten, liefern uns solche Erfahrungen. Gewisse Stimmungen sind vorzüglich solchen Offenbarungen günstig. Die meisten sind augenblicklich, wenige verweilend, die wenigsten bleibend. Hier ist viel Unterschied zwischen den Menschen." Grundsätzlich vermag alles zum Anlaß solcher tiefen Verwunderung zu werden und uns die über die ganze Erde verstreuten Spuren des Paradieses finden lassen. „Jedes Willkürliche, Zufällige, Individuelle kann unser Weltorgan werden. Ein Gesicht, ein Stern, eine Gegend, ein alter Baum usw. kann Epoche in unserm Innern machen."

Novalis hat diese und ähnliche Erfahrungen mit seiner Lehre vom „magischen Idealismus" zu erklären versucht, die Gedanken Fichtes und Schellings aufgreift und radikalisiert. Sie ist gewissermaßen ein Versuch, die archaische Weltbeseelung des Schamanentums mit Hilfe des Instrumentariums der Transzendentalphilosophie zu erneuern. Ihm zufolge ist die dem natürlichen Bewußtsein erscheinende und von den Naturwissenschaften erforschte Natur „eine versteinerte Zauberstadt", ins Gegenständliche verhexter Geist. Die Natur bedarf eines Gegenzaubers, eines Wortes, das die Kraft hat, den Bann zu brechen und sie in ihr wahres Wesen zu befreien. Dieses die Natur aus ihrer Entfremdung erlösende Wort ist das Wort der Poesie. Für Novalis ist das Märchen „gleichsam der Kanon der Poesie". Diese Philosophie des magischen Idealismus hat Novalis in seinem Märchen von Rosenblütchen und Hyazinth (in den „Lehrlingen zu Sais") und der Erzählung Klingsohrs im „Ofterdingen" niedergelegt, am ergreifendsten aber in jenem apokalyptischen Zaubergedicht:

Wenn nicht mehr Zahlen und Figuren
Sind Schlüssel aller Kreaturen,
Wenn die, so singen oder küssen,
Mehr als die Tiefgelehrten wissen,

Wenn sich die Welt ins freie Leben
Und in die Welt wird zurückbegeben,

Wenn dann sich wieder Licht und Schatten
Zu echter Klarheit werden gatten
Und man in Märchen und Gedichten
Erkennt die wahren Weltgeschichten,
Dann fliegt vor e i n e m geheimen Wort
Das ganze verkehrte Wesen fort.

So märchenhaft und kindlich-schlicht sich diese orphischen Verse auch geben, so ungeheuerlich und maßlos ist doch ihr Anspruch, wenn man sie, im Sinne des magischen Idealismus, als philosophisches Programm nimmt. Doch auch wer jenes Programm für gefährlich hält und im magischen Idealismus nur einen fragwürdigen Rehabilitierungsversuch archaischer Bewußtseinsformen zu sehen vermag, wird nicht umhin können, in Novalis einen Kronzeugen für die Möglichkeit des Wunderbaren in dieser Welt, für den Wunder-Charakter der Welt überhaupt und für die Möglichkeit eines „anderen Zustandes" anzuerkennen. All dies hat sein Recht und seine Gültigkeit unabhängig von den philosophischen Begründungen, die Friedrich von Hardenberg dafür gegeben hat. Es handelt sich hier um transzendentale Erfahrungen, die auch eine ganz andere Interpretation zulassen als die des magischen Idealismus. Ihren gültigsten Niederschlag finden sie nicht in philosophischen Doktrinen, sondern in künstlerischen Gebilden, oft in wenigen dichterischen Zeilen, die das Geheimnis des anderen Zustands ebenso ahnen lassen wie jener Frühlingstag, von dem Novalis bedeutungsvoll sagt: „Es sind nicht die bunten Farben, die lustigen Töne und die warme Luft, die uns im Frühling so begeistern. Es ist der stille weissagende Geist unendlicher Hoffnungen, ein Vorgefühl vieler froher Tage, des gedeihlichen Daseins so mannigfaltiger Naturen, die Ahnung höherer ewiger Blüten und Früchte, und die dunkle Sympathie mit der gesellig sich entfaltenden Welt."

Am 19. März 1797 war Sophie von Kühn gestorben. Erst dieser Tod, der Hardenbergs Glauben an ein gemeinsames Glück im Diesseits zerschlug, hat die schöpferischen Kräfte des damals

25jährigen entbunden und ihm den „geheimnisvollen Weg nach innen" gewiesen. Zur Erkundung dieses Weges bedurfte es eines neuen Ausdrucksmittels. Es ist das Fragment. Von August an schrieb und sammelte Hardenberg Gedankenblitze, Aphorismen und Aperçus, oft antithetisch-dialektisch gefaßt. „Es sind Bruchstücke des fortlaufenden Selbstgesprächs in mir — Senker... Revolutionären Inhalts scheinen sie mir hinlänglich", teilt er dann in den Weihnachtstagen 1797 Friedrich Schlegel, dem Freunde, mit. Es handelt sich um jene Fragmente, die 1798 im ersten Stück des „Athenäums", der programmatischen Zeitschrift der Frühromantik, unter dem harmlos scheinenden Titel „Blütenstaub" erschienen sind. Ihr Verfasser hatte sich ausbedungen, daß diese Bruchstücke unter der Chiffre *Novalis* veröffentlicht würden, „welcher Name ein alter Geschlechtsname von mir ist und nicht ganz unpassend". Hardenberg wählte diesen bereits um 1200 von im Hannoverschen lebenden Vorfahren verwendeten Namen, um den „revolutionären Inhalt" seiner Fragmente zu unterstreichen. Novalis bedeutet Neuerer, Erneuerer, der Neuland begeht, besät oder auch rodet.

Und in der Tat: neu sind nicht nur Form, Ausdrucksgewalt und Kühnheit seiner Gedankenblitze, sondern auch die Art seines Anspruchs und Selbstverständnisses: „Wir sind auf einer Mission: zur Bildung der Erde sind wir berufen."

Novalis war ein Revolutionär — Ludwig Pesch nennt ihn den „sonderbarsten Revolutionär der europäischen Geschichte" —, und er hatte auch ein klares Bewußtsein davon. Er verkörpert wie kein anderer den revolutionären Gehalt der romantischen Bewegung. Die Romantik war eine Freiheitsbewegung, mitbewegt von dem säkularen Ereignis der Französischen Revolution und diese in ihren verschiedenen Etappen kritisch begleitend. Auch die Romantik, wie sie in Novalis Gestalt geworden ist, war an der Emanzipation leidenschaftlich interessiert: die Befreiung von Eros, Phantasie und Gefühl, des Individuellen, aber auch des Weiblichen wie des Jugendlich-Kindlichen lag ihr ebenso am Herzen wie die Hinwendung zu den „unteren" Mächten in Gesellschaft, Kultur und Psyche: zum „Volk", zu Märchen, Sage, Legende und Volkslied, zum Unbewußten und Archetypischen. Bei

Novalis selbst hat dies alles mit reaktionärer Verfinsterung und Irrationalismus nichts zu tun: er war ein subtiler Denker, Reflexion auf Reflexion türmend, und wagte sich als erster analytisch in Regionen vor, die ein Jahrhundert später von Freud und C. G. Jung wissenschaftlich erforscht, von Joyce und Yeats poetisch erobert wurden.

Und dennoch war dieser Revolutionär zugleich wie kein anderer ein Liebhaber des Uralten, des Unvordenklichen, des Ewig-Gestrigen, Bergmann nicht nur dem bürgerlichen Berufe nach. Novalis wuchs in den vier Jahren seiner dichterischen und denkerischen Entfaltung immer tiefer hinab in die Welt der Überlieferung, in vorgeschichtliche, vorzeitliche Kontinente. In seinem „Ofterdingen" gedachte er Mittelalter und Antike, Orient und Okzident, Christentum und Heidentum zur Darstellung zu bringen. Er ließ sich ergreifen von dem Reich des Todes und der Toten, wie er auch auf bestürzende, doch wieder nicht unfromme Weise Christus und den Tod ineins zu sehen vermochte. Er wußte um die tiefsten Grundwasser menschlicher Geschichte, die man nicht ungestraft verwahrlosen lassen und vergeuden kann. Er meinte, daß nur dem die Zukunft zu deuten gelingt, der den Schlüssel zu den Krypten der Vergangenheit innehat: „Echt historischer Sinn ist der prophetische Visionssinn — erklärbar aus dem tiefen unendlichen Zusammenhang der ganzen Welt." Kern des Christentums war ihm die „Apotheose der Zukunft, dieser eigentlich besseren Welt", doch gerade in seinem geschichtsphilosophischen Traktat „Die Christenheit oder Europa" wendet er sich gegen jene, die Vergangenheit und Zukunft, Fortschritt und Tradition, Geschichte und Übergeschichte trennen wollen: „Beide Teile haben große, notwendige Ansprüche und müssen sie machen, getrieben vom Geiste der Welt und der Menschheit. Beide sind unvertilgbare Mächte der Menschenbrust: hier die Andacht zum Altertum, die Anhänglichkeit an die geschichtliche Verfassung, die Liebe zu den Denkmalen der Altväter und der alten glorreichen Staatsfamilie, und Freude des Gehorsams; dort das entzückende Gefühl der Freiheit, die unbedingte Erwartung mächtiger Wirkungskreise, die Lust am Neuen und Jungen, die zwanglose Berührung mit allen Staatsgenossen, der Stolz auf menschliche Allgemeingültigkeit, die Freude am persönlichen Recht und am Eigentum des Ganzen, und das kraftvolle Bürgergefühl. Keiner hoffe, die anderen zu vernichten, alle Eroberungen wollen hier nichts sagen, denn die innerste Hauptstadt jedes Reiches liegt nicht hinter Erdwällen und läßt sich nicht erstürmen."

Dies sind die Worte des konservativen Revolutionärs Novalis.

Seine Jünglingsgestalt scheint ferner als ein Gestirn und doch brüderlich nahe wie es ein Klassiker nie sein könnte. Es ist ein Abenteuer, sich in ihn zu vertiefen, ihn zu lesen und zu befragen, mit seinen staunenden Fremdlings-Augen in jenes „innere, äußerst weite und unendliche Weltall" zu blicken, als dessen Bürger er sich fühlte.

Ist Novalis ein Vorbild? Nein und ja. Nein: da für Menschen seines Schlages das Ofterdingen-Wort gilt, „daß eine besondere Gestirnung dazu gehört, wenn ein Dichter zur Welt kommen soll"; für sie scheinen Laufbahn, Aufgabe und Wirkung von Geburt an vorbestimmt. Ja: da er kein Vergangener und Begrabener ist, sondern Zeitgenosse unserer Zukunft, von der so viele seiner erregenden Texte vibrieren; da es heute mehr denn je darauf ankommt, in einer von „harter" Wissenschaft und Technik geprägten Welt die „weiche" Neigung zu den Randzonen des Unerforschten zu kultivieren, die Zukunft zu gestalten und gleichwohl die Erinnerung nicht zu verlieren, revolutionär zu sein und Tradition wenigstens zuzulassen.

Auf dem westdeutschen Germanistentag 1968 wurde die Parole laut: „Macht die blaue Blume rot ..." Sofern damit die herkömmliche Literatur- und Sprachwissenschaft kritisiert wird, sind keine Worte zu verlieren. Novalis selbst freilich ist nicht nur der Dichter der blauen Blume und auch diese steht für mehr denn bloßen Muff von tausend Jahren. Gut wird es erst dann stehen um Deutschland, und dieses wird sich selbst gefunden haben, wenn Karl Marx den Novalis gelesen haben wird — eine Begegnung übrigens, die in Frankreich bereits vor einem halben Jahrhundert im Surrealismus Ereignis geworden ist. Bis dahin bleibt, verglichen mit seinen bilder- und bildungsstürmerischen Kritikern, Novalis der wahre Revolutionär. Wenn wir seinen Namen zurückrufen, dann als Chiffre für das Abenteuer menschlicher

Subjektivität, die gewaltlose Macht schöpferischer Erneuerung und die Möglichkeit sinnvollen Lebens in einer rätselhaft bleibenden Welt.

(1972)

II.

Solange wir das Geheimnisvolle gelten lassen, sind wir gesund; sobald wir dem Geheimnisvollen ein Ende machen, geben wir dem Krankhaften Raum.

G. K. Chesterton

Sophie von Kühn (1782 - 1797) geistert durch die Literaturgeschichte als Braut des Dichters Novalis, der mit bürgerlichem Namen Friedrich von Hardenberg hieß. Sie war keine von jenen gebildeten oder gar kongenialen Romantiker-Frauen und -Geliebten, zu denen Caroline Böhmer-Schlegel-Schelling, Dorothea Schlegel oder Bettina von Arnim zu zählen sind. Sie hat auch, anders als Karoline von Günderode oder Rahel Varnhagen, außer einigen belanglosen Briefen und Zettelchen mit kurios malträtierter Rechtschreibung nichts Schriftliches hinterlassen. Sie machte sich nicht viel aus Poesie, rauchte hin und wieder Pfeife, trank gern Wein, fürchtete sich vor Gespenstern und glaubte nicht an den christlichen Himmel, sondern an die Seelenwanderungslehre der Inder und Pythagoreer. Sie war ein Kind, solange sie lebte, denn sie wurde nur fünfzehn Jahre und zwei Tage alt. Man hat Sophie von Kühn für einen himmlischen Engel, eine dumme Gans und eine pikante Lolita gehalten. Sie war weder dies noch jenes. Auf jeden Fall war sie aber ein frühreifes und kapriziöses Wesen von elfenhafter Anmut. Alle, die ihr begegnet sind, eingeschlossen Goethe, waren von ihrem Gesicht und ihrer Gestalt angetan.

Vieles an der Verbindung von Novalis und Sophie von Kühn erscheint bis heute rätselhaft. Was konnte sie außer jugendlichem Charme und einer gewissen Drolligkeit dem um zehn Jahre älteren Mann bieten? Muß man nicht an die Miniaturszene von Peter Altenberg denken: „‚Woran denkst Du, Mädchen?!?' — ‚An nichts'. — ‚Aus diesem Nichts machen wir unsere tiefsten Lieder', sagte der Dichter."

Kann man das Verhältnis zwischen den beiden, die sich bis zuletzt mit „*Sie*" anredeten, überhaupt als „Liebe" kennzeichnen? Novalis deutete es so; aber was empfand Sophie für ihn? Wir kennen von diesem Mädchen, das zwölf Jahre alt war, als der Dichter ihm begegnete, keine einzige Äußerung, die den Schluß auf eine tiefere seelische Verbundenheit mit ihm zuläßt. Er war ihr, günstigstenfalls, bloß sympathisch.

Für Novalis hingegen bedeutete Sophie die Mitte seines Lebens; von dem Tag an, da er sie kennenlernte, datierte für ihn eine neue Zeitrechnung. Er hat nie im geringsten daran gezweifelt, daß Sophie die für ihn von Ewigkeit her prädestinierte Geliebte sei. Dennoch war er sowenig blind für die Realität, daß er nach bald zweijähriger Bekanntschaft auf einem Tagebuchblatt seine Braut so charakterisieren konnte: „Hang zum kindlichen Spiel. — Ihr Schreck vor der Ehe. — Herrschsucht. — Sie will sich nicht durch meine Liebe genieren lassen. — Meine Liebe drückt sie oft. — Sie ist kalt durchgehends. — Sie läßt sich nicht duzen." Er bescheinigt ihr aber auch Anstand, vornehme Zurückhaltung, „Passion für das Schickliche", Taktgefühl und „unschuldige Treuherzigkeit", imitatorisches Talent, „Wohltätigkeit" und faßt schließlich die widerstreitenden Eindrücke in das allerdings glanzvolle Kompliment zusammen: „Sie will nichts sein, sie ist etwas."

Dieses zarte, kränkliche und schließlich moribunde Geschöpf, eine letzte Blüte des Rokoko, hat Friedrich von Hardenberg zu dem romantischen Dichter Novalis, dem „deutschen Orpheus" werden lassen, als der er in die Weltliteratur eingegangen ist. Nicht die lebende Sophie von Kühn war dazu imstande, sondern die tote.

Zwischen dem 8. und 10. März 1797 hatte Novalis seine Braut, die junge Sophie von Kühn, zum letzten Mal in Grüningen besucht. Die von einem Leberleiden, zu dem dann noch eine Tuberkulose kam, heimgesuchte Patientin war damals schon seit langem schwerkrank.

Am 19. März 1797 um neun Uhr morgens starb Sophie — zwei Tage nach ihrem 15. Geburtstag. Zwei Tage später erfährt Novalis vom Tode des Mädchens.

Der erste Brief, in dem er sich auf ihr Ableben bezieht, ist vom 23. März 1797:

„Es ist Abend um mich geworden, während ich noch in die Morgenröte hineinsah. Meine Trauer ist grenzenlos, wie meine Liebe. Drei Jahre ist sie mein stündlicher Gedanke gewesen. Sie allein hat mich an das Leben, an das Land, an meine Beschäftigung gefesselt. Mit ihr bin ich von allem getrennt, denn ich habe mich selbst fast nicht mehr. Aber es ist Abend geworden, und es ist mir, als würde ich früh weggehen."

So Novalis an den in Jena lehrenden Historiker Prof. Dr. Karl Ludwig von Woltmann. Seine Ahnung, daß er „früh weggehen" würde, hat sich, beinahe auf den Tag, vier Jahre später erfüllt: Novalis starb am 25. März 1801 in Weißenfels, noch keine 29 Jahre alt.

Am 24. März 1797 schreibt Novalis an Caroline Just, die Nichte des Kreisamtmanns August Coelestin Just, seines Vorgesetzten in Tennstedt:

„Mich selbst hab ich verloren — die wichtigsten Jahre meines Lebens, wo ich zu mir selbst kam, wo ich zu leben anfing, die muß ich wie ein verbranntes Blatt abreißen — wenn ich kann. Grüningen, die Wiege meines besseren Selbst, ist mir zur Grabstätte geworden ... Wie oft denk ich mir jetzt, daß ein geöffneter Sinn längst ihre Bestimmung für den Himmel hätte ahnden sollen ... Sie war zu schön ..."

Schon in der Trauer und Wehmut der ersten Tage seines Verlassenseins, die mit dem beginnenden Frühling zusammenfallen, beginnt sich das Bild der kindlich jungen Geliebten zu verklären. Daß sie nicht wirklich tot sei, daß Sophies Seele weiterlebe, ist für Novalis eine Gewißheit, die er nie bezweifelt. Sie selbst hat, wie er etwa ein halbes Jahr vor ihrem Tode notierte, an kein dauerndes Leben der abgeschiedenen Seelen im Himmel, „aber an die Seelenwanderung" geglaubt.

Novalis erhebt die verstorbene Braut zu seinem Genius, zu seiner Seelenbegleiterin, zu seinem ihm bestimmten Engel. Sein Verlobungsring zeigt außen ein Medaillon der Geliebten: ein sehr feines Gesicht in reinem Profil, mit schmaler Nase, die oben beinahe bruchlos in die Stirne übergeht, knapp geschlossenen Lippen und großen Augen mit langen Wimpern. Es läßt ahnen, was Novalis meinte, als er von der „sittlichen Grazie", der inneren Anmut dieses holden Wesens sprach. In die Rückseite sind, etwas ungeschickt, die für den Besitzer des Ringes so kennzeichnenden Worte eingepunzt: „Sophia sey mein Schuz-Geist." „Sophie heißt sie — Philosophie ist die Seele meines Lebens und der Schlüssel zu meinem eigensten Selbst", hatte Novalis im vergangenen Sommer Friedrich Schlegel, dem Freund, mit geistreichem Doppelsinn bekannt. Philosophie — Liebe zur Weisheit, Liebe zu einem Mädchen namens Sophie. Nach ihrem Tode vertraut Novalis auf ihren Beistand, auf ihre Winke aus dem Jenseits. Er schreibt in dem Brief an Caroline Just weiter:

„Ihr Bild soll und wird mein besseres Selbst sein — das Wunderbild, das in meinem Innern von einer ewigen Lampe erleuchtet wird und das mich gewiß retten wird vor so manchen Anfechtungen des Bösen und Unlautern . . . Sie soll mein Vorbild sein. Um Tote weht der Geist des ewigen Friedens, und dieser Geist der Eintracht, Liebe, Herzensgüte, Sanftheit und Demut soll mich auch umwehen."

Für sich selbst erhebt er Sophie in eine mystische Dimension. In seinem Herzen errichtet er ihr einen Altar, auf dem ihr Bildnis von einem Ewigen Licht erhellt wird. Was er in einem Gedicht mit der Überschrift „Anfang" unmittelbar unter dem Eindruck der ersten Begegnung im Spätherbst des Jahres 1794 gesagt hatte:

Einst wird die Menschheit sein, was Sophie mir
Jetzt ist — vollendet sittliche Grazie —
Dann wird ihr höheres Bewußtsein
Nicht mehr verwechselt mit Dunst des Weines —

dies gilt, nachdem sie gestorben ist, nun erst recht. Novalis hält inne und wird sich plötzlich bewußt, daß er gar nicht klagen dürfe. Das wäre bloß selbstsüchtig, kleinlich und beschränkt. Er bemerkt dazu in dem Brief vom 24. März 1797 an Caroline Just:

„Sollte nicht jetzt eine ewige Heiterkeit meine Augen und meine Stirn beseelen und himmlischer Enthusiasmus meine Brust erfüllen? Wer bin ich, daß ich so irdisch klage? Sollt' ich nicht Gott danken, daß er mir so früh meinen Beruf zur Ewigkeit kund machte? Ist es nicht ein Beruf zur apostolischen Würde? Kann ich im Ernst Sophiens Schicksal beklagen? Ist es nicht ein Vorzug für sie, ist nicht ihr Tod und mein Nachsterben eine Verlobung im höhern Sinn?"

Novalis ist davon überzeugt, daß Sophie nicht nur im Jenseits weiterlebt, sondern sich dort noch geistig-seelisch zu höherer Reife entfaltet. Gott hat sie gleichsam in eine höhere Schule versetzt, wo sie vor der Ansteckung durch irdische Gemeinheit bewahrt wird. Er hingegen müsse, als Mann, noch eine Weile hier auf Erden seine Probezeit tüchtig ableisten. Doch auch er fühlt sich ahnungsvoll zu Großem beauftragt, indem er von seinem „Beruf zur apostolischen Würde" spricht. Später wird sich Ludwig Tieck erinnern: „Dem geübteren Auge bot Novalis die Erscheinung der Schönheit dar. Der Umriß und der Ausdruck seines Gesichtes kam sehr dem Evangelisten Johannes nahe, wie wir ihn auf der herrlichen Tafel von Albrecht Dürer sehn."

Friedrich Schlegel versicherte ihm einmal verheißungsvoll: „So wahrsagst und ahndest Du doch mit echtem Geist Gottes, der Geist des Herrn ruht auf Dir, und seine Liebe schlägt in Deinem Herzen. Du bist ein Prophet." Was Schlegel damals vielleicht mit halb ironischem Unterton gesagt haben mag, wird nun beginnende Wirklichkeit. Novalis ist zu besonderer Mission bereit. Fühlt er doch, daß die Geliebte nur entrückt wurde, um ihm desto besser bei seinem wahren Beruf nahe sein zu können.

Ähnlich äußert Novalis sich auch in anderen Briefen, die er von Ende März bis etwa Mitte April 1797 an Freunde und Bekannte schreibt, so etwa besonders ergreifend in dem Brief an Sophies ältere Halbschwester, die jung verwitwete Wilhelmine von Thümmel (13. April 1797):

„Das Blütenblatt ist nun in die andre Welt hinübergeweht... Ich habe noch einiges zu verrichten — dann mag die Flamme der Liebe und Sehnsucht auflodern und dem geliebten Schatten die liebende Seele nachsenden... *Sie* umgibt mich unaufhörlich. Alles, was ich noch tue, tue ich in *ihrem* Namen. Sie war der Anfang — sie wird das Ende meines Lebens sein. Ihre Leiden sind mir Wunden, die nur die balsamische Luft einer bessern Welt heilen wird."

Der Tod der Geliebten ist der Beginn seiner Berufung, die Erweckung Novalis' zu der ihm aufgetragenen Sendung, die nur er, niemand sonst, zu erfüllen vermag. Am selben 13. April — es ist der Gründonnerstag des Jahres 1797 — schreibt der Dichter an Friedrich Schlegel, den gleichaltrigen Freund:

„Mein Herbst ist da und ich fühle mich so frei, gewöhnlich so kräftig — es kann noch etwas aus mir werden. Soviel versichre ich Dir heilig, daß es mir ganz klar schon ist, welcher himmlische Zufall ihr Tod gewesen ist: ein Schlüssel zu allem, ein wunderbar schicklicher Schritt... Eine einfache, mächtige Kraft ist in mir zur Besinnung gekommen. Meine Liebe ist zur Flamme geworden, die alles Irdische nachgerade verzehrt... Es ist weit mehr Heilkraft, Ausdauer und Widerstand in meiner Seele, als ich selbst wußte — eine Heilkraft, die dem Übel die Quelle abgräbt; eine Ausdauer, die die Stunden nicht messen; Widerstand gegen alles, was mein Heiligtum entweihen will."

Am nächsten Tag — es ist Karfreitag, 14. April 1797 — stirbt auch Novalis' jüngerer Lieblingsbruder Erasmus von Hardenberg im Alter von nur dreiundzwanzig Jahren. Novalis erfährt davon wohl erst am nächsten Tag, doch immer mehr fühlt er sich beheimatet im Zwischenreich zwischen Lebenden und Toten, als Mittler zwischen Diesseits und Jenseits, als bereits im irdischen Dasein in die Geheimnisse ewiger Nacht Eingeweihter. Er schreibt an Professor Woltmann, der Sophie auf dem Krankenlager besucht hatte, er wolle nicht schwächlich und kleinmütig der Geliebten ins Totenreich folgen, sondern sei bestrebt, die ihm bestimmte Frist mit energischer Tätigkeit zu erfüllen. Dann aber werde er „im vollen Gefühl der Freiheit" zu ihr kommen: „wie ein Zugvogel". Er stellt sich die Wiederbegegnung ganz deutlich vor. Es wird wie ein Erwachen sein, das Erdenleben wird als Traum erscheinen:

„Wie entzückt werde ich ihr erzählen, wenn ich nun aufwache, und mich in der alten, längstbekannten Urwelt finde, und sie vor mir steht: ‚Ich träumte von Dir, ich hätte Dich auf der Erde geliebt — Du glichst Dir auch in der irdischen Gestalt — Du starbst — und da währte es noch ein ängstliches Weilchen, da folgte ich dir nach'."

Auch Goethe, von dem Novalis einmal sagt, daß er „jetzt der wahre Statthalter des poetischen Geistes auf Erden" sei, hatte der todkranken Sophie von Kühn, als sie sich vorübergehend in Jena zwecks ärztlicher Behandlung aufhielt, eine kurze Visite gemacht. Der damals fast fünfzigjährige Dichter des „Werther", der „Iphigenie" und von „Wilhelm Meisters Lehrjahren", war von der Anmut des so tapfer leidenden Mädchens bezaubert. Auch daran erinnert sich Novalis in seinem Karfreitagsbrief an Woltmann:

„Goethes Anhänglichkeit an das erhabene Bild Sophieens hat mir ihn lieber gemacht, als alle seine trefflichen Werke. Jetzt habe ich ihn wahrhaft lieb — er gehört zu meinem Herzen. Ich verhehle Ihnen nicht, daß ich Goethe nicht für den Apostel der Schönheit halten könnte, wenn ihn nicht schon das bloße Bild ergriffen hätte ... Ich fühle es zu unwidersprechlich, daß sie eine der edelsten, idealischen Gestalten war, die je auf Erden gewesen sind und sein werden. Die schönsten Menschen müssen ihr ähnlich gewesen sein. Ein Bild von Raffael hat in der Physiognomik die treffendste Ähnlichkeit von ihr, die ich noch fand ..."

Doch nicht am Karfreitag, sondern am *Ostersonntag*, an dem alle Christen die Auferstehung des Herrn feiern, nähert sich Novalis zum ersten Mal dem Grab der Frühverstorbenen.

Am Dienstag nach Ostern — man schreibt den 18. April 1797 — beginnt Novalis ein *Tagebuch* zu schreiben. Es ist der einunddreißigste Tag nach Sophies Tod. Zu jedem Datum fügt der Verfasser des Diariums jeweils eine Zahl hinzu, die anzeigt, wie viele Tage seit dem Hinscheiden der Geliebten verflossen sind. Eine neue Zeitrechnung hat begonnen. Sein Leben gliedert sich in drei Teile. Es erscheint ihm wie ein Triptychon: ein Dreiflügelaltarbild. Eine Tafel zeigt das Leben vom 2. Mai 1772 bis zum 17. November 1794: von der Geburt Novalis' bis zu seiner ersten Begegnung mit der damals erst zwölfeinhalb Jahre alten Sophie (die er für älter hielt). Das zweite Bild erfüllt die knappen drei Jahre vom Herbst 1794 bis zum Frühjahrsbeginn 1797, in denen er das Fräulein von Kühn und ihre Familie im Grüninger Schloß bei jeder sich bietenden Gelegenheit besuchte. Der dritte Flügel, der recht eigentlich das zentrale Mittelbild des ganzen Altars darstellt, ist dem Leben nach Sophies Tod gewidmet. Was zu Beginn des entscheidenden dritten Zeitraums Novalis bewegt, beschäftigt, schmerzt und beschwingt, erfahren wir durch sein Tagebuch, das er am einunddreißigsten Tag nach dem Tode der Geliebten beginnt und am hundertzehnten Tag nach ihrem Tode abbricht.

Dieses „Journal" ist in jeder besseren Novalis-Ausgabe enthalten. Nicht nur die große historisch-kritische Ausgabe des W. Kohlhammer Verlags, Stuttgart, bringt es vollständig im vierten Band („Tagebücher, Briefwechsel, zeitgenössische Zeugnisse"), sondern auch die einbändige Auswahl „Werke und Briefe", die Alfred Kelletat im Winkler-Verlag, München, herausgebracht hat. Das den Kult der toten Sophie feiernde Tagebuch ist ein einzigartiges Dokument aus der Wendezeit zwischen deutscher Klassik und Romantik. Es ist unvergleichlich, obwohl doch die damalige Epoche geistiger Hochblüte, etwa zwischen 1770 und 1830, überaus mitteilsam und in Herzensdingen sehr geständnisfreudig war. Schwärmerisch zärtliche Seelen von Freunden, Liebenden und Vertrauten ließen ihre geheimsten Gedanken in unzählige Briefe, Tagebücher oder „Confessions" verströmen. Es war die hohe Zeit einer gelegentlich schon fast etwas exaltierten Innerlichkeit, des feierlichen Überschwangs der Gefühle und der die eigene Subjektivität wie einen vordem unbekannten tropischen Erdteil genießerisch erkundenden Neugier. Es war eine Epoche freundschaftlicher „Herzensergießungen" (um an den Titel einer Schrift von Heinrich Wackenroder zu erinnern), einer die eigenen intimsten Stimmungen schriftlich festhaltenden und ausgewählten Eingeweihten geschwisterlich mitteilenden Redseligkeit. Die deutsche Briefkultur, die deutsche Lust am Tagebuch stand im Zenit. Es gab ja damals auch noch kein Telefon, kein Radio, kein Fernsehen, keine Eisenbahn, kein Flugzeug, keine Kongresse, Demonstrationen und massentouristischen Unternehmungen. Obwohl die durchschnittliche Lebenserwartung erheblich geringer als heute war, hatten die meisten Leute um 1800 unwahrscheinlich viel Zeit: Zeit für Brieffreundschaften, Zeit zum Lesen, Zeit zum Nachdenken, Zeit zum Musizieren und, wie gesagt, auch Zeit für das Schreiben von Tagebüchern. Es kam damals gar nicht selten vor, daß ein Freundeskreis ein gemeinsames Diarium führte, zu dem abwechselnd jeder etwas beisteuerte. Ebenso war es kein ungewöhnlicher Fall, daß in einem Zirkel seelenverwandter Menschen die privaten Tagebuchaufzeichnungen der einzelnen Mitglieder von Hand zu Hand gingen. Man vertraute denen, die sympathetisch „dazugehörten"; man mußte nicht befürchten, daß innige Bekenntnisse demnächst von sensationsgierigen „Medien" publik gemacht würden.

Dies alles muß man wissen, um die Singularität von Novalis' Tagebuch vor dem allgemeinen kultur- und seelengeschichtlichen Hintergrund würdigen zu können. Es ist nicht nur ein Zeugnis rücksichtsloser Selbstbeobachtung und Gewissenserforschung, sondern auch das Dokument eines über die „letzten Dinge" meditierenden Philosophen und darüber hinaus die erste Urkunde von Novalis' Dichtertum. Von einigen wenigen Versen abgesehen, zu denen ich „Walzer", „Was paßt, das muß sich ründen" (an Adolph von Selmnitz) und das psalmodierende „Berge jauchzet, Hügel hüpfet" zähle, verrät keines der vielen Gedichte, die Novalis bis zu Sophie von Kühns Tod geschrieben hat, den Stempel des Genies, dessen geglückteste lyrische Hervorbringungen mit zum deutschen Anteil an der Weltliteratur gehören. Erst die Briefe, aus denen ich zitiert habe, und vollends das Tagebuch lassen ahnen, daß ihr Verfasser ein begnadeter Dichter war und nicht bloß ein epigonaler Reimeschmied.

Am 13. Mai 1797 — dem sechsundfünfzigsten Tag seit dem Tode der Braut — notiert Novalis in sein Diarium, daß er von Friedrich Schlegel einen Brief mit „dem ersten Teil der neuen Shakespeare'schen Übersetzungen" erhalten habe. Es handelt sich, wie Heinz Ritter ermittelt hat, um „*Romeo und Julia*", jene

Tragödie, von der jemand einmal gesagt hat, daß an ihr die Liebe selbst mitgedichtet habe. „Nach Tisch ging ich spazieren — dann Kaffee — das Wetter trübte sich, erst Gewitter, dann wolkig und stürmisch — sehr lüstern — ich fing an, in Shakespeare zu lesen — ich las mich recht hinein." Bis hierher ist es noch eine der üblichen Tagebuchnotizen, in denen Novalis die Bücher, die er gerade liest, und das jeweilige Wetter ebenso gewissenhaft festhält wie die Schwankungen seines körperlichen Befindens und die ihn gelegentlich beunruhigenden erotischen Phantasien. Doch nun folgt unmittelbar die Stelle, an welcher der Fünfundzwanzigjährige, der mit bürgerlichem Namen Friedrich von Hardenberg heißt, zu dem todesseligen, im Tod das Leben, das unsichtbare und gesteigerte „Über-Leben" eräugenden Dichter und Seher wird: zu dem *„Novalis"*, als der er in die Geschichte deutscher Poesie eingegangen ist.

Es ist ein Samstagabend, den er in Grüningen verbringt, an dem Ort, wo Sophie aufgewachsen, wo er ihr zum ersten Mal begegnet ist, wo er sie des öfteren besucht hat, wo sie auch gestorben und am 22. März 1797 begraben worden ist. Novalis war schon einigemal auf dem Friedhof gewesen, wo sich die — seit langem schon eingeebnete — Grabstelle befand, um dort an die tote Geliebte zu denken. Gestern erst hatte er, wie er genau vermerkt, das Grab Sophies besucht, „wo ich bis um 7 blieb — und recht innig für mich war, ohne jedoch zu weinen." Heute, am Samstag, zieht es ihn wieder zum Kirchhof:

„Abends ging ich zu Sophien. Dort war ich unbeschreiblich freudig — aufblitzende Enthusiasmusmomente — das Grab blies ich wie Staub vor mir hin — Jahrhunderte waren wie Momente — ihre Nähe war fühlbar — ich glaubte, sie solle immer vortreten."

Dieses Erlebnis am Grabe, dem am nächsten Abend abermals „einige wilde Freudenmomente" folgten, markiert eine entscheidende Wende. Auch wenn es keine „Vision" von der Art war, wie sie manchen Religionsstiftern, Propheten und Mystikern zuteil wurde, stellt es jedenfalls die Keimzelle von Novalis' „Hymnen an die Nacht" dar. Diese aber sind, neben Rilkes „Sonetten an Orpheus", das alles überragende Monument dichterischen Totengedenkens und Grenzgängertums zwischen Schattenreich und

Oberwelt, das die deutsche Literatur aufweist. Wenngleich durch manche ahnungsvolle Winke vorbereitet, erfuhr Novalis in dem Samstagabenderlebnis vom 13. Mai 1797 auf dem Grüninger Friedhof seine Berufung zum Dichter des Todes, der Toten und des Lebens nach dem Tode, zum Künder der geheimnisvollen Symbiose von Lebenden und Verstorbenen, der Durchlässigkeit der Trennwände zwischen Himmel, Erde und Hades. Eine der letzten Tagebucheintragungen lautet lapidar: „Christus und Sophie". Sie beschwört den auferstandenen Gottmenschen und das verstorbene Mädchen als Mittler zwischen Diesseits und Jenseits. Und an anderer Stelle: „Ich habe zu Söphchen Religion — nicht Liebe. Absolute Liebe, vom Herzen unabhängige, auf Glauben gegründete Liebe, ist Religion." Dieses Erlebnis blieb einmalig, aber entscheidend. Es hat sich nicht wiederholt, aber unendlich nachgewirkt. Es vermittelte Novalis, diesem deutschen Orpheus, die zentrale Inspiration seines ihm noch verbliebenen Lebens. Nur noch knapp vier Jahre blieben ihm, da er bereits am 25. März 1801, fünf Wochen vor seinem 29. Geburtstag, im elterlichen Wohnhaus zu Weißenfels starb — etwa sechzig Kilometer von Grüningen entfernt. In diesen spärlichen vier Jahren hat Novalis, neben seinem Studium an der Bergakademie Freiberg in Sachsen und den beruflichen Verpflichtungen als Salinenbeamter, all das geleistet und hervorgebracht, wodurch er zu einem Fürsten romantischer Dichtung, Bildung und Philosophie aufgestiegen ist: die „Hymnen an die Nacht", die „Geistlichen Lieder", die „Blütenstaub"-Fragmente, die politischen Aphorismen „Glauben und Liebe oder Der König und die Königin", die visionäre geschichts- und religionsphilosophische Abhandlung „Die Christenheit oder Europa", die naturmystischen Dialoge der „Lehrlinge zu Sais", den als kühne Überbietung von Goethes „Wilhelm Meister" konzipierten, aber Torso gebliebenen Roman „Heinrich von Ofterdingen", die unzähligen, teilweise erst in den sechziger und siebziger Jahren vollständig veröffentlichten enzyklopädischen Einfälle, Gedankensplitter und Sinnsprüche, bei deren Lektüre man der Äolsharfe eines Magiers, Polyhistors und alle Bereiche der Welt überblickenden Universalisten zu lauschen meint.

Am Grabe Sophies erfuhr er seine Berufung zum Dichter-Seher, dem es gegeben war, in einer völlig neuen Weise „den Sinn des Todes zu fassen". In seinem kurzen Leben wurde er noch von anderen Menschen, lebenden wie toten, unverkennbar geprägt: durch den Umgang mit Friedrich Schlegel und Ludwig Tieck, durch die Begegnung mit den Philosophen Fichte, Schelling und Baader, durch die Lektüre der Schriften Spinozas, Jakob Böhmes, Frans Hemsterhuis', Goethes und anderer. Er hat sich sogar, kaum zwei Jahre nach Sophie von Kühns Tod, mit der liebenswürdigen und fraulich reiferen Julie von Charpentier (1776 - 1811) verlobt. Die Spuren dieser Einflüsse lassen sich allenthalben in Novalis' Werk nachweisen: in seiner Lyrik, seinem unvollendeten Dichter-Roman „Heinrich von Ofterdingen" und den tausend und abertausend Fragmenten zu der von ihm geplanten Enzyklopädie, einer in romantischem Hochflug konzipierten Summe alles Wissens. Dennoch bleibt die Inspiration, die er am Grab zu Grüningen empfing, für Novalis bis zuletzt bestimmend. Die Spuren Sophies begegnen uns in der dritten „Hymne an die Nacht", in der der Dichter sein im Tagebuch kurz angedeutetes Erlebnis ausführlicher und vor allem ekstatischer besingt und einem umfassenderen heilsgeschichtlichen Zusammenhang eingliedert. Sie finden sich in dem vierten der „Geistlichen Lieder", das mit den Worten beginnt:

Unter tausend frohen Stunden,
So im Leben ich gefunden,
Blieb nur eine mir getreu . . .

und mit dem beglückenden Gesicht endet, daß Christus Sophie in seine himmlische Obhut genommen hat, wodurch er — Novalis —, der anfänglich der Geliebten „nachsterben" wollte, frei wird zum Wirken auf dieser Erde. Er vermag sich wieder den Freuden der Welt ohne Schuldgefühl hinzugeben. Doch die ständige Verbundenheit mit einem geheimnisvollen Reich, in dem christliche, griechische und germanische Jenseitsvorstellungen mit seinem höchstpersönlichen Sophien-Erlebnis sich zusammenfinden, bleibt ihm eine unerschütterliche Gewißheit. Weitere Spuren der Frühverstorbenen finden sich im Roman

„Ofterdingen", zu Beginn des zweiten (unvollendet gebliebenen) Teils, vor allem aber in dem Märchen, das der weise Klingsor dem jungen Ofterdingen und seiner Braut Mathilde erzählt. Eine Hauptfigur dieses hintergründigen und anspielungsreichen Märchens ist neben „Eros", „Fabel" und „Ginnistan" die mädchenhaft-vestalische „Sophie": nicht mehr das schöne Mädchen aus Grüningen, dessen deutsche Rechtschreibung überaus kläglich war und das sich aus Lyrik nicht viel machte, auch nicht die Kind-Braut des Freiherrn von Hardenberg, sondern ein himmlisches, beinahe madonnenhaftes Wesen mit Zügen der göttlichen „Weisheit". Von ihr heißt es in der Bibel, daß Gott seine Freude daran hat, in Gestalt ihrer geheimnisvollen Schönheit, die schöner als Sonne und Sternbilder ist, bei den Menschen zu wohnen (Sprüche 8,31; Weisheit 7,9-8,2). Bei Novalis sagt diese Sophie: „Die Mutter ist unter uns, ihre Gegenwart wird uns ewig beglücken. Folgt uns in unsere Wohnung, in dem Tempel dort werden wir ewig wohnen, und das Geheimnis der Welt bewahren." Fabel aber singt am Schluß des Märchens das Lied vom wiederkehrenden Goldenen Zeitalter der Liebe und des Friedens im Zeichen der hohepriesterlichen Sophie:

Gegründet ist das Reich der Ewigkeit,
In Lieb' und Frieden endigt sich der Streit,
Vorüber ging der lange Traum der Schmerzen,
Sophie ist ewig Priesterin der Herzen.

Sophie, „ewig Priesterin der Herzen", ist die letzte, die ätherischste Metamorphose jenes Mädchens, dem der Dichter 1794 zuerst begegnet ist, mit dem er sich verlobte und das nur fünfzehn Jahre und zwei Tage alt wurde. Sophie von Kühn starb am 19. März 1797, also vor 190 Jahren. Über diese Gestalt ist viel gerätselt und auch schon viel geschrieben worden. Sie wurde zu einer Heiligen idealisiert und für eine dumme Trine gehalten. Man hat in ihr ein abgefeimtes Nymphchen mit launenhaften und pikanten Zügen sehen wollen, eine Art von vorweggenommener Lolita (so interessanterweise bereits Wilhelm Dilthey); sie wurde aber auch beschrieben als *„überirdisches Wesen"*, das sich mit *„himmlischer Anmut"* unter den Sterblichen bewegt habe (so von Ludwig Tieck, der ihr persönlich nie begegnet ist, sondern nur überschwänglich wiedergab, was andere über sie erzählt hatten). Nun, man kann jetzt beinahe alles vergessen, was bislang über Sophie von Kühn verbreitet worden ist. Ein namhafter Novalis-Forscher, ausgewiesen durch seine Mitarbeit an der historisch-kritischen Gesamtausgabe des Dichter-Philosophen und seine 1967 erschienene Gesamtdarstellung „Der unbekannte Novalis", hat 1986 ein feines und gründliches Buch mit über dreißig Abbildungen vorgelegt, mit dem verglichen die meisten bisherigen Stellungnahmen zu dem Verhältnis zwischen Novalis und Sophie wie Kolportageliteratur oder akademisches Geraune wirken. Der Verfasser heißt *Heinz Ritter.* Sein Werk hat den Titel: „Novalis und seine erste Braut: ‚Sie war die Seele meines Lebens'."

Heinz Ritter ist allen überhaupt noch erreichbaren Fährten nachgegangen. Er hat die durchweg auf dem Gebiet der heutigen DDR liegenden Städte und Ortschaften besucht, die für Novalis und Sophie bedeutungsvoll sind: Weißenfels, Tennstedt, Schlöben und vor allem Grüningen. Er hat im Magdeburger Staatsarchiv insgesamt 48 Folioseiten entdeckt, die von Novalis eigenhändig geschrieben oder signiert sind. Es gelang ihm auf geradezu detektivische Weise, mit Nachkommen der Familie von Kühn förderliche Verbindung aufzunehmen. Auf Umwegen fand er bislang unbekannte oder für endgültig verschollen gehaltene „Reliquien": ein auf Elfenbein gemaltes und mit 27 Perlen eingerahmtes Rundbildchen, das das einzige authentische Porträt Sophies darstellt; eine Vase mit der Darstellung des Grüninger Schlosses, wie es zur Zeit Novalis' aussah; handschriftliche Aufzeichnungen sowohl des Fräuleins von Kühn als auch von ihr nahestehenden Menschen. Trotz all der unumgänglichen und vom Thema her gebotenen Sorgfalt ist Heinz Ritters Buch überhaupt nicht pedantisch geschrieben. Die notwendigen Anmerkungen stehen am Schluß, so daß der wissenschaftlich weniger Interessierte den Band wie einen Roman lesen kann. Er erzählt die merkwürdigste und wohl auch literarisch folgenreichste Liebesgeschichte aus der Zeit der deutschen Frühromantik. Nicht eine erfundene, sondern eine wahre, durch unzählige und teilweise völlig neuentdeckte Lebenszeugnisse urkundlich beglaubigte Liebesgeschichte.

Doch hier stocke ich bereits, weil ich bedaure, daß die neuere deutsche Sprache so wenig Ausdrücke für das hat, worum es in Heinz Ritters Buch geht. Das Mittelalter verfügte hier über einen weit größeren Wortschatz, manche Negerstämme — so ließ ich mir sagen — sogar noch heute. Was kann nicht alles „Liebe" oder „Liebesgeschichte" bedeuten! Es ist wirklich jammerschade, wie arm unsere Sprache geworden ist, wenn es gilt, das zu kennzeichnen, was Menschen zu anderen Menschen magnetisch hinzieht, was sie entflammt, verzaubert, verbindet, beseligt und ihnen immer wieder als Alibi für die größten Torheiten dient, sie in grundlose Verzweiflung oder auch in wirkliches Unglück lockt.

Die Minnesänger und Troubadoure, die deutschen Barock-Poeten und Christoph Martin Wieland, zuletzt einige Romantiker, unter ihnen vor allem Novalis und der frühe Friedrich Schlegel („Lucinde"), verfügten über ein weit reicheres Vokabular, wenn es darauf ankam, etwas zur Sprache zu bringen, das so zart wie eine Kirschblüte oder der schwerelose Hauch eines Lächelns auf einem Spiegel, aber auch ungeheuer wie ein Vulkanausbruch oder Erdbeben sein kann: „Ich will in deinem Herzen leben, in deinem Schoße sterben, und in deinen Augen begraben sein."

Wie dürftig sind doch die verbalen Ausdrucksformen, mit denen wir uns heute verführen lassen, Huldigungen darbringen, Zuneigungen erwidern und Zärtlichkeiten austauschen. Im Paradies herrschte wahrscheinlich in dieser Hinsicht ein göttlich erleuchteter „Nominalismus": für jeden glückseligen Augenblick gab es ein eigenes taufrisches Wort. Johann Georg Hamann, der „Magus in Norden", hat sich dies ungefähr so vorgestellt und ebenso, ihm folgend, der alte Goethe, wenn er in „Höheres und Höchstes" sagt:

Und so möcht ich alle Freunde,
Jung und alt, in eins versammeln,
Gar zu gern in deutscher Sprache
Paradieses-Worte stammeln.

Doch man horcht nun Dialekten,
Wie sich Mensch und Engel kosen,
Der Grammatik, der versteckten,
Deklinierend Mohn und Rosen.

Mit dieser Einschränkung, die der Autor selbst in etwas anderer Weise zieht, möchte ich trotzdem das Buch von Heinz Ritter als eine wahre Liebesgeschichte ansprechen. Die Geschichte eines Mädchens, fast noch eines Kindes, das dem späteren Dichter geistig überhaupt nicht gewachsen war, ja kaum nachempfinden konnte, was in ihm seelisch vorging. Die Geschichte eines jungen Wesens, von dem Novalis gleichwohl anerkennend sagte: „Sie will nichts sein, sie ist etwas", und das durch seinen frühen Tod ihn überhaupt erst zum großen Lyriker werden ließ. Die Geschichte einer schicksalhaften Begegnung, von der Novalis selbst bekennt, daß eine Viertelstunde ihn gänzlich verwandelt habe. Die geheimnisvolle Geschichte von Liebe, Tod und Verklärung, in der, wie dem Leser erst am Schluß bewußt wird, kein einziges Wort über „Sex" vorkommt, weil es zwischen den beiden Partnern niemals zu dem gekommen ist, was man heute „intime Kontakte" oder noch vulgärer nennt. Eine Geschichte, die von allem Anfang an zugleich in zwei Welten spielt: in der einen Welt, in der es Rindfleisch, Bohnen, Kartenspiel, Tabakrauchen, Behörden, Ämter und Tratsch gibt; und in einer andern geisterhaften Welt, die sowohl himmlisch-astral als auch unterirdisch-heimelig ist, als deren Symbole die berühmte „Blaue Blume" gilt und eben die verklärte Sophie.

(1986)

Joseph Görres

Weisheitsliebender kraft Feuers

Joseph Görres' Leben und Denken führt durch fast alle großen geistig-politischen Strömungen seines Jahrhunderts. Die Überzeugungen dieses Feuergeistes haben sich mehrmals gewandelt, und dennoch blieb er sich in allen Wandlungen gleich; schon früh steht sein Charakter merkwürdig ausgeprägt vor uns. Görres' späteste Ansichten finden sich keimhaft bereits in den frühen Schriften des Fünfundzwanzig- bis Dreißigjährigen. Dieser vielbewegte und vieles bewegende Kopf war nacheinander (und zum Teil auch zugleich) Weltbürger und Patriot, Aufklärer und Romantiker, Liberaler und Konservativer, Volkstribun und Kirchenmann, Katholik und Gnostiker, Revolutionär und Traditionalist.

Arnold Ruge nannte ihn den „Odysseus der deutschen Romantiker". Friedrich Hebbel, der Görres' Münchner Vorlesungen besucht hat, notiert in seinem Tagebuch: „Es gibt Menschen wie Aeolusschläuche: Jeder Wind treibt sie, weil er ein Loch in ihrer Brust findet. Ein solcher war der alte Görres." Sein Gesicht sei „eine Walstatt erschlagener Gedanken; jede Idee, die seit der Revolution den Ozean des deutschen Geistes mit ihrem Dreizack erschütterte, hat ihre Furche darin gezogen ..." Brentano, dem Freunde seit den Koblenzer Jugendtagen, wollte es scheinen, als wisse Görres alles im voraus, was er ihm brieflich mitteilte: „Was soll man einem solchen Propheten und Zeichendeuter schreiben?" Als prophetischen Mahner, Warner und Seher erlebte ihn auch der junge Eichendorff in Heidelberg: „Wenn Gott noch in unserer Zeit einzelne mit prophetischer Gabe begnadigt, so war Görres ein Prophet, in Bildern denkend und überall auf den höchsten Zinnen der wildbewegten Zeit weissagend, mahnend und züchtigend, auch darin den Propheten vergleichbar, daß das ‚Steiniget ihn!' häufig genug ihm ausgerufen wurde ..." [1]

Als er starb, widmete ihm Heine den lapidaren Nachruf: „Tot ist Görres, die Hyäne." [2]

Der unbekannte Görres

Die neueren Philosophiegeschichten kennen keinen Görres. Und dennoch gehört Görres zu den bedeutsamsten Gestalten des deutschen Idealismus. Es war ihm — neben Schelling — bestimmt, aus der Erfahrung der Mächte der Tiefe und des Dunkels jene universale Philosophie zu schaffen, die alle Geister seiner Generation so leidenschaftlich erstrebten.[3] Nur wer sich seiner Stimme nicht verschließt, weiß um die Tiefe spätromantischen Denkens. Görres stellt die vielleicht genialste Gegenposition zu Hegel dar. Der in Berlin lehrende Schwabe und der in München — gegen den Protest der preußischen Regierung — wirkende Rheinfranke Görres repräsentieren zwei geistig-politische Haltungen, wie sie gegensätzlicher kaum gedacht werden können, und dies nicht nur im Hinblick auf die Diktatur Napoleons.

Es gibt wichtige und gründliche Werke über Mystik, in denen Görres überhaupt nicht aufscheint, obwohl er im Alter ein mehrbändiges, dreitausend Seiten umfassendes Werk „Die christliche Mystik" verfaßt und einer seiner bedeutendsten Schüler, J. N. Sepp, gesagt hat: „Allein Görres war ja doch ein Mystiker: wer will uns vom Gegenteil überzeugen?" [4]

Auch für die Geschichte des politischen Denkens scheint Görres umsonst gelebt zu haben. Selbst so abseitige Gestalten wie die frühkommunistischen Schwärmer Wilhelm Weitling und Moses Hess mögen heute mehr Liebhaber besitzen als der alle Romantiker an politischer Begabung einsam überragende Herausgeber des „Rheinischen Merkur" (1814 - 1816) und

Autor der Schriften „Teutschland und die Revolution" (1819), „Europa und die Revolution" (1821) und „Die heilige Allianz und die Völker auf dem Kongreß von Verona" (1822). Görres ist wohl der einzige deutsche Denker, der am Modell der Französischen Revolution zu einer Analyse revolutionärer Prozesse überhaupt vorgestoßen ist, die sich mit den Werken Edmund Burkes, Alexis de Tocquevilles und Georges Sorels vergleichen läßt.

Görres, der leidenschaftliche Streiter für die *libertas ecclesiae* gegenüber dem bürokratischen Fürstenstaat des restaurierten Absolutismus, dessen „Athanasius", eine Antwort auf die Verhaftung des Erzbischofs Droste durch die preußische Polizei im Jahre 1837, innerhalb weniger Monate in vierter Auflage erscheint — auch dieser Görres, der einen bewundernden Nachruf auf den durch mönchische Frömmigkeit und Geringschätzung der irdischen Dinge sich auszeichnenden Papst Gregor XVI. verfaßt hat, ist einem Katholizismus fremd, der sein Heil in der Anpassung an die Säkularisation sucht. Dantes „Divina Commedia" hatte noch ihren Ort in einem festgefügten katholischen Kosmos, dessen Ende nicht einmal denkbar war. Der Konvertit Görres hingegen war schon zu Lebzeiten den meisten Kirchenmännern nicht ganz geheuer. Sein Spätwerk „Die christliche Mystik" sollte bereits nach dem Erscheinen des ersten Bandes in den römischen Index der verbotenen Bücher aufgenommen werden; nur eine Intervention des bayrischen Königs Ludwig I. vermochte die drohende Verurteilung zu verhindern.[5] Inzwischen ist der Index zwar abgeschafft worden, doch Görres, der im Alter den deutschen Katholiken den Primat der Kirche über den Staat einhämmerte und von der Wirklichkeit des Teufels überzeugt war, würde heute für den offiziellen Katholizismus noch peinlicher sein als zu seinen Lebzeiten.

Und was soll Görres, der begeisterte Patriot, der Künder eines großdeutschen Reiches, der seinem Volk die Mission zuschrieb, „Priester der neuen Zeit, Brahmanenkaste zu sein",[6] einer Generation, die sich mit dem Verlust der nationalen Einheit abgefunden hat und einen überpersönlichen, die materiellen Interessen übersteigenden Selbstbehauptungswillen irgendwo zwischen rechtsradikalem Spuk und romantischem Trödel einreiht? Den in den letzten Zügen liegenden Görres — er stirbt am 29. Januar 1848, wenige Wochen vor den Revolutionen in West-, Mittel- und Südeuropa — quälten düstere Ahnungen. Apokalyptisch sind die Worte des Sterbenden: „Verrottete Völker leben nicht auf . . ., auch verfaulte Dynastien leben nicht wieder auf. Es ist eine schwere Zeit, eine schwerere wird kommen . . . ja, laßt uns beten für die Völker, die zugrunde gehen . . ." [7]

Ist demnach Görres abgetan? Soll man seiner überhaupt noch gedenken? Der äußere Anlaß ist gegeben: Am 25. Januar 1976, so belehren uns die Lexika, jährte sich zum zweihundertsten Male der Tag seiner Geburt. Und sonst? Einmal, weil wir nichts menschlich Bedeutendes vergessen sollten. Görres gehört zu den großen Genien der deutschen Plejade, die zwischen 1763, dem Geburtsjahr Jean Pauls, und 1777, dem Geburtsjahr Kleists, zur Welt kamen. Was er einmal von Brentano gesagt hat, gilt auch von ihm selbst: „Seine eigene Person ist interessanter als das beste Buch." Das wußte auch Jean Paul, der von dem um dreizehn Jahre jüngeren Verehrer meinte, daß er „ein Mann ist, der aus Männern besteht". Görres selbst sprach einmal von den sechs oder sieben Leben, die er gelebt habe, und dies in einer Zeit, in der jene Revolutionierung aller Daseinsbedingungen beginnt, die sich auch heute noch nicht beruhigt hat.

Als er in Koblenz, im Haus „Zum Riesen", geboren wurde, vollzog sich in Nordamerika die Revolution der dreizehn Kolonien gegen die englische Krone, während in Deutschland Weishaupt den radikal-aufklärerischen Illuminatenorden gründete.

Jakobiner, Weltbürger, Rheinfranke

Die Französische Revolution wurde dem Jüngling zur überwältigenden Erfahrung einer menschheitsgeschichtlichen Wende. Görres war der bedeutendste deutsche Jakobiner. Er jubelte über den Einmarsch der französischen Revolutionsheere, die in der Pfaffengasse des Heiligen Römischen Reiches Deutscher Nation eine fast tausendjährige Priesterherrschaft zerschlugen.

Es seien zu verkaufen, so höhnte er in seiner ersten Zeitschrift, dem „Roten Blatt", „drei Churkappen von feingegerbten Büffelsfell. Die dazugehörigen Krummstäbe sind inwendig mit Blei ausgegossen, mit Dolchen versehen, auswendig mit künstlichen Schlangen umwunden. Das oben befindliche Auge Gottes ist blind. — Zwei Bischofsmützen von kokliko Sammet, reich mit Rauschgolde verbrämt, etwas von Angstschweiß durchzogen, sonst aber noch gut konserviert; daher sehr brauchbar als rote Mützen auf Freiheitsbäumen … — ein Herzogshut aus Hasenfell, aber ohne Kappe, mit Hahnenfedern verziert; statt des Knopfs mit einem schönen Steine, den ein geschickter Alchymist einst aus den gesammelten Tränen von zehntausend Witwen und Waisen destillierte, besetzt. — Mehrere Abt- und Äbtissinnenhabite, von dem Tuch und nach dem Schnitte, wie man sie zur Zeit Christi trug … — Vier Reichsstädte, mit Planken aus der Arche Noes zusammengezimmert; mit Bürgermeistern, hübscher geputzt als Kartenkönige … — Eine ganze Scheune voll Adelsdiplomen, auf Eselsfell geschrieben, aber hie und da stark von den Motten durchfressen und von einem etwas widerlichen Modergeruche durchzogen … — Vierzigtausend Klafter Stammbaumholz, ein vortreffliches Brennmaterial … — Eine ungeheure Menge Wappen von den sonderbarsten Formen und Erfindungen … — Sie sind hier und da stark beschädigt, allein das hindert nicht, daß sie gar trefflich als Leichensteine auf die Gräber hoher Standespersonen dienen können".[8]

Diese Satire auf die Enteignung der linksrheinischen Reichsstände — bei den drei Churkappen handelt es sich um die fürstlichen Bistümer Mainz, Köln und Trier — ist jedoch nur die Kehrseite der überschwänglichen Hoffnungen des deutschen Republikaners, der in seinem „Roten Blatt" folgendes Glaubensbekenntnis veröffentlicht: „Nie werde ich mir eine Hoffnung rauben lassen, ohne die wir bessere Tiere und Barbaren geblieben wären. Ich glaube an ein immerwährendes Fortschreiten der Menschheit zum Ideale der Kultur und Humanität … Ich glaube, daß unser Jahrhundert reif dazu war, die despotische Form mit einer angemesseneren zu wechseln, und daß ihre längere Beibehaltung ein Unglück für das Menschengeschlecht gewesen wäre."

Die Pariser Wende

Görres erlebte in Paris sein Damaskus. Im November 1799 war er als Delegierter seiner Mitbürger in die französische Hauptstadt gekommen, um dort zu bewirken, daß durch eine vollständige Eingliederung der Rheinlande in Frankreich der Druck der militärischen Besetzung durch die Revolutionsheere gemildert und völlige Rechtsgleichheit der Bürger hergestellt würde. Er wird Zeuge der Machtergreifung Napoleons, der, ein Kind der Revolution, die repräsentative Demokratie, der das Direktorium wenigstens noch einen Lippendienst gezollt hatte, durch eine imperiale Militärdiktatur ersetzt. Die Eindrücke, die er in Paris empfing, legte Görres in seiner von taciteischer Bitterkeit erfüllten Denkschrift „Resultate meiner Sendung nach Paris" (1800) nieder. Mit derselben rücksichtslosen Ehrlichkeit, mit der er gegen das alte Reich und die feudale Kirche aufgetreten war, weist der fünfundzwanzigjährige enttäuschte Jakobiner jetzt nach, daß die Revolution ihr Ziel verfehlt hat:

„Ich sah die Schauspieler entkleidet hinter den Kulissen. Die Menschen hatten so viel zu tun, sich untereinander zu beobachten, sie hörten auf, sich selbst zu bewachen. Die Leidenschaften, losgebunden von der Kette, in die der gesellschaftliche Anstand sie schlug, tummelten sich auf der leeren Bühne umher und achteten wenig der unbefangenen Zuschauer, die verwundert dem Bacchanale zusahen ... Ich glaube, das, was ich gesehen habe, meinen Mitbürgern mitteilen zu müssen ... Ich werde nur die Sprache meiner Überzeugung reden, nie habe ich eine andere gelernt."[9]

Görres widerfuhr, was seither auch anderen — von André Gide bis zu Günter Maschke — widerfahren ist. Er mußte feststellen, daß er etwas ganz anderes gewollt hatte; daß auf die ekstatischen Momente revolutionärer Hoffnungsfähigkeit das Gefühl einer ungeheuren Vergeblichkeit und Frustration folgte.

Scharfsichtig sah Görres in Frankreich die Heraufkunft einer neuen Despotie, die nicht identisch war mit einer bloßen konterrevolutionären Restauration des Ancien Régime: „Nehmt Euch in Bälde den Suetonius zur Hand, denn der Imperator ist fertig", ruft er seinen Mitbürgern zu.[10] „Aber unwidersprechlich gewiß ist es auch, daß der Zweck der Revolution gänzlich verfehlt ist . . . Am Ende des achtzehnten Jahrhunderts erhob sich das Frankenvolk in die Region einer höheren Bestimmung, es tat Großes, leistete, was es vermochte, aber gewaltsam herabgerissen von Zeit und seiner innern Natur, erreichte es nicht das Ziel, dem es entgegenstrebte".[11]

Görres erblickt in diesem Selbstaufhebungsprozeß mehr als eine zufällige Panne der Revolution. Er erkennt im Aufstieg Bonapartes, seines kommenden großen Widersachers, eine geschichtliche Notwendigkeit, eine der Naturgeschichte der Revolution innewohnende Logik. Die französische Nation erscheint ihm nicht länger Repräsentantin des Geistes idealer Menschlichkeit; ihr Anspruch auf die Gefolgschaft aller freiheitlich gesinnten Weltbürger ist hinfällig, und deshalb zweifelt Görres auch daran, ob ein Anschluß an Frankreich noch sinnvoll sein könne. Gedanken Montesquieus und Herders erneuernd, spricht er von der tiefen Verschiedenheit des französischen und deutschen Nationalcharakters, wie sie sich in Sprache, Temperament und Kultur ausdrücke, unbeschadet der Tatsache, daß eines „allen Völkern über den ganzen Umkreis der Erde gemein ist, Humanität nämlich"; aber dieses allen Gemeinsame sei eben „nicht in eine kompakte scharfabgeschnittene Masse gegossen, sondern ab- und zunehmend, steigend und fallend, in immer wechselnder Schlangenlinie durch alle Völker sich hinwindend." — „Sprache und Nationalgeist und Sitten und Gesetze, insofern letztere von den ersten abhängig sich herleiten, setzen sich also mächtig einer Verbindung beider Völker entgegen. Die Weinreben des Rheins und die Orangen des Südens gedeihen nicht unter der nämlichen Sonne, sie schied die Natur, und was sie geschieden wissen will, vereinigt sich nicht leicht wieder."

Tiefgreifend gewandelt kehrt Görres aus Paris zurück. „Nur alle Jahrhunderte", so schreibt er an Katharina von Lasaulx, die er 1801 ohne kirchliche Segnung heiratet, „nur alle Jahrhunderte macht man ein solches Experiment, das gegenwärtige ist verunglückt, denn die Instrumente taugten nichts, für unsere Generation ist die Sache verloren. Für die Zukunft nicht. Die moralische Natur, wie die physische geht ihren Gang fort." [12]

Der von der Revolution enttäuschte Görres bleibt ein Mann der Freiheit, und er wird es bis zu seinem Tode bleiben. Er will keine Wiederkehr des alten Heiligen Römischen Reiches. Dem Freiherrn vom Stein hat er später, in den Tagen, da er zum von ganz Europa gehörten Vorkämpfer nationaler Freiheit gegen Napoleon geworden war, die politischen Ziele seiner Jugend näher erklärt: „Meine Gedanken waren, in Gemeinschaft mit Belgien womöglich das Elsaß mit in den Bund zu ziehen, dadurch die Schweiz mit Holland zu verknüpfen und so einen Zwischenstaat an der Grenze Frankreichs und Deutschlands zu bilden, der sich, wenn es in letzterem zu etwas gekommen wäre, leicht wieder anschließen konnte."

Verrät sich nicht schon in diesem frühen Plan eines großen rheinischen Reiches der Mitte Görres' sowohl revolutionäre als auch konservative Wesensart? So umstürzlerisch und phantastisch der Gedanke eines solchen Freistaats auch scheinen mochte, liegt ihm dennoch die Erinnerung an eine geschichtliche Wirklichkeit zugrunde. Wäre er in die Tat umgesetzt worden, so hätte er die Wiederherstellung, eine schöpferische Restauration des alten Lotharingien bedeutet, wie es, von der Nordsee über Burgund bis zum Mittelmeer reichend, im Vertrag zu Verdun 843, fast ein Jahrtausend vor Görres' Plan, an Kaiser Lothar I. gefallen war.

Görres, aufs bitterste belehrt von den Ereignissen in Frankreich, auf die er so glühende Hoffnungen gesetzt hatte, begann die Wiedergeburt seines Volkes auf anderen Wegen zu suchen. War der erste Satz in der Symphonie seines Lebens, der weltbürgerlich-jakobinische, ein Prestissimo gewesen, kurz, dramatisch und von äußerster Prägnanz, so ist der zweite, der romantische, mit seinen weit hinaus wogenden Perioden eine composition pathétique.

Joseph Görres

Romantik und Philosophie des Lebens

„Wie die Grundvesten der Erde auf den gewaltigen Urgebirgen ruhen, so ruht unser Wissen auf den einfach großen Überlieferungen, die wie Gebirge aus der alten, grauen Urwelt zu uns herüberziehen", schreibt er in seiner 1805 erschienenen Abhandlung „Glauben und Wissen".[13] Dieser Welt der Überlieferung wandte sich der ernüchterte Jakobiner immer mehr zu: der Volksdichtung, der Sage, dem Mythos, dem Orient und überhaupt dem, was allem geschichtlichen Wandel zugrundeliegt oder sich in ihm als stets Wiederkehrendes Ausdruck verschafft, der Natur als Entfaltung Gottes. Schellingsche Gedanken klingen hier an, doch urwüchsiger, visionärer, pathoserfüllter als bei dem Philosophen des objektiven Idealismus. Görres, der am Koblenzer Gymnasium Physik und Naturgeschichte, dann von 1806 bis 1808 in Heidelberg als Privatdozent auch Philosophie, Literaturgeschichte und Mythologie lehrte, entwarf eine Deutung von Mensch und Kosmos, deren Mitte die Ideen Leben, Organismus, Geschlechtlichkeit, Zeugung und Geburt bilden. Er, der faustisch zum Lichte strebende Täter, hat zugleich die „Mutterseite der Geschichte" wahrgenommen, die Widerfahrnis, Geheimnis und Nacht, tiefer als der Tag gedacht, ist. Er sprach von dem gewaltigen Leben des Alls, das die menschlichen Geschicke auf seinem Rücken trägt.[14] „Da, als unsere Zeit begann, da wurden die göttlichen Mysterien zum erstenmal gefeiert, da standen die Geschlechter auf in Gott . . ."[15] Görres entwirft in visionären Bildern eine Lebensphilosophie, in der sich neuplatonische, paracelsische und theosophische Elemente zu einem eigenwilligen Ganzen verbinden. Die überschwängliche Gottheit umfaßt Logos und Eros, Männliches und Weibliches; aus der göttlichen Androgyne geht durch Zeugung und Geburt die Welt und alles, was in ihr begriffen ist, in gewaltigen Rhythmen hervor. Der Kreis, der mit der schöpferischen Evolution Gottes sich öffnete, schließt sich, durch eine unendliche Kette von Zeugungen vermittelt, in der liebenden Umarmung von Mann und Frau.

Görres erneuert die archaische Vorstellung eines biomorphen Universums, den Mythos des All-Lebens. Sein ist dasselbe wie Lebendsein. Leben durchflutet das Ganze der Wirklichkeit, regt sich noch in den dunkelsten, dem oberflächlichen Blick tot scheinenden Winkeln der Materie. Was man von Nietzsche gesagt, gilt bereits von Görres: daß er in das Wort „Leben" jenen tiefen Goldklang brachte, den es seitdem besitzt. Der Stoff, aus göttlichem Schöpfungsdrang gezeugt, ist heiliger Boden, eine numinose Stätte überwältigender Theophanien. Görres lehrt: „Göttlicher Abkunft ist jedes Endliche, nicht unzugänglich sind ihm die Tiefen der ewigen Wesenheit." Sein Panvitalismus ist eine Polaritätsphilosophie; er ist auch eine von religiösem Pathos getragene Sexualmetaphysik, die in der Vision eines Gottes gipfelt, der rauschhaft drängendes Leben ist, in dem die Geschlechter aufstehen.[16]

„Wenn in Sympathie die Geister ineinanderfließen, wenn in Liebe die Gemüter sich umschlingen, wenn in des Daseins Vollgefühl und des Lebens höchster Glut die Organismen sich umarmen: dann geht im Augenblicke der höchsten Wechselwirkung der erste Akt im ganzen Umfang der Natur hervor; ein neuer Geist tritt auf der Wesenleiter Sprossen; ein neues Gemüt umhüllt mit seinem Zodiakalscheine ihn, eine neue Lebensflamme lodert auf; ein neues Wesen wird ins Dasein gerufen; eine gesonderte Existenz beginnt." Im Zeugungsakt des Gezeugten wiederholt sich dieser zutiefst kosmogonische Prozeß, „und so wälzt sich des Lebens Rad durch der Zeiten Wandellauf, und hin durch die Unendlichkeit zieht sich der Menschheit Cykloide".[17]

Was der Görres dieser romantischen Periode, nach seiner Rückkehr aus Paris und vor der Herausgabe des „Rheinischen Merkur", über das pulsierende Leben des Kosmos schreibt, liest sich über weite Strecken geradezu wie ein erotischer Roman, der zugleich das Evangelium eines orgiastischen Pantheismus ist, in dem sich, ähnlich wie in der Musik von Olivier Messiaen, sehr heterogene Elemente zu einer jubilierenden Einheit mischen: Gottestrunkenheit und Andacht zur Natur, Heidnisches und Biblisches, Spiritualität und dionysisches Lebensgefühl.

In seinen 1810 geschriebenen, doch erst 1955 nach dem Originalmanuskript veröffentlichten Reflexionen „Fall der Religion und ihre Wiedergeburt" verfolgt Görres in rhapsodischer Weise die Metamorphosen des abendländischen Christentums von der Urkirche über die mittelalterliche Mystik bis zur Reformation und Aufklärung.

„Was die Reformation begonnen hatte, endete die französische Revolution, und ihre Nachwirkungen arbeiten und graben und sprengen noch immer zerstörend in den Trümmern fort ... So ist das Christentum in seiner alten Form denn hingesunken, wie so viel Herrliches seiner Art, das auf Erden schon seit Anbeginn ein hartes Geschick zerstört ... Sicherer kann nichts den Verfall einer religiösen Form bezeichnen, als wenn ihre eigenen Priester von ihr abfallen ... So hat es sich denn nur allzusehr bewährt, daß die Pforten dieser Kirche, die nahe an zwei Jahrtausende so vielen Geschlechtern von Pilgrimen gastfrei sich geöffnet, auf immer sich zu schließen im Begriffe stehen ..." [18]

Trotz dieses nichts beschönigenden Urteils über den Verfall des Christentums ist Görres von der tiefen Zuversicht erfüllt, daß die Religion selbst unsterblich ist, so „wie Gott nimmer im Tode stirbt". Auf Katholizismus und Protestantismus würde folgen ein „drittes Christentum", eine *ecclesia spiritualis* auf der Grundlage eines naturmystischen Lebensgefühls:

„Darum suche die Zeit nicht auf dem Gottesacker vergangener Jahrhunderte die Schädel und die Mumien, um darin von neuem sich anzubauen; es rauschen noch frisch und lebendig alle Quellen; es stehen noch unerschöpft die vier Elemente alles Lebens da in der Natur; drei Meere um ein gewaltiges Gebirge her ergossen; dort soll der Mensch schöpfen und trinken: denn es sehnt sich die Natur, daß er sie von ihrem Bann erlöse. Mitnichten ist erloschen das heilige Feuer, das ausgeht von Gott und nachbrennt in der menschlichen Natur; nicht ein Funke ist verglommen, der je einmal aufgeleuchtet."

Kosmische Religiosität

Görres spricht gleichsam als der Johannes einer religiösen Wiedergeburt aus dem Geist eines überkonfessionellen, alle „Mauerkirchen", wie Jakob Böhme sie nannte, sprengenden katholischen Pantheismus. Er stimmt bereits das Hohelied dieser uraltneuen Naturreligion an, Psalmen einer kosmischen Liturgie:

„Es preist aber die Natur den Vater durch die ewige Ordnung und Harmonie, die er ihr eingepflanzt, ihre Religion ist der Gehorsam, der gesamte Weltkreis ist ein großer Tempel, die Naturkräfte sind die Priester dieses Heiligtums, alle Naturerscheinung ist Symbol, Gebet, Gottesdienst, der Sterne blitzend Licht ein Flammenfeuer der Begeisterung, der Zug der Schwere die innerliche Liebe in der Beschaulichkeit. Der Mensch aber ist mit Freiheit in dies große Pantheon gesetzt; sei er gottlos, sei er heilig, jenen großen Naturgottesdient feiert er in seiner Natur im Chore mit. Was ist die sprossende Pflanze anderes als eine Hymne der Erde an die Sonne, was ist alles Leben anderes als halb Dithyrambe, halb Elegie aus der Natur heraus und in die Natur hinein im Rhythmus des Pulsschlags gesungen? Wie die Welten kreisen, kreist das Blut; es ist der begeisterte Opfertanz vor dem Altare jenes unbekannten Gottes, der in beiden seine Bogenlinien schlingt ... Wie ein Frühling in tausend Pflanzen keimt und treibt, so eine Begeisterung in der gesamten Menschheit; wie ein Faden geht die göttliche Liebe durch alles Erschaffene durch, und bindet Sterne und Blumen und Geister wie eine Perlenschnur zusammen: und der Erstgeborene der Gottheit, mit dem Feierkranz bekränzt, opfert als geweihter Priester des Ewigen dem Vater, der wahrhaft wesenden Wesenheit."

Dieser kosmischen Religiosität, in der Gott vor Weltlichkeit strahlt und das Irdische zur Epiphanie des Göttlichen wird, entspricht eine kosmische Ethik der „Heiligung des ganzen inneren Menschen und des vollen Lebens mit allen seinen Quellgeistern":

„Seid ihr nur erst selbst von Gott durchdrungen wie der Leib von innerer Lebenswärme, was ihr berührt, das wird dann selbst lebendig, und unter euren Händen wird wie im Meßopfer alles in des Herrn Fleisch und Blut verwandelt ... In dem ethischen Maße und der inneren Harmonie des gesamten Lebens — feiert sich dort nicht die schönste Feier, an der Gott selbst Wohlgefallen hat, weil sein eigenes seliges Leben sich in dem Abglanz spiegelt?"

Der in diesem kosmosfreundlichen Sinne tätige Mensch ist *adiutor Dei,* Gehilfe und Mitspieler Gottes. Er vollbringt mit klarem Bewußtsein, was die Natur träumerisch-unbewußt wirkt. Wo immer er arbeitet, ist heiliger Boden. Er kennt nicht mehr den Gegensatz zwischen Profanem und Sakralem, da ihm schlechthin alles zum Tempel und Gottesdienst wird. Alle Seher, Weisen und Dichter aller Zeiten und Völker sind Priester und Heilige dieser wahrhaft allumfassenden Ökumene. „Gratia praesupponit naturam, non destruit naturam. Gratia naturam non tollit, sed perficit." — Die Gnade zerstört nicht die Natur, sondern setzt sie voraus und vollendet sie.[19] Görres hat diese klassische Formel katholischer Theologie aus scholastischer Erstarrung zu neuem Leben erweckt und ihr einen weit über das christliche Dogma hinausreichenden Sinn verliehen, wenn er Evolution des Kosmos, menschliche Praxis und die Wandlungen des religiösen Bewußtseins synoptisch als Teile eines Dramas auslegt, in dem die Gottheit verherrlicht wird:

„Der Glanz und das Licht des Herrn will nicht mehr wie dort zu Jerusalem seinen Tempel füllen; unter den Geistern hat er sein Tabernakel aufgeschlagen, in die Mitte des Lebens seinen Sitz gestellt. Dort soll die neue Kirche errichtet werden, ein frei, beweglich, quellend, innen beseeltes, immer wachsendes Werk; in allem, was noch gut und tüchtig ist auf Erden, sind die Werkstücke schon bereit; sie dürfen nur in der Idee des Meisters, von den begeisternden Tönen der Lyra des alten Orphikers geregt, sich zusammenfügen, damit der wundersame Bau dastehe: alle Pfeiler Lebensgeister, alle Gewölbe Lebenskräfte, alles Licht in brennenden Farben durch dunkelerglühende Phantasie einfallend, und alle Säulen wieder Saiten des großen Psalters, und alle Farben Töne, die hindurchziehen und sich in einen Hymnus sammeln, wie alle Begeisterung in ein fromm Gedicht ... Es ist ein Tempel nur auf Erden, die weiten Gewölbe des Himmels sind seine Kuppel, die Bergzüge seine Säulenlauben, die Planeten brennen auf dem siebenarmigen Leuchter; es ruht das Meer in seinen ehernen Ufern; auf dem Sonnentisch der Erde hat der Herbst seine Schaubrote ausgelegt; es füllt des Herrn Feuersäule den unermessenen Tempel, unten in seinen Grüften ruhen schweigend die Toten auf ihren Lagern, oben aber ist das Leben ein Priester Gottes geweiht, und all sein Tun eine göttliche Symbolik und all sein Wandel eine stetige Offenbarung, denn wie sich der Staub beseelt, wird er in Gottes Leib verwandelt... Alles Leben in der Welt muß sein wie ein schießender Blitz aus der Tiefe der Unendlichkeit heraus, dessen Donner ein unaufhörlich Gebet nachrollt. Und nie schweigt Gottes donnernd Wort im Weltall, nie kömmt der Blitz zum Stehen; nimmer kann das Leben sterben, nicht einmal die Materie mag im Tode zunichte werden." [20]

Dies ist der hochgemute, hoffnungsfrohe Glaube des etwa fünfunddreißigjährigen Koblenzers, der, zur Zeit der tiefsten politischen Ohnmacht der deutschen Nation, der Annexion des Kirchenstaates und der Gefangenschaft des Papstes, Deutschland zumutet, das Bethlehem einer neuen Universalreligion zu sein. Der Rheinfranke Görres hat bereits um 1810 prophetisch vorweggenommen, was mehr als ein Jahrhundert nach ihm ein Dichter, der Mainfranke Ludwig Derleth (1870 - 1948), und ein adeliger Priester, Forscher und Mystiker, der Franzose Pierre Teilhard de Chardin (1881 - 1955), auf ihre Weise ebenfalls ausgesprochen haben: Was ist von einem Christentum zu halten, dem eine kosmische Perspektive mangelt, das die grandiosen Gedanken Pauli, des Kosmikers unter den Autoren des Neuen Testaments, von der Zusammenfassung, Läuterung und Heiligung des Alls, der consecratio mundi in Christus, von Christus als dem Haupt des Universums, von der endzeitlichen Transsubstantiation alles Irdischen und Himmlischen in den Leib des Gottmenschen vergessen hat? [21]

Doch dies ist nur die eine Seite von Görres' Denken. Dicht neben dem von einem kosmischen Optimismus erfüllten Görres, der die Erde als „liebende Mutter" und die Welt überhaupt nicht als gefallene, sondern als steigende ansieht,[22] gibt es auch den von einer abgründigen Weltangst gequälten, überall Teufel und Dämonen am Werk glaubenden Görres, der dem gnostischen Manichäismus zugesteht, daß er „ein Wahres in sich habe".[23]

Des Menschen doppelte Natur

Dieser tiefe Pessimismus hat seine Wurzel vor allem in Görres' mystischer Anthropologie. Bereits der mittlere Görres der Heidelberger Zeit spricht aus, daß der Mensch aus Tag und Nacht gewoben ist. Zwar wird die Nacht von ihm nicht mit dem Bösen gleichgesetzt, doch ist sie immerhin eine Region des Unheimlichen, Rätselvollen, Doppelsinnigen. Sie zeigt die Züge der Mutter, doch auch des Todes. „Zwei Naturen" wirken im Menschen: eine nächtliche, die der Erde, dem Dunkel, dem Schlaf, der Tiefe zugewandt ist; und eine sonnenhaft-ätherische, die dem Himmelslicht, dem Zustand des Wachseins, der Besonnenheit und Klarheit sich zuneigt.[24]

„So ist denn der Mensch geworden in seiner doppelten Natur, wie zwei Töne zu einem einzigen Akkord zusammenklingen, in dem kein einzelner für sich mehr unterscheidbar ist, so sind die zwei Naturen in ihm eins geworden, und es ist die göttliche Sympathie, die sie in ihrer Durchdringung zusammenhält. Es wendet die eine immerdar das verschleierte Antlitz nach dem Erdencentrum hin ... Alles im Menschen, was sich daher nicht selbst versteht und sich nicht beherrscht, alle die dunkeln Affekte und Wahrnehmungen, die sich ewig ein Rätsel bleiben; alle Funktionen, zu denen die höhere Willenskraft nicht hinabreichen mag, sind in dieser dunklen Naturmystik befangen; alles quillt ihr aus der Erdentiefe auf und ihren verborgenen Mysterien..."

Diese Sätze stehen in Görres' Abhandlung „Wachstum der Historie", veröffentlicht im Jahrgang 1807 der „Heidelberger Studien", also viele Jahre vor seiner erst um 1824 erfolgten Rückkehr zur katholischen Kirche. Doch auch für den alten, seit 1826 in München lehrenden Denker ist Mystik weit mehr als eine subjektive Gefühlsangelegenheit oder außerrationale Weise des Erkennens, sie ist ihm ein objektiver Sachverhalt, ein die gesamte Wirklichkeit durchwaltendes Prinzip, das Natur und Geist, Gott und Mensch, Himmel und Hölle umschließt.[25] In der dunklen Naturmystik der Erdentiefe wurzelnd, ist der Mensch, so lehrt Görres im Laufe der Jahre immer bestimmter, auch eminent gefährdet. Bisweilen läßt er, der als religiöser Kosmiker die Natur ganz nahe an Gott heranbringt, die Sünde und das Böse fast unvermittelt aus der Materie und der Sinnlichkeit hervorgehen[26] — eine Vorstellung, die nicht christlich, sondern gnostisch ist. Dann wieder meint er, daß die Natur zwar an sich moralisch neutral sei, jedoch infolge des Sündenfalls eine Affinität zum Bösen erhalten haben. Sie stehe in einer unsicheren Mitte zwischen einer ansteigenden christlichen und einer absteigenden dämonischen Mystik.[27] So sehr Görres in der Ableitung des Bösen auch schwankt, so wenig zweifelt er an der Wirklichkeit dieser Macht. Anders als manche Romantiker, die in der Geschichte selig-heile Zeiten der Unschuld und Harmonie wähnen, verfolgt Görres die Spuren des Bösen bis in die frühesten Epochen der Menschheit zurück. In dem erwähnten Beitrag zu den „Heidelberger Studien" wird vom Mittelalter gesagt:

„. . . aber es hatte der Böse neben dem herrlichen Münster auch seine Kapelle sich gebaut; und er untergrub still und langsam nagend die Vesten des schönen Baus, und er stürzte in sich zusammen."

Noch weiter geht Görres in seinem 1810 erschienenen Aufsatz „Reflexionen. Über den Fall Teutschlands und die Bedingungen seiner Wiedergeburt":

„Es ist kein milder, liebevoller, schonender Geist, der vom Anbeginne her durch die Erdengeschichte unsichtbar geht; eine mutige, unbezwingbare Kraft, eine finster verschlossene, erbarmungslose Macht, mit festem Willen ohne Wanken führt sie dem ernsten Ziel entgegen. Was hat das furchtbar erhabene Wesen nicht schon zertreten von allem, was da war auf der Erde? Hat es etwa sorgsam an einem Menschenwerk den schreitenden Fuß vorbeigeführt, daß es nicht verderbe vieler Jahre mühsam

Werk? ... Wohl erheitert sich von Zeit zu Zeit das Dunkel, und die Spiele wagen sich hervor, und die Geschichte scheint zum Scherze zu werden wie das Leben, es ist als ob der ernste Geist auf einem anderen Planeten wandelte; dann aber nahen wieder verhängnisvolle Stunden, und er kömmt in Nacht herabgefahren, um sein Werk zu fördern, und Volk für Volk wird vor Gericht gerufen, daß es ringe mit seinem Schicksal und seine Kraft bewähre in dem Streit." [28]

Dämonie in der Geschichte

Zwar wird diese gnadenlose Macht, die auf Erden unheimlich wandelt, nicht mit Satan identifiziert, doch ist sie dämonischer Natur, eine der moralischen Weltordnung, wo nicht entgegengesetzte, so doch sie durchkreuzende Gewalt. In diesem Sinne hat der alte Goethe vom Dämonischen als einer objektiv wirkenden, unendlich vieldeutigen Macht gesprochen, und nicht von ungefähr dachte er dabei, wie Görres, an die Französische Revolution und Napoleon. Immer wieder kommt der rheinländische Schriftsteller auf diese grausame, irrationale, den Schöpfungen des Menschen feindselige Macht zu sprechen.[29] In einem seiner schönsten Beiträge zum „Rheinischen Merkur" — er hat den Titel „Der Sternenhimmel in der Neujahrsnacht von 1815 - 1816" und ist in einer der letzten Nummern dieses bald darauf verbotenen Blattes erschienen — kommt Görres nochmals auf dieses Thema zurück, wobei er ihm eine anthropologische Wendung gibt:

„Wie die Naturkräfte rastlos ohne Aufhören immer wieder dasselbe Spiel beginnen, so sind die Leidenschaften an dasselbe ewig kreisende Rad geflochten, und durch jede Menschenbrust ist ein Eingang in jenen alten Tartarus, wo in dem Steine, der, unermüdet bergan gewälzt, immer vom Gipfel rückwärts stürzt, in den Wässern, die, oben zugetragen, unaufhörlich nach unten hin entrinnen, in der immer verzehrten und immer nachwachsenden Leber das blinde und das kreisförmig in sich zurückkehrende Walten der blinden Menschenkräfte wie der Naturkräfte abgebildet ist. Darum, und weil die menschliche Natur also eingerichtet, daß sie zugleich die Schlangen und den Herkules, der sie erdrückt, aus sich selber ausgebärt, darum ist es auch um ihren unablässigen Streit also beschaffen, daß wie der eine niedergekämpft ist, sogleich in der Ferne der andere im Morgen sich zeigt; daß aber auch jedesmal zugleich die helfenden, zuletzt siegenden Kräfte in den Aufgang treten, und so immer abwechselnd in Gefährde, Streit und Sieg sich die Geschichte fortentwickelt." [30]

„Die Schlangen und der Herkules" — eine bedeutsame Stelle, die auch von Schopenhauer stammen könnte. Sie führt in die Mitte von Görres' Anthropologie, die den Hintergrund sowohl seiner geschichtsphilosophischen und politischen Schriften als auch seiner Mystik bildet. Dieser Mann, dem es gelang, vita activa und vita contemplativa, mythengeschichtliche Studien und politischen Kampf, ethisch verpflichteten Einsatz für die öffentlichen Angelegenheiten und dichterisch-visionären Aufschwung in seiner Existenz zusammenzuspannen, war eingeweiht in jenes menschheitliche Urwissen von der Doppelstrebigkeit, Gegensätzlichkeit und Gefährdetheit unseres Geschlechts, wie es bereits in einer Chorstrophe der sophokleischen Antigone zu klassischem Ausdruck gelangt: „Viel des Furchtbaren gibt es, doch nichts ist furchtbarer als der Mensch."

Das finstere Reich des Abgrundes

Als polares, an zwei Naturen teilhabendes Wesen dazu berufen, freier Repräsentant der kosmischen Sympathie, Mittler zwischen dem „sonnenhaften Oben" und dem „erdhaften Unten" zu sein, hat der Mensch frevelnd „den Fluch in sich gegessen." [31] Dies ist die einigermaßen orthodoxe Antwort des alten Görres auf die Frage nach dem Ursprung des Bösen. Was er in seiner „Christlichen Mystik" über Dämonie, Wahn, Besessenheit, Raserei und andere Gestalten menschlicher Verfinsterung gesagt hat, wurde von seinen sich aufgeklärt dünkenden bürgerlich-liberalen Zeitgenossen als abgeschmackt-verworrene Ausgeburt eines senilen Obskurantismus spöttisch abgetan; bald senkte sich der Vorhang des Schweigens über dieses opus magnum, das als völlig ebenbürtig neben den größten Summen des Mittelalters genannt werden kann, dem, nach einem Wort des Nichtchristen Ludwig Klages „aus dem ganzen katholischen Schrifttum an Großartigkeit und Tiefe allenfalls nur noch die Dichtung Dantes an die Seite zu stellen wäre." [32] Görres wußte um das Dunkel der menschlichen Seele, um den unaufhebbaren Anteil der Unterwelt an den Ereignissen der Geschichte. Dieses dämonische Reich in der Tiefe wird nur notdürftig gebändigt durch die apollinischen Gegenmächte Religion, Ethos und Recht, doch stets lauert es auf die Gelegenheit, diese Schranken zu sprengen:

„Kennst du noch nicht das finstere Reich des Abgrundes, das die Natur beschließt, glücklich du, wenn es immer beschlossen dir geblieben! Alle seine dunklen Mächte hat der Geist besiegt, und sie in jene Tiefe eingeschlossen; aber durch des Menschen Herz gehen tiefe Brunnen nieder in ihre Finsternis; um den Eingang drängen sich, Freiheit suchend, alle Leidenschaften, aber ihn hält Religion und Sitte fest geschlossen und versiegelt, und solange die Pforten im Beschlusse bleiben, spielt oben das heitere Leben. Aber hat die Siegel eigne Schuld oder das Unglück der Zeit gebrochen, und die Tore zum Unterreiche aufgerissen, dann steigen alle Schrecken aus der Tiefe auf; wie Unwetter zieht es aus dem Abgrund; es faßt den Menschen mit dämonischer Gewalt, und der einzelne Wille vermag nichts mehr gegen die furchtbare Macht, die sich gegen ihn entkettet hat. Die Nacht und alle Furien des Lebens steigen durch jenen Schlund herauf, der Selbstmord und jeder blutige Frevel ..." [33]

Der Mensch ist furchtbar. Niemand so nahe am Abgrund wie er. Niemand so unheimlich, so gefährdet und korrumpierbar wie er. Keiner so ungeheuer im Sinne des altnordischen „Unheore" als eines von den Unterweltsmächten, den Jöten, Giganten, Dämonen, dauernd Bedrohten. Görres wußte um „das wilde Tier in der Brust", wie es sein Heidelberger Schüler Eichendorff nennt. Die zuletzt zitierten Sätze über das finstere Reich des Abgrundes stehen in „Teutschland und die Revolution", dem 1819 erschienenen Schicksalsbuch, dessen Titel bereits die Mächte der beginnenden Restauration erschauern ließ. Die Schrift war ein europäisches Ereignis. Der preußische König befahl, den Verfasser ohne richterliches Urteil sofort verhaften zu lassen. Görres entzog sich der drohenden Gefangennahme durch seine Flucht nach Straßburg. Eine deutsche Revolution, so prophezeit er in dem unheimlichen Buch, würde noch gewaltsamer sein als die französische oder englische: „Zu den Ideen, die Frankreich bis zur gänzlichen Umwälzung bewegt, ist bei uns noch eine neue hinzugekommen, die in dieser kaum gewirkt, die der Einheit nämlich, und eine solche Vermehrung des Fermentes muß notwendig zur verstärkten Gärung führen. Eine deutsche Revolution würde mit der Vertreibung aller herrschenden Dynastien, mit der Zerbrechung aller kirchlichen Formen, mit der Ausrottung des Adels, mit der Einführung einer republikanischen Verfassung unausbleiblich endigen; sie würde dann, wenn sie ihren glücklichern Wallenstein gefunden, weil jedes revolutionierte Volk notwendig ein eroberndes wird, über ihre Grenze treten und das ganze morsche europäische Staatsgebäude bis an die Grenze Asiens niederwerfen; aber alle diese Herrlichkeiten, wie früher die Niederlande, mit dem Untergang der Hälfte der aufsteigenden Generation, mit der Zerrüttung des ganzes Wohlstandes von Deutschland und mit der Verödung aller seiner Gaue durch einen langwierigen Krieg erkaufen, und am Ende nicht viel mehr gewinnen, als jetzt auf eine wohlfeilere Weise zu erlangen ist."

Bestürzende Worte, geschrieben hundert Jahre vor dem Deutschland demütigenden Versailler Friedensvertrag. Auch dunkle Worte, weil auch heute nicht genau zu bestimmen ist, ob die Zukunft, vor der Görres warnt, inzwischen bereits Vergangenheit geworden ist oder — angesichts der Teilung der Nation — nach wie vor eine deutsche Möglichkeit darstellt... Was immer der Koblenzer mit diesen vieldeutigen Sätzen im Auge gehabt haben mag, seine in derselben Schrift geäußerte Warnung ist immer noch aktuell:

„Revolutionen sind wie der Tod, vor dem nur Feige zagen, mit dem aber nur die Frivolität zu spielen wagt. So furchtbarer Bedeutung sind diese Katastrophen in der Geschichte und so ernsten tiefen Inhalts, daß nur Verrückte oder Verzweifelte sie herbeiwünschen mögen."

Der katholische Mystiker

In Straßburg, dieser alten Hochburg mystischer Religiosität, vollzog sich des Emigranten Görres Wende von der Romantik zur katholischen Kirche. Die Rückkehr war nicht nur eine spirituelle Konversion, sondern auch eine politische. Der Heimatlose, der einst „Mönche, Pfaffen und Nonnen", die „einträglichen Alfanzereien" der „schwarzen Zauberer" verhöhnt hatte, wurde zum christlichen Mystiker und streitbaren Kirchenmann. War der zweite Satz in der Symphonie seines Leben der pathetische, so wurde der dritte mystische ein Andante con moto von gewaltigen Ausmaßen. Görres, der den Untergang des alten Reiches, das Scheitern der Revolution, den Sturz Napoleons und die Enttäuschung der freiheitlichen und nationalen Hoffnungen nach dem Wiener Kongreß erlebt hatte, fand den Weg in die Kathedrale des Katholizismus. Der einstige Jakobiner vertauschte die rote Mütze mit der schwarzen Kapuze, das revolutionäre „Seid umschlungen Millionen" erhielt eine religiöse Bedeutung. Er, der einen tiefen Blick in die acherontischen Tiefen getan hatte, suchte sowohl diesseitige als auch metaphyische Geborgenheit unter dem Dach einer überlieferten Autorität, die ihm re-ligio, Rückbindung an ein transzendentes Sein, zu gewähren versprach. „So habe ich in religiösen Dingen", schrieb er 1822 an Jean Paul, den er zeitlebens als „Repräsentanten des Modernen" bewunderte,[34] „so habe ich in religiösen Dingen nach reiflicher Überlegung für besser gefunden, an dem alten Bau, dessen Grundvesten vor so manchen Jahrtausenden ... gelegt wurden, fortzubauen, als auf eigene Faust aus Stroh und Goldpapier ein eigenes Schwalbennest bloß auf die Leibzucht zu bauen."[35]

Es ist dies der Weg, den auch Friedrich Schlegel, Adam Müller, John H. Newman und Wladimir Solowjow, in unserem Jahrhundert Paul Claudel, Ludwig Derleth, T. S. Eliot, Wystan Hugh Auden, Hugo Ball und andere gegangen sind. Dieser Weg mag auch heute noch einzelnen offenstehen. Er ist freilich mühseliger geworden, denn die Kirchen befinden sich in einer Krise, die noch nicht abschätzen läßt, welchem Christentum oder welchen Christentümern die Zukunft gehören mag. Ungeachtet dieser Krise, in der nur noch liberaler Schwachsinn die Kirchen als Bedrohung der Freiheit zu verkennen vermag, spricht freilich vieles für die Vermutung, daß die Menschen auch weiterhin — und gerade in Epochen der Krise, des Umbruchs und der Mutation — religiöse, religionsfähige und der Religion bedürftige Wesen bleiben werden. Görres hat über dieses Problem menschlicher Rückbindung und Selbsttranszendenz im Laufe seines Lebens verschieden gedacht: Er hat die alte Kirche bekämpft, er hat die Herkunft einer neuen kosmischen Religiosität verkündet, er hat schließlich zum Katholizismus gefunden.

Soll man Görres' gedenken, abgesehen davon, daß sein dramatischer Lebensweg menschliches Interessse und historische Neugier zu erregen vermag?

Wer ist Görres? Görres ist immer Redner, auch wenn er schreibt. Dreimal hat er seine gewaltige Stimme erhoben: als junger Jakobiner, der die rheinländische Republik verkündigte; als Mann, der der Tyrannei Napoleons den Krieg erklärte; im Alter als Wortführer der deutschen Katholiken gegen die preußische Regierung. Görres ist ein Magier der Sprache, dem, wie Trakl von Karl Kraus sagt, „unter dem flammenden Mantel der blaue Panzer des Kriegers klirrt." Er hat die Statur eines Kreuzritters, der zugleich Mönch, Mystiker und Soldat ist. Seine Züge erinnern an die Gestalt des heiligen Georg, und von Georg dürfte auch der Name seiner Familie stammen. Prophetische Zürnkraft ist ihm eigen wie Dante, Müntzer und Fichte. Kampf, der heraklitische pólemos, war wirklich der Vater seiner Werke. Görres erkannte wie kein Deutscher vor ihm die Rolle der öffentlichen Meinung in einem revolutionären Zeitalter; er selbst hat diese Macht in einem Maße ausgeübt, daß Zeitgenossen seinen „Rheinischen Merkur" als fünfte Großmacht bezeichnen konnten. Schon als Knabe hat er auf dem Dach des elterlichen Hauses in Koblenz Drähte ausgespannt, um damit Blitze einzufangen. Fast noch ein Schüler, hat er selber Blitze in die Welt zu schleudern begonnen. Feuer und Blitz gehören zu den bei ihm immer wiederkehrenden Zentralwörtern. Dieser Feuergeist war nie Majorität. Nie, das durfte er mit Stolz sagen, hat er um Lohn gekämpft. Er war zu keiner Zeit das Sprachrohr anderer, sondern immer Stimmführer, dem, wie Brentano einmal sagt, „die Feuerstrahlen prophetischer Warnung von den Lippen flammen."

Görres war eine in hohem Grade rezeptive Natur. Es hat kaum eine geistige Bewegung vor ihm, keine gleichzeitige gegeben, die er nicht auf sich hätte wirken lassen. Er, der nie an einer Universität studiert hatte, war selber eine ganze Universität. Begabt mit einem nichts auslassenden Gedächtnis, hat er sich zu allem, sei es Politik, Philosophie, Mythologie, Medizin, Geschichte, Literatur, Orientalistik und Kirche, einen eigenen, persönlich geprägten Reim gemacht. Im Vergleich zu Ranke oder den Gebrüdern Grimm war er kein Gelehrter. Görres wirkte nicht als Fachmann, sondern als Entdecker, Anreger, Liebhaber. Er lebte und dachte gewissermaßen essayistisch. Er war und blieb auf geniale Weise Autodidakt und Dilettant.

Görres hat uns die Welt des Mythos neu erschlossen. Mythos ist ihm Ursprung und aller Ursprung mythisch. Im Mythos sah er die „Blumenknospe" dessen, was später reale Geschichte wird, den esoterischen Leitfaden durch das Labyrinth der historischen Begebenheiten. Hinter der bunten Fülle der verschiedenen Mythologien der einzelnen Völker und Kulturen ahnte er eine gemeinsame Wurzel, eine durchgängige elementare Symbolik, hierin intuitiv viele Ansätze und Ergebnisse der neueren Mythen- und Symbolforschung, der Archetypenlehre und der Religionswissenschaft vorwegnehmend.

Der mittlere Görres ist der Prophet einer kosmischen Religiosität, einer alle konfessionellen Grenzen überwölbenden Mystik des Lebens, der Erde, der Evolution, in der christliches und heidnisches, dionysisches und apollinisches Weltgefühl sich verbinden. Die Natur erscheint ihm gleichsam als Tempel-Leib Gottes und die Vielfalt der Gestalten des Lebens als unbewußter Gottesdienst.

Nietzsches Kampf gegen das Christentum war zutiefst in dem Verdacht begründet, daß es natur- und lebensfeindlich und damit eine tödliche Gefahr für den Menschen sei, dem die Aufgabe zufällt, die Herrschaft über die Erde und darüber hinaus die Verantwortung nicht nur für seine eigene Evolution, sondern auch für die Bewahrung der Natur zu übernehmen. Görres verkörpert demgegenüber eine mögliche Gegenposition: die Geburt eines kosmosfreundlichen Ethos aus dem Geist eines undogmatischen, mit der außerchristlichen Überlieferung kommunizierenden katholischen Pantheismus.

„Wie wäre die Welt so arm ..."

Görres hat Tiefsinniges über die großen geschichtlichen Krisen, über Revolution, Diktatur und Gegenrevolution gesagt. Er hat so etwas wie eine sociologie en profondeur, eine Lehre von den Tiefendimensionen, von den dynamischen und vulkanischen Kräften geschichtlichen Wandels, wenigstens im Grundriß geliefert. Er wußte um das furchtbar Dämonische in der Natur des Menschen. Er verteidigte aber auch das Menschenrecht auf Vergangenheit, die Würde geschichtlicher Überlieferung: „Wie wäre die Welt so arm, wenn jedes Sein am Kommenden rein gestorben wäre . . .!" [36] „Der Mensch fußt . . . mit tiefen Wurzeln in der Vergangenheit seines Daseins, und sie erstrecken sich weit unter ihrem Boden weg in uralte Zeit, aus der sie noch die unsichtbare Kraft ziehen. Das Volk, welches seine Vergangenheit von sich wirft, entblößt seine feinsten Lebensnerven allen Stürmen einer wetterwendischen Zukunft. Wehe also uns, wenn unsere neue Gestalt so neu würde, daß sie nur aus dem Bedürfnis der Gegenwart ihr Dasein schöpfte!" [37]

Görres gehört mit Heraklit, Paracelsus, Jakob Böhme, Pascal und Nietzsche zu den *philosophi per ignem,* den Weisheitsliebenden kraft Feuers und durch Feuer. Soll man seiner gedenken? Vielleicht sollten wir lieber auf ihren hören. Eichendorff erinnert sich noch nach Jahrzehnten an Görres' Heidelberger Vorträge:

„Sein durchaus freier Vortrag war monoton, fast wie fernes Meeresrauschen schwellend und sinkend, aber durch dieses einförmige Gemurmel leuchteten zwei wunderbare Augen und zuckten Gedankenblitze beständig hin und wider; es war wie ein prächtiges nächtliches Gewitter, hier verhüllte Abgründe, dort neue, ungeahnte Landschaften plötzlich aufdeckend, und überall gewaltig, weckend und zündend fürs ganze Leben." [38] — Viele Jahre danach hörte ihn Ernst von Lasaulx in München. Über seinen Eindruck schreibt er in einem Brief: „Görres' universalhistorischer Gesichtspunkt ist der höchste, den ein Mensch nehmen kann ... selbst wenn das Ganze nur ein großes Gedicht wäre, so ist diese Dichtung doch so ungeheuer und erhaben, daß ich dafür gern einige nackte, sogenannte historische, materielle Wahrheiten hingeben will." [39]

(1976)

Anmerkungen

1) Joseph von Eichendorff: Halle und Heidelberg. In: Erzählungen. Hrsg. von Werner Bergengruen. Zürich o. J., S. 633.

2) Vgl. Jakob Baxas Vorwort zu Joseph von Görres: Jakobinerschriften. Salzburg 1953, S. 6.

3) Vgl. Alois Dempf: Görres spricht zu unserer Zeit. Freiburg i. Br. ^{2}1936, S. 9 ff.; Horst Fuhrmans: Schellings Philosophie der Weltalter. Düsseldorf 1954, S. 80 ff.

4) Johann Nepomuk Sepp: Görres und seine Zeitgenossen. Nördlingen 1877, S. 350.

5) Vgl. Friedrich Heer: Europa — Mutter der Revolutionen. Stuttgart 1964, S. 595.

6) Fall der Religion und ihre Wiedergeburt. In: Gesammelte Schriften. Bd. 4, Köln 1955, S. 255.

7) Zit. bei Wilhelm Schellberg: Joseph von Görres. Köln ^{2}1926, S. 156 f.

8) Das rote Blatt. Erster Jahrgang, erstes Trimester, viertes Heft. Sechstes Jahr der Frankenrepublik, erster Germinal (15. Mai 1798). In: Gesammelte Schriften. Bd. 1, Köln 1928, S. 113 f., das folgende Zitat S. 195.

9) Resultate meiner Sendung nach Paris. Koblenz im Floreal J. VIII (1800). In: Gesammelte Schriften. Bd. 1. aaO., S. 555.

10) Zit. bei Josef Nadler: Literaturgeschichte der deutschen Stämme und Landschaften. Bd. 3, Regensburg 1931, S. 293.

11) Resultate ..., aaO., S. 586 f., das folgende Zitat S. 590, 593.

12) Zit. in der Einleitung zu Görres: Gesammelte Schriften. Bd. 1, aaO., S. XXVII f.
13) Glauben und Wissen. In: Gesammelte Schriften. Bd. 3, Köln 1926, S. 9.
14) Vgl. Alfred Baeumler: Das mythische Weltalter. Bachofens romantische Deutung des Altertums. München 1965, S. 96 ff., 183 ff.
15) Glauben und Wissen, aaO., S. 6, das folgende S. 11 ff., 40.
16) Vgl. Exposition der Physiologie (1805). In: Gesammelte Schriften, Bd. 2, Teil 2, Köln 1934, S. 24 f.
17) Aphorismen über die Kunst (1802). In: Gesammelte Schriften. Bd. 2, Teil 1, Köln 1931, S. 109, 110 f.
18) Fall der Religion . . ., aaO., S. 243, 245, 247 f., später S. 251 ff.
19) Thomas von Aquino: Summa theologica, I, 1,8 ad 2; I, 2,2 ad 1.
20) Fall der Religion . . ., aaO., S. 256, 258.
21) Vgl. Eph 1,10; 1,20 ff.; Phil 2,10 f.; Kol 1,13 ff.; 2,9 f.
22) Vgl. Über die Grundlage, Gliederung und Zeitenfolge der Weltgeschichte. Breslau 1830, S. 134 ff.: „Schmähen wir . . . die liebende Mutter nicht, die uns trägt und nährt . . . Es ist keine gefallene Welt, die endliche, es ist eine steigende: das Individuelle in ihr, was die Freiheit setzte, soll wieder zur Allgemeinheit sich erheben, ohne diese Freiheit einzubüßen, harmonisch zusammenwirkend, nicht durcheinander vernichtet, sollen die Kräfte zurückkehren in die Urkraft."
23) Vgl. Die christliche Mystik. Graz 1960 (Unveränderter Nachdruck der Ausgabe Regensburg 1879 - 1880), Bd. 2, S. 14, vgl. S. 70.
24) Wachstum der Historie. Religion in der Geschichte (1807/1808). In: Gesammelte Schriften. Bd. 3, aaO., S. 368 ff.
25) Vgl. Georg Bürke: Vom Mythos zur Mystik. Joseph von Görres' mystische Lehre und die romantische Naturphilosophie. Einsiedeln 1958.
26) Vgl. Wachstum der Historie . . ., aaO., S. 388 f., 390.
27) Vgl. Die christliche Mystik, aaO., Bd. 1, S. 17, Bd. 3, S. 3.
28) Reflexionen. Über den Fall Teutschlands und die Bedingungen seiner Wiedergeburt (1810). In: Gesammelte Schriften. Bd. 4, aaO., S. 221.
29) Vgl. Fall der Religion . . ., aaO., S. 243 f. und vgl. Aurora-Beiträge. In: Gesammelte Schriften. Bd. 3, aaO., S. 101.
30) Rheinischer Merkur, Nr. 353, Dienstag, den 2. Januar 1816, S. 2.
31) Vgl. Die christliche Mystik, aaO., Bd. 3, S. 145, 335, 616; Bd. 2, S. 288; Bd. 1, S. 354 ff., 385, 461 f.
32) Ludwig Klages: Der Geist als Widersacher der Seele. Bonn ^{5}1972, S. 757.
33) Teutschland und die Revolution (1819). In: Gesammelte Schriften. Bd. 13, Köln 1929, S. 92 ff.
34) Vgl. Aurora-Beiträge, aaO., S. 76.
35) Zit. bei Gerhard Kallen: Joseph Görres und der deutsche Idealismus. Münster 1926, S. 30.
36) Die teutschen Volksbücher (1807). In: Gesammelte Schriften. Bd. 3, aaO., S. 276.
37) Der deutsche Reichstag (1814). In: Jakobinerschriften, aaO., S. 49.
38) Joseph von Eichendorff: Halle und Heidelberg, aaO., S. 633 f.
39) Zit. bei Remigius Stölzle: Ernst von Lasaulx. Münster 1904, S. 16 f.

Achim von Arnim

„Die Kronenwächter" als Apokalypse des deutschen Geistes

Darum sei uns lieb diese träumende Freude und Sorge aller schaffenden Kräfte als ein Zeichen der höheren Ewigkeit, in die sich der Geist arbeitend versenkt und der Zeit vergißt ...

A. v. A.

Eichendorff nannte ihn einen der „getreuesten Romantiker" und rühmte sein „ritterliches Gemüt". Görres widmete ihm in einem Nachruf die Ehrennamen: „ein hoher, reichbegabter Geist, ein warmes, blühendes, poetisches Gemüt, eine edle treue Natur ohne Wanken und ohne Falsch". Heinrich Heine anerkannte in ihm einen Meister des Phantastischen, der hierin sogar Novalis und E. T. A. Hoffmann übertreffe. Georg Herwegh attestierte ihm „historischen Sinn" und pries seine Erzählung „Isabella von Ägypten" als „Diamant eines Geisterkönigs und heiligen Gral der romantischen Schule". André Breton feierte ihn als überragenden Vorläufer des Surrealismus. Reinhold Schneider ließ es sich nicht nehmen, ihn angelegentlich als ehrwürdige Gründergestalt eines geschichtsbewußten, zukunftsoffenen und religiös verwurzelten Konservatismus in Erinnerung zu bringen.

Die Rede ist von Achim von Arnim (1781 bis 1831), dem Freund Eichendorffs, Görres' und der Brüder Grimm, der durch seine Heirat mit Bettina (1811) mit Clemens Brentano verschwägert war und auch mit Kleist, Savigny, Adam Müller und Fouqué in Verbindung stand. Daß Heidelberg zu einem Mittelpunkt der jüngeren Romantik wurde, ist in hohem Maße auch ihm zu verdanken, der in dieser Stadt die „Zeitung für Einsiedler" (als Buch „Trösteinsamkeit" genannt) und — gemeinsam mit Brentano — die dreibändige Liedersammlung „Des Knaben Wunderhorn" herausgab. Trotz dieser vielfältigen Beziehungen und des höchsten Lobes aus den verschiedensten Windrichtungen, gilt noch immer die Tagebuchnotiz Hebbels aus dem Jahre 1842: „Wie konnte dieser Dichter so lange unbeachtet bleiben?"

Achim von Arnim war in Physiognomie und Haltung einer der schönsten Menschen seiner Zeit. Von seiner Erscheinung ging etwas aus, das jeden Feinfühligen, der ihm zu begegnen das Glück hatte, den Atem anhalten ließ. Eine fast schon unirdische Reinheit wehte einen an. Irgendwie wirkte er wie ein Mensch ohne Verwandtschaft und Vorbilder. Manchmal konnte man sich des Verdachts kaum erwehren, daß er halb ein Cherub, halb ein Gralsritter war. Trotz seiner das normale Ausmaß weit übersteigenden Traumfähigkeit glich er nicht im geringsten dem Typus des haltlosen Phantasten, der von den Gaukeleien seiner Einbildungskraft genarrt wird, oder einem besessenen Schwärmer, der einer fixen Idee anhängt. Sogar die ihn liebten und ihm am innigsten nahestanden, erschauerten bisweilen vor seiner kristallenen Lauterkeit und blanken Geradheit. Die zwanzigjährige Ehe mit der ihn um viele Jahre überlebenden Bettina Brentano, deren Naturell dem seinen in allem bis zum äußersten entgegengesetzt war, bleibt trotz der Veröffentlichung ihres Briefwechsels und verschiedenster psychologischer Zugriffe ein Geheimnis, das wir nicht enträtseln, sondern nur verehren können. Was fesselte diesen verschwiegenen, peinlich die Gesetze des Anstands achtenden und im täglichen Leben immer klarblickenden und besonnenen Preußen an diese quirlige, exzentrische, launische, kokette, indiskrete und impertinent naseweise Frau mit dem Benehmen eines verzogenen halbwüchsigen Mädchens aus dem Süden? Kaum jemals waren zwei wie Feuer und Wasser wesensverschiedene Temperamente einander so entgegengesetzt und dennoch zueinander hingezogen. Trotz aller Krisen und Verirrungen, die beiden nicht erspart blieben, währte die Ehe bis zuletzt. Der französische Germanist Albert Béguin bemerkt dazu: „Nur ein Mann, der so männlich war wie Bettina weiblich, konnte sie so lieben und so stark an sich binden, daß er sie zu verwandeln vermochte und doch selber um all das reicher wurde, was sie ihm an Schätzen zu offenbaren hatte. Anders als so manche romantische Leidenschaft war diese weder ein tragisches Scheitern noch eine platonische Einbildung."

Der Zusammenhalt dieser seltsamen Ehe wurde allerdings nicht unbeträchtlich durch den Umstand gefördert, daß beide Partner die meiste Zeit nicht unter einem Dach lebten: Arnim versieht pflichtbewußt, wenngleich nicht sehr erfolgreich die Verwaltung seiner Ländereien in der Stille von Wiepersdorf, während die hausfraulich unbegabte Bettina in Berlin ein gastfreies Haus führt, in dem es drunter und drüber geht, das aber dennoch von fast allen Großen des Zeitalters gern frequentiert wird. Der Ehemann, von dem sie befürchtet, daß er völlig verbauere, hält es für nötig, diese geistreiche Schlampe zu ermahnen: „Wenn Du den Brief nicht aufheben kannst, so verbrenne ihn; wenig Dinge verletzen mich innerlich so tief, als wenn ich Briefe von mir auf den Schränken herumfahren sehe." Sie wiederum schreibt ihm gelegentlich erbittert: „Ich lebe wie in der Bastille, nur mit mehr Sorgen und Unbequemlichkeit wie die Gefangenen." Häufiger sind freilich diejenigen brieflichen Äußerungen, mit denen sie den Ehemann überschwänglich vergöttert: „Ach Arnim, Du bist glücklich, daß Du ein Dichter bist und laß es nie Deine Sorge sein, Dich nach dem lesenden Publikum zu bilden."

Einen solchen Rat ließ sich der in abgeschiedener Ferne landwirtschaftlich werkelnde Gatte gerne gefallen; weniger angenehm schmeckten ihm die aufdringlichen Mahnungen, endlich wieder etwas zu veröffentlichen, die sie mit olympischen Elogen geschickt verband: „Daß Du die Leier empfangen, ist ein Zeichen, daß Du durch sie herrschen sollst." — „Die rechten Dichter sind geistiger Weise, was die Kron- und Erbfürsten irdischerweise sind und repräsentieren." — „Du, dessen Begeisterung sich unwillkürlich zur Darstellung gewendet, regst Dich nicht." — „Es ist mir, als ginge in jedem Augenblick, wo Du nicht vom Enthusiasmus für das, was Du für alle tun und sein kannst, durchdrungen bist, ein ungeheurer Schatz verloren."

Diese Äußerungen beziehen sich auf den halb historischen, halb sagengleichen Roman „Die Kronenwächter", den Achim von Arnim im Jahre 1817 veröffentlicht hat. Obwohl er schon 1962 von Walther Migge ungekürzt und wohlkommentiert im Rahmen einer dreibändigen Arnim-Ausgabe erneut vorgelegt wurde und inzwischen auch in zwei oder drei anderen Editionen erhältlich ist, zählt er nach wie vor zu den unbekanntesten Werken aus dem Vorrat romantischer Erzählkunst deutscher Sprache. Als Kuriosum sei noch erwähnt, daß der elfte Band des Grimmschen Wörterbuchs, der 1873 erschien und alle deutschen Wörter mit dem Anfangsbuchstaben *K* erfaßt, zwar den Ausdruck „Kronwache" (mit zwei Hinweisen auf Jean Paul), nicht aber die Prägung „Kronenwächter" anführt. Dieser Fehl ist insofern bemerkenswert, als Jacob und Wilhelm Grimm das Buch mit dem prägnanten Titel gut gekannt haben. Walter Migge zitiert mehrere Briefe zwischen Achim von Arnim und den Brüdern Grimm, in denen Entstehung, Erscheinen und mögliche Fortsetzung der „Kronenwächter" zur Sprache kommen.

Hugo von Hofmannsthal nannte diese Schöpfung mit Recht „eines der tiefstdurchdachten Kunstwerke", nachdem bereits Fontane in einer erstmals 1969 veröffentlichten Aufzeichnung seinen starken Eindruck festgehalten hat: „Alles Tiefsinn. Manches sehr schwer, manches unverständlich, aber das Ganze doch ein wahrer Geistesschatz." Die Schwierigkeiten, die Arnims „Kronenwächter" bereits zeitgenössischen Lesern aufgegeben haben, sind kein Einwand gegen das Buch. Sie machen vielmehr den eigentümlichen Reiz aus, den dieses Werk auf wohl jeden ausübt, der schon die allerersten Sätze der traumhaften Einleitung auf sich wirken läßt: „Wieder ein Tag vorüber in der Einsamkeit der Dichtung! Die Glocke läutet Feierabend, und die Pflüger ziehen heim mit dem Gespann, führen und tragen behaglich die Kinder, die ihnen entgegengegangen, und freuen sich ihrer Mühe in der Ruhe ..."

„Die Kronenwächter" sind ein überaus vielschichtiges und hintergründiges Werk. Die Handlung spielt auf verschiedenen Ebenen: einerseits in Waiblingen und Augsburg, andererseits in einer unzugänglich entlegenen Festung mit gralsburgähnlichen

Zügen. Neben historischen Gestalten wie Kaiser Maximilian, Georg von Frundsberg, Martin Luther und Erwin von Steinbach (der anachronistisch aus dem 13. ins 15. Jahrhundert versetzt wird) tauchen in Träumen und eingeschobenen Chroniken, Erzählungen und Sagen Siegfried, Attila und Friedrich I. Barbarossa auf. Wir begegnen aber auch dem eine Bluttransfusion vornehmenden Doktor Faust, dem kaiserlichen Geheimschreiber Markus Treitzsauerwein und einer ganzen Reihe von erfundenen, aber mit dem Siegel der Wirklichkeit ausgezeichneten Personen: der stufenweise immer ordinärer werdenden Anna, dem marodierenden Landsknecht Anton, der seraphischen Susanna, dem verlotterten Vagabunden Grünewald, dem gutmütigen Schneider Fingerling, der dicken Türmersfrau Hildegard und den beiden Pflegevätern der Hauptfigur namens Berthold.

Obwohl die Umstände, unter denen der als Säugling in einem Kasten ausgesetzte Berthold gerettet wird, an biblische und mythische Wunderberichte erinnern, ist er ungeachtet seiner geheimnisumwitterten hohenstaufischen Abkunft ein „negativer Held", eine zwiespältige und letzten Endes kläglich scheiternde Natur, ein der ihm zugemuteten reichsmystischen Retterrolle ganz und gar nicht gewachsener Schwächling. Sein Tod an den Gräbern der Vorfahren im Kloster Lorch beendet die bodenlosen Träume eines rückwärtsgewandten politischen Don Quijote, der von einem obskuren mafiagleichen Geheimbund, eben den „Kronenwächtern", ausgenutzt und mißbraucht wird. Von diesem die regierenden Habsburger als illegitime Emporkömmlinge bekämpfenden, für eine Rückkehr der angeblich nicht ausgestorbenen Staufer sich mit allen Mitteln einsetzenden Verschwörerorden hat also das Buch seinen Namen. Nebenbei bemerkt: Hat man schon in ausreichendem Maße die doch auffällige Tatsache gewürdigt, daß in vielen deutschen Dichtungen aus der Zeit zwischen etwa 1790 und 1830 Geheimgesellschaften, ordensritterliche Zusammenschlüsse und freimaurerähnliche Konventikel eine erhebliche Rolle spielen? Ich erwähne aufs Geratewohl: Wielands „Agathodämon", Goethes „Wilhelm Meister", Novalis' „Lehrlinge zu Sais", Hölderlins „Hyperion", Jean

Pauls „Unsichtbare Loge", Ludwig Tiecks „William Lovell" und Zacharias Werners „Söhne des Tals".

Unverständlich ist es, wie der konservative Gutsherr Achim von Arnim jemals in den Ruf eines bornierten Reaktionärs kommen konnte und mit diesem Etikett teilweise noch heute durch „kritische" Literaturgeschichten geistert. Kein progressiv gesinnter Autor hat mit künstlerischen Mitteln die Hohlheit eines gewissen Legitimismus und die geschichtswidrige Fatalität einer forcierten Restauration veralteter politischer Verhältnisse derart überzeugend aufgezeigt wie dieser hochgesinnte märkische Aristokrat. Die zur Zeit der Romantik allenthalben blühenden Träumereien von einer Wiederkehr alter Kaiserherrlichkeit werden von dem mit historischem Sinn begabten Phantasiemenschen Arnim als haltlose Illusionen bloßgestellt. Wer sie gar als ernsthafte politische Alternative in die Wirklichkeit umzusetzen strebe, lande unvermeidlich in Greueln von Lüge und Gewalt.

Das ist, in kurzen Worten und durchaus zulässig vereinfacht, die politisch-überpolitische Botschaft des vielfach als engstirniger Junker zu Unrecht abgetanen Adeligen Achim von Arnim. Eine Erneuerung Deutschlands erhofft er sich nicht von den alten Thronen und Obrigkeiten, nicht von dynastischem Klüngel und spätfeudalen Schranzen, sondern von einer volksverbundenen Aristokratie des Geistes, die an die Stelle des Prinzips der Abstammung das der Leistung gesetzt hat. Zu ihr hat jeder Fähige Zugang, unabhängig von Geburt und Stand. In diesem Sinne hat Arnim sich einmal gegen die Behauptung verwahrt, daß die Grundhaltung des Romans „adlig" im herkömmlichen Sinne sei: Mit seiner „adligen Gesinnung" sei es nicht weit her, er selbst halte viel mehr von „bürgerlicher Tätigkeit". Wie schon bei Adam Müller und Friedrich Schlegel, wie bei Eichendorff und Görres zeigt sich abermals, wie wenig die deutsche Romantik dem trüben Zerrbild gleicht, das sowohl deren Verächter als auch deren Epigonen geschaffen haben.

Gleich Novalis' „Ofterdingen" und Tiecks „Sternbald" sind auch „Die Kronenwächter" unvollendet geblieben. Dennoch erscheinen sie trotz ihres fragmentarischen Charakters als ein Ganzes, als ein in sich vielfältiges Universum, in dem wirklichkeitsandächtige Treue zum historischen Detail und freies Walten der Phantasie, Sinn für das Groteske und geschichtsphilosophischer Tiefenblick ein spannungsreiches Gefüge bilden. Der Romantorso zeigt uns den ganzen Arnim: den Nachkommen eines uralten, noch heute unter uns lebenden Grafengeschlechts, der sich als Erben versunkener Zeitalter verstand; den kraft seiner überbordenden Imagination souverän mit überlieferten Stoffen und Formen spielenden Träumer; vor allem aber auch den durchaus nicht deutschtümelnd-muffigen, sondern nüchtern um die Unwiederbringlichkeit vergangener Einrichtungen wissenden und mit ungewöhnlichem Ahnungsvermögen für kommende Dinge begabten Konservativen im edelsten Sinne des Wortes, der in seinen Entwürfen zu dem nie geschriebenen zweiten Band der „Kronenwächter" lapidar erklärt, „daß die Krone Deutschlands nur durch geistige Bildung wieder errungen werde".

Die wahren Kronenwächter sind keine ränkespinnende Kamarilla und auch keine politische Sekte, sondern alle jene, die im stillen (und vielfach mißverstanden) das zu erhalten und zu fördern trachten, was uns nach allen Katastrophen noch geblieben ist, die einzige Bastion gegen Selbstentfremdung und Würdelosigkeit: unsere Sprache, die tätige Erinnerung an die Höhepunkte unserer Kultur, die person- und nationstiftende Aneignung des in mehr als einem Jahrtausend angesammelten geistigen Erbguts, auf daß unter einem günstigeren Stern darauf wieder einmal etwas Ordentliches nachwachsen könne.

In Wort und Geist Arnims, den er ausdrücklich nennt, gründen auch die wahlverwandten, nur scheinbar resignierten Worte des 1958 verstorbenen Philosophen Leopold Ziegler. Sie stehen in einem an Reinhold Schneider gerichteten Brief mit dem Datum: Überlingen, 7. Mai 1953. Ziegler spricht fast raunend dort von einer überpolitischen „Bruderschaft" des Geistes, „die zur Wache und Wächterschaft über eine Krone bestellt ist, von der wir beide wissen, daß niemand sie, in welcher Zukunft auch, jemals tragen wird. Denn sie ruht ja versteckt und unauffindbar auf dem Grunde des Rheins, vielleicht in nächster Nähe des Nibelungengoldes. Auf dem Grunde des Rheins? Das ist ein

Gleichnis und ein Bild dann freilich, daß sie in unserer Seelentiefe ruht und doch also ‚getragen' wird — erhalten und bewahrt — in uns!"

Achim von Arnims unvollendetes, wohl auch unvollendbares Hauptwerk, das auf dem Gebiet des deutschen historischen Romans beispiellos ist, wird gewiß auch trotz seiner jüngsten und keinen Wunsch offenlassenden Edition — erschienen im Deutschen Klassiker Verlag zu Frankfurt am Main — nie ein Bestseller werden. Aber diejenigen, denen es gegeben ist, sich mit ihm verstehend anzufreunden, dürfen sich selbst mit stolzer Bescheidenheit als Kronenwächter deutscher Dichtung fühlen. Mag ihr Kreis auch weiterhin klein bleiben, so haben sie dennoch das Privileg, sich auf einige unverdächtige Zeugen berufen zu können: Hugo von Hofmannsthal, Leopold Ziegler, Reinhold Schneider, Otto Heuschele, André Breton und — um den ältesten zu nennen — Wilhelm Grimm. Der zuletzt genannte Eideshelfer im Widerstreit der Meinungen um Achim von Arnims Eigenart und Rang kennzeichnete dessen Werk einmal so: „Es ist wahr, manchmal war der Becher zu klein und der Wein strömte über, oder er war zu groß und wurde nicht bis zum Rande gefüllt; immer aber war der Duft, der davon aufstieg, rein und erfrischend."

Dieser reine und erfrischende Duft weht uns nicht nur aus „Des Knaben Wunderhorn" und manchen Gedichten von Arnim entgegen, sondern insbesondere auch aus seinen „Kronenwächtern". Oberflächlich betrachtet ein kunterbunter historischer Bilderbogen, der die Krisenzeit zwischen Spätmittelalter und Renaissance beschwört, erweisen sie sich dem tiefer Blickenden als eine in ihrem Gehalt nach wie vor unausgeschöpfte Apokalypse des deutschen Geistes.

(1989)

Joseph von Eichendorff

Der unbekannte Dichter und sein Glück

I.

Man kann sich so vieles erklären, auch wenn es rätselhaft und wunderbar erscheint. Aber selbst nach der Erklärung bleibt das Geheimnis bestehen. Probleme kann man lösen; Geheimnisse kann man günstigstenfalls umschreiben, wenn sie nicht überhaupt, im Sinne des von Wittgenstein übernommenen Eichendorff-Worts, „unaussprechlich klar" sind. Der Zauber Eichendorffs ist ein Geheimnis. Wann immer ich in Heidelberg bin, begegnet mir einer der größten, aber auch unbekanntesten Dichter deutscher Romantik, der dort mit seinem Bruder Wilhelm am 17. Mai 1807 um vier Uhr früh klopfenden Herzens ankam: Joseph von Eichendorff.

Eichendorff kam als Student, neunzehn Jahre alt. Geboren auf Schloß Lubowitz in Oberschlesien, hatte er bereits in jungen Jahren Prag, Breslau, Halle, den Harz und Hamburg kennengelernt. Als erwachsener Mann, dem es als verarmtem Adeligen nicht erspart blieb, durch eine prosaische Beamtenlaufbahn im Dienste Preußens seinen Lebensunterhalt zu verdienen, hat Eichendorff noch manche andere Städte kennengelernt und in einigen jahrelang gewohnt. Breslau, Danzig, Königsberg — damals alles deutsche Städte, seit 1945 unter fremder Hoheit, mehrmals Berlin, Köthen, Dresden und Neiße — sind die Stationen seines Lebens. Hinzu kommen einige Reisen nach Bayern, Mähren und Österreich.

Der Dichter, dessen Romane, Erzählungen und Novellen unzählige fahrende Musikanten, Sänger, Studenten, Ritter, Soldaten, Handwerksburschen und Jäger durchziehen, war in seinem persönlichen Leben durchaus kein Wanderer, Vagant oder Landstreicher, sondern pflichtbewußter Familienvater, Referendar und Regierungsrat, der, obwohl gläubiger Katholik und seiner Abstammung nach Österreicher, in der Bürokratie des protestantischen Staates Preußen bis zu seiner Pensionierung loyal seine Dienstobliegenheiten erfüllte. Eichendorff, der uns im „Taugenichts", im „Marmorbild" und in „Dichter und ihre Gesellen" traumhafte Bilder Roms, Luccas und der Toscana hinterlassen hat, war selbst niemals in Italien gewesen.

Es gibt keine Erlösung durch Tourismus. So gewiß es zutrifft, daß der Mensch ein *homo viator* ist, so zweifelsfrei steht aber auch fest, daß die wahren Weltreisen und Pilgerfahrten sich im Innern ereignen. Die ins Heilige Land stürmenden Kreuzritter haben wohl weniger vom Geist Jesu erfahren als ein einfältiger Bauer oder Schuster, der ermüdet von der Tagesarbeit in seiner alten Bibel las. Vollends heute frommt es einem an Fernweh leidenden Sehnsuchtsmenschen, eher Reisebeschreibungen, wie die von Seume, Goethe oder Gregorovius, zu Hause zu lesen, als sich selbst auf den Trip mit Eisenbahn, Flugzeug oder Automobil zu begeben. Eichendorff, der romantische Italienbeschwörer, kann uns hierin ein Beispiel sein.

Allerdings hat er den *Süden,* der ja für feinfühlige, phantasiebegabte, dichterische Menschen mehr als eine geographische Richtung ist, durchaus nicht nur imaginiert, sondern in konkreten Landschaften und Städten auf *deutschem* Boden beglückend erlebt. Wieviel moderner Touristen, die von Saison zu Saison Venedig, Siena oder Palermo, Sardinien, die Provence oder die Balearen besuchen, haben auch nur einen Hauch von ursprünglichem Südglück verspürt? Wie viele Italien-, Griechenland- oder Maledivenreisende ahnen, daß Süden nicht bloß eine Windrichtung darstellt, sondern einen metaphysischen Zustand, eine tiefverwurzelte Grundstimmung oder eine uns urplötzlich widerfahrende Begegnung von traumgespeister Sehnsucht und beglücktem Angekommensein: „Nun bin ich frei, jetzt bin ich erst geborgen, / Kein eitles Hoffen langet bis hierher."

Eichendorff sind Charme, Glanz und Seligkeit des Südens in zwei Städten begegnet, in zwei Städten, die er beide bereits in jungen Jahren für längere Zeit besucht und deren er sich zeitlebens, bis ins Pianissimo seines hohen Alters, dankbar erinnert hat.

Es ist dies zum einen *Wien*, die Kaiserstadt an der Donau, wo er Adam Müller, Friedrich Schlegel, Dorothea Schlegel, Philipp Veit, Clemens Maria Hofbauer (dem später heiliggesprochenen Priester und Schutzpatron Wiens) und dem Schauspieler-Dichter Ferdinand Raimund begegnete. Wien war damals, mehr noch als heute, eine südliche Metropole. Nicht nur, daß in ihr italienische Musiker und Künstler seit dem Barock ununterbrochen wirkten, daß so viele Kirchen und Paläste denen in Rom und anderen Städten der Apenninenhalbinsel geschwisterlich glichen, daß weite Gebiete Norditaliens von den Habsburgern regiert wurden. Nicht nur wegen der südlich weichen Luft, die hier an manchen Frühlings- und Sommertagen die in den bezaubernden Veduten von Canaletto festgehaltenen Straßen, Gebäude und Plätze flimmernd umflutet. Der südliche Zug Wiens reichte viel weiter; seine Aura umfaßte nicht nur das Welschländische und Mediterrane, sondern auch noch den Balkan, die rumänischen Fürstentümer, die ägäische Inselwelt und das Morgenland. Das ist hier nicht durchgehend staatsrechtlich-politisch gemeint; denn viele der eben erwähnten Gebiete standen damals noch unter türkischer Oberhoheit. Es soll vielmehr an das Atmosphärische und Fluidale erinnert werden, das den in Wien weilenden Eichendorff anwehte und durchdrang. Ihm begegnete ein imaginärer orientalischer Süden in manchen Singspielen Mozarts, etwa in der „Zauberflöte" und „Entführung aus dem Serail"; er ließ sich von ihm bezaubern als eifriger Besucher der in Ferdinand Raimund gipfelnden Volkskomödien, Märchenstücke und Feendramen, die in den Vorstadttheatern allabendlich eine mit allen Reizen eines halb magischen, halb burlesken Morgenlandes versetzte Südwelt boten.

Die andere deutsche Südstadt, von der Eichendorff nie mehr loskam, war *Heidelberg*. Hier wurde ihm Joseph Görres zur entscheidenden Begegnung: nicht nur als Professor, sondern vor allem als Wiederentdecker, Sammler und Interpret der deutschen Volksbücher, Volkslieder und Volksmärchen, als Wünschelrutengänger mit Spürsinn für Mythen, Symbole und früheste Überlieferungen, am meisten aber als ein in eine Spätzeit verschlagener Prophet. Wie schwelgte noch der greise Eichendorff von der Stadt am Neckar: „Heidelberg ist selbst eine prächtige Romantik, da umschlingt der Frühling Haus und Hof und alles Gewöhnliche mit Reben und Blumen und erzählen Burgen und Wälder ein wunderbares Märchen der Vorzeit, als gäbe es nichts Gemeines auf der Welt. Solch gewaltige Szenerie konnte zu allen Zeiten nicht verfehlen, die Stimmung der Jugend zu erhöhen und von den Fesseln eines pedantischen Komments zu befreien; die Studenten tranken leichten Wein anstatt des schweren Bieres und waren fröhlicher und gesitteter zugleich als in Halle."

Diese Sätze stehen in dem autobiographischen Bruchstück „Halle und Heidelberg", das erst 1857, nach dem Tode des Dichters, veröffentlicht wurde. Aber auch in dem viel zu wenig gelesenen Roman „Dichter und ihre Gesellen" aus dem Jahre 1833 hat Eichendorff bereits auf der ersten Seite der Stadt, in der zeitweise Arnim, Brentano, Hölderlin und Görres weilten, ein von Abendsonnenstrahlen umspieltes Denkmal gesetzt. Der junge Baron Fortunat, wie alle Eichendorffschen Jünglingsgestalten ein hoch zu Roß durch Gottes grüne Welt galoppierenden Reiter, sieht vor sich ein „freundliches Städtchen, das wie in einem Blütenmeere im Grunde lag". Er kennt seinen Namen nicht, während er leise „ein längst verklungenes Lied" in sich hinein singt, „ohne zu wissen, woher der Nachhall kam". Da überfällt ihn urplötzlich die erinnerungsmächtige Einsicht: „Wie in Heidelberg lagen die Häuser da unten zwischen den Gärten und Felsen und Abendlichtern, wie in Heidelberg rauschte der Strom aus dem Grunde und der Wald von allen Höhen! So war er als Student manchen lauen Abend sommermüde von den Bergen heimgekehrt und hatte über die Feuersäule, die das Abendrot über den Neckar warf, in die duftige Talferne gleichwie in sein künftiges, noch ungewisses Leben hinausgeschaut."

In dieser Stadt hauste, schrieb und lehrte ein zugereister Rheinländer von protëischer Vielfalt des Wesens und enzyklopädisch überquellendem Wissen: der bereits kurz erwähnte Joseph Görres, ein gebürtiger Koblenzer, der nacheinander (und manchmal auch zu gleicher Zeit) Aufklärer und Romantiker, Revolutionär und Konservativer, Jakobiner und Monarchist, Christ und Heide, deutscher Patriot und Paneuropäer, Mythenentzifferer und Interpret katholischer Mystik war. Eichendorff nennt den Heidelberger Görres einen „einsiedlerischen Zauberer, Himmel und Erde, Vergangenheit und Zukunft mit seinen magischen Kreisen umschreibend." Doch nicht der Polyhistor Görres wurde dem jungen Dichter zur entscheidenden Begegnung, sondern der von prophetischem Pneuma durchglühte Seher, Künder und Wahrsager Görres, der mit seiner beinah apostolischen Statur zu den überragenden religiösen Gestalten der deutschen, der europäischen Romantik gehört. Hören wir Eichendorff selbst: „Es ist unglaublich, welche Gewalt dieser Mann, damals selbst noch jung und unberühmt, über alle Jugend, die irgend geistig mit ihm in Berührung kam, nach allen Richtungen hin ausübte. Und diese geheimnisvolle Gewalt lag lediglich in der Großartigkeit seines Charakters, in der wahrhaft brennenden Liebe zur Wahrheit und einem unverwüstlichen Freiheitsgefühl. Alles Halbe war ihm tödlich verhaßt, ja unmöglich, er wollte die *ganze* Wahrheit. Wenn Gott noch in unserer Zeit einzelne mit prophetischer Gabe begnadigt, so war Görres ein Prophet, in Bildern denkend und überall auf den höchsten Zinnen der wildbewegten Zeit weissagend, mahnend und züchtigend."

Noch mancher Gestalten, bedeutender und weniger bedeutender, wäre hier zu gedenken, etwa des musikalischen Juristen Thibaut, des Ariost- und Calderon-Übersetzers J. D. Gries, des Novalis-Epigonen Otto Heinrich Graf von Loeben (der sich damals „Isidorus Orientalis" nannte), des Mythenforschers Creuzer und nicht zuletzt Achim von Arnims und Clemens Brentanos. Auch Käthchen Förster aus Rohrbach, mit der Eichendorff eine amouröse Geschichte verband, durch des Dichters Heidelberger Tagebuch schlicht als „K." geisternd, sei noch erwähnt. An einen vergessenen Mann möchte ich hier noch unbedingt erinnern. Ihm gebührt in jeder Eichendorff-Biographie wenigstens ein kleiner Abschnitt. Es ist dies Nikolaus Heinrich Julius, ein hochgebildeter jüdischer Arzt, Sammler alter Handschriften, Liebhaber der spanischen Literatur und darüber hinaus sozialreformerisch aktiv, insbesondere hinsichtlich einer Humanisierung des Strafvollzugs und Gefängniswesens. Bei diesem Dr. Julius ging der junge Baron Eichendorff in seinen Heidelberger Tagen aus und ein. Obwohl sich keine Briefe erhalten haben, wissen wir aus andern Lebenszeugnissen des Dichters, daß der Katholik Eichendorff bis ins Alter mit dem Heidelberger Juden Julius in herzlicher Freundschaft verbunden war. Dr. med. Julius war es, der den Dichter mit Görres persönlich bekannt gemacht hatte und ihm später mit seinem Rat zur Seite stand, als der alternde Eichendorff Calderón und andere Spanier zu übersetzen begann.

Heidelberg hat, wie in anderer Weise auch Wien, in Eichendorffs Leben und Werk Epoche gemacht. So wie Goethe Straßburg und Ludwig Tieck Nürnberg in der deutschen Dichtung immerwährendes Heimatrecht verschafft haben, so Eichendorff den beiden von südländischem Glanz umstrahlten Städten Heidelberg und Wien. Galt ihm Wien bis zuletzt als die Hauptstadt untergegangener deutscher Kaiserherrlichkeit, katholischer Urbanität und volkstümlicher Freude am Theater, so wurde ihm das Heidelberg Görres' zur bleibenden Inspiration seines langen Dichterlebens. Kein Wunder, daß ich Eichendorff immer wieder vor mir sehe, wenn ich gelegentlich Heidelberg besuche. Ich treffe ihn am Türeingang zu einem der alten Häuser der Innenstadt. Dann sitzt er auf einer Bank auf dem Schloßberg. Schließlich begegne ich ihm in einer traditionsreichen Weinstube. Und manchmal reitet er um die Mitternacht nach der Art seiner von ihm geschaffenen ritterlichen Jünglinge auf einem schnaubenden Rößlein durch die den Fußgängern vorbehaltenen Gassen, lächelt über die schlafenden Philister und denkt dankbar an den Feuergeist Görres.

Etwas von dem prophetischen Feuer Görres' ist auch in manche Werke des Dichters eingegangen. Das Motiv der brennenden oder verfallenden Schlösser; der von Blitzen durchzuckten gewitterschwülen Nächte; die wiederkehrende Warnung vor dem schlafenden „wilden Tier in der Brust"; Verse von der Art wie „So gnadenlos ist unsre Zeit" oder „Wir sehnen uns nach Hause und wissen nicht, wohin ..."; der eindringliche Ratschlag: „Hüte dich, sei wach und munter!", ein Satz wie der folgende: „Die Wälder haben sie ausgehauen, denn sie fürchten sich vor ihnen, weil sie von der alten Zeit zu ihnen sprechen und am Ende den Ort noch verraten könnten, wo das Schwert vergraben liegt" — wer sich nicht damit begnügt, bloß die kleine, von Männergesangsvereinen monopolisierte Lyrikauswahl mancher Fibeln und allenfalls noch den eh schon verfilmten „Taugenichts" zu lesen, dem stehen im Zuge einer umfassenden Eichendorff-Lektüre viele Überraschungen bevor. Er wird bemerken, daß die vielfach noch gängigen Stereotypen falsch sind. Er wird etwa entdecken: den Erzromantiker, der zugleich eine gewisse Schwindelromantik schärfstens kritisiert; den deutschen Patrioten und Freiheitskämpfer, der schon früh vor einem verkrampften „teutschtümelnden" Nationalismus zurückschauderte; den sonntäglichen Träumer, der das Lob werktäglicher Nüchternheit singt; den rückwärtsgewandten Konservativen, der insgeheim von einer alles Bestehende auflösenden Sehnsucht erfüllt ist; den Idylliker, der zu den Meistern der Ironie, Satire und Polemik gehört; den Elitetheoretiker, der über die Verkommenheit des Adels im Ancien Régime illusionslos berichtet; den kirchlich gläubigen Katholiken, den gleichwohl die dämonischen Schauer der untergegangenen antiken Götterwelt heimsuchen. All dies und wohl noch mehr erwartet den Leser, der Eichendorff liest, sozusagen als Mit- und Fortdichter des vielschichtigen Dichters, ähnlich wie er es sich selbst ausdrücklich gewünscht hat: „Das sind die rechten Leser, die mit und über dem Buche dichten. Denn kein Dichter gibt einen fertigen Himmel; er stellt nur die Himmelsleiter auf von der schönen Erde. Wer zu träge und unlustig nicht den Mut aufbringt, die goldenen, losen Sprossen zu besteigen, dem bleibt der geheimnisvolle Buchstab ewig tot, und er täte besser, zu graben oder zu pflügen, als so mit unnützem Lesen müßig zu gehn."

II.

Jeder scheint Joseph von Eichendorff (1788 - 1857) zu kennen. Zumindest hat jeder schon einmal von ihm gehört. Sein Rang als Lyriker gilt unbestritten. Sogar ein Theodor W. Adorno hat ihn anerkannt. Einige Eichendorff-Gedichte gehören seit jeher zum Repertoire jedes deutschen Männergesangsvereins: „O Täler weit, o Höhen", „Wem Gott will rechte Gunst erweisen", „In einem kühlen Grunde", „Es war, als hätt' der Himmel die Erde still geküßt". Eichendorffs Gedichte — vertont von Schumann, Brahms, Hugo Wolf und anderen — sind zweifellos volkstümlicher geworden als die Brentanos und Mörikes. Viele Deutsche sind sich, wenn sie seine Lieder singen, kaum bewußt, daß es sich dabei um Schöpfungen eines konkreten Autors handelt, der erst starb, als Karl Marx bereits an seinem Hauptwerk arbeitete. Sie halten seine in so hohem Maße singbaren Verse für anonyme Volkspoesie aus viel früheren Zeiten. Sonst aber kennt man im allgemeinen nur noch Eichendorffs Novelle „Aus dem Leben eines Taugenichts". 1826 erstmals veröffentlicht, immer wieder nachgedruckt, auch heute in einer Vielzahl von Ausgaben vorliegend und vor einigen Jahren sogar verfilmt, hat sie dem Dichter den Ruf des letzten Romantikers eingetragen. Nicht einmal der allem Romantischen abholde und bisweilen schaudererregend amusische marxistische Ästhetiker Georg Lukács vermochte sich ihrem Charme zu entziehen. Doch die zu Volksliedern gewordenen Gedichte und der „Taugenichts" bilden nur einen kleinen Bruchteil von Eichendorffs Gesamtwerk. Die von Wilhelm Kosch, August Sauer und Hermann Kunisch betreute Historisch-kritische Ausgabe der Sämtlichen Werke (Kohlhammer Verlag, Stuttgart) ist auf mindestens dreiundzwanzig umfangreiche Bände geplant. Die vom Deutschen Klassiker Verlag herausgebrachte repräsentative Auswahl wird bei ihrem Abschluß sechs Bände mit einem Gesamtumfang von über sechstausend Seiten umfassen. Auch die bereits vollständig lieferbaren Ausgewählten Werke Eichendorffs, die der Winkler-Verlag in München auf den Markt gebracht hat, besteht immerhin aus fünf Bänden mit insgesamt fast fünftausend Seiten.

Diese Editionen zeigen uns einen weithin unbekannten Eichendorff: den Romancier („Ahnung und Gegenwart", „Dichter und ihre Gesellen"), den Erzähler („Viel Lärmen um Nichts", „Eine Meerfahrt", „Das Schloß Dürande", „Das Marmorbild", „Die Glücksritter", „Zauberei im Herbste"), den Satiriker („Krieg den Philistern", „Libertas und ihre Freier"), den Versepiker („Julian", „Robert und Guiscard", „Lucius"), den Verfasser von Tragödien („Ezelin von Romano", „Der letzte Held von Marienburg") und Lustspielen („Die Freier"), den Autobiographen und Zeithistoriker („Der Adel und die Revolution", „Halle und Heidelberg"), den Literaturkritiker und Literaturgeschichtsschreiber („Zur Geschichte der neueren romantischen Poesie in Deutschland", „Die geistliche Poesie in Deutschland", „Geschichte der poetischen Literatur Deutschlands"), den Übersetzer, den Mitarbeiter der „Historisch-politischen Blätter" und den in Breslau, Danzig, Königsberg und Berlin tätig gewesenen preußischen Beamten.

Hier begegnet uns ein weithin ignorierter Eichendorff, der sich in die gängigen Stereotypen nicht einfügen läßt: ein Romantiker, der sich zugleich als Kritiker der Romantik profilierte; ein deutscher Patriot, dem schon sehr früh ein gewisser Nationalismus unheimlich war; ein gläubiger Katholik, der jahrzehntelang einem protestantischen Staate loyal diente, ein Träumer und Schwärmer, der das Lob christlicher Nüchternheit sang; ein Waldeinsamkeits- und Wanderburschenpoet, der zu den Vorläufern der modernen Lyrik gerechnet werden muß; ein rückwärtsgewandter Konservativer, der insgeheim von einer utopischen Sehnsucht erfüllt war; ein gemütvoller Idylliker, der zu den Meistern der Ironie, Satire und Polemik, zu den witzigsten Publizisten und Kritikern seiner Zeit zu rechnen ist.

Dieser weniger bekannte schlesische Dichter, der sich den üblichen Etikettierungen entzieht, war alles andere als ein harmloser Biedermeier-Poet. Eichendorff, geboren ein Jahr vor Beginn der Französischen Revolution, gestorben zehn Jahre nach dem Revolutionsjahr 1848, gehört zu den meistverkannten Deutschen des neunzehnten Jahrhunderts. Die unendlichen Wälder, die seine Gedichte, Erzählungen und Romane durchrauschen, sind weit mehr eine Schöpfung seiner Einbildungskraft als naturgetreue Abbilder irdischer Landschaften. Dunkle Waldgründe erstrecken sich ja auch nicht nur in den Werken Eichendorffs, die auf deutschem Boden spielen; sogar wenn Italien, Spanien, die Provence und Asien die Schauplätze sind, zaubert er deutsche Wälder hin. Sie sind verklärte Traumlandschaften, phantasiegeborene Erdteile, erfüllt von dem Rauschen seines eigenen Blutes und der betörenden Musik seines Herzens. Dies unterscheidet sie von den wirklichkeitsandächtig geschilderten Wäldern eines Adalbert Stifter. Aber dieser alles in Traum, Seele und Ahnung ätherisch auflösende Dichter weltverzaubernder Sehnsucht war zugleich eine seismographische Natur, empfänglich für die Vorzeichen tellurischer Umwälzungen, die sich in seinen Tagen bereits ankündigten, begabt mit einem Sinn für das Abgründige und Dämonische im einzelnen Menschen wie in der Geschichte der Völker. Es wird immer eine verblüffende Tatsache bleiben, daß ein so hochgradig sich über alle Realitäten hinwegschwingender Träumer die Vorzeichen der Französischen Revolution, daß ein so standesbewußter Adeliger die Dekadenz der Aristokratie im Ancien Regime mit suggestiver Treffsicherheit wahrnehmen und darstellen konnte.

In seinen „Glücksrittern" hat er eine liebenswerte Gestalt mit dem lustigen Namen „Siglhupfer" erfunden, von der es am Schluß geheimnisvoll heißt: „Siglhupfer aber blieb fortan in den Wäldern selig verschollen". Diese mit einem Traumwald eins werdende Figur verkörpert den einen Pol in Eichendorffs Werk: den romantischen, phantastischen und somnambulen.

Der prophetische und manchmal geradezu endzeitlich-apokalyptische Pol ist weniger bekannt. Wie der Mensch Joseph von Eichendorff diese beiden Wesenszüge miteinander zu vereinbaren vermochte, gehört ebenso zu den Geheimnissen seines Lebens wie der in ihm erscheinende Gegensatz zwischen weltauflösendem Subjektivismus, Treue zur katholischen Kirche und korrekter Pflichterfüllung als preußischer Beamter. Eichendorff gelang ein Ausgleich zwischen diesen so abgrundtief verschiedenen Antrieben und Bindungen, ohne daß es statthaft wäre, von einem Doppelleben nach der Art E. T. A. Hoffmanns zu sprechen: „Derselbe Mann erscheint einfältig wie die Taube und klug wie die Schlange, wobei freilich bedacht sein will, daß Taube und Schlange Gestaltungen des nämlichen Schöpfungsaktes sind. Derselbe Mann erscheint als das naive, vom Himmel gefallene Gotteskind und als der Sohn der Geschichte, der wache Genosse und Beobachter der Zeit" (Werner Bergengruen) — und darüber hinaus, ich wiederhole es, als weissagender Seher, der in Heidelberg und Wien zwei anderen prophetisch begabten Geistesriesen der deutschen Romantik begegnet war: Joseph Görres und Friedrich Schlegel. Dieser Eichendorff ist wahrlich nicht mit dem „Taugenichts" identisch, der von sich bekennt: „Mir war es wie ein ewiger Sonntag im Gemüt." Er gibt sich uns nicht in der „Mondnacht", „Wünschelrute" und anderen von Nachtigallensang durchzitterten Gedichten zu erkennen, sondern in dem eher schon einem Georg Trakl zuzutrauenden Vers: „So gnadenlos ist unsre Zeit." Er offenbart sich nur dem geduldigen Leser, der bereit ist, den *ganzen* Eichendorff auf sich wirken zu lassen.

„Nicht mich, sondern der Rede Sinn sollt ihr vernehmen", heißt es bei Heraklit. Wir sind aufgerufen, das Werk des Dichters zu lesen, nicht aber uns um seine private Existenz in indiskreter Weise zu kümmern. Aber vielleicht gewinnt mancher doch einen leichteren Zugang zum dichterischen Werk Eichendorffs, wenn er sich den Dichter selbst vorstellt, in der Gestalt eines gütigen, bedürfnislosen und in nobler Unauffälligkeit lebenden Menschen, den wir lieben können „aus Herzensgrund", um eines seiner kennzeichnendsten Worte zu gebrauchen. Er steht uns unsichtbar zur Seite, so wie ihn sein Sohn Hermann gesehen hat:

„Er war schlank gewachsen, von ungebeugter, durchaus vornehmer Haltung, körperliche Strapazen nicht scheuend und durch sie nur selten ermüdet. In seinen scharf ausgeprägten Gesichtszügen mit der denkenden hochgewölbten Stirn und den feingeschnittenen Lippen sprach sich Willenskraft und ein männlicher, fast strenger Ernst aus, das beredte Auge blickte zugleich aber so treu und gütig, in der sonoren Stimme lag so viel Milde und Wohlwollen, daß schon der erste Eindruck sich unwillkürlich dadurch bestimmte ... Frische und Ursprünglichkeit, reiches Wissen und gutmütige Laune vermehrten den Reiz der Unterhaltung. Über seine eigenen Angelegenheiten, besonders über sein schriftstellerisches Schaffen, war er nur karg in der Mitteilung ... Schmerz, Kummer, Verdruß trug er stets verschlossen in seinem Innern, nach außen allen in der gleichen Stimmung, mit gewohnter Milde und herzgewinnender Heiterkeit begegnend ... Was Eichendorffs Erscheinung den eigentümlichen Zauber verlieh ... war vor allem der Ernst und Adel seiner Gesinnung, die Schönheit seines Herzens. Sie verbreiteten über sein Wesen jene Anmut und Harmonie, die so wohltuend in Gebärde, Wort und Werken jederzeit hervorblickte. In dieser großmütigen Seele war in der Tat kein Falsch und kein Makel ... Seine Frömmigkeit war eine schlichte, einfache und natürliche, welche sich gern den Augen der Welt zu entziehen suchte. Die Werke seiner christlichen Nächstenliebe, meist im Verborgenen gespendet, sind nur Gott bekannt."

Möge des Dichters Geist in dieser Gestalt dem aufmerksamen Leser nahe kommen, so wie Eichendorff selbst es sich im Alter, als ihm seine liebe Frau Luise durch den Tod entrissen worden war, mit demütigem Zartsinn gewünscht hat:

„Ein rechter Seelenschmerz sehnt sich nach verwandtem Mitgefühl gleich wie das Gebet nach einer Gemeinde; und dem Dichter kann nichts Tröstlicheres begegnen, als wenn seine wohlgemeinten Jugendklänge nicht verloren sind, sondern in solchen Gemütern lebendig nachhallen."

(1988)

Adalbert Stifter

Dichter des Friedens und der Natur

Es ist Anfang September, die Zwischenzeit zwischen Nachsommer und Frühherbst. Die Hitze der Augusttage ist vorüber, die sternklaren Nächte sind merklich kühl geworden, von den Bäumen fallen die ersten Früchte herab. Zwar sind auf den Wiesen und den Rändern der Waldwege schon die meisten Blumen verblüht; doch im Garten, auf den ich blicke, blühen noch einige Stockrosen, Sonnenblumen und Levkojen, vor allem aber Riesengoldruten, Zinnien, Malven und der blaue Borretsch. Und heute, in dieser Stunde, während ich schreibe, ist im neuen Gartenteich die allererste Seerose aufgeblüht. Die Schwalben schwirren über dem Teich und nippen vom Wasser; doch dies ist, wie ich mir sagen ließ, bereits ein Vorspiel zum Abflug, der in den nächsten Tagen stattfinden werde.

Adalbert Stifter kann man zu allen Jahreszeiten lesen, und ich habe das auch schon oft getan. Diesmal habe ich mir, wieder einmal, die Erzählung „Der heilige Abend" vorgenommen. Es handelt sich dabei um die Urfassung der Geschichte, die der Dichter dann unter dem Titel „Bergkristall" in den Band „Bunte Steine" aufgenommen hat.

Ich habe diese Geschichte — in beiden Fassungen — wieder gelesen, um mich schon jetzt auf Weihnachten einzustimmen, um das Fest auf diese Weise, sozusagen antizyklisch, vorwegzufeiern. Dieser Schachzug macht mir Freude, weil ich jetzt ohne verschneite Tannen, Dunkelheit und Eisblumen am Fenster über Weihnachten besser nachdenken kann als im Dezember. Es ist zu befürchten, daß ich kurz vor den Feiertagen nicht die rechte Zeit und Muße finden werde, es zu tun. Vielleicht muß ich dann schon Zeitschriftenbeiträge über den Frühling oder Sommer schreiben oder Aufsätze über irgendwelche Philosophen und Schriftsteller, die in diesen Zeiten ein Jubiläum haben. Aber auch sonst huldige ich gern dem Spiel, mich manchmal mitten im Sommer auf den Winter, mitten im Winter auf das Frühjahr seelisch vorzubereiten. Genauer betrachtet leben wir ja nie bloß in der kalendarischen Zeit, sondern auch im „Einst" — mag dieses nun eine wiedervergegenwärtigte Vergangenheit oder eine vorweggenommene, eine erträumte, ersehnte oder auch befürchtete Zukunft sein.

Weihnachten im September — also beinahe vier Monate vor dem richtigen Fest ... Die Lektüre von Adalbert Stifters Erzählung „Der heilige Abend" macht es mir möglich, das Fest schon jetzt zu feiern: allein und in aller Stille, unbeschwert von feiertäglicher Post und von Geschenken, für die ich mich bedanken muß. Bereits in den ersten Sätzen beschwört der Österreicher Stifter die Zeit unmittelbar nach der Wintersonnenwende, die Eigenart des Festes im Reigen des Kirchenjahres:

„So wie in manchen, vorzüglich in protestantischen Ländern der Tag vor dem Geburtsfeste des Herrn der Christabend heißt, so heißt er in vielen katholischen Gegenden, namentlich in den schönen Gauen unseres engeren Vaterlandes, vorzugsweise der *heilige Abend,* so wie der darauf folgende Tag der *heilige Tag* heißt und die dazwischen liegende Nacht den Namen *Weihnacht* führt. Es wird allgemein bekannt sein, daß die katholische Kirche den Christtag mit ihrer allergrößten kirchlichen Feier begeht, ja daß in den meisten ihrer Gemeinden schon die Mitternachtsstunde, als die Geburtsstunde des Herrn, mit prangender Nachtfeier geheiligt wird, zu der die Glocken durch die stille, finstere, winterliche Mitternachtluft laden, und die Bewohner mit Lichtern oder auf dunkeln, wohlbekannten Pfaden aus schneeigen Bergen, an bereiften Wäldern vorbei und durch knarrende Obstgärten zu der Kirche eilen, aus der die feierlichen Töne kommen, und die aus der Mitte des in beeiste Bäume gehüllten Dorfes mit den langen beleuchteten Fenstern emporragt."

Es sind dies echt Stiftersche Sätze, die den auf Genauigkeit bedachten Naturbeobachter verraten, der das, was er sieht, in manchmal etwas lange, umständliche, um nicht zu sagen: pedantisch scheinende Formulierungen zu fassen versucht. Diese Eigentümlichkeit hat Adalbert Stifter schon zu Lebzeiten den Ruf eingetragen, daß er langweilig sei. Eine kleine Schar von Lesern freilich, zu denen auch Nietzsche gehörte, bewundert diese Art dingfrommen und wirklichkeitsandächtigen Schreibens, seine mit so platten Wörtern wie „Realismus" oder gar „Naturalismus" völlig unzureichend gekennzeichnete dichterische Haltung gegenüber den Erscheinungen der Welt. Wer sie als langweilig abtut, dem ist nicht zu helfen. Ich jedenfalls genieße diese Langeweile wie das Glück eines fast nicht mehr irdischen Friedens. Stifter ist in einem uns Modernen kaum mehr recht verständlichen Sinne der Dichter des Friedens. Er ist es nicht so sehr deshalb, weil er immer wieder friedfertige und friedliebende Gestalten beschreibt, weil sich in seinen Werken zahlreiche Aussagen finden, die den Krieg für ein Unglück erklären, für etwas, das dem zu wahrer Menschlichkeit geläuterten Menschen widernatürlich sei: „Noch sind Kriege . . .", seufzt der schönheitsdurstige Maler Albrecht in der frühen Erzählung „Feldblumen"; in der „Narrenburg" fällt das Wort: „Kriegsruhm, dies ekle, blutige Getränk"; im „Gang durch die Katakomben" stellt der Dichter selbst die Frage: „Aber wann wird jene Zeit kommen, in der ein Krieg ebenso ein Unding der Vernunft sein wird wie ein Trugschluß schon heute ein logisches Unding ist?"; und im „Witiko" steht die Mahnung: „Es sollten alle Reiche unseres Erdteils ihre Angelegenheiten gemeinsam schlichten; so würde keines von einem anderen besiegt und keines würde die Beute eines entfernten Feindes."

Doch es sind gar nicht so sehr Stellen dieser Art, denen ich noch manche hinzufügen könnte, die uns dazu berechtigen, Stifter als Dichter des Friedens anzusehen. Schließlich ließen sich auch aus den Werken vieler anderer Dichter aus alter und neuer Zeit ähnliche Zitate anführen. Es geht hier gar nicht um die vordergründige Frage, ob Stifter ein „Pazifist" im politisch-ideologischen Sinne war (ich glaube, daß er es nicht war), oder daß er insbesondere unter dem preußisch-österreichischen Krieg von 1866, der zum Ausscheiden Österreichs aus dem Deutschen

Bund führte, bis zur Verzweiflung litt. Stifter ist vor allem deshalb der Dichter des Friedens, weil, wie Hermann Augustin mit Recht sagt, seine Dichtung der Friede selbst ist. Stifters Dichtung redet nicht nur vom Frieden, sie fordert ihn nicht, sie predigt ihn nicht, sondern: sie *ist* der Friede. Wo andere den Frieden beschwören, verherrlichen oder als Programm aufstellen, da führt Adalbert Stifter den Leser seiner Bücher hinein in einen Frieden, wie ihn kein Politiker und auch kein Friedensapostel zu schenken vermag. Wer sich in das dichterische Universum Stifters hineinbegibt, der wird aufgenommen von einem Frieden, der, weit über den menschlichen Bereich hinaus, die gesamte Schöpfung durchatmet und birgt. Es ist dies wie der Widerschein jenes uranfänglichen Friedens, von dem manche Religionen, darunter auch die christliche, in Bildern und Gleichnissen künden, und den das Weihnachtsfest als eine künftige Möglichkeit den Menschen verheißt. Daß Adalbert Stifter, der Dichter des Friedens, keine sentimentale Natur und kein Idylliker ist, kann dem sorgfältigen Leser nicht entgehen. Ich werde auf diesen Punkt noch zurückkommen.

Weihnachten, das Fest des Friedens, erinnert an die Geburt eines Kindes, und es ist deshalb recht eigentlich das Fest der Kinder. Adalbert Stifter hebt dies in seiner Erzählung „Der heilige Abend" besonders hervor:

„Ebenso bekannt, ja durch alle Länder der Christenheit noch weit bekannter wird es sein, daß man den Kindern die Ankunft des Christkindleins — auch eines Kindes, des wunderbarsten, das je auf der Welt war — als ein heiteres, glänzendes, feierliches Ding zeigt, das auf alle Zeiten fort wirkt, und oft noch spät in den Jahren des Mannes bei trüben, schwermütigen oder rührenden Erinnerungen gleichsam mit den bunten, schimmernden Fittichen durch den öden, traurigen, ausgeleerten Nachthimmel fliegt ..."

Es ist kein Zufall, daß wir beim Lesen von Adalbert Stifters Werken immer wieder auf das Wort *„Ding"* stoßen. Es taucht bei ihm auch in Zusammenhängen auf, in denen es, jedenfalls auf den ersten Blick, befremdlich wirkt. Würde es ein Schüler so verwenden, dann müßte er damit rechnen, daß sein Deutschlehrer ihm Unbeholfenheit des Ausdrucks ankreidete. Die Ankunft des Christkindes, so sagt der Dichter, wird den Kindern „als ein heiteres, glänzendes, feierliches Ding" gezeigt. In der Erzählung „Zwei Schwestern" erwacht der Gast eines einsam gelegenen Anwesens von den Klängen einer Violine: „Es lag in dem Spiele ein Schmerz und eine Sehnsucht, die so einleuchtend ausgesprochen waren, daß man sah, das sei nicht ein vorgebildetes und vorgespiegeltes Ding der Kunst, sondern das sei aus dem wirklichen, bitteren, erfahrenen Leben hergenommen." Im „Nachsommer" sagt der Erzähler Heinrich: „Die Ehrfurcht vor den Dingen, wie sie an sich sind, war bei mir so groß, daß ich auf das sah, was die Dinge nur für sich forderten und was ihrer Wesenheit gemäß war." An anderer Stelle meint der Freiherr von Risach in demselben Roman: „Wer weiß, wie es mit diesen Dingen ist, und es wird hier wie überall gut sein: Ergebung, Vertrauen, Warten." Es kann aber auch, scheinbar ganz banal, heißen: „Ich hätte das Ding längst vergessen . . ." In einem Brief spricht der aus dem Böhmerwald stammende österreichische Dichter von Susanna, dem Mädchen der Weihnachtserzählung, als „zutraulichem hingebenden Ding" — eine vor allem in bäuerlichen Gegenden Österreichs noch heute allgemein verbreitete (und durchaus nicht abschätzig gemeinte) Bezeichnung für junge Mädchen. Es wäre lohnend, einmal über dieses Herzwort Stifters nachzudenken. „Ding" bezeichnet bei ihm keineswegs nur körperliche Gegenstände oder Sachen, sondern noch weit mehr auch Vorgänge, Ereignisse, Gedanken, Verhältnisse, Tätigkeiten, Begriffe oder Ideen. Es wird ihm zum Synonym für das Daseiende überhaupt, für alles dasjenige, das uns die Wirklichkeit in ihrer Vielgestaltigkeit offenbart.

„Der heilige Abend" — und noch weit mehr die unter dem Titel „Bergkristall" erschienene Endfassung — ist eine Weihnachtsgeschichte. Es ist aber auch eine Dorfgeschichte, genauer: die Geschichte von zwei Gebirgsdörfern, die dadurch verbunden sind, daß der Schuhmacher von Gschaid die Tochter des in Millsdorf tätigen Färbers geheiratet hat, die zwei Kindern das Leben schenkt. Die beiden Geschwister, der Knabe Konrad und das jüngere Mädchen Susanna, stehen im Mittelpunkt der Erzählung, die zur Weihnachtszeit spielt: zwischen heiligem Abend und Christtag. Einschränkend muß man jedoch sagen, daß sie im Mittelpunkt stehen durch die menschliche Anteilnahme, die ihre Not erregt: Sie geraten auf der Rückkehr von einem Besuch bei den Großeltern im Nachbarort in einen starken Schneefall, irren vom Weg nach Hause ab und verbringen die ganze Nacht in einer Höhle am Rande eines Gletschers. Erst am nächsten Vormittag werden sie aus eisiger Verlorenheit von einem Hirten und anderen Bewohnern des Dorfes Gschaid gerettet. Der eigentliche Mittelpunkt ist, vor dem Hintergrund der plötzlich verschneiten Landschaft, der hohe Berg mit seinen Eisspalten, Geröllströmen und Höhlen. In der Schilderung elementarer Natur, die den Menschen bedroht, erreicht Adalbert Stifter eine dichterische Eindringlichkeit, wie sie in deutscher Sprache beispiellos ist. Die einleitenden, fast biedermeierlich wirkenden Erörterungen über das Weihnachtsfest und die darauf folgende Charakteristik der beiden Dörfer einerseits und die Darstellung der Umstände, unter denen die Kinder gefunden werden, andrerseits bilden den Rahmen der Binnengeschichte, in deren Zentrum eine Beinahe-Katastrophe steht. Über die Einzelheiten möchte ich mich hier nicht auslassen. Es ist hier keine Nacherzählung oder literaturwissenschaftliche Zergliederung beabsichtigt. Schließlich möchte ich ja mit diesen kurzen Hinweisen einige Leser erreichen, die, vielleicht nach vielen Jahren, vielleicht auch zum erstenmal, zu Stifters „Der heilige Abend", dann auch zu den „Bunten Steinen" und anderen seiner Werke greifen.

Nur auf einen Punkt, der allerdings sehr bedeutsam ist, sei mit Nachdruck noch aufmerksam gemacht. Man hat Adalbert Stifter jahrzehntelang als gemütvollen „Idylliker", als spätromantischen Kleinmaler harmloser Prosabildchen abgetan. Er wurde als Epigone Jean Pauls, als hausbackener Poet von Käfern, Butterblumen und Staubfädenregistern belächelt (leider auch von dem nach Wien übersiedelten großen norddeutschen Dramatiker Friedrich Hebbel). Der seinerzeit bekannte Literaturhistoriker Julian Schmidt warf Stifter sogar „Mangel an sittlichem Ernst" (!) vor, und noch in unserem Jahrhundert hat ihm der marxistische Kulturphilosoph Georg Lukács „beschränkteste

Philisterhaftigkeit" attestiert. Welche Verkennung kommt in solchen Urteilen zum Ausdruck! Wer Adalbert Stifter aufmerksam liest, dem kann doch unmöglich entgehen, daß auch seine harmoniegesättigten Erzählungen ein tragischer Grundton durchzittert und daß das „Sanfte Gesetz", von dem er in der Vorrede zu den „Bunten Steinen" spricht, keine Gewähr für ein erschütterungsfreies Dasein ohne Sturm, Härte und Unerbittlichkeit bietet. Abgründiges und Schmerzlichstes befindet sich dicht neben dem Holdesten und Schönen. Auf düsterem Grund ruhen die humanen Ordnungen. Zerstörerische Leidenschaften bedrohen Maß, Eintracht und die Hegungen gesellschaftlichen Umgangs. Eifersucht, Jähzorn und Selbstmordgedanken sind Motive, die immer wiederkehren. Sogar der im Alter so abgeklärte Risach, der Herr des Rosenhauses im „Nachsommer", bekennt, in jungen Jahren, unmittelbar nach der erzwungenen Trennung von der damals erst etwa siebzehnjährigen Mathilde, mit dem Tod gespielt zu haben: „Ich sah in das dunkle Innere der Schlünde und fragte, ob ich mich hinabwerfen solle. Das Bild meiner verstorbenen Mutter mischte sich in diese schauerliche Vorstellung." Der sanfte Obrist (in der „Mappe meines Urgroßvaters") war in seiner Jugend ein berüchtigter „Spieler, Raufer, Verschwender". Wie sein junger Freund, der Arzt Augustinus, hat auch er einmal daran gedacht, vor der Zeit aus dem Leben zu scheiden. „Anfangs wollte ich ihn ermorden", sagt der „Hagestolz", als er entdeckt, daß sein Bruder von dem Mädchen geliebt wird, das er selber zu ehelichen gedachte. Im „Beschriebenen Tännling" wandert der enttäuschte Hanns mit einer frischgeschliffenen Axt drohend durch den Wald. Die Greuel des Dreißigjährigen Krieges verheeren auch die Burg der beiden Schwestern im „Hochwald": „Die Angst mit breiten schwarzen Flügeln senkte sich auf Tal und Wald." Die Pest führt in „Granit" (und noch mehr in der Urfassung: „Die Pechbrenner") zum Zerbrechen sogar der ehrwürdigsten menschlichen Bindungen. Maßlose Eifersucht droht vorübergehend das Glück des phantasiereichen Malers Albrecht in den „Feldblumen" zu vernichten. Entfremdung und Bruch von Liebesverhältnissen und Ehen kommen, in immer neuen Abwandlungen, im „Kondor", in der „Narrenburg", im „Alten Siegel", im „Prokopus" und im „Waldgänger" vor. Das nachsommerliche Glück des Freiherrn von Risach und seiner Freundin Mathilde ist eine späte Blüte nach einem Leben voll von Mißverständnissen und Umwegen. Ähnlich ist das Los Brigittas (in der gleichnamigen Erzählung), die erst im beginnenden Alter eine herzliche Beziehung zu Stefan Murai findet. Trotz aller Zuwendung kann das unbekannte braune Mädchen aus dem Walde (in „Katzensilber"), das andere gerettet hat, selber nicht heimatlich verwurzelt werden.

Unbegreiflich, daß ein solcher Autor jemals in den Ruf eines vor den Nachtseiten des Daseins die Augen verschließenden Idyllikers geraten konnte! Ein Mann, der eine Zeitlang den Plan gehegt hatte, einen dreibändigen Robespierre-Roman zu schreiben und von dem das Wort stammt: „Wir *alle* haben eine tigerartige Anlage ..." Ein Dichter dieser Art kann unmöglich für die Gefährdetheit der menschlichen Existenz blind gewesen sein, wenngleich er nicht zu denjenigen zählt, die sich wollüstig in der Darstellung des Abartigen, Düsteren und Diabolischen suhlen. Wie sehr er um die unaufhebbare Abhängigkeit und Ausgesetztheit menschlichen Daseins wußte, zeigen auch einige seiner eindrucksvollsten Naturschilderungen. Bereits im „Kondor", der ersten Stifterschen Erzählung, gewahrt die männliche Hauptgestalt das Universum als einen „schwarzen Abgrund, ohne Maß und Grenze in die Tiefe gehend". Eine sengende Dürre sucht das „Heidedorf" heim. Todbringenden Winterfrost schildert die „Mappe". Ein Blitzschlag läßt im „Abdias" das Judenmädchen sehend werden, ein Blitzschlag tötet es. Gewitter und Überschwemmungen gefährden die ahnungslosen Kinder im „Kalkstein". Hagel und Feuersbrunst wüten in der Erzählung „Katzensilber". Man könnte aus Stifters Werk, sagt Emil Merker, ein ganzes „Lesebuch der Wetterkunde" zusammenstellen mit fesselnden, bis ins kleinste wirklichkeitsgetreuen und zugleich dichterisch überwältigenden Darstellungen. Die vielleicht eindrucksvollste steht in der Erzählung „Der heilige Abend" — noch weiter entfaltet in der „Bergkristall"-Fassung:

„Sie blieben nun stehen — aber sie hörten nichts. Sie blieben noch ein wenig länger stehen, aber es meldete sich nichts, nicht ein einziger Laut, auch nicht der leiseste, außer ihrem eigenen Atem, war zu vernehmen — ja in der Stille glaubten sie den Schnee zu hören, der auf ihre eigenen Wimpern fiel, denn was ganz ungewöhnlich war in diesen Gegenden, auch nicht das feinste Lüftchen rührte sich an dem ganzen Himmel. (...) Es schien, als wäre hier eine ungeheuer größere Lichtfülle, als in ihrem Tale, und dennoch konnte man nicht drei Schritte vor sich sehen; alles war, wenn man sich so ausdrücken dürfte, eine einzige weiße Finsternis durch einander, und wegen der gänzlichen Abwesenheit jeden Schattens konnte man keine Dinge als Körper sehen. (...) Das wußten sie wohl schon längst, daß sie auf keinem Wege mehr gingen, weil sie immer Steilheiten, an die der Fuß stieß, auszuweichen hatten, und weil sie unter dem jungen Schnee, in dem sie wateten, keinen erdigen Boden, sondern etwas anderes empfanden, das wie älterer gefrorner Schnee war. (...) Wenn sie stehen blieben, war alles still, unermeßlich still; wenn sie gingen, hörten sie das Rascheln ihrer eigenen Füße und sonst nichts; denn die Massen des Himmels sanken ohne Laut, daß man auf der Erde ordentlich den Schnee wachsen sehen konnte. Sie selber waren so bedeckt, daß sie sich von dem allgemeinen Weiß nicht hervorhoben und sich, wenn sie nun ein paar Schritte getrennt worden wären, einander nicht mehr gesehen hätten. — Endlich gelangten sie wieder zu Gegenständen, es waren riesenhaft große, sehr durcheinander liegende Trümmer, die mit Schnee bedeckt waren, der überall in den Zwischenklüften durchrieselte, und an die sie sich ebenfalls fast anstießen, ehe sie dieselben gewahrten. Wie sie die großen Platten näher ansahen, war es Eis, lauter Eis. (...) Alle waren entweder emporgedrängt und starrten oder lagen über einander, daß sie vorragten und Dächer bildeten, über deren Ränder sich der Schnee hinüberlegte und herabgriff wie lange weiße Tatzen. (...) Sie schoben sich in die Spalten hinein, sie setzten den Fuß auf jedes Körperstück, das oben mit einer weißen Schneehaube versehen war, war es Fels oder Eis, sie nahmen die Hände zu Hilfe und krochen, wo sie nicht gehen konnten, und griffen sich durch die Massen Schnee hindurch, der oft unter ihnen wegbrach und dicht neben dem Auge den schreckblauen Streifen einer Spalte bloßlegte, wo früher das Weiß gewesen war — aber es tat nichts, sie arbeiteten mit ihren leichten Körpern fort, bis sie die Seite des Walles überwunden hatten und oben waren. — Aber das Jenseits, wo es nun sogleich hinabgehen sollte, war nicht da, der Wall hatte kein Jenseits (. . .) Aber es war Eis, lauter Eis . . ."

Diese kleine Leseprobe mag genügen. Sie erweist Adalbert Stifter, der auch selber gemalt hat, als einen großen Dicher, dessen winterliche Naturschilderung an manche Gemälde von Caspar David Friedrich erinnert. Aus dieser Hölle von Schnee und Eis, in der sie „mit dem Starkmute der Unwissenheit" (wie Stifter an einer Stelle sagt) umherirren, werden die beiden Kinder Konrad und Susanna durch ein Zusammentreffen mehrerer günstiger Umstände vor dem Kältetod gerettet.

Als unsentimentaler Dichter, der auch dem Drohenden, Gewaltigen und Ungeheuerlichen der Natur ins Antlitz zu blicken wagt, vermeidet Adalbert Stifter eine formelhafte Deutung der Vorgänge, die die Geschwister vor dem Untergang bewahren. Er sagt an keiner Stelle, daß sich die Rettung einem unmittelbaren Eingreifen Gottes verdanke. Doch er hindert auch keinen Leser daran, in den Ereignissen ein göttliches Walten zu ahnen. Die Natur bedroht die Kinder und läßt sie den Weg verlieren; sie ist es aber auch, die durch das dröhnende Krachen des Gletschereises und das magische Schauspiel des Sternenhimmels die verirrten Geschwister vor dem Einschlafen und damit vor dem Erfrieren bewahrt. Stifter schildert die unerbittliche Natur ohne Beifügung mirakelhafter Requisiten. Die Natur als solche ist wunderbar genug: ein Abgrund von Wundern. Daß die Rettung der Kinder auf ganz natürliche Weise zustandekommt, ändert nichts daran, daß sie wunderbar erscheint und von den Betroffenen als Gnade empfunden wird. Während Konrad und Susanna in einer tiefergelegenen Almhütte gelabt werden, tönt aus dem Tale die Kirchenglocke, „die Wandlung des heiligen Hochamtes verkündend". Das erschöpfte Mädchen sagt später, als es zu Bett gebracht wird: „Mutter, ich habe heute Nacht den heiligen Christ gesehen". Sie hat ihn im milchgrünen Schimmer des Nordlichts gesehen. Die Einwohner des Dorfes Gschaid aber erkannten, daß „alles, alles gut sei".

In seiner verhaltenen Art hat Stifter, der Dichter der Natur, des Friedens und der Kinder, hier vielleicht mehr gesagt, als ihm bewußt war. Die winterliche Landschaft lichtet sich und scheint durchsichtig zu werden für die Weihnachtsbotschaft der Engel an die Hirten von Bethlehem.

Doch man lese Adalbert Stifter selber. Man greife zu der Erzählung „Der heilige Abend" oder gleich zu den gesammelten Werken. Denen, die meinen Rat zum Weihnachtsfest beherzigen, kann es dann ähnlich ergehen wie dem jungen Heinrich Drendorf in Stifters wunderbarem „Nachsommer":

„. . . und die Tiefe der Nacht wurde,
ehe sich die Augen schlossen,
durch die großen Worte eines,
der schon längst gestorben war
und der sie uns in einem Buche hinterlassen hatte,
erhellt, und wenn die Kerze ausgelöscht war,
wurden die Worte in jenes Reich mit hinübergenommen,
das uns so rätselhaft ist
und einen Zustand vorbildet,
der uns noch unergründlicher erscheint."

(1986)

Juan Donoso Cortés

Zwischen Politik und Endzeiterwartung Vom Liberalismus zur Rechtfertigung präventiver Diktatur

Der Spanier Juan Donoso Cortés (1809 bis 1853), ein Nachkomme des Eroberers von Mexiko, Hernán Cortés, gehört zur nicht ganz seltenen Spezies jener politischen Denker, die im Laufe ihres Lebens von „linken" zu „rechten" Positionen gewandert sind. Er begann als fortschrittsgläubiger Liberaler, um als radikalkonservativer Pessimist und Endzeitprophet zu enden. Von anderen konservativen Theoretikern, insbesondere solchen aus dem Umkreis der deutschen Romantik, unterscheidet sich Donoso Cortés vorteilhaft durch realpolitischen Sinn und praktische Erfahrungen. Er war kein Stubengelehrter und Doktrinär, sondern gelernter Jurist, Diplomat, Parlamentarier und Ratgeber der Königinnen Maria Christina und Isabella II. Metternich und der preußische Gesandte Graf Raczynski gehörten zu seinen Bewunderern. Eine Zeitlang wirkte er als spanischer Botschafter in Paris, wo er den Aufstieg Napoleons III. genau verfolgen konnte, und am preußischen Königshof in Berlin. Die Revolution des Jahres 1848 erfuhr er als Menetekel, im aufkommenden Sozialismus und Kommunismus sah er eine satanische Empörung, zugleich aber auch ein Gottesgericht. Lange vor Max Horkheimer hat Donoso Cortés aufs bestimmteste erklärt, daß in jeder gravierenden politischen Frage immer auch ein theologisches Problem enthalten sei. Am bekanntesten wurde seine bereits 1850 öffentlich geäußerte Prognose:

„Ich halte eine Revolution in Petersburg für eine leichtere Angelegenheit als in London." Er hat ausdrücklich eine Verbindung von Absolutismus, Panslawismus, Militarismus und Sozialismus für möglich, ja sogar für beinahe unvermeidlich gehalten. Auch sonst erwies sich der Spanier als ein Meister in der Kunst griffiger, bisweilen aufreizender Formulierungen. Die Idee einer deutschen Einheit, so sagte er, sei „sowohl von der Vernunft als auch von der Geschichte verurteilt". Als das Paulskirchen-Parlament scheiterte, urteilte er grimmig: „Die Deutschen haben die Freiheit wie eine Göttin in einem Tempel verehrt — und ließen sie dann sterben wie eine Dirne in einer Schenke." Das Bürgertum nannte er verächtlich eine „diskutierende Klasse". Den Liberalen, zu denen er selbst in jungen Jahren gezählt hatte, warf er totale Unfähigkeit zur Entscheidung vor: Stünden sie vor der Frage „Jesus oder Barrabas?", dann würden sie die Vertagung der Sitzung beantragen. Gegen Ende seines Lebens diagnostizierte er, daß die Freiheit in Europa unwiderruflich tot sei. Man habe nicht mehr die Wahl zwischen Demokratie und Diktatur, sondern nur noch zwischen der „Diktatur des Dolches" und der „Diktatur des Säbels", wobei er der zweiten den Vorzug gab. Eine Wende zum Besseren hielt er nur als Folge einer tiefgreifenden religiösen Erneuerung für möglich, aber eine solche schien ihm angesichts der sich ausbreitenden Säkularisierung unwahrscheinlich. Völker, die einmal vom Gottesglauben abgefallen sind, fänden nicht mehr zu ihm zurück. Nur vereinzelten Außenseitern stünde dieser Weg noch offen.

Mit seiner eben flüchtig erwähnten Lehre von der Diktatur wurde Donoso Cortés zum Popanz aller liberalen Doktrinäre und Moralisten. Man warf ihm vor, ein Wegbereiter totalitärer Tyrannei zu sein und den Faschismus im voraus gerechtfertigt zu haben. Ich glaube, daß diese Anklage unzutreffend, zumindest maßlos übertrieben ist. Sie entspringt einem leider weitverbreiteten Unwillen, sich der Härte geschichtlicher Krisen nüchtern zu stellen. Statt phrasenlosem Realismus, der bemerkt und bedenkt, was tatsächlich vorgeht, bevorzugt man ein trübes Gemisch aus zurückgebildeter politischer Urteilskraft, Hypertrophie moralistischer Besserwisserei und bequemer Anthropologie, die noch so stichhaltige Erfahrungen zugunsten eines euphorischen Pseudohumanismus in den Wind schlägt. Einem solchen Meinen erscheint, wie bekannt, bereits die sachliche Feststellung historischer Parallelen als Ausgeburt reaktionärer Denkungsart und der bloße Versuch, einen der gerade beliebten Modebegriffe zu definieren, als den demokratischen Konsens störende Polemik. Empirismus wird mit konterrevolutionärer Emanzipationsverweigerung gleichgesetzt, das Bedürfnis nach distinkten und sauberen Unterscheidungen als Mangel an Lernfähigkeit geächtet, der Rückgriff auf noch so unbestreitbare Lehren der Geschichte als bornierter Obskurantismus abgetan. Carl Schmitt hat diese Neigung einmal treffend gekennzeichnet: „Die Menschen suchen im allgemeinen weder die Wahrheit noch die Wirklichkeit, sondern nur das Gefühl ihrer Sicherheit. Ist die akute Gefahr vorbei und die unmittelbare Angst überstanden, so ist ihnen jeder Sophismus und jede Trivialität recht und selbst jedes Possenspiel willkommen, wenn es nur ablenkt von der schrecklichen Erinnerung. Vor allem die jähen, blitzhaften Einsichten, die sich nur im Augenblick der akuten Gefahr einstellen, sind dann sehr lästig und werden aus dem Gedächtnis verdrängt, denn sie stören das Gewebe, das den Schrecken verschleiert und den Abgrund verdeckt."

Wer so denkt, kann gut verstehen — wenngleich nicht entschuldigen —, daß Donoso Cortés in deutschen Landen fast durchgehend ignoriert oder rüde herabgesetzt wird. Die große Ausnahme ist der eben genannte Staatsrechtslehrer und politische Philosoph Carl Schmitt; aber von Carl Schmitt gelobt oder auch nur zustimmend zitiert zu werden, gilt, wie bekannt, in den tonangebenden politisch-intellektuellen Quartieren nicht als Empfehlung, sondern als Desavouierung, ja als Aufruf zur Quarantäne. In dieser Isolierung befindet sich Donoso Cortés wegen seiner Lehre von der Diktatur, mit der er vorgeblich dem modernen Totalitarismus den Weg bereitet hat.

Wer sich die Mühe nimmt, die einschlägigen Texte des Spaniers unbefangen zu lesen, kommt zu einem anderen Urteil. Donoso hat die Tyrannei des zwanzigsten Jahrhunderts weder befürwortet noch gerechtfertigt, sondern als furchtbare Drohung vorausgesehen. Pessimist, der er war, sah er bereits ein Zeitalter angebrochen, in dem es nicht mehr um die Alternative Legalität und Ausnahmezustand, Freiheit oder Despotie gehe, sondern bloß zwischen präventiver Diktatur von oben und totalitärer Diktatur von unten.

Donoso gebraucht zwar noch nicht diese Ausdrücke, aber zielt auf diese Krisensituation, so vor allem in seiner berühmten Parlamentsrede vom 4. Januar 1849, also unter dem Eindruck der französischen Februarrevolution und ihrer fast ganz Europa erschütternden Auswirkungen: „Meine Herren, wenn die Legalität genügt, um die Gesellschaft zu retten, dann meinetwegen die Legalität. Wenn sie aber nicht genügt, dann eben die Diktatur." Außergewöhnliche Gefahren erheischen außergewöhnliche Maßnahmen. Wenn die Verhältnisse nicht länger „normal" sind, dann ist es ein Zeichen von Debilität, sich weiterhin auf die üblichen Normen verlassen zu wollen. Wenn die Lage abnormal ist, dann bedarf es unter Umständen irregulärer Eingriffe, um die Normalität wieder herzustellen oder deren Rückkehr vorzubereiten.

Was aber sieht Donoso Cortés bereits 1849 auf Europa zukommen? Hier seine Worte: Staaten, in denen „ein Soldat nichts anderes ist als ein Sklave in Uniform"; Regierungen mit dem Vorrecht, „nicht nur absolut zu sein, sondern auch noch eine Million Arme und Fäuste für sich in Bewegung zu setzen"; Systeme, die keine Sünder oder Verbrecher mehr kennen, sondern bloß „Schwärmer" oder „Geisteskranke": „Die modernen Rationalisten taufen das Verbrechen um. Sie heißen es Unglück. Der Tag wird kommen, wo die Regierung in die Hände dieser ‚Unglücklichen' übergehen wird. Dann wird die Unschuld das einzige Verbrechen sein, das es gibt."

Von Grillparzer, seinem Zeitgenossen, stammt das bissige Epigramm: „Der Weg der neuern Bildung geht/Von der Humanität/Durch Nationalität/Zur Bestialität". Donoso Cortés formuliert es ähnlich: „Hinter den Sophismen kommen die Revolutionen daher und hinter den Sophisten schreiten die Henker." Im Liberalismus erblickt er bloß ein kraftloses, schlimmer noch: ein die Kräfte der Resistenz gegen die tödliche Gefahr schwächendes Zwischenspiel: „Von allen Schulen ist die liberale die unfruchtbarste. Schuld daran ist die Unwissenheit. Sie hat von allen Schulen am wenigsten gelernt. Schuld daran ist ihr Egoismus: Sie ist von allen Systemen das selbstsüchtigste. Vom Wesen des Bösen und Guten versteht sie nichts. Kaum daß sie etwas von Gott weiß. Vom Menschen weiß sie schon gar nichts. Sie ist unfähig zum Guten, weil ihr zum Aufbauen jede verbindliche Grundlage fehlt. Sie ist ebenso unfähig zum Bösen, weil ihr jede tapfere und bestimmte Verneinung ein Greuel ist. Diese vollendete Impotenz besiegelt ihr Schicksal. Ohne zu ahnen, steuert sie voran ... Das zersetzende Prinzip der Diskussion hat während der kurzen Zeit, da der Liberalismus auf dem Thron saß, den gesunden Sinn der Völker unheilvoll beeinflußt. Der Liberalismus hat die Gesellschaft in einen Zustand hineingedrängt, daß man jederzeit vor einer Umwälzung bangen muß." Am Anfang wird unter großem Jubel die Todesstrafe als archaisches Relikt abgeschafft, aber eben diese Humanisierung erweise sich alsbald nur als Auftakt zu früher unvorstellbaren Massakern und Bluthochzeiten: „Überall, wo die Todesstrafe abgeschafft wird, hat die Gesellschaft aus allen Poren Blut geschwitzt."

Die moderne Technik stelle der Tyrannei Werkzeuge der Versklavung bei, auf die Nero, Caligula und Iwan der Schreckliche noch nicht zurückgreifen konnten. Donoso nennt ausdrücklich Elektrizität, Telegraphie, Eisenbahn, Dampfschiffahrt: „Heute sind die Wege geebnet für eine Tyrannenherrschaft von riesenhafter Größe, von kolossalen weltumspannenden Ausmaßen. Der kommende Tyrann wird auf seinem Wege weder moralische noch materielle Widerstände finden. Alle Widerstände materieller Art sind ja beseitigt. Die Dampfschiffe und die Eisenbahn haben die bisherigen Grenzen aufgehoben. Der Telegraph und die elektrische Kraft haben die räumliche Entfernung überwunden. In derselben Weise ist jetzt auch die Kraft der moralischen Widerstände überwunden."

Dies alles sieht Donoso Cortés grauenerfüllt um 1850 heraufziehen, und wieviel davon ist inzwischen eingetroffen! Kann ein Mann, der schaudernd den Umschlag der liberal-individualistischen Gesellschaft in eine gnadenlose Tyrannei vorhererkennt, deshalb als Ahnherr des Totalitarismus eingestuft werden? Ist derjenige, der die Ahnungslosigkeit und Insuffizienz des Liberalismus gegenüber der Gewalt so hellsichtig feststellt, deshalb ein Feind der Freiheit? Ist ein totalitärer Denker, wer als erster deutlich ausgesprochen hat, daß sich die Despotie der Zukunft von allen früheren diktatorischen oder absolutistischen Einmann- oder Cliquenherrschaften durch die monopolistische Verfügungsgewalt über den technischen Apparat unterscheiden werde?

Vor diesem apokalyptischen Hintergrund muß die Diktaturlehre des Spaniers beurteilt werden. Zu beachten ist, daß er mit einer Situation rechnet, in der nicht länger zwischen Diktatur und Freiheit gewählt werden könne, in der vielmehr nur die Wahl zwischen präventiver, gemäßigter und bewahrender Diktatur einerseits, extremer, uneingeschränkter und revolutionärer Tyrannei andrerseits bestehe. Dies ist der Sinn seiner plakativen Unterscheidung zwischen der „Diktatur des Dolches" und der „Diktatur des Säbels", wobei er die zweite entschieden bevorzugte, „weil sie vornehmer und ehrenvoller ist."

Dieser Unterscheidung liegt zweifellos auch Donosos aristokratische Vorliebe zugrunde. Der Dolch symbolisiert für ihn Umsturz, Anarchie, Pöbelherrschaft, Terror des entfesselten Mobs. Der Säbel oder Degen erscheint ihm hingegen als Sinnbild einer Ordnungsdiktatur, die sich wenigstens im großen ganzen an die Normen der überlieferten Kultur hält und einen „schützenden Damm" bildet, „der die anstürmenden Wogen zurückhält und der Menschheit des Schicksal erspart, von den Fluten der Barbarei begraben zu werden".

Bemerkenswert ist in diesem Zusammenhang ein Punkt, auf den vor kurzem Martin Thoemmes nachdrücklich hingewiesen hat: Für Donoso Cortés, den Ratgeber, Freund und Botschafter der spanischen Königin, ist das Thema Monarchie nicht mehr aktuell. Seine persönliche Loyalität gegenüber der Krone hindert ihn nicht daran, illusionslos festzustellen, daß die Todesstunde der dynastischen Legitimität bereits geschlagen habe. In seinem Herzen hat er das Königtum gewiß bis zuletzt begünstigt; aber dem politischen Kopf schien die damals noch die Gemüter leidenschaftlich erregende Streitfrage Monarchie oder Republik überholt. Nicht mehr die monarchische Legitimität steht für ihn zur Debatte, sondern die Legitimität allgemeiner Interessen eines Staatswesens, das sich in einer abnormalen, ja todgefährlichen Krise befindet. Für diesen äußersten Ernstfall entwarf er das Modell einer „Diktatur des Säbels", die berechtigt sei, auch sonst gültige Gesetze zu übertreten, wenn in einer von den Gesetzen gar nicht vorhergesehenen Weise das Allgemeinwohl bedroht werde.

Mit Totalitarismus hat dieses Konzept logisch nichts zu tun, so wenig geleugnet werden soll, daß es manche Fragen offenläßt und, wie jedes politische Theorem, sich mißbräuchlicher Benutzung anbietet. Wer bestimmt darüber, was das Allgemeinwohl sei? Wem kommt das Recht zu, den Ausnahmezustand oder den Fall einer die normalen Gesetze aufhebenden Staatsnotwehr zu erklären? Auf diese Fragen hat Donoso nicht geantwortet. Aber ich glaube nicht, daß deshalb sein Problem abgetan ist. Es genügt, einige weitere Fragen zu stellen, auf die Donoso gar nicht antworten konnte, um zu zeigen, in wie hohem Maße er mehr in das zwanzigste als ins neunzehnte Jahrhundert gehört. Ich frage zum Beispiel, durchaus der Linie des hier vorzustellenden Denkers und Sehers folgend: Hätte General von Schleichers Vorschlag, die drohende Regierungsübernahme durch Hitler durch eine befristete Militärdiktatur zu verhindern, bei den Ende 1932 verantwortlichen deutschen Politikern — vor allem aber bei den demokratischen — Zustimmung finden sollen? Hätten die Attentäter des 20. Juli 1944 im Falle eines Erfolgs am nächsten Tag die Rückkehr zu jener liberalen Demokratie verkünden sollen, die nicht imstande gewesen war, Hitlers Machtergreifung oder Machterschleichung zu vereiteln? War General Pinochet im September 1973 dazu berechtigt, die Verfassung zu brechen, nachdem sie vorher in beharrlicher und notorischer Weise von dem Volksfrontpräsidenten Allende verletzt worden war? Ist, wenn einem schon keine andere Wahl bleibt, einer autoritären Diktatur der Vorzug vor einem totalitären Regime zu geben? Stimmt es denn wirklich, daß alle Diktaturen — „rechte" wie „linke" — gleich schlecht und verdammenswert seien? Kann man Dollfuß, Salazar, Kemal Atatürk, Peron oder auch Franco in eine Reihe mit Stalin, Hitler, Mao Tse-tung oder Pol Pot stellen, bloß weil sie keine Verfechter der liberalen Demokratie waren? Ich werde noch konkreter: Soll Stärke ein Vorrecht faschistischer oder kommunistischer Regime bleiben? Sind wir dazu verurteilt, zwischen Regierungen wählen zu müssen, die entweder für unser Freiheitsbedürfnis zu stark oder für unser Bedürfnis nach Ordnung, Sicherheit und staatlicher Souveränität zu schwach sind? Sind Selbstbehauptung, Unterscheidung und Abgrenzung bis zur Intoleranz und Diskriminierung von vornherein antidemokratische Verhaltensweisen? Darf ein freiheitlich-rechtsstaatliches Gemeinwesen gegebenenfalls nicht auch ein Feindbild haben und feindfähig sein?

Scheinbar bin ich mit diesen frageweise vorgebrachten Erwägungen weitab von Donoso Cortés Gedankengängen gelangt. Aber es verhält sich umgekehrt. Mich beschäftigt dieser Spanier seit mehr als fünfundzwanzig Jahren, weil er den Leser dazu zwingt, sich diesen aktuellen Fragen zu stellen. Donoso Cortés verdiente nur historisches Interesse, wäre er bloß ein mehr oder minder beredsamer Verteidiger überholter Machtverhältnisse gewesen. Er war dies aber nicht oder bloß am Rande. Seine herausfordernde Bedeutung besteht darin, daß er in einer Zeit, in der die Monarchie von Rußland bis Spanien gesamteuropäisch der Regelfall war, mit divinatorischem Sinn Probleme des nachliberalen Zeitalters zur Sprache brachte.

Es mag in der Bundesrepublik Deutschland nicht opportun sein, an Donosos Einsichten zu erinnern; ebenso mag der Katholizismus in seiner heutigen Verfassung sich von diesem glühenden Apologeten katholischer Dogmatik betreten oder sogar angewidert abwenden. Aber diese Abneigung spricht durchaus nicht gegen, sondern für die Aktualität des Spaniers, der 1849 seinem Freund Graf Raczynski bekannte: „Eine entsetzliche Angst erdrückt mein Herz, wenn ich den Lauf der Geschichte betrachte und dabei die allmächtige Gewalt feststellen muß, die dem Bösen auf Erden eingeräumt ist. Die Behauptung, daß es die Wahrheit sei, die immer siege, oder daß das Gute immer stärker sei als das Böse, ist für mich nicht viel mehr als eine billige Phrase."

(1988)

Jens Peter Jacobsen

Ein schwermütiger Impressionist aus Dänemark

Dänemark ist zwar ein kleines Land, der kleinste der skandinavischen Staaten, und dennoch hat, innerhalb eines knappen Jahrhunderts, die dänische Dichtung die europäische Weltliteratur dreimal entscheidend bereichert: durch *Sören Kierkegaards* religiöse Existenzphilosophie, die in so hohem Maße das Ergebnis einer durchaus poetischen, sich in lyrischer Prosa, Aphorismen, erfundenen Briefen, Reden und Dialogen aussprechenden Natur ist; durch *Hans Christian Andersens* tiefsinnige und von philosophischem Humor erfüllte Kunstmärchen; und durch die beiden Romane „Marie Grubbe" und „Niels Lyhne", die Novellen und Gedichte von *Jens Peter Jacobsen.* Alle drei waren Dänen; wie so viele Dänen, neigten sie auch zur Ironie, mit der sie ihren Hang zur Schwermut auszugleichen oder abzufangen versuchten. Ungeachtet ihrer dänischen Herkunft fanden alle ihre ersten ausländischen Verehrer vorwiegend im deutschen Sprachraum. Hier sind sie schon seit langem so bekannt, daß man sie meistens kaum mehr als dänische Autoren würdigt, sondern beinahe schon für Deutsche hält.

Verglichen mit Kierkegaard und Andersen ist Jens Peter Jacobsen heutzutage weniger berühmt, obwohl Rilke den „Niels Lyhne" wie die Bibel schätzte und in seine eigenen „Aufzeichnungen des Malte Laurids Brigge" viel von der ihm durch den nordischen Dichter vermittelten Dänemark-Vision eingegangen ist. Erinnert sei auch an Stefan George, der eigens die dänische Sprache erlernte, um einiges von Jacobsens Lyrik ins Deutsche übertragen zu können. Und der österreichische Tonkünstler Arnold Schönberg hat sich in seiner spätromantischen Frühperiode von Jacobsens „Gurreliedern" musikalisch inspirieren lassen.

Jacobsen stammt aus dem nördlichen Jütland. Dort wurde er am 7. April 1847 im Städtchen Thisted als Sohn eines Kaufmanns geboren, dessen Vorfahren Bauern, Fischer und Seefahrer gewesen waren. Die Mutter, an der der spätere Dichter hing und die ihn überlebte, war eine zwar einfache, doch für die musischen Neigungen ihres Kindes aufgeschlossene Frau. Als Schüler zeichnete sich Jacobsen nicht besonders aus. Am liebsten streifte er in freier, von Menschen möglichst unberührter Landschaft herum, wenn er nicht stundenlang, viele Zigaretten rauchend, in einem Kopenhagener Kaffeehaus saß und schweigend die Menschen betrachtete. Von allen Wissensgebieten interessierte ihn nur die Botanik. Dem ohnehin schon von Geburt an schwächlichen und übersensiblen jungen Mann, der anfänglich nicht als Dichter, sondern als Verfasser naturwissenschaftlicher Abhandlungen und Übersetzer Darwins hervortrat, wurde diese Neigung zum Verhängnis. Nachdem er an einem kühlen Spätherbsttag stundenlang, seinem pflanzenkundlichen Eifer folgend, barfuß durch einen kalten Sumpf gewatet war, erkrankte er an einer akuten Schwindsucht. Reisen in den wärmeren Süden — nach Italien, der Provence und der französischen Schweiz — brachten seinem Leiden keine entscheidende Linderung, abgesehen davon, daß er sich nur in seiner Heimat wohlfühlte. Er starb am 30. April 1885 in seinem Geburtsort Thisted im Alter von 38 Jahren.

In seinem kurzen, von langjährigem Siechtum gezeichneten Leben hat Jacobsen ein dem Umfang nach schmales, in seinem Gehalt jedoch bahnbrechendes dichterisches Werk hinterlassen. Es bezeichnet die endgültige Abkehr von einer epigonal gewordenen Romantik, die in Dänemark, noch weit mehr als in Deutschland, schon bald biedermeierliche, bisweilen geradezu spießbürgerlich-triviale Züge angenommen hatte. Jacobsen, schon früh seinem christlichen Kinderglauben entfremdet, wollte, ganz im Sinne der positivistisch-naturalistischen Tendenzen des 19. Jahrhunderts, auch als Dichter sich so weit wie möglich an die sinnfälligen Tatsachen halten. Die Wirklichkeit sollte nicht idealisiert, sondern andächtig belauscht, beobachtet und präzise dargestellt werden.

Doch Jacobsen, dieser so emsig um faktenfrommen Realismus bemühte Naturforscher im Geiste Darwins, war viel zu empfindsamen, ja beinahe schon ätherischen Wesens, um jemals ein dänischer Zola oder Gorki werden zu können. Seiner Abwendung von einer fade, konventionell und kitschig gewordenen Romantik entsprang eine Wortkunst, in der Lyrik wie in der Erzählung, mit so viel Aura, Duft und Fluidum, mit so viel Sinn für feinste atmosphärische und seelische Nuancen und sublime Valeurs menschlicher Stimmungen wie landschaftlicher, häuslicher, tages- oder jahreszeitlicher Erscheinungen, daß man sie unmöglich zum Naturalismus rechnen kann. Eher schon könnte man Jacobsens Poesie als Ausprägung eines spirituellen Impressionismus charakterisieren. Ob er nun einen Regenfall, einen herbstlich flimmernden Garten, die Ausstrahlung eines Wohnzimmers, ein in Rosenblüten wühlendes Mädchen, die Gestalt, das Antlitz, den Teint, die Schultern und das Lächeln einer Frau, das Säuseln des Windes in einer Laube, die keimende Saat auf einem Acker oder den Zauber schildert, den ein bestimmtes Parfum oder ein bloßes Wort, ja schon die Betonung einer Silbe auf einen verliebten Mann auszuüben vermögen — stets erweist sich Jacobsen als ein für feinste Schwingungen und Reize überempfänglicher, sie nüchtern registrierender, aber auch schwelgerisch auskostender Artist, begabt mit einer hochgradigen zerebralen Sinnlichkeit, einem sensualistischen Intellekt, der die Fülle der Eindrücke meisterlich zusammenfügt und ihnen dadurch eine bisweilen fast hypnotische Wirkung verleiht. Durch scheinbar flüchtige Andeutungen vermittelt er dem Leser die unverwechselbare Eigenart eines Menschen, eines Gartens, einer Landschaft. Nebensächlich wirkende Gesten erweisen sich als Zeichen tiefer Wandlungen, sei's, daß eine Liebe aufkeimt oder eine Zuneigung in Haß, Abscheu und Ekel umschlägt. Dieser Dichter, dessen Ehrgeiz es war, ein wissenschaftlich-positivistischer Autor zu sein, erweist sich an manchen Stellen als ein heimlicher Allbeseeler, als ein atheistischer Naturmystiker.

Auch Dinge, die tot zu sein scheinen, haben ihr höchsteigenes Leben, ihre Qual und ihre Lust. Düfte sind weit mehr als chemisch-physiologische Wirkungen; sie haben einen eigenen Willen und unsichtbare Organe. Eine Hand, ein schmaler Fuß verrät unter Umständen mehr Intelligenz oder Gefühl als ein Gesicht. Wenn Jacobsen von blühenden Bäumen, herbstlichen Regenschauern, einem Sonnenuntergang oder auch einer mit ihrer Hand über ihr Haar hinstreichenden Frau spricht, dann kommt es dem Leser bisweilen vor, als hätte er derartiges noch nie erlebt.

Es lohnt sich, Jens Peter Jacobsen zu lesen, seine Novellen („Mogens", „Die Pest in Bergamo", „Ein Schuß in den Nebel", „Frau Fönß"), seine Lyrik und seine beiden Romane „Marie Grubbe" und „Niels Lyhne", von denen der eine zur Zeit der dänischen Renaissance, der andere im 19. Jahrhundert spielt und Entwicklung wie Scheitern eines geistig differenzierten, schwermütigen und nicht sehr lebenstüchtigen Intellektuellen schildert. Jacobsens Dichtung, insbesondere der von Rilke so innig bewunderte „Niels Lyhne", wirkt nicht zuletzt auf den Leser so intensiv, weil der Däne zwar versucht, den Poeten in sich auszuschalten, aber mit jeder Zeile beweist, um wieviel stärker der Künstler, Träumer und Magier in ihm war als der wissenschaftliche Analytiker und atheistische Propagandist. Der Romantiker war in ihm durch keine positivistische Tatsachengläubigkeit zu verdrängen, ja sogar Jacobsens Abkehr von jeder Religion wird zum Quellgrund eines beinah mystischen Atheismus. „Aber das Leben rechnet nicht mit Träumen; es gibt kein einziges Hindernis, das sich aus der Wirklichkeit herausträumen ließe", heißt es im „Niels Lyhne". Daß einer solch illusionslosen und zur Schwermut verführenden Grundstimmung — entgegen allen Theorien und Programmen — dennoch eine Dichtung von so sublimem Reiz zu entspringen vermag, gehört zu den Wundern der Literaturgeschichte. Jens Peter Jacobsen verkörpert das Paradoxon eines Romantikers, geboren aus dem Geist strenger Naturforschung und transzendenzloser Diesseitigkeit, in dem das, was früher einmal religiöser Glaube war, nur noch als poesiestiftende Sehnsucht weiterlebt.

(1985)

Vilfredo Pareto

Der „Rechtsintellektuelle" als Aufklärer

Wer in Deutschland versucht, auf die säkulare Bedeutung Vilfredo Paretos hinzuweisen, muß noch immer von der Tatsache ausgehen, daß hier die Entdeckung dieses Sozialwissenschaftlers, Ideologiekritikers und politischen Denkers noch kaum begonnen hat. Während Pareto in der englischsprechenden Welt seit langem als einer der Gründerväter der modernen Soziologie gilt[1], scheint er sogar für die wissenschaftlich und philosophisch interessierten Deutschen umsonst gelebt zu haben. Es gibt hier, anders als im Falle von Karl Marx, Sigmund Freud oder auch Edmund Husserl, keine Partei, Gruppe oder Geistesrichtung, die an seine Gedanken anknüpft und seine Methoden weiterentwickelt. Vergebens sieht man sich nach der vollständigen Übersetzung auch nur eines der Hauptwerke Paretos um. Nur zögernd erscheinen über ihn Aufsätze und Monographien[2]. Wo im akademischen Bereich Paretos überhaupt Erwähnung getan wird, sind die Stellungnahmen meist feindselig und gereizt, günstigenfalls zurückhaltend-kühl. Er gilt fast unangefochten als intellektueller Faschist. Die Antipathien, die dieses Wort auslöst, nötigen den, der Pareto gerecht zu werden bemüht ist, beinahe dazu, um Entschuldigung zu bitten. Sie bringen es auch mit sich, daß man bei einem Gespräch über Pareto im allgemeinen nicht einmal dürftige Vorkenntnisse unterstellen kann. Man muß, bevor man zur Sache gelangt, einen ganzen Wall von Gerüchten, Vorurteilen und auch Verleumdungen durchbrechen. Ist doch Pareto nicht nur die politische Integrität und wissenschaftliche Qualifikation, sondern sogar die geistige Gesundheit abgesprochen worden. „Man muß achselzuckend feststellen", schreibt Leopold von Wiese, „daß die Gesamtheit des Werkes brüchig und ergebnisarm ist"; sein Autor sei ein „Philosoph der Rebarbarisierung".[3] Für den Psychiater Franz Alexander ist der italienische Gelehrte ein krasser Fall der Pathologie, ein „unter neurotischen Zwängen stehender dekadenter Aristokrat".[4] Und von Theodor W. Adorno stammt das böse Wort: „Seit Pareto arrangiert sich positivistische Skepsis mit je bestehender Macht, auch der Mussolinis[5]." Man könnte eine lange Liste derartiger Äußerungen von zum Teil sehr bekannten Männern zusammenstellen; doch werfen bereits die drei angeführten genügend Licht auf die Schwierigkeiten, die in deutschen Landen der objektiven Beurteilung eines Mannes entgegenstehen, der stolz von sich sagen konnte: „Ich bin an keine Partei, an keine Religion und an keine Sekte gebunden, daher besitze ich keine vorgefaßten Ideen über die Phänomene. Noch bin ich an irgendein Land gebunden und daher von den patriotischen Vorurteilen frei, die soviel Verheerungen in den Sozialwissenschaften anrichten. Ich verlange, hoffe und fürchte nichts, und deshalb hält mich auch nichts ab, die Wahrheit zu sagen[6]."

Ich möchte trotz der erwähnten Schwierigkeiten den Versuch wagen, wenigstens in kurzen Linien ein Bild von Pareto zu zeichnen, das etwas anders aussieht als das üblicherweise kolportierte: das Bild eines eminenten politischen Analytikers, Sozialtheoretikers und prognostischen Kopfs, dessen zyklopischer „Trattato di sociologia generale" mit seinen mehr als 2600 Paragraphen zu den scharfsinnigsten Hervorbringungen menschlichen Denkens über Herrschaft, Ideologie und gesellschaftliches Handeln überhaupt gehört[7]. Da hier nicht der Raum ist, sämtliche Theorien Paretos zu behandeln, muß ich mich darauf beschränken, nach einer biographischen Skizze aus dem Gesamtwerk einige zentrale Themen herauszuheben, die mir besonders aktuell erscheinen.

Vilfredo Pareto wurde am 15. Juli 1848 in Paris geboren. Seine Mutter war eine Französin, sein Vater entstammte einer alten genuesischen Patrizierfamilie, die von Napoleon I. das Adelsprädikat erhalten hatte. Um so erstaunlicher ist die Tatsache, daß Pareto, trotz seiner romanischen Herkunft, seine allerersten wissenschaftlichen Arbeiten, die er als noch nicht Großjähriger vorlegte, mit dem Namen „Fritz Wilfrid Pareto" signierte. Ebenso wird von Manon Michels-Einaudi berichtet, daß Pareto seine zweite Frau, eine Französin und Parteigängerin der gegen Deutschland gerichteten Entente während des Ersten Weltkriegs, des öfteren mit der ihr ärgerlichen Behauptung neckte, sein „wahrer Name" sei „Fritz Willy". Auch seine Dissertation, die gedruckt vorliegt, nennt als Verfasser ausdrücklich: „Fritz Wilfrid Pareto". Gottfried Eisermann, der wohl beste deutsche Kenner des paretianischen Werks, stellt dazu fest: „Wem bekannt ist, mit welcher Sorgfalt bei akademischen Examina und Promotionen Personalpapiere geprüft werden, wird geneigt sein, hierin den wahren Namen, den die Familie oder er selbst späterhin italianisiert haben mag, zu erblicken. Im Italienischen ist ‚Vilfredo' jedenfalls ein ungewöhnlicher Vorname." Leider ist das standesamtliche Register, in dem Paretos Geburt eingetragen war, schon 1871, während der Unruhen der „Pariser Kommune", durch Brand vernichtet und später nicht mehr erneuert worden. Auch in der Taufmatrikel der zuständigen Pfarrkirche Saint-Etienne-du-Mont, die in der Nähe der Sorbonne im Quartier Latin liegt, findet sich kein Hinweis auf Paretos Rufnamen. Wurde er überhaupt kirchlich getauft? Wie kam er dazu, in jungen Jahren mit einem deutschen Namen zu unterzeichnen? Weshalb stichelte er seine Frau mit dem in scherzhaftem Tone vorgebrachten Bekenntnis, daß er eigentlich „Fritz Willy" heiße?

Wir wissen es nicht und werden vermutlich auch niemals genau rekonstruieren können, welche Bewandtnis es damit hat. So findet sich schon zu Beginn von Paretos Leben, das in so hohem Maße der Klarheit der Vernunft und sorgfältiger Beobachtung der Tatsachen gewidmet war, ein anscheinend undurchdringliches Geheimnis. Es ist dies nur eines unter so manchen Rätseln, die sein Werdegang und Werk dem Forscher aufgibt. Erwähnt sei nur noch, daß Pareto trotz des für einen halb italienischen, halb französischen Südländer merkwürdigen germanischen Vornamens mit dem deutschen Geistesleben keine besonders innigen Beziehungen unterhielt. Aus Hegels „Naturphilosophie" las er gelegentlich in vorgerückter Stunde Freunden vor, um sich und seine Gäste zu schallendem Gelächter über so viel teutonische

Tiefsinnigkeit anzuregen. Für Karl Marx' geistigen Rang war er empfänglich; doch hinderte ihn sein grimmiger Skeptizismus daran, dessen kommunistische Zukunftsvision zu billigen. Bismarcks realpolitisch nüchterne Eigenart bewunderte er hingegen.

Mit etwa elf Jahren kam Pareto aus Frankreich nach Italien. Er studierte am Polytechnikum in Turin und legte 1869 eine Doktorarbeit über die grundlegenden Prinzipien der Theorie der Elastizität fester Körper vor. Nach mehrjähriger Tätigkeit als Ingenieur bei den Römischen Eisenbahnen ließ sich Pareto in Florenz nieder und wurde Generaldirektor einer anderen Eisenbahngesellschaft. Freihandel und Volkssouveränität waren die Ideale des leidenschaftlichen Republikaners; den Militarismus lehnte er zeitlebens ab. 1882 bewarb sich Pareto vergeblich um das Abgeordnetenmandat im Wahlkreis Pistoja-Prato. Ebenso hatte er mit der italienischen Regierung wiederholt Schwierigkeiten, da er deren schutzzöllnerische Politik in Zeitungsartikeln und Reden radikal bekämpfte. In den Mußestunden und insbesondere in vielen schlaflosen Nächten eignete sich der wirtschaftspolitisch interessierte Ingenieur ein enzyklopädisches Wissen an, das die klassische Literatur und Philosophie ebenso umfaßte wie die Werke der Kirchenväter und der großen Historiker. Er las Griechisch und Lateinisch fließend vom Blatt und schrieb eine vergleichende Studie über die Sprache des Apostel Paulus und den attischen Dialekt. Daneben studierte er ausgiebig Religionsgeschichte, Mythenkunde, Rechts- und Kulturgeschichte, Reiseliteratur, ferner die Arbeiten von Comte, Darwin, Buckle, Bain und Spencer. Hinzu kam etwa seit 1890 das Interesse an reiner nationalökonomischer Theorie, insbesondere in der Form, wie sie Léon Walras entwickelt hatte. 1893 wurde Pareto Nachfolger von Walras an der Universität Lausanne. Pareto war damals bereits fünfundvierzig Jahre alt und ein Mann, der bis dahin keine wissenschaftliche Leistung öffentlich vorweisen konnte. Von seiner ungewöhnlichen Bildung und Gelehrsamkeit wußten nur wenige Freunde. Erst 1896 erschien als Frucht seiner Lehrtätigkeit der zweibändige „Cours d'économie politique", eine glänzende Darstellung der neoklassischen Wirtschaftswissenschaft, in der sich bereits zwei soziologische Kapitel finden. 1902 folgte das ebenfalls zweibändige Werk „Les systèmes socialistes", die vielleicht bis heute vollkommenste und gründlichste Auseinandersetzung mit den sozialistischen Lehren von Platon bis Karl Marx und Friedrich Engels. 1906 erschien das drei Jahre später auch ins Französische übersetzte „Manuale di economia politica". Diese drei Werke bilden den Ertrag des paretianischen Weges von der reinen, vorgeblich apolitischen, im Grunde jedoch liberalen Wirtschaftstheorie zur Soziologie. Dieser Weg erreichte seinen Abschluß in dem 1916 erschienenen „Trattato di sociologia generale". Pareto war damals fast siebzig Jahre alt. In den Ereignissen des Ersten Weltkrieges und der darauf folgenden Jahre erblickte er „bellissime prove", die schönsten Belege für seine theoretisch gewonnenen Erkenntnisse. Im Dezember 1922, also kurz nach der Ernennung Mussolinis zum Ministerpräsidenten, wurde der Pazifist Pareto zum Vertreter Italiens in der Abrüstungskommission des Völkerbundes und im März 1923 zum Senator ernannt. Er starb am 19. August desselben Jahres auf seinem Landsitz in Céligny am Ufer des Genfer Sees, wo er sich im Jahre 1900 niedergelassen hatte[8].

Was das persönliche Verhältnis Paretos zum Faschismus betrifft, so ist dazu folgendes zu sagen: als er starb, war Mussolini noch nicht einmal ein Jahr an der Macht; seinem Regime fehlten damals noch jene spezifisch totalitären Züge, die später die Bewunderung Hitlers fanden. Mussolini hatte eine Zeitlang Paretos Vorlesungen in Lausanne besucht; er war damals noch radikaler Sozialist und stand in keinen persönlichen Beziehungen zu seinem Lehrer. Daran änderte sich auch nach dem Marsch auf Rom im Oktober 1922 nichts. Pareto selbst war niemals Mitglied der Faschistischen Partei. Er stand der Partei Mussolinis — den er nach einem berüchtigten Briganten mit Vorliebe „Musolino" nannte — bis zur Machtergreifung reserviert, gelegentlich geradezu feindselig gegenüber. Nach der Machtergreifung äußerte er einige anerkennende Worte über das neue Regime, allerdings mit deutlichen Vorbehalten. Diese Vorbehalte liefen darauf hinaus, daß Pareto nur einen pluralistischen, um nicht zu sagen konstitutionellen Faschismus zu akzeptieren bereit war. Er plädierte für eine sowohl starke als auch gemäßigte Regierung und warnte in einem unter der Überschrift „Libertà" kurz vor seinem Tode publizierten Aufsatz die Faschisten vor kriegerischen Abenteuern und einer Einschränkung der Meinungs-, Presse- und Lehrfreiheit. In diesem Zusammenhang sei noch erwähnt, daß von Pareto, der sein kritisches Instrumentarium vorzüglich an den ideologischen Schleiern der „plutokratischen Demokratien" Westeuropas erprobte und, wie er sich ausdrückte, hinter „dem Flittergold der humanitären und ethischen Deklamationen" den Willen zur Macht witterte, dennoch auch folgender Satz stammt: „Die beste Regierung, die heutzutage existiert, und auch die beste von allen, die man bislang beobachten konnte, ist die der Schweiz, besonders in der Form der direkten Demokratie, die sie in den kleinen Kantonen annimmt[9]." Dieser Pareto, der so wenig dem verbreiteten Klischee vom Apologeten des Faschismus entspricht, war im Grunde ein Liberaler, der, je älter er wurde, zwar die Ideologie des Liberalismus als Ideologie durchschaute, doch weiterhin als ein Mann mit freiheitlichen Instinkten die institutionellen Errungenschaften der liberalen Epoche ehrte: Meinungs- und Pressefreiheit, Schutz religiöser, ethnischer und politischer Minderheiten, die Idee von „checks and balances[10]".

In ihrem Kern ist die paretianische Sozialtheorie eine Theorie des menschlichen Handelns. Sie unternimmt eine Neubegründung der Soziologie aus einer fundamentalen Theorie und Analyse menschlichen Verhaltens. Die Wirtschaftswissenschaften bilden nur einen Teil dieser Soziologie, da sie sich überwiegend mit den relativ logischen oder, in der Sprache Max Webers, zweckrationalen Handlungen befassen[11]. Der überwiegende Teil menschlichen Verhaltens hat jedoch nichtlogischen Charakter. Im Mittelpunkt der soziologischen Studien Paretos steht die Analyse nichtlogischer Handlungen und der Nachweis, daß diese unter den menschlichen Tätigkeiten bei weitem vorherrschen. Logisch ist das Verhalten eines Menschen unter folgenden Bedingungen: Motiv seines Handelns ist ein vorsätzlich gefaßtes Ziel; dieses Ziel ist grundsätzlich erreichbar; die angewandten Mittel sind objektiv geeignet, dieses Ziel zu erreichen. Bei einer logischen Handlung stimmt das erreichte Resultat mit dem vom Handelnden verfolgten Zweck überein. Derartige Handlungen finden wir vor allem auf den Gebieten Wirtschaft, Technik und Wissenschaft, zum Teil auch in der Politik und militärischen Strategie. Alle anderen Handlungen nennt Pareto nichtlogisch. Sie haben gemeinsam, daß deren von einem unbeeinflußten Beobachter feststellbares Resultat nicht mit dem vom Handelnden verfolgten Zweck übereinstimmt. Entweder fehlt bei ihnen ein vorsätzlicher Zweck, wie etwa im Falle von Instinkt- und Reflexhandlungen, aber auch von vielen symbolischen oder rituellen Verhaltensweisen. Oder das vom Handelnden angegebene Ziel ist irreal, beziehungsweise menschlicher Kontrolle und Praxis unzugänglich. Oder die vom Handelnden erreichten Ziele stehen in keinem sachlichen Zusammenhang mit den von ihm entwickelten Sinngebungen, Rechtfertigungen oder sonstigen Theorien über die von ihm gesetzte Handlung. Oder die vom Handelnden verwendeten Mittel sind dem an sich durchaus erreichbaren Ziel nicht adäquat, was bei abergläubischen Handlungen der Fall ist, aber auch bei zahlreichen politischen Maßnahmen. In der Antike war der Glaube verbreitet, daß man, um eine glückliche Seefahrt zu haben, vorher einen Hahn opfern müsse. Anarchisten glaubten, die herrschende Klasse durch Attentate beseitigen zu können. Englische Könige übten jahrhundertelang den Brauch der Handauflegung, um dadurch Kranke zu heilen[12].

Pareto begnügt sich nicht damit, aus der Fülle menschlichen Handelns bestimmte immer wiederkehrende Typen herauszuheben; es geht ihm vielmehr darum, die menschlichen Gesellschaften als interdependente Handlungsgroßsysteme zu rekonstruieren. Auch bedeutet für ihn die Feststellung, eine Handlung sei nichtlogisch, kein negatives Urteil. Strikt unterscheidet er zwischen der Rationalität einer Handlung oder dem Wahrheitsgehalt einer Aussage und dem individuellen oder sozialen Nutzen dieser Aktion oder Theorie[13]. Seine Kritik gilt nur jenen, die sich zwar nichtlogisch verhalten, aber zugleich sich und anderen weismachen wollen, sie handelten logisch. Um mit Pareto zu sprechen: „Der Mensch hat eine so starke Neigung, seinen nichtlogischen Handlungen logische Erklärungen anzufügen, daß ihm alles als Vorwand dient, sich dieser Lieblingsbeschäftigung zu widmen[14]." Vielleicht wird schon in diesem Zusammenhang die verbreitete Abneigung gegen den italienischen Analytiker wenigstens teilweise verständlich.

Pareto gehört mit Nietzsche und Freud zu den bedeutendsten Entlarvern der menschlichen Illusionen. So wie die Menschen zu großen Teilen unlogisch handeln, so suchen sie als Theoretiker im allgemeinen nicht die Wahrheit, sondern die Sicherung, Bestätigung und Rechtfertigung vorausgesetzter wertbehafteter Positionen. Sie werden in einem weit größeren Ausmaß, als sie zuzugeben bereit sind, nicht durch rationale Erkenntnisse und Überlegungen, sondern durch Gefühle, Leidenschaften und Triebe in ihrem Sinnen und Trachten bestimmt. Mit Recht stellt Carl Brinkmann fest: „Paretos Soziologie ist der rational-exakte Aufweis der irrationalen Tiefendimension allen sozialen Verhaltens[15]."

Pareto unterscheidet zwischen „Residuen", den wenigstens zum Teil instinktiven und emotional getönten Konstanten und Grundmustern menschlichen Handelns, und „Derivationen", den wechselnden verbalen Maskeraden primärer Bedürfnisse, Wertungen und Verhaltensweisen. Im einzelnen untersucht er die Residuen der Kombination, der Persistenz der Aggregate, des Ausdrucks von Gefühlen durch äußere Akte, der Soziabilität, der Integrität und der Sexualität. Die bedeutendste Rolle spielen in seiner Sozialtheorie die beiden ersten Residuen: das Residuum der Kombination, das die Wurzel aller Neuerungen, des Fortschritts in Wissenschaft und Technik sowie einen wesentlichen Faktor aller entwickelten Zivilisationen bildet, und das Residuum der Persistenz der Aggregate, das man etwa als konservatives Prinzip der sozialen Trägheit und Konformität charakterisieren könnte.

Wie bei den Residuen, den relativ wenig veränderlichen Wurzeln menschlicher Verhaltens- und Ausdrucksweisen, unterscheidet Pareto auch bei den Derivationen, den variableren Behauptungen, Aussagen, Theorien und Ideologien, die menschliches Handeln interpretieren, rechtfertigen und verhüllen, verschiedene Gruppen. Die erste bilden die Derivationen der einfachen Behauptung. Zu ihnen gehören etwa die meisten Sprichwörter und apodiktische Feststellungen, die sich auf bestimmte Tabus beziehen: „Das darf man nicht!" oder „Der Kluge gibt nach!"

Die zweite Klasse umfaßt die Derivationen der Autorität. Dazu Pareto: „Die Griechen fanden alles bei Homer, die Römer bei Vergil, die Italiener vieles bei Dante. Ganz bekannt ist der Fall der Bibel und der Evangelien. Man könnte schwer sagen, was man hier nicht gefunden hätte. Man hat aus ihnen zahlreiche Lehren, auch widersprüchliche, entnommen und mit gleicher Leichtigkeit das jeweilige Für und Wider bewiesen." Daß Pareto auch andere Autoritäten kennt, an die bestimmte Derivationen anknüpfen, um unabhängig davon bestehende Residuen zu rechtfertigen, geht aus den folgenden Sätzen hervor: „Das Automobil genießt den Schutz des Fortschritts, der nahezu ein Gott ist, wie das Käuzchen in Athen den Schutz der Göttin Athene genoß. Die Gläubigen des Fortschritts müssen das Auto respektieren, wie die Athener das Käuzchen respektierten. In unserer Zeit, in der die Demokratie triumphiert, würde das Auto geächtet werden, wenn es nicht den Schutz des ‚Fortschritts' genösse, da es hauptsächlich von reichen oder wenigstens wohlhabenden Leuten benützt wird, und die Kinder der Proletarier oder auch manche erwachsenen Proletarier umbringt. Es nimmt den Kindern der Armen die Möglichkeit, auf den Straßen zu spielen, und füllt die Häuser der armen Bauern und Dorfbewohner mit Staub. Alles das wird dank des Schutzes des Gottes Fortschritt ertragen ... Man geht sogar soweit, diejenigen, die das Auto nicht bewundern, so zu behandeln, wie man in früheren Zeiten die Ketzer behandelte[16]." Diese Ausführungen wurden vor etwa sechzig Jahren niedergeschrieben. Dasselbe gilt für die Sätze über das Ansehen des „Kapital" von Karl Marx: „Die wenigsten deutschen Sozialisten haben es gelesen, selten wie weiße Raben sind die, die es verstanden haben können. Aber die subtilen und dunklen Untersuchungen des Buches wurden von außen bewundert und verschafften ihm Autorität. Diese Bewunderung bestimmte die Form der Derivation ...[17]"

Was hätte wohl Pareto zu dem folgenden Satz gesagt, der sich in einer 1973 veröffentlichten Marburger Habilitationsschrift findet: „Die marxistische Theorie der ‚Geschichte' ist wahr nicht kraft theoretischer Stringenz; sie ist wahr, weil sie die Partei des Fortschritts nicht nur ergreift, sondern in der Arbeiterklasse als ihre Grundlage weiß[18]"? Er hätte dieser „Theorie" wohl einen Ehrenplatz in seiner Galerie der Derivationen der Behauptung und der Autorität zugewiesen.

Die dritte Gruppe von Derivationen wird schließlich gebildet durch die Übereinstimmung mit Gefühlen oder absoluten Prinzipien. Dazu gehören etwa die meisten Berufungen auf metaphysische Ideen oder die Hypostasierungen von aus dem menschlichen Zusammenleben sich ergebenden Ideenkomplexen wie zum Beispiel: „Wille der Nation", „Volksgeist", „wahre Bedürfnisse", „Bestimmung des Menschen", „historische Notwendigkeit", „Gemeinwohl", „Natur der Sache", „öffentliches Interesse". Spinoza sagte: „Wenn zwei gleichartige Individuen sich miteinander verbinden, dann bilden sie ein Individuum, welches zweimal mächtiger ist, als jedes einzelne es früher war. Es gibt also nichts Nützlicheres für den Menschen als den Menschen selbst." Gilt das auch, wendet Pareto ein, wenn es sich um zwei sehr Hungrige mit geringen Nahrungsvorräten oder um zwei Männer handelt, die um die Gunst desselben Mädchens wetteifern?

Zur vierten Gruppe von Derivationen gehören alle „Beweise durch Worte", die „prove verbali", wie Pareto sie nennt. Diese Derivationen spielen bei Politikern und Advokaten naturgemäß eine wichtige Rolle. Bereits die antike Rhetorik liefert dafür gute Beispiele, so etwa Aristoteles: „Wenn man eine Sache begünstigen will, dann muß man die Metaphern aus dem Besten, was es gibt, entnehmen; wenn man schaden will, aus dem Schlechtesten." Orest erschlug Klytämnestra und ihren Buhlen Aigisthos. Für die Erinnyen war Orest der Mörder seiner Mutter, für Pallas Athene hingegen der Rächer seines Vaters. In ähnlicher Weise nennt man ein und denselben Vorgang Standhaftigkeit oder Verstocktheit, Expropriation oder Raub, Exekution oder Mord, internationale Hilfsaktion für ein bedrohtes Land oder imperialistische Aggression, Emanzipation oder Anarchie. Pareto erwähnt in diesem Zusammenhang das Schicksal von Worten wie „Freiheit", „Freidenker", „Humanität" und gewisse pazifistische Derivationen, die darauf hinauslaufen, daß internationale Streitigkeiten durch Verhandlungen gelöst werden sollen, ausgenommen den Fall, daß es für ein Land vorteilhafter sei, die Streitfrage durch militärischen Einsatz zu lösen. Er kommt auch darauf zu sprechen, daß ein Wort allein schon dadurch eine völlig verschiedene Bedeutung erhalten kann, indem man ihm ein Beiwort hinzufügt: „Man unterscheidet dann die wahre Freiheit von der einfachen Freiheit, und zuweilen ist die erstgenannte genau das Gegenteil von der zweiten." So hat jede Zeit ihre Modeworte, von denen niemand weiß, was sie genau besagen; klar ist nur, daß sie eine bestimmte Sache, Haltung oder Maßnahme entweder strahlend oder düster erscheinen lassen sollen. Solche Lichtvokabeln sind heute beispielsweise: kritisch, emanzipatorisch, sozial, demokratisch, ökologisch, dialektisch, revolutionär; ihnen gegenüber stehen Adjektive wie: reaktionär, autoritär, repressiv, positivistisch, konservativ, statisch, formell, unreflektiert. An der äußersten Grenze erweisen sich diese Derivationen als bloße „musica di vocabuli", als reine Wortmusik. Für Pareto haben die meisten politischen, moralphilosophischen und naturrechtlichen Aussagen den Charakter von Derivationen, von Scheinbegründungen oder Scheinrechtfertigungen jeweils schon stillschweigend vorausgesetzter oder erwünschter Einstellungen. Ihre Sophistik ist keineswegs immer leicht zu durchschauen und die Tatsache, daß noch heute sonst durchaus intelligente und liebenswerte Zeitgenossen den Namen Pareto nicht ohne Entrüstung hören können, erklärt sich wohl auch dadurch, daß niemand sich beliebt macht, der den Menschen zu zeigen beansprucht, wie unlogisch sie sich sogar im Gewande der Aufklärung verhalten.

Die wissenschaftliche Nullität der Derivationen ist für Pareto auch dadurch erwiesen, daß ein und dieselbe in den Dienst völlig verschiedener moralisch-politischer Ziele gesetzt werden kann. So hat man mit naturrechtlichen Argumenten sowohl die Notwendigkeit des Privateigentums als auch die seiner kommunistischen Abschaffung erweisen wollen. Ähnlich wurde die Methode der Dialektik nacheinander dazu benutzt, die preußische Monarchie, die kommunistische Diktatur, die Weltrevolution und den faschistischen Führerstaat als notwendig, vernünftig, fortschrittlich und legitim auszuweisen. Umgekehrt erkannte Pareto nicht minder, daß ein und dasselbe Residuum mit einander widersprechenden Derivationen gerechtfertigt zu werden vermag: „Ein Chinese, ein Mohammedaner, ein calvinistischer Christ, ein Katholik, ein Kantianer, ein Hegelianer, ein Materialist lehnen alle gleicherweise das Stehlen ab, aber jeder gibt für sein Verhalten eine unterschiedliche Begründung. Es sind Derivationen, die ein Residuum, das in allen vorhanden ist, mit einer Schlußfolgerung verknüpfen, die sie alle akzeptieren[19]."

Soweit Paretos Lehre von den Derivationen, die er mit einem gewissen grimmigen Vergnügen an „linken" Mythen erläutert: an einer Gleichheitsdoktrin, die hinterrücks doch wieder neue Hierarchien einführt, indem sie alle gleich, einige aber gleicher sein läßt; einem Internationalismus, der imperialistische Großmachtpolitik tarnt; einem selektiven Humanismus, hinter dessen Wortschleiern die Messer zu Bluthochzeiten gewetzt werden. Diese Beispiele sollten freilich nicht dafür blind machen, daß Paretos ideologiekritische Derivationenlehre sich ebensogut gegen „rechte" oder konservative Doktrinen anwenden läßt, und es ist kaum anzunehmen, daß der Verfasser des „Trattato", hätte er länger gelebt, die hegelianischen, biologistischen und rassenmystischen Derivationen deutscher und italienischer Faschisten oder Nationalsozialisten wie Gentile, Bottai, Evola, Steding, Krieck und Larenz verschont haben würde.

Eine als vorwissenschaftlich angesehene Lehre besagt, daß die menschliche Gesellschaft mit ihren hierarchischen Strukturen und Klassenverhältnissen eine Folge der individuellen Verschiedenartigkeit, der ungleichen Verteilung von Fähigkeiten, Neigungen und Talenten sei. Dies gelte vor allem im Hinblick auf die Begabung, Macht auszuüben, zu herrschen, zu organisieren, zu verwalten und große Massen mitzureißen. Viele seien dazu bestimmt, beherrscht zu werden, wenige nur, zu herrschen. Ich brauche nicht zu erwähnen, daß diese Lehre, die, in unterschiedlicher Formulierung, von Heraklit, Platon, Aristoteles, Thomas von Aquino und auch noch Voltaire vertreten wurde, heute als schlechthin reaktionär gilt. Sie befindet sich auf dem Rückzug vor einer anderen Lehre, die mit dem Namen Marx verknüpft ist. Marx hat niemals beansprucht, die Existenz der Klassen und ihren Kampf untereinander entdeckt zu haben. Mit Recht weist er in seinem berühmt gewordenen Brief an Joseph Weydemeyer vom 5. März 1852 darauf hin, daß bürgerliche Gelehrte längst vor ihm die Geschichte des Kampfes der Klassen und die „ökonomische Anatomie" derselben dargestellt haben. Sein Verdienst bestehe bloß darin, schreibt Marx in dem gleichen Brief, nachgewiesen zu haben, „1. . . . daß die Existenz der Klassen bloß an bestimmte historische Entwicklungsphasen der Produktion gebunden ist; 2. daß der Klassenkampf notwendig zur Diktatur des Proletariats führt; 3. daß diese Diktatur selbst nur den Übergang zur Aufhebung aller Klassen und zu einer klassenlosen Gesellschaft bildet . . .[20]" Mit anderen Worten: im Blick auf die Vergangenheit urteilt Marx nicht anders als „bürgerliche" Forscher oder „rechte" Ideologen. Ausbeutung, Herrschaft, Ungleichheit und Klassenantagonismus sind für ihn nichts Zufälliges, sondern die Konstituenten der bisherigen Geschichte und der Motor des kulturellen Fortschritts, wie dies Marxens Mitstreiter und Freund Friedrich Engels ungerührt im „Anti-Dühring" ausgesprochen hat: „Wir sollten nie vergessen, daß unsere ganze ökonomische, politische und intellektuelle Entwicklung einen Zustand zur Voraussetzung hat, in dem die Sklaverei ebenso notwendig wie allgemein anerkannt war. In diesem Sinne sind wir berechtigt zu sagen: Ohne antike Sklaverei kein moderner Sozialismus[21]." Nicht in seiner Deutung der Vergangenheit, sondern nur im Hinblick auf die Zukunft ist also der Marxismus eine linke Theorie, indem er annimmt, daß der Klassenkampf zur proletarischen Weltrevolution und diese schließlich zur klassenlosen Gesellschaft der Freien und Gleichen ohne Herrschaft, Entfremdung und Repression führen werde. Mittels einer gegenüber Hegel revolutionär umgewendeten Dialektik gelingt es Marx sozusagen, eine rechte Vergangenheitsschau mit einer linken Zukunftsvision zu verbinden.

Dieser Exkurs soll dazu beitragen, die Eigenart der Klassentheorie Paretos, seine Lehre von den politischen und sozialen Eliten zu verdeutlichen[22]. Vorauszuschicken ist, daß der italienische Soziologe den Begriff Elite völlig wertfrei, ohne moralische Nebentöne, definiert. Elite besagt bloß, daß sowohl in der Gesamtgesellschaft als auch in jedem ihrer Untersysteme einige wenige eine Macht über ihresgleichen besitzen, die in keiner Proportion zu ihrer Zahl (und gewöhnlich auch nicht zu ihren Verdiensten) steht. Eine Minorität fällt Entscheidungen, die alle betreffen. An dieser Tatsache könne eine parlamentarische Demokratie ebensowenig ändern wie ein Sozialismus mit noch so menschlichem Antlitz. Es verwundert nicht, daß eine solche Lehre sowohl östlich wie westlich des Eisernen Vorhangs wenig beliebt ist. Sie gilt als zynisch, menschenverächterisch und machiavellistisch. Es scheint jedoch, daß sie die Wirklichkeit besser beschreibt als die Theorien von der Volkssouveränität oder der klassenlosen Gesellschaft. Keineswegs war Pareto deshalb ein Mann, der die „Unterprivilegierten" verachtete oder sich über die Qualitäten der herrschenden Klassen fromme Illusionen machte. Die Weltgeschichte war ihm ein Friedhof von Eliten[23], und er sah keine Gründe, die zu der Vermutung berechtigten, daß in Zukunft das „oligarchische Faktum", wie man es nennen könnte, eine geringere Rolle als früher spielen würde. Im Gegensatz zu Marx leugnete Pareto nicht nur die Möglichkeit einer klassenlosen Gesellschaft; er kritisierte auch dessen Reduktion aller sozialen Konflikte auf den Gegensatz von Kapitalisten und Arbeiterschaft. Er unterschied zum Beispiel zwischen Kapitalisten und Unternehmern und meinte, daß die letzteren in der Regel mit den Arbeitern durchaus auch gemeinsame ökonomische Interessen haben. Pareto liefert keine Rezepte für eine utopische Gesellschaft, die von einer vertikalen Gliederung frei ist. Doch immerhin sagt er deutlich, wie eine funktionsfähige Gesellschaft beschaffen sein muß. Er betont die Notwendigkeit einer relativ freien Zirkulation zwischen den Klassen, also der Chance, daß fähige Elemente aus den Unterklassen in die Elite aufsteigen. Eine herrschende Klasse, die humanitäre Derivationen kultiviere, zugleich aber sich abschließe, bedeute ein Maximum an gesellschaftlicher Labilität. Die abnehmende Stärke einer politischen Elite lasse keineswegs eine Abnahme ihrer Neigung zu Gewalttätigkeit erwarten. Pareto unterscheidet scharf zwischen Stärke und Gewalt, zwischen funktional notwendiger Macht und willkürlicher Brutalität, die oft ein Zeichen von innerer Schwäche sei.

Zusammenfassend können wir Paretos diesbezügliche Ansichten etwa so formulieren: Klassen sind kein historisch-transitorisches Phänomen, sondern notwendige Elemente einer jeden möglichen Gesellschaft. Ihre Entstehung und Wirksamkeit hängt zwar mit Verhältnissen der Ökonomie zusammen, doch vermögen diese allein die vertikale Gliederung der Gesellschaften nicht hinreichend zu erklären. Hinzu kommt die Autonomie menschlichen Machtstrebens und die sich immer aufs neue stellende funktionelle Notwendigkeit von Autoritäten und Kompetenzen, um größere Kollektive überhaupt zu lebensfähigen Systemen organisieren zu können. Herrschende und nichtherrschende Klassen sind insofern keine Folge ökonomischer Ausbeutung, sondern ein politisch-organisatorisches Phänomen, das eine allgemeinmenschliche Wurzel hat. Pareto ist zwar nicht so weit gegangen, konkrete Klassenverhältnisse rassenbiologisch abzuleiten, doch spielen in seinen Analysen psychologische bzw. sozialpsychologische Überlegungen eine erhebliche Rolle. Verschiedene Klassen weisen nach ihm eine verschiedene Verteilung von Residuen auf, und die Individuen unterscheiden sich nun einmal stark voneinander in ihrem Wunsch und ihrer Fähigkeit zu herrschen[24]. Der Kampf um die Macht ist für ihn weder ein Kampf aller gegen alle noch ein Kampf zwischen einer winzigen Elite und einer unterdrückten Masse. Er ist vielmehr in der Regel ein Kampf zwischen zwei konkurrierenden Minderheiten: einer bereits herrschenden, die möglicherweise geschwächt, verbraucht und zu einem Einsatz von Zwangsmitteln unfähig ist, und einer herrschsüchtigen, die die ihr noch fehlende Macht mit Hilfe von demokratischen Derivationen zu ergreifen sucht.

Ich breche an dieser Stelle ab im Bewußtsein, wie wenig diese kargen Andeutungen einen Begriff von dem analytischen Scharfsinn und der Fülle an historischen Belegen zu vermitteln vermögen, mit denen Pareto unter Verzicht auf Appelle und Propaganda seine illusionslose Elitentheorie entwickelt. Ohne Schönfärberei zeigt er, wie regiert wurde und wird; mit welchen Methoden Staaten gegründet, erhalten und zerstört werden; wie hinter sich wandelnden Fassaden konstante Formen von Ausbeutung und Bewirtschaftung von Menschen durch Menschen wiederkehren; auf welche Weisen überlieferte Klassenverhältnisse unterminiert und revolutionäre Kräfte in bestehende Systeme integriert werden; in welchem Ausmaß List, Betrug, Gerissenheit, Korruption und Propaganda neben den gröberen Mitteln Gewalt, Krieg, Plünderung und Mord die politische Geschichte prägen. In solchen düsteren Abschnitten erreichte Pareto eine faszinierende Größe, wie sie unter Sozialwissenschaftlern sehr selten anzutreffen ist. Er wirkt dann stärker als Machiavelli und Nietzsche, zwei ihm in manchen Zügen verwandte Denker, weil er auch dann noch eine gewisse nüchterne Beherrschtheit, eine aristokratische Distanz gegenüber Entrüstung oder Apologie behält, wo ein Thomas Macaulay nicht umhin konnte zu sagen: „Die Prinzipien der Politik sind derart, daß ein Straßenräuber erröten würde, sie seinen Spießgesellen auch nur anzudeuten."

Dennoch hat dieser gnadenlose Analytiker menschlicher Illusionen, dem zumindest im reifen Alter religiöse Bedürfnisse unbekannt geblieben sein dürften, offen ausgesprochen, daß große Politik niemals nur an Interessen und materieller Gewalt sich orientieren könne. Ebenso bedeutsam erscheint ihm das, was er, wie schon vor ihm Tocqueville, „les croyances" nennt, also elementare Glaubungen — wenn dieses ungewöhnliche Wort erlaubt ist —, die nicht logisch abgeleitet und auch nicht auszudefinieren sind, auf die aber ein Volk nur um den Preis der Würdelosigkeit und Dekadenz verzichten könne: „Es gibt in der Geschichte kein großes, starkes und erfolggewohntes Volk", heißt es in einer 1911 erschienenen Schrift, „bei dem man nicht in der Tiefe wirksame Gefühle fände, die sich in einem Ideal, einer Religion, einem Mythos oder einem Glauben offenbaren. Jedes Volk, in dem diese Gefühle schwächer werden, befindet sich auf dem Weg der Dekadenz. Sehr viele kleine Völker sind groß geworden, weil sie den Glauben an sich selbst besaßen. Ein Volk, das diesen Glauben verliert, ist dem Untergang nahe ... Nichts ist im Leben der Völker so praktisch wie das Ideal[25]." Die Kehrseite zu der in diesen Worten sich ausdrückenden Einstellung bildet Paretos Urteil über sein Hauptwerk: „Wenn ich wüßte, daß mein ‚Trattato' viel gelesen würde, schriebe ich ihn nicht." Denn — „welches Gewicht werden experimentelle Wahrheiten an dem

Tage haben, an dem die Heere angesichts des Todes aufmarschieren[26]?"

Man hat den, der dies schrieb, politisch, moralisch und wissenschaftlich geächtet. Zynismus, Amoralismus, Elitismus und vor allem Faschismus sind die wichtigsten der ihm zugeschriebenen Ruchlosigkeiten. Diese Schelten werden in deutschen Landen seit Jahrzehnten ungeprüft wiederholt, und so gilt von Pareto auch heute noch Audens Wort über den unglücklichen Dichter Weinheber: „Die Jungen verdammen dich ungelesen." Wer sich mit dem vielgetadelten, doch wenig studierten Autor wirklich beschäftigt hat, wird freilich von ihm kaum mehr loskommen. Einmal ist Paretos Lehre, wie Raymond Aron betont, „eine Theorie der Manifestation der menschlichen Natur im sozialen Leben". In ihrem Mittelpunkt steht der Mensch als ein handelndes Wesen, das, getrieben von Interessen, Leidenschaften und Glaubungen, sich niemals damit begnügt, einfach nur etwas zu tun, sondern immer auch Formeln der nachträglichen Rationalisierung und Legitimation, der Selbsttröstung und des Aufschwungs zu idealen Zielen produziert. Als anthropologischer Skeptiker hatte Pareto für die Utopie einer klassenlosen Gesellschaft oder eine als totale Selbstbestimmung verstandene Demokratie nur ein Lächeln übrig. Gleichwohl ist es unzulässig, in Pareto deshalb einen Faschisten, einen Lobredner unkontrollierter elitärer Gewalt und Menschenverachtung sehen zu wollen. An Wahrheit, strenger und nüchterner Wahrheit, interessiert, war er bemüht, die Sozialwissenschaften von der Stufe der Alchemie auf die einer empirisch-rationalen Disziplin zu heben. Es fehlt ihm jeder utopische Impuls, aber dafür sind ihm, gleichsam nebenher, einige erstaunlich treffsichere Prognosen über den künftigen Verlauf des zivilisatorisch-gesellschaftlichen Prozesses gelungen. Es mangelt ihm am deutschen Sinn fürs Absolute, doch nicht am lateinischen Sinn für das Maß und die Grenze, für das Bleibende, sich Wiederholende und Typische im geschichtlichen Wandel.

Pareto, der Sohn eines Italieners und einer Französin, ist dem Geist des Mediterranen verpflichtet, der griechisch-römischen Idee des Seins gegenüber dem Werden. Er geht davon aus, daß es unter der unendlichen Mannigfaltigkeit historischer Ereignisse ein relativ konstantes Element gibt: die condition humaine. So ist Paretos Soziologie mehr als ein Fach neben anderen: ein kaum ausschöpfbares Arsenal menschlicher Selbsterkenntnis. Wer seinen monumentalen „Trattato" liest, durchschreitet einen Palast mit Festsälen, die von antikischer Heiterkeit erfüllt sind, aber auch mit unterirdischen Verliesen, wo einige verdrängte Themen einer ernst zu nehmenden politischen Philosophie und Anthropologie ihrer Entdeckung harren. „Vieles ist ungeheuer und nichts ungeheurer als der Mensch[27]."

Anmerkungen

1) Vgl. Talcott Parsons: Essays in Sociological Theory. Glencoe, Ill. 1954.

2) Zu den bedeutendsten Arbeiten in deutscher Sprache, die der Interpretation und Erschließung von Vilfredo Pareto gewidmet sind, gehören einige Aufsätze und Studien des in Bonn lehrenden Soziologen Gottfried Eisermann, der auch eine schmale Auswahl aus dem „Trattato di sociologia generale" herausgebracht hat. Vgl. Gottfried Eisermann: Bedeutende Soziologen. Stuttgart 1968 (darin die Kap.: „Vilfredo Pareto als Wissenssoziologe" und „Vilfredo Pareto als politischer Denker"); ders: Vilfredo Pareto als Nationalökonom und Soziologe. Tübingen 1961; ders.: Vilfredo Paretos System der allgemeinen Soziologie. Einleitung, Texte und Anmerkungen. Stuttgart 1962. — Hingewiesen sei noch auf den frühen Aufsatz von Ernst Wilhelm Eschmann (s. Anm. 10) und Arnold Gehlens Studie „Vilfredo Pareto und seine ‚Neue Wissenschaft' ", die 1941 in den Blättern für deutsche Philosophie erschienen ist (wiederveröffentlicht in Arnold Gehlen: Studien zur Anthropologie und Soziologie. Neuwied-Berlin 1963, S. 149 - 195). Auf die philosophische Bedeutung des Ideologiekritikers und Weltanschauungsanalytikers Pareto hat Ernst Topitsch wiederholt aufmerksam gemacht.

3) Leopold von Wiese: Vilfredo Pareto als Soziologe. In: Zeitschr. für Nationalökonomie, Bd. 7 (1936), S. 443.

4) Franz Alexander: Irrationale Kräfte unserer Zeit. Stuttgart o. J., S. 82.

5) Vgl. Theodor W. Adorno, Ralf Dahrendorf, Hans Albert u. a.: Der Positivismusstreit in der deutschen Soziologie. Neuwied-Berlin 1969, S. 39. — Ähnlich Georg Lukács: Die Zerstörung der Vernunft. Neuwied 1962, S. 21: „Natürlich gibt es den Fall Mussolini, mit seinen philosophischen Quellen aus James, Pareto, Sorel und Bergson . . ."

6) Vilfredo Pareto: Lettere a Maffeo Pantaleoni. Rom 1960, Bd. 2, S. 281.
7) Von diesem Werk gibt es auf deutsch nur zwei relativ schmale Auslesen, die bereits erwähnte von Gottfried Eisermann und die von Carl Brinkmann herausgegebene Anthologie: Vilfredo Pareto: Allgemeine Soziologie. Tübingen 1955. — 1976 erschien der Band: Vilfredo Pareto, Ausgewählte Schriften. Hrsg. und eingeleitet von Carlo Mongardini (Ullstein, Berlin).
8) Zur Biographie Paretos vgl. die Einleitung von G. Eisermann in: Vilfredo Paretos System der allgemeinen Soziologie, S. 5 ff. und G.-H. Bousquet: Pareto. Le savant et l'homme. Lausanne 1960.
9) Vgl. Pareto: Trattato di sociologia generale. Introduzione di Norberto Bobbio. Milano 1964, Bd. 2, S. 764 (§ 2240, Anm. 1). Vgl. auch S. 709 (§ 2265).
10) Vgl. dazu Raymond Aron: Hauptströmungen des soziologischen Denkens. Köln 1971, Bd. 2, S. 154 ff.; Ernst Wilhelm Eschmann: Moderne Soziologen: Vilfredo Pareto. In: Die Tat. 21. Jg., Jan. 1930, S. 771 - 779, bes. 774 f.
11) Vgl. dazu Gottfried Eisermann: Wirtschaftstheorie und Soziologie. Tübingen 1957, bes. S. 20 ff., und Arnold Gehlen: Soziologie als Verhaltensforschung. In: Zeitschr. f. d. gesamte Staatswissenschaft, 115. Jg. (1959), S. 1 - 12.
12) Vgl. James Burnham: Die Machiavellisten. Verteidiger der Freiheit. Zürich 1947, S. 178 ff.
13) Vgl. Trattato, Bd. 1, S. 40 (§ 73).
14) Ebd. Bd. 1, S. 108 (§ 180).
15) Vgl. Carl Brinkmann: Über Vilfredo Pareto: In: Jahrbuch für Sozialwissenschaft, Jg. 1 (1950), H. 1, S. 3.
16) Vgl. Trattato, Bd. 2, S. 36 (§ 1450), S. 42 f. (§ 1463).
17) Ebd., Bd. 2, S. 14 (§ 1416).
18) Hans Jörg Sandkühler: Praxis und Geschichtsbewußtsein. Fragen einer dialektischen und historisch-materialistischen Hermeneutik. Frankfurt a. M. 1972.
19) Vgl. Trattato, Bd. 2, S. 13 f. (§ 1416).
20) Vgl. Karl Marx — Friedrich Engels: Werke, Bd. 28. Berlin (Ost) 1963, S. 508 f.
21) Vgl. Friedrich Engels: Herrn Eugen Dührings Umwälzung der Wissenschaft (Anti-Dühring). Berlin (Ost) 1960, S. 221.
22) Vgl. Rudolf Hamann: Paretos Elitentheorie und ihre Stellung in der neueren Soziologie. Stuttgart 1964; P. Hübner: Herrschende Klasse und Elite. Eine Strukturanalyse der Gesellschaftstheorien Moscas und Paretos. Berlin 1967; Günter Zauels: Paretos Theorie der sozialen Heterogenität und Zirkulation der Eliten. Stuttgart 1968. — Ergänzend verweise ich auch auf mein im MUT-Verlag, Asendorf 1984, erschienenes Taschenbuch „Elite — Erziehung für den Ernstfall".
23) Vgl. Trattato, Bd. 2, S. 538 (§ 2053): „Le aristocrazie non durano . . . La storia è un cimitero di aristocrazie."
24) Vgl. dazu kritisch Friedrich Jonas: Geschichte der Soziologie, Bd. 3. Reinbek 1969, S. 110 ff.
25) Vgl. Vilfredo Pareto: Le mythe vertuiste et la littérature immorale. Paris 1912, Schluß (deutsche Ausgabe: Neuwied-Berlin 1968).
26) Vgl. Trattato, Bd. 2, S. 147 f. (§ 1580 Anm. 3).
27) Sophokles: Antigone, V. 332 f.

(1973)

Otokar Brezina

„Unsere Hoffnungen kreisen in ewigem Frühling ...“

Auch das Wesen der heiligen Dichtungen ist wie die Liederwonne des Frühlings nie eine Geschichte der Erde gewesen, sondern eine Erinnerung derer, die im Geist erwachten von den Träumen, die sie hinüber geleiteten, ein Leitfaden für die unruhig schlafenden Erdbewohner, von heilig treuer Liebe dargereicht ... Dichtungen wären nicht das, was wir suchen, was uns sucht, wenn sie der Erde in Wirklichkeit ganz gehören könnten, denn sie alle führen die irdisch entfremdete Welt zu ewiger Gemeinschaft zurück.

Achim von Arnim: Die Kronenwächter

Otokar Brezina ist der Metaphysiker unter den neueren tschechischen Dichtern. Fremd und einzigartig steht seine Lyrik, gesammelt in wenigen Bänden, inmitten der Literatur seines Zeitalters. Psalmengleich wogen seine Hymnen dahin. Sie scheinen die liturgischen Gesänge einer universalen Kirche des Heiligen Geistes zu sein, die noch nicht herabgekommen ist, zu der es nur Vorläufer und Sendboten gibt. Der Dichter ist Mittler überpersönlicher Kundgebungen, sein Amt durchaus prophetisch. Seine Lieder beschwören die Äonen des Kosmos, die Evolution der Erde, Schmerz und Verklärung der duldenden, kämpfenden und über alle Grenzen hinweg sich sehnenden Menschheit. Sie feiern die geheime Bruderschaft, die auch den Feind umfaßt, und lobpreisen den jubelnden Einklang der Sphären. Landschaften, Jahreszeiten, Verheißungen schieben sich ineinander. Alles Private ist in diesen symbolträchtigen Visionen getilgt. Auch das Nationale, verstanden als vaterländisches Bekenntnis, ist dieser brausenden Lyrik fremd. Sie rühmt die großen Mächte, Kräfte und Elemente des Weltalls, Himmel und Erde, den Gang der Jahrtausende und der Jahreszeiten, Mittag und Mitternacht, die Unermeßlichkeit Gottes.

Das schwarze Zelt des Todes, das Seele auf
ihrer Wanderung aufspannt, um zu rasten,
Rollt ich zusammen nach deinem Gebot, und gewandt
zum Aufgang des Lichtes
Sprach ich zu den Gedanken, die knieten auf den
rosenfarbenen Teppichen des Morgens: Betet!
O Höchster!
Dein mystisches Lächeln erschütterte die Erde
mit Blitzschlag fruchtbarer Ohnmacht,
Ungeduldige Stimmen aller Düfte aufwallten wirr
aus den Niederungen,
Dürstende Ähren bogen sich mit schmerzlicher Wollust
unter dem Sturze des Lichtes,
Und das gesunde Einziehen des Atems machte freudig
die lebenden Formen erlächeln . . .
(Deutsch von Pavel Eisner)

Im deutschen Sprachraum vor siebzig, achtzig Jahren von Hugo von Hofmannsthal, Franz Werfel, Hermann Bahr und Stefan Zweig bewundert, ist Brezina außerhalb Böhmens, Mährens und der Slowakei heutzutage ein völlig Unbekannter. Er ist so unbekannt, wie es auch deutsche Dichter vom Range eines Alfred Mombert, Ludwig Derleth und Theodor Däubler — um nur diese zu nennen, mit denen der Tscheche manches gemeinsam hat — unter den Deutschen selbst sind.

Wie sah er aus? Photographien des älteren Dichters zeigen einen würdevollen, beinahe kahlköpfigen Herrn mit schlankem, wohlproportioniertem, blassem Antlitz und klaren, durchdringend und dennoch gütig blickenden Augen unter verhältnismäßig stark geschwungenen Brauen hinter einer ungerahmten Brille mit kleinen ovalen Gläsern. Die ebenmäßige Nase ist weder groß noch klein; der schmale, aber nicht verkniffene Mund zeigt einen wehmütigen Zug. Über der Oberlippe und auf dem Kinn trägt er einen schütteren weißen Bart. Es könnte auch das Gesicht eines einsamen Gelehrten alter Schule oder eines gebildeten mittelständischen Unternehmers mit musischen Neigungen sein, wie man ihnen so oft in Porträtsammlungen des neunzehnten Jahrhunderts begegnen kann.

Otokar Brezina ist ein Deckname. Im bürgerlichen Leben hieß der Dichter Václav Ignac Jebavý. Er wurde am 13. September 1868 geboren und ist somit ein Zeitgenosse Stefan Georges und Paul Claudels, die in demselben Jahre zur Welt kamen. Brezinas Geburtsort ist das südböhmische Städtchen Pocátky, das nahe der von den Hussiten als Bollwerk gegründeten Stadt Tabor liegt, wo man noch heute die mächtigen „Steinernen Tische" besichtigen kann, an denen dem Volk das Abendmahl in beiderlei Gestalten, Brot und Wein, gereicht wurde. Böhmen gehörte damals bereits seit Jahrhunderten zur Habsburger Monarchie. Erst 1918 entstand aus einigen ihrer Reste die Republik Tschechoslowakei, in der, wie schon seit Jahrhunderten, über drei Millionen Deutsche lebten — etwa dreiundzwanzig Prozent der gesamten Bevölkerung. Den größten Teil seines Lebens war Brezina österreichischer Staatsbürger.

Der Dichter kommt aus einfachsten, ja dürftigen Verhältnissen. Sein Vater war Schuster. Dem Andenken seiner Mutter hat er ein in seiner tschechischen Heimat berühmt gewordenes Gedicht gewidmet.

Meine Mutter
Der Mutter Gang war so, wie Büßerinnen schreiten,
ihr Tag war ohne Duft, kein Blühn, kein Glanz, kein Schweben;
des Daseins trockne Frucht brach sie vom Baum der Zeiten,
die wie nach Asche schmeckt und niemand kann beleben.

Der Armut scharfer Staub, er stach sie im Gesichte,
tat ihren Augen weh und reizte sie zu Tränen,
legte auf ihren Weg im Sandsturm Schicht um Schichte
und ließ die Müde dort, geborgen sich zu wähnen.

Vom Geist Europas

Der dunklen Jahre Joch ließ ihren Leib verderben,
die Glut der Arbeit nahm ihr jeden Freudenschimmer;
sie küßte ihren Tod, und selbst im schweren Sterben
flüsterte Dank ihr Mund und lächelte noch immer.

Zu träumen pflegte sie auf feuchten Kirchenfliesen,
im Grabeskerzenduft vor Heiligenaltären,
und schöpfte linden Trost vom Licht aus Paradiesen,
um ihre Seele wie mit Himmelstau zu nähren.

O Mutter, heut zu Licht erhöht aus unsren Engen,
als goldner Pfeil gezielt bis in den Brennpunkt eilst du
der Urgeheimnisse! Auf unsren Wellenlängen
verklang dein Name zwar, doch weiß ich: Nahe weilst du!

Erkaltet ist dein Blut, doch deines Blickes Nässe
ließ mich aufsprießen einst als deine fahle Blüte:
Du küßtest herben Gram mir in der Seele Blässe
und als dein Erbteil blieb mir Trauer im Gemüte.

Wird Mitternacht durchsprüht von grüner Stille Schauern,
da schwebst du aus dem Grab und nahst mir ohne Zagen;
in meinem Atem hör ich deinen Atem dauern,
in meiner Stimme Laut vernehm ich deine Klagen.

In meinem Puls scheint sich dein Körper zu erwärmen,
und deinem dunklen Blick jetzt meine Augen gleichen;
des Glaubens heiße Glut und deiner Seele Schwärmen
in meiner Seele Grund erstehn als Feuerzeichen.

Und so, wie einstens du, muß ich jetzt traurig schreiten,
mein Tag ist ohne Duft, kein Blühn, kein Glanz, kein Schweben;
des Daseins trockne Frucht brech ich vom Baum der Zeiten
und wandle so, umweht von deinem Schattenleben.

(Deutsch von Otto F. Babler)

Die Jugend war entbehrungsreich. Nachdem er die Haupt- und Bürgerschule in seiner Heimatstadt durchlaufen hatte, besuchte er von 1883 bis 1887 die Realschule in Teltsch. Nach der Reifeprüfung wirkte er, zurückgezogen lebend und alle Kontakte zur Öffentlichkeit meidend, als Schulmeister in verschiedenen

Orten Südmährens, in Jinosov, Nová Rise und Jaromerice nad Rokytnou. Brezina las sehr viel. Ständiges Selbststudium war dem menschenscheuen Lehrer innigstes Bedürfnis. In Nová Rise zog er sich oft in die dortige Klosterbibliothek zurück, um die Philosophen der Antike, insbesondere Platon und Plotinos, die Theologen und Mystiker des Mittelalters, desgleichen die Werke Schopenhauers, Nietzsches und Bergsons zu lesen. Auch fernöstlichen Weisheitslehren wandte er sich zu. Die Metaphysik der alten Inder war ihm ehrwürdig. Hinzu kamen historische und naturwissenschaftliche Studien.

Seine ersten Arbeiten — Gedichte, Essays und kleinere Prosabeiträge — erschienen in Zeitschriften, Sammelbänden und Kalendern. Sie erheben sich kaum über den Durchschnitt der damals gängigen Literaturerzeugnisse. Nachdem Vater und Mutter 1890 gestorben waren, begann sich Brezina neuen künstlerischen Zielen zuzuwenden. Die Lektüre der mittelalterlichen Mystiker und der französischen Symbolisten wurde für ihn poetisch fruchtbar. In mächtigen Bildern entfaltete der Dichter eine Schau des Universums, vor der literaturgeschichtliche Etiketten wie „Symbolismus" oder „Jugendstil" verbleichen. Mit siebenundzwanzig Jahren veröffentlichte er seinen ersten Gedichtband: „Tajemné dálky" (Geheimnisvolle Fernen, 1895), ein Buch der Ahnungen und des Aufbruchs, ein Werk mönchischer Einsamkeit und meditativer Sammlung, des eremitischen Verzichts auf alles Unwesentliche und Äußerliche, aber auch der Trauer und des Schmerzes. Die Grundstimmung dieser in streng gebauten Alexandrinern verfaßten Lyrik ist nicht nur von Schopenhauers philosophischem Pessimismus bestimmt, sondern auch von eigenen höchstpersönlichen Lebenserfahrungen: Armut, Verlassenheit, Todesnähe und Sehnsucht. Vier weitere Gedichtbände erscheinen in rascher Folge; in ihnen verwendet Brezina überwiegend die freie Versform: „Svítání na západe" (Sonnenaufgang im Westen, 1896), „Vetry od pólu" (Winde von den Polen, 1897), „Stavitelé chrámu" (Baumeister am Tempel, 1899) und „Ruce" (Hände, 1901).

„Ruce" ist Brezinas letzter Gedichtband. Ein weiteres Lyrikbuch, das „Die Erde" hätte heißen sollen, hat der Dichter nicht mehr vollendet. Der erst Dreiunddreißigjährige verstummt; er läßt nur noch 1903 einen Band philosophischer Essays und Meditationen erscheinen, der 1919 in einer geänderten Ausgabe neu aufgelegt wird: „Hudba pramenu" (Musik der Quellen).

Was ihm zu sagen gegeben war, veröffentlichte Otokar Brezina innerhalb von acht Jahren, um dann für den Rest seines Lebens, mehr als fünfundzwanzig Jahre, zu schweigen. Eine ihm nach der Gründung der Tschechoslowakei angebotene Professur an der philosophischen Falkultät der Universität Brünn lehnte er ab, um bis zu seiner 1925 erfolgten Pensionierung Dorfschulmeister zu bleiben. Kurz vor seinem Tode verlieh ihm die Karls-Universität der Hauptstadt Prag die Ehrendoktorwürde. Am 25. März 1929 starb der Dichter nach einem ganz dem Studium und der Kontemplation hingegebenen Leben der Zurückgezogenheit und des Schweigens in der südmährischen Stadt Jaromerice, wo er zuletzt Lehrer gewesen war.

Brezinas hymnisches Werk mit seiner kühnen Metaphorik und freien Rhythmik hat die gesamte tschechische Poesie des zwanzigsten Jahrhunderts entscheidend beeinflußt. Die bedeutendsten Dichter dieses westslawischen Volkes haben sich zu ihm bekannt, unter ihnen Jakob Deml, F.X. Salda, Milos Marten, Karel Teige, Jaroslav Durych, Frantisek Halas, Vitezslav Nezval, Jaroslav Seifert, Jan Zahradnicek und Vladimir Holan.

„Wir wissen, daß Brezina einer der Großen in Österreich ist", bekannte Stefan Zweig in dem von Hugo von Hofmannsthal während des Ersten Weltkrieges herausgegebenen „Österreichischen Almanach auf das Jahr 1916", der auch eine Übersetzung des oben zitierten Gedichtes „Meine Mutter" enthält. Hermann Bahr, ohnehin von großer Sympathie für das tschechische Volk erfüllt, nannte 1920 Brezina einen „das Maß der Zeit überragenden, ihr den Sinn weitenden, Völker verbindenden, Vergangenheit erntenden, Zukunft säenden Mann." Bahr heißt den Dichter aus Böhmen zwei Jahre später einen würdigen Anwärter für den Literatur-Nobelpreis, den er allerdings nie erhielt. Von einem „zweiten Barock" erwartet sich Bahr die Rettung Mitteleuropas, eine spezifisch großösterreichische Kultursynthese, in der deutsche und slawische Geisteswelt zu völkerverbindender Eintracht finden sollten. In Otokar Brezina sah er den prophetischen Künder dieser West und Ost schöpferisch zusammenfassenden Harmonie, nachdem er bereits am 18. März 1918, einige Monate vor dem Zerfall des österreichischen Vielvölkerstaates, der auch die Tschechen und Slowaken umfaßte, in sein Tagebuch notiert hatte: „Es gibt, seit Klimt und Mahler fort sind, in Österreich eigentlich nur zwei, die volles europäisches Maß haben: Brezina und Kokoschka." In beiden, dem Dichter wie dem Maler (der auch expressionistische Dramen geschaffen hat), bewundert Hermann Bahr das Element des Barocken, das für ihn ein geistiges Wesensmerkmal des Österreichertums ist:

„In Brezina sind wirklich Whitman und Dostojewski heiter lächend beisammen, jenes erste Barock ist hier gleichsam erst noch einmal wieder gotisiert, dann aber durch diese slawische Gotik — eine weichere, zugleich aber auch heißere, eine fast zerfließende, verdampfende, dann aber wieder sich zusammenballende Gotik — hindurch und empor getrieben worden, empor und dahin, im Flug nach Fernen über Länder und Meere gleitend und ihren Atem, ihren Durst einziehend und aufsaugend, bis es gleichsam von allen Zeiten, von allen Orten trächtig geworden, ein überschwellender Ball der Welt. Denn das ist ja das Ungeheure der Dichtung Brezinas, wie hier Stimmen aller Völker durch Äonen einander zurufen, wie hier Urlauten der böhmischen Erde der Schrei der Zukunft antwortet, wie Patriarchenluft um den Mund dieses Futuristen weht".

Überschwängliche Urteile wie diese bringen uns die leidige Tatsache zu Bewußtsein, wie unzureichend tschechische Dichtung außerhalb ihres Herkunftslandes bekannt ist. Obwohl die Tschechen mitten in Europa leben und Prag sich sogar weiter westlich als Wien befindet, gehört die Literatur dieses westslawischen Volkes, dessen Geschichte mehr als ein Jahrtausend lang engstens mit der des deutschen verflochten gewesen war, zu jenen entlegenen Winkeln der europäischen Geisteslandschaft, die nur wenige aufsuchen und erkunden. Außer Jaroslav Hasek, dem Schöpfer des braven Soldaten Svejk, dem Erzähler Karel Capek, der auch eine Biographie des Gründers und ersten Präsidenten der Tschechoslowakei, Thomas G. Masaryk, hinterlassen hat, kennt man im Ausland meist nur Pavel Kohout, Bohumil Hrabal und seit 1989 vor allem Vaclav Havel. Weitaus berühmter geworden sind einige Dichter, Philosophen und Künstler, die zwar ebenfalls aus dem böhmisch-mährischen Raum stammen, jedoch deutsch gesprochen und überwiegend auch im deutschsprachigen Raum gewirkt haben: Adalbert Stifter, Franz Kafka, Rainer Maria Rilke, Franz Werfel, Edmund Husserl, Sigmund Freud, Rudolf Kassner, Gustav Mahler und Alfred Kubin. Hinzuzufügen wären noch von älteren Schriftstellern der zum Klassiker der amerikanischen Pionierzeit emporgestiegene Charles Sealsfield (der eigentlich Karl Postl hieß) und die Baronin Marie von Ebner-Eschenbach, ferner die beiden Priester-Philosophen Bernard Bolzano und Anton Günther sowie Ernst Mach, einer der Wegbereiter der Relativitätstheorie, und Fritz Mauthner, hervorgetreten als Verfasser umfangreicher Werke wie „Kritik der Sprache" und „Der Atheismus und seine Geschichte im Abendlande"; dann die Nationalökonomen Eugen von Böhm — Bawerk und Joseph Alois Schumpeter; der Schöpfer der Verfassung der Republik Österreich, Hans Kelsen; die politischen Schriftsteller Josef Popper-Lynkeus und Richard von Coudenhove-Kalergi, der Ahnherr der Paneuropa-Bewegung; der Ordnungs-Denker Amadeo Silva-Tarouca.

„Mich rührt so sehr böhmischen Volkes Weise", heißt es in einem Gedicht des jungen Rilke. Doch wer kennt schon ein Gedicht von Karel Hýnek Mácha, Jaroslav Vrchlický, Antonin Sova, Jiri Wolker, Jiri Orten, Jan Zahradnicek, Frána Srámek, Antoňin Bartusek oder Stanislav K. Neumann? Wer kennt auch nur ihre Namen? Wer kennt Otokar Brezina, den Philosophen und Propheten unter den tschechischen Lyrikern?

Otokar Brezinas Gedichte kann man nicht einfach als „literarische Leistung" genießen und würdigen. So sehr sie höchste Poesie sind und der tschechischen Lyrik das Anrecht auf Einbürgerung in die europäische Weltdichtung verschafft haben, so wenig sind sie zu trennen von ihrer metaphysischen Botschaft und mystisch-religiösen Vision. Sie sind von Anfang an ekstatische Kundgebungen eines Sehers, von prophetischem Feuer erfüllt. Brezina ist *poeta vates* im antiken Sinne des Wortes. Diese Tatsache unbeachtet bleiben zu lassen, hieße den Dichter selbst völlig zu verkennen. Verkennen würde man ihn aber auch, wenn man nicht ständig im Auge behielte, daß er seine „Botschaft" als *Dichter* niedergelegt hat, daß er darauf verzichtete, sie in Gestalt eines philosophischen Traktats, einer theologischen Abhandlung oder eines politischen Manifests zusammenzufassen.

Bereits „*Tajemné dálky*" (Geheimnisvolle Fernen), sein erster Gedichtband, den Pavel Eisner „ein Fegefeuer der Seele" nannte, offenbart uns den ganzen Brezina: den Kosmiker, den Gottsucher, den von der Sehnsucht nach der Gnade höchster Verzückung verzehrten Mystiker, den raffinierten Symbolisten, dessen mit farbenprächtig üppigem Bilderreichtum erfüllte Hymnen halb an byzantinische Ikonenhieratik, halb an tropische Vegetationen denken lassen. Auffällig ist des Dichters Vorliebe für Fremdwörter, eine Eigenart, die Vrchlický in die tschechische Poesie eingeführt hat und die Brezina auch mit Nezval verbindet. Immer kehren Termini wieder wie „Äonen", „Hypnose", „kosmisch", „magisch", „Zyklone", vor allem aber: „mystisch". Das streng ziselierte „Motiv aus Beethoven" erinnert mehr als andere Gedichte daran, daß Brezina auch ein Zeitgenosse des Jugendstils ist und zur Generation Gustav Klimts, Franz Matschs, Max Klingers und Alphonse Muchas gehört. Hier nur die ersten drei von insgesamt zwölf Strophen:

Motiv aus Beethoven
Das war kein leiser Hauch aus ewigfernen Jahren,
vor meiner Seele Fenstern stieg zu mir
Klang deiner Töne: Komm, im wunderbaren
Goldregen unsrer Sterne baden wir.

Duft in den Gärten schläft und Himmelsblau in Teichen,
künftiges Morgenrot floß in die Blüten bunt,
die Lieder schlafen warm in Nestern; fern entweichen
siehst du den Farbenschaum, grau sinkend auf den Grund.

Dunstschleier wird sich wie ein Vorhang breiten,
silbern mit Licht verwebt, wie aus Asbest,

während in schwarzen Waldeseinsamkeiten
das Leid sich matt zu Boden gleiten läßt.

(Deutsch von Otto Pick)

Schon in dem ersten Band schimmert durch alle Trauer und Schwermut die Vorahnung dereinstiger Seligkeit, das Gesicht eines nicht als Zerstörer, sondern als Freudenbote und Versöhner verstandenen Todes, der die Welt durch Schmerz und Entfremdung zu Einheit und Fülle führt.

„*Svítání na západe*" (Sonnenaufgang im Westen), der zweite, 1896 erschienene Lyrikband, feiert in freien Versen die Parusie der Versöhnung. Das Dunkel, das über den geheimnisvollen Weiten lag, lichtet sich. Der Feuerbrand der Ekstase läßt sich auf dem psalmodierenden Dichter nieder, der „das schwarze Zelt des Todes" abbricht, um die „Ernte der Saat" zu verkünden, „die unter dem Schnee der Zeit auf die Schmelze der Jahrhunderte wartet." Die Gedichtsammlung beginnt mit einem jubelnden „Frühgebet", beschwört aber auch die dunkle „Legende geheimnisvoller Schuld" und gipfelt in einem „Psalm zu Ehren des höchsten Namens". In dem langen Frühgebet fleht der Dichter:

O Ewiger! Wenn bersten wird vor Glut die Erde, gib, daß ich niedersitzen kann in deinen Schatten!
Bis ich ermüde, gönn', daß meine Hoffnungen trinken vom Wein, der schäumt vor künftigem Glanze!
Bis vor Fron mir die Wangen erglühn, laß sie küssen von den Blicken der Toten,
und den Schweiß meiner Stirne mögen die ätherischen Hände derer umwehn, die mich liebten!
Gib Segen meinen Blicken, wenn sie verweilen auf üppiger Saat der Beglückten,
und Festigkeit meinem Schauen, wenn es gewahr wird mystischer Zeichen des Todes auf Blüten der Gärten und Seelen!
Gib meiner Stimme Musik, die wohlklingt den Schnittern, wie Läuten zu Mittag,
und meinem Lied die Silberkadenz der Bäche inmitten der Äcker, zu Zeiten des Durstes!

Gib, daß meine Schritte erwecken aus Ohnmacht das freudige
Harren der Brüder,
und daß meinen Gruß die Eilenden gütig erwidern!
Gib, daß ich in den zürnenden Blicken der Feinde vermag zu
verehren deines Geheimnisses Strahlen,
und daß ich den Augenblicken, die gegen mich sie entsenden,
lächelnd spreche: O meine Werkleute!...
(Deutsch von Pavel Eisner)

Der Gedanke der Brüderlichkeit, einer planetarischen Geschwisterschaft aller Menschen, erweist Otokar Brezina als Nachfahren Petr Chelcieckýs und Jan Amos Comenius', die den mystischen, weltbürgerlichen, ja universalen Seitenzweig der hussitischen Revolution verkörpern.
An die „Brüder" wendet sich auch Brezinas dritter lyrischer Band „*Vetry od pólu*" (1897), der 1920 unter dem Titel „Winde von Mittag nach Mitternacht" im Kurt Wolff Verlag, München, in der deutschen Nachdichtung von Emil Saudek und Franz Werfel erschien. Das Pathos allmenschlicher Brüderlichkeit verbindet sich mit der ekstatischen Feier des Kosmos. Irdische Schönheit und überirdische Verheißung befinden sich in seligem Gleichgewicht. Das Leuchten des Verklärungswunders auf dem Berge Tabor umschimmert alle Dinge und Wesen. Vergangenheit und Gegenwart vermählen sich in einem alles erleuchtenden Lichtrausch. „Mittag ist, Sommer ist, hohe Zeit des Tages und des Jahres, Hochzeit" (Josef Mühlberger). „Trauer und Einsamkeit" erscheinen als die „Winzer" des „Weines der Starken", den die Gemeinde der Brüder in geheimnisvoller Runde kreisen läßt.

Die Bruderschaft der Gläubigen

Unsere Gedanken badeten in der feurigen Flut des heiligen
Sommers,
der die Himmel der Seelen entflammt mit der Glut all seines
Augusts und der Reife der Sterne.
Entsühnt von den schmerzlichen Malen der Erde, auferstanden
sie reinlich ins Urlicht,
und erkannten die starken Wonnen der Zeit: ihr Atem war süß
von der Hoffnung der Toten,

und in seinem heimlichen Sturme pulste das Treiben aller Knospen zukünftiger Gärten.

Tage, morgenlos, warfen uns längst aus der Ferne ihr Licht wie Echo der alten Sehnsucht;
im Wahnsinn der Liebe rasten wir da, und dies war unser Gebet zum Höchsten.
Ihre Süße tropfte von unseren Lippen, die dennoch geheiligten Durstes brannten.
Aus Bruderblicken trank sie der Blick und gab sie Bruderblicken zu trinken,
und im Schauder der namenlosen Nähe durchläutete ihre Geheimnismusik unser Blut.

All unser Träumen ging da in e i n e n Traum ein und rauschte in tausend Bäumen des einzigen Hochwalds,
wenn sie die Botschaft des einzigen Windes vom fremden Meer, im Gezitter der Zweige, verkünden.
Duft aller Blüten lag auf unseren Wiesen, gesammelt in einem fassenden Akkord,
und unserer Seelen Lichter, ergossen in eine Lohe, taten das Unsichtbare in Farben,
und in der Stimme unseres geeinigten Willens schossen auf zu zaubrischen Gärten unsere Kräfte.

So pflückten wir unser Entzücken, die Beeren einer einzigen mystischen Traube;
sie sprangen bei der Berührung auf in des Weines Ausbruch,
Äpfel e i n e s Baums, zerschnitten, errötend von unserem gemeinsamen Blute,
Küsse e i n e r Nacht, drin Seelen singen von Tod und künftigen Leben,
in e i n e r Lohe der Lippen, der auf ewig erkrankten, im Rausche des einzigen Blitzes.

In diese Bruderschaft ist auch noch der Feind eingeschlossen. Kämpfe, Siege und Niederlagen sind nur Etappen auf dem Wege zu endzeitlicher Versöhnung und Transfiguration. Das Zischen der Schwerter vermischt sich mit dem Rauschen reifender

Ähren. Den von blutigen Händen ausgestreuten Samenkörnern entblühen Lilien. Die Schreie des Schmerzes werden einst wie das Summen von Bienen tönen, die honigbeladen zu ihren Stöcken heimkehren. Im „Azur künftiger Jahrhunderte" raucht zum Ewigen „als ein Bittopfer der Schmerz aller Siege":

Gib, daß unsere Hiebe süß sind,
gib, daß sie die Zahl des Lebens
nicht vermindern, nein vermehren!
Gib, daß wir in der Stille des Schmerzes
hören durch unsere Seele springen
die mystische Quelle des Lichts,
denn Schmerz und Licht
sind beide — Formen
der einen, der gleichen Schwingung
deines Geheimnisses nur.
Durch den Mittag unserer Gefechte
möge uns läuten
die Glocke ätherischer Küsse
der im Tode versöhnten Seelen . . .

Bisweilen steigert sich Brezinas Lyrik in den „Winden von Mittag nach Mitternacht" zu beinahe narkotischen Hymnen auf die Schönheit des Irdischen, die als Vergegenwärtigung oder Herabkunft metaphysischer Mächte und Ereignisse erscheint, wie etwa in dem Gedicht „Letní slunovrat" (Sommersonnenwende):

Park blauer Fernen wie duftend! Nun warten die heitergescharten
hochzeitlichen Blüten des Mitternachtssterns zu endlosen Fahrten.
Neig dich der Rose! Dein Blick scheucht ihr Lächeln aus schlummerndem Grunde,
nun taumelt's, ein Falter höheren Lenzes, und hängt dir am Munde.
Park blauer Fernen wie duftend! Nun warten die heitergescharten
hochzeitlichen Blüten des Mitternachtssterns zu endlosen Fahrten.
Des Häftlings ermatteter Arm, ihn durchschüttelt ein Rausch, er rüttelt am Eisen,
ein Urwind weht Verheißungen auf, den Seelen ihr Pfingsten zu weisen.

Neig dich der Rose! Dein Blick scheucht ihr Lächeln aus schlummerndem Grunde,
nun taumelt's, ein Falter höheren Lenzes, und hängt dir am Munde.
Auf verborgenem Rain im Getreide das heimliche Beben durchqueren
sieh den unsichtbaren Schnitter: ein Sensen-Licht über den Ähren.

(Deutsche Nachdichtung von Emil Saudek und Franz Werfel)

Manche Nachtgedichte mögen ein Widerhall der Hymnen von Novalis sein, denn auch der tschechische Dichter deutet die Zeit des Schlafes als „Symbol der mystischen Nacht, wo schwer dahinträumt das irdische Leben, daß Kraft gewinnen die Seelen für die Empfängnis des höheren Lichtes."

Magische Mitternacht

Durch unsere Nächte irrte teurer Schatten Lauf,
wortlos ihr Flüstern lispelte uns ein,
es gingen unter ihren Sohlen Blüten-Aureolen auf,
in unsere Ahnung wob ihr Widerschein.

Da war die Stille Lächeln, war duftiges Weissagen,
festlicher Schwingen unzähliger Flügelschlag,
sie war der Wohllaut längst verklärter Klagen,
der reinen Küsse Hall vom Weltenwendetag.

Wir lauschten ihr, die uns in Bann und Wirrnis schlug,
der eignen Seele Schauder zu entfachen.
Da war aus Traum Erwachen jeder Atemzug
und zartes Taumeln jegliches Erwachen.

(Deutsche Nachdichtung von Emil Saudek und Franz Werfel)

Gedichte dieser Art finden sich auch in Otokar Brezinas nächstem Lyrikband, „*Stavitelé chrámu*" (Baumeister am Tempel), der 1899 erschien. Als Beispiel seien aus der 1920, ebenfalls bei Kurt Wolff, erschienenen Übertragung ins Deutsche die Verse „Zas ve vidění prorockém . . ." wiedergegeben:

Wieder spricht, seherhaft entrückt, uns Worte unbekannt die Nacht,
schon haben die Baumsprachen sie, die rauschenden, vertausendfacht:

wie über Zauberspiegel zu schweigsamen Teichen sie sich neigt,
draus Glanz von tausend Augen ihr unirdisch froh entgegensteigt.

Auf schwarzen Wiesen, schneebesät mit einer Tränen-Lichtsaat
lind,
träumen die Jungfraun unsres Hofs von Schwestern, die verzau-
bert sind,
von milder Engelshand gehüllt in einfaltheilige Buße-Tracht,
sind sie von Sonnen-Eifersucht in ihrem tiefen Schmerz bewacht.

Aufragen Städte, wüst erhebt auf Inseln sich ein Trümmerhauf,
mit Todeszeichen steigen jetzt von jedem Friedhof Falter auf:
doch zieht Musik mit duftgem Saft in alle Blumen ein
und Rausch in unsrem Blute reift wie in den Trauben Wein.

Im Hochzeitsbett der Hoffnungen, ihr Brüder mein, schlaft süß,
schlaft gut,
und süßer noch, wenn ihr am Strand, Gescheiterte, im Sande ruht:
Vernehmt, wie euch im Traum die Nacht in unbekannter Spra-
che spricht:
Wir fallen jeden Augenblick viel Meilen in ein Meer von Licht.

(Deutsch von Otto Pick)

Im Vergleich zu der vorangegangenen Gedichtsammlung sind die „Baumeister am Tempel" ein Werk des Weltschmerzes, worin Schmerz nicht als psychologische oder soziale Kategorie erscheint, sondern als kosmische, ja ontologische. Brezina wird zum Hymniker der Not des Seienden schlechthin, nicht bloß des menschlichen Leidens an irdischem Ungenügen. Er weiß, daß der Schmerz „Vorwurf vereinzelten Seins" ist. „Fremd" sind die Seelen einander, „als hätte sich jede, geheimnisvoll gescheitert, auf die Erde gerettet aus einer anderen Welt." Fernöstliche Weisheitslehren klingen in diesen Gedichten ebenso an wie Gedanken abendländischer Gnosis und Mystik, etwa Meister Eckharts Wort, das Leid sei „das schnellste Roß, das dich trägt zur Vollkommenheit". Von den in die Geheimnisse des Weltenganges eingeweihten Baumeistern oder Türmern des Tempels heißt es:

... Wie andrer Himmel Verheißung
sahn sie die Pracht und das Grauen der Dinge. In der Fülle zahlloser Formen
fühlten sie die Urspannung deines schöpferischen Odems,
der wie das Licht des Elias aus allen höchsten Linien der Schönheit erfunkelt
über Landschaften, belastet von der Zeiten Gewölk,
und mit Blitzschlägen lähmt die verkohlte Hand des Verwegnen.
Erlösung von geheimnisvoller Schuld waren ihnen Arbeit und Schmerz.
(Deutsch von Otto Pick)

All-Schmerz durchdringt den Dichter, der „die Trauer des Stoffes" besingt: *Der Bäume resigniertes Leid stieg auf in meine Seele.*

In dem großen Gedicht „*Se smrtí hovorí spici...*" (Mit dem Tode reden die Schläfer ...) heißt es:

denn selbst der Schmerz reift in Jahrhunderten zur Vollkommenheit
und sein Obst, voll mystischer Kerne, wird bitter durch vielerlei Sonnen.

Einige Verse darauf sagt der Dichter das ungeheuerliche, beinahe an manichäischen Pessimismus gemahnende Wort:

Unsere süßesten Tage glichen dem lastenden Traum der Glücklichen anderer Welten,
aus dem sie blaß und mit Zittern erwachen
und Jahre hindurch sich seiner erinnern ...

Der Dichter gedenkt der „durch der Dinge düstere Majestät" traurig schreitenden „zahllosen Scharen", an die „Millionen Enterbten, Ameisen, aus Steinbrüchen quellend, Sklaven, die durchs Leben wie durch verbotene Gärten schleichen." Fluch fiel auf alles, und alles ist voll Durst:

Unser Blut, scheint es, entströmt einer geheimnisvollen Wunde des Alls
und ist geflossen in unseren Körper und wirbelt darin mit krampfhaftem Pulse.

Und dennoch ist Brezina kein Dichter der Verzweiflung. Der chiliastische Traum der Taboriten wird nicht aufgegeben. In den Propheten und „Baumeistern" glüht messianisches Feuer, ihnen „flammt sternhaft jeder Halm, Hoffnung in Sternen glüht". Erfaßt „vom Sturmwind der Zeiten", leiden sie mehr als andere am „Schmerz der saumseligen Zeit":

Zu langsam kreist ihnen die Erde, zu langsam kommen die Morgen,
und allzu lang weilen die Mittage in den Schatten der Bäume unter den Schnittern.

Brezina versenkt sich in die Abgründe des Schmerzes und wagt dennoch zu verkünden:

Wir fallen jeden Augenblick viel Meilen in ein Meer von Licht.

Die Versuchung endzeitlicher Ungeduld und apokalyptischer Gewalttätigkeit, die die Ankunft des Messias mit Feuer und Schwert beschleunigen will, ist ihm nicht fremd, wie die Schlußstrophe des Gedichtes *Hvezd hasnou tisice*..." (Erlöschen tausend Sterne ...) verrät:

Mag vor uns in den versengten Gassen tanzen der Brand
wie Gefangene beim Triumph! Wir binden die bösen Kräfte mit magischer Kette an.
Und zwingen die Erde zu blühen, wie sie noch niemals geblüht,
und schreiten durch Rosen der Unsterblichkeit zu.

Doch dieser Wiederkehr radikaladventistischen Aufruhrs setzt der Dichter die Vision eines evolutionären Optimismus entgegen, der freilich nichts mit dem bürgerlichen Fortschrittsglauben seiner Zeit gemeinsam hat. Weit mehr erinnert Brezinas Schau einer universalen Erlösung an die Lehre des alexandrinischen Theologen Origenes von *Apokatastasis panton,* der glorreichen Wiederherstellung oder Wiederbringung aller Dinge, derzufolge Leid, Übel und Verdammung nur von zeitlicher Dauer seien. Es ist nicht unwahrscheinlich, daß bereits der junge Dichter in der Klosterbibliothek zu Nová Rise mit diesem frühchristlichen (jedoch von der späteren Kirche als Ketzerei verworfenen) Gedanken einer Allversöhnung und Allerlösung bekannt wurde. Er verschmolz ihn schließlich mit gewissen kosmogonischen Überlieferungen des Morgenlandes und manchen Elementen, die aus dem naturwissenschaftlichen und philosophischen Evolutionismus des neunzehnten Jahrhunderts stammen. Diese Allversöhnung feiert er in bacchantischen Bildern eines alle Wesen ergreifenden Frühlings. Er bedeutet Heil, Verjüngung und Wiederkehr. Der Gedanke der Seelenwanderung und der Auferstehung der Toten klingt an. Die vor uns gewesen, dienen nicht als bloßer Dünger des Paradieses, sondern sind dazu berufen, dessen Mitwirker und Teilhaber zu sein: „Hundert Hände, unsichtbare, schaffen mit uns", heißt es in dem dionysischen Schlußgedicht, dessen acht Strophen mit der litaneiförmigen Anrufung beginnen: *„Pozdravujeme jaro!"*, „Wir grüßen den Frühling", den äonischen Frühling der Erlösung, auf den hin alle Kreaturen kraft eines eigentümlichen Heliotropismus hinstreben. Alle Katastrophen und Untergänge erweisen sich nur als Zwischenspiele und Übergänge in einem gewaltigen kosmischen Zyklus:

Licht erstirbt nur von dem Erscheinen eines größeren Lichtes,
eines größeren, größeren Lichtes.

Über tiefsten Abgründen kreisen unsere hochzeitlichen Hoffnungen in ewigem Frühling:

Über allen Feuern und Wassern,
Vegetationen,
zwischen der Erd' und der Welten Geheimnis,
welches sie, bebend, über den
Abgründen hält,
kreisen unsre Hoffnungen
in ewigem Frühling.
Unter Tausenden ihrer Schwestern
spreiten sie die Schwingenpracht
hochzeitlich in dem
Kampfe der Liebe
wie Vögel.

Nisten in Flammen
wie inmitten von Blüten,

schwarzes Gewölk mit aufreizenden Schreien im Kreise durchschwirrend,
umzingeln den Feind sie:
im Winkel gefalteter Hände,
in den Lilien weiblicher Brüste
suchen sie Zuflucht
vor Blitzen.
Weilen über Sternen, ermüdet vom Fluge,
wie Schwalben auf ragendem Schiffsmast,
und die mit den strahlendsten Schwingen
bauen ihr Nest
unter den Gesimsen deines goldnen Palastes.

Aus kristallnen Fenstern erklingt
das Lied heiliger Sieger zu ihnen,
und kehren voll Mitleid zur Erde sie wieder,
da funkelt in ihrem Sang
sein Widerhall.
Beim Bau des Tempels,
im Behauen des Marmors, in der Hämmer Wechselgespräch,
hören wir sie tönen
aus dem Blauen:

Süße des ewigen Rhythmus,
in dem gleicherweis atmen
Sonnen und Rosen,
Herzen und Meere,
Weltensysteme,
Ebbe und Flut des
Lichtes:
ätherische Wogen,
anschlagend die Flanken
des geheimnisvollen Schiffes,
das unsre Seele
dereinst hinwegführt,
wenn in letztem Hauche
ihre Segel erschwellen.

(Deutsch von Diana C. Wyssdom)

In „*Ruce*" (Hände), dem fünften und letzten Gedichtband Brezinas, findet die Idee der Allerlösung ihren höchsten Ausdruck. Sämtliche Motive klingen zusammen: slawisches Brüderlichkeitspathos, kosmisches Einheitsbewußtsein, der Traum des Messianismus, die Verherrlichung der Erde, des Frühlings, der Schönheit von Tag und Nacht. Hinzu kommt die Vision eines weltumspannenden, weltverwandelnden Zusammenwirkens aller arbeitenden Menschen.

Frühlingsnacht

Sanft sang die Nacht. Des ersten Grüns und der Frühlingswasser Klang
Begleitet ihren melancholischen Gesang;
Hoch oben die Sterne, unendliche Kelche voll Licht,
Die betörend von überirdischen Vegetationen rochen;
Meiner Brüder Hände, wie über die Brust gekreuzte Totengebeine,
Lagen still und wie enttäuschte Steine,
Von Mühsal gebrochen.

Doch zu den Sternen öffneten sich ihre Geisterhände,
Umarmten Millionen Seelen auf Erden und in endlosen Welten,
Und der tiefe Atem freudigen Erwachens,
Der ewigen Stadt rauschende Feste,
Rauschen der Geisterflügel, Spiel der Föhns in mystischen Saaten,
Unsichtbarer Orchester Klang
Erhoben zum Takt sich ihrer geheimnisvollen Geste.

(Deutsch von Josef Mühlberger)

Der tschechische Dichter-Philosoph versenkt sich in das Mysterium menschlicher Arbeit. Die unzähligen Hände „bei allen Ambossen, Webstühlen, Pressen, Steinbrüchen, unterirdischen Schächten, auf Bauplätzen der Pharaonen, im dämonischen Kreisen der Räder, der Hebel, der Schlegel, der über den Köpfen sausenden Hämmer, auf Schlachtfeldern, in Sternwarten, Lehrsälen, Lazaretten, Laboratorien, in den Werkstätten der Meister" erfüllen das Gesetz des Universums. „Beim Anblick der Hände der Brüder" vergißt der Seher seine astralen Ekstasen. Er wird zum Hymniker demiurgischer Anstrengung und schöpferischer Arbeit, der Alchymie werktätiger Solidarität und prometheischer Menschlichkeit. Als arbeitendes Wesen ist der Mensch Mitwirker an der Evolution:

In blendender Weiße des Lichtes ruhte die Erd' gleich einem Buche von Liedern
geöffnet vor unseren Augen. Und also erklang unser Singen:
Siehe, in dieser Stunde begegnen einander Millionen von Händen, eine magische Kette,
die alles Festland umschließt, Urwälder, Gebirg,
und über schweigende Reiche der Meere sich hebt zu den Brüdern ...

(Deutsch von Emil Saudek)

Doch auch der liturgische Sänger menschlicher Arbeit bleibt, was er von allem Anfang an gewesen ist: Kosmiker, Mystiker, Beter. Alle menschlichen Hände sind ihm gleichsam Organe eines kommenden Christus; wo die eine wegstirbt, wächst eine andere nach, und alle zusammen werden geführt von höheren, unsichtbaren Händen:

... und im Anwehn der Winde, in erlöschenden Sinnen
fühlen wir, wie unsere Kette, erfaßt von Händen höherer Wesen,
in eine neue Kette sich fügt, in alle sternbesäten Räume,
und umklammert die Welt.

Dithyrambisch wiederholt der Chorgesang: „*Sladko je zit*", „Das Leben ist süß". Am Ende ist alles Lebendige Saat für eine mystische Ernte und alle Arbeit Vorbereitung messianischer Parusie.

Zeit

Linden, die wir gepflanzt für die Bienen der Bruderstöcke in Sonne,
Tempel, die wir gebaut in Feuer und Schweigen, zu deiner Herrlichkeit Sitz,
Hände, die bebten vom Fieber des Lebens in Arbeit und Wonne,
sind auf dem Wege der Tausende lang schon vermischt zu leuchtenden Staubes Gewühl:

Sternbilder, denen wir gaben der Sehnsucht tiefsüßeste Namen,
tanzen nun vor der Lebenden Blicken in anderem Rhythmus und Spiel.

In dein Geheimnis sind andere Himmel erschlossen,
nach anderer Seite wirft Schatten deines Sonnentags Schein:
wie Taucher sind aus deinen Meeren mit Schätzen der Zeiten neue Morgen emporgeflossen,
und Thymian, Wermut, Binsen und Kümmel duften auf anderem Rain,
und in die Becher der Strahlen gießt mystische Herbstzeit Trauer und Träumen,
berauschendsten von berauschendem Wein ...

(Deutsch von Pavel Eisner)

Stefan Zweig, der schon vor dem Ersten Weltkrieg auf Brezina aufmerksam geworden war, schrieb über diesen Band: „Nur aus der mystischen Gläubigkeit von Vätern und Vorvätern wachsen solche Strophen, die im letzten nichts sind als sublimierter religiöser Trieb, drängendes Verlangen nach einer neuen Aussöhnung mit Gott ... Die Gestalt eines neuen Christus ist wie eine Glorie über dem Werke des gläubigen Dichters."

Farbenpracht, Schönheit und Musikalität von Brezinas Poesie haben kaum etwas mit dem Geiste des Hussitentums gemeinsam. Denn der Hussitismus ist unmystisch und bilderfeindlich zugleich. Die in böhmisch-mährischer Landschaft gereiften Hochgesänge dieses Hymnikers und Visionärs überschwingen bekenntnisförmige, völkische und geschichtliche Eingrenzungen. Brot und Wein, Blumen und Kräuter der Heimat werden einem Altar dargebracht, der nicht das Sondergut einer engbegrenzten Sekte oder Mauerkirche ist. Morgenländisches und Byzantinisches sind in Brezinas Dichtung ebenso wortgewaltig auferstanden wie gotische Innigkeit und barocker Überschwang, Gnostisches, Christliches und Pantheistisches kühn zusammenbindend. Seine Katholizität ist ebenso über-römisch wie überchristlich, indem sie das Hier und Jetzt des glühenden

Augenblicks eins werden läßt mit den Gezeiten der Erde und den Rhythmen des Weltalls.

Nach der fünften Gedichtsammlung verstummte der Lyriker Otokar Brezina. Nur noch ein Essayband folgte 1903: *„Hudba pramenů"* (Musik der Quellen). In ihm stehen neben Sätzen, die uns zu den Erfahrungen führen, aus denen seine Poesie inspiriert wurde, auch einige andere, die den Grund und Abgrund des fünfundzwanzigjährigen, bis zum Tode währenden und ihn vorwegnehmenden Schweigens ahnen lassen:

„Körperlicher Schmerz schlägt seine Axt selten so tief ein, daß er das Steigen der Säfte zu den äußersten Ästen des Geistesbaumes stören könnte. Er schlägt häufig nur das Seitengezweig ab und führt wie ein Gärtner die Baumkrone zu einer Höhe empor, die der Baum sonst niemals erreicht hätte.

Dringt aber der geheimnisvolle Hieb bis zur Seele durch und läßt er sie in Lethargie und Schlaf versinken, so überkommen den Geist Zustände, die mit so hellseherischer Tiefe die religiösen Genien aller Zeiten erfaßt haben. Es sind dies Zustände stummer Verzweiflung, die zu Leichenzügen den Tanz der Welten und der Frühlinge wandeln und die tausendjährigen Bemühungen der Völker zu sinnlosem Possenspiel. Vergebens suchet ihr dann Vergessen im Irrsinn der Sinne und in allen Giften. Ihr werdet euer Grauen vor der Leere nicht überwinden, die euch die eisige Nacht eines gigantischen Grabes aus dem Kosmos herüberweht, dem sternblütenübersäten."

„Unsere Ungeduld wächst mit der Kraft unseres Blickes; daher jene Trauer, mit welcher wir aus dem Donner der Zeitenstürme zum Leben der Alltagsmomente zurückkehren, wo alles so versteinert unbeweglich erscheint, all die unzähligen Ströme der Kräfte so träge dahinfließen. —

Aber dieses ganze sich entfaltende Getriebe von Hoffnungen, dieser Hunger nach Bewegung und die Freude am Flug ist nur ein Zeugnis, daß unser Leben nicht in sich selbst endet, und daß wir von der heimlichen Hoffnung der Seele leben."

„Des Lebens Feuer, das durch eine andere Verbindung gezeugt ward, als den Sterblichen zu erkennen gegeben ist, bedarf, um sich zu erhalten und zu kräftigen, der heftigen Zugluft aus der

Unendlichkeit. Nur durch sie steigt es aus blutigem Rot zur reineren und herrlicheren Weißglut auf, die in den breiten Wellen des Lichtes wogt."

(1983)

Weiterführende Literatur

Herbert Cysarz: Prag. Prag im deutschen Geistesleben / Zehn Jahre Prag. Karolinger Verlag, Wien 1989, 112 S.

Die Prager Moderne. Erzählungen, Gedichte, Manifeste. Hrsg. von Kvetoslav Chvatík. Mit einer Einleitung von Milan Kundera. Suhrkamp Verlag, Frankfurt a. M. 1991, 403 S. (der Band enthält vier Texte von O. Brezina).

Prager deutsche Erzählungen. Hrsg. von Dieter Sudhoff und Michael M. Schardt. Reclam Verlag, Stuttgart 1992, 498 S.

Karl Wolfskehl

Erzjude, Erzdeutscher und Dichter im Exil

Karl Wolfskehl, der von 1869 bis 1948 lebte, verkörpert einen Menschenschlag, wie er nur in einer verhältnismäßig kurzen Epoche deutscher Geschichte auftreten konnte. Aus verschiedenen Gründen ist sein Typus heute völlig ausgestorben, und es ist auch nicht zu erwarten, daß er jemals zurückkehren wird. Indem wir uns dieses merkwürdigen, aber wenig bekannten Mannes entsinnen, in seinen Werken und Briefen lesen, auf sein Leben zurückblicken, mag uns wehmütig dämmern, welche Armut mit dem unwiederbringlichen Abgang der von ihm beispielhaft repräsentierten Geistesart und Lebensform den Nachgeborenen auferlegt ist.

Ein merkwürdiger Mann war Karl Wolfskehl schon seinem Aussehen nach. Wer die Bilder aufmerksam betrachtet, die ihn in den verschiedensten Altern zeigen, der vermag nachzuvollziehen, daß er seine Zeitgenossen, Freunde wie Widersacher, geradezu behext hat. Er war ein *homo fascinans*, dessen Zauber sich kaum jemand zu entziehen vermochte. Lebenserinnerungen, Schlüsselromane und zeitgeschichtliche Zeugnisse überliefern uns das Porträt des hochgewachsenen, fast zwei Meter langen Mannes, dem jedes Bett zu klein war. Sie schildern die wuchtige, ja massige, aber niemals verfettete Gestalt, die mit weitausladenden, stürmischen Schritten durch Salons und Straßen eilte, begierig nach Begegnungen, sei's mit Menschen, sei's mit Büchern; stets bereit anzuerkennen, zu bewundern, zu verklären; jeden Mann mit dem Kompliment verwöhnend, unglaublich gescheit, jede Frau, hinreißend schön zu sein; trotz seiner Kurzsichtigkeit in Antiquitätenläden oder auch auf Jahrmärkten immer wieder mit divinatorischem Wittern kostbare Dinge oder kuriosen Trödel entdeckend und mit begeisterter Zärtlichkeit bergend. Sie lassen vor uns den schlanken Riesen mit dem rotbraunen, meist wirren Haar erstehen, dessen Antlitz in jungen Jahren von einem Vollbart umrahmt war; den korybantischen Tänzer; den mit wehendem Mantel beschwingt von Fest zu Fest eilenden Enthusiasten; den ungekrönten König des Münchner Bohèmeviertels Schwabing; den mit dicken Brillengläsern und weißem Blindenstock durch die Alleen wankenden Greis. Übereinstimmend berichten sie, daß der zeitlebens augenkranke, am Ende völlig seiner Sehkraft beraubte Mann dennoch bis zuletzt unheimlich wahrnehmungsfähig blieb, daß sein Tiefenblick in Bildern, Gesichtern und Begebenheiten verborgene Züge schaute, die andern verschlossen blieben. Wenn er, in sonderbarem Gemisch von prophetischer Verzückung und urbaner Geselligkeit, sich mitteilte, warf er oft das den hohen breitgefügten Körper krönende Haupt, seines Ranges durchaus bewußt, stolz und jäh zurück, daß ihm die dunkeln Locken von der steilen Stirn zurückflogen. Er konnte bis zum Schabernack übermütig plaudern, aber ebenso wie ein gottergriffener Eingeweihter raunen. Manchmal stotterte er, ohne daß man ihm deshalb einen Sprachfehler zuschreiben dürfte. Er litt nicht an einem Mangel oder Gebrechen; sondern das Übermaß seiner Einfälle und Einsichten, das Ungestüm der aus ihm hervorbrechenden Gedanken und Gedankenverbindungen, die Gabe der Zusammenschau entferntester Dinge ließ diesen von seinen Eingebungen bedrängten Seher bisweilen verworren stammeln.

Der mit solcher Physiognomie, Statur und überbordender Geisteskraft ausgestattete Deutsche Karl Wolfskehl entstammte einer uralten, seit vielen Jahrhunderten in Hessen ansässigen jüdischen Patrizierfamilie. Der merkwürdige Familienname leitet sich von dem noch heute bestehenden Dorf Wolfskehlen ab, wo seine Vorfahren gewohnt hatten, ehe sie sich um die Mitte des siebzehnten Jahrhunderts in Darmstadt niederließen. Sie betätigten sich als Händler, Gewerbetreibende und schließlich als Bankiers. Der Überlieferung nach hatte bereits Kaiser Karl der Große das früher in der Toscana zu Hause gewesene Geschlecht an den Main geholt. Einer der Ahnen rettete Kaiser Otto II. in der Sarazenenschlacht bei Cotrone (982) das Leben. Der Vater Karl Wolfskehls war Hofbankier des Großherzogs von Hessen, Stadtverordneter der bismarckfreundlichen Nationalliberalen Partei und langjähriger Vizepräsident des hessischen Parlaments. Seiner Initiative verdankte die Technische Hochschule zu Darmstadt ihre Erweiterung durch großzügige Neubauten. Er verkörperte den Typus des pflichtbewußten und emanzipierten großbürgerlichen Juden, der sich bei aller Pietät gegenüber der angestammten Religion zuerst als Deutscher fühlte.

Karl Wolfskehl wuchs in einer vom Geist des Humanismus der deutschen Klassik durchdrungenen Atmosphäre auf. Was sich in der Begegnung von Moses Mendelssohn und Lessing, dann in den Berliner Salons zur Zeit der Romantik abgezeichnet hatte, schien der Erfüllung entgegenzureifen: die harmonische Symbiose von Deutschen und Juden. Ohne jemals seine jüdische Herkunft zu verleugnen, hat sich Karl Wolfskehl zeitlebens zum Deutschtum bekannt. Noch 1934 ließ er in einem sprachgewaltigen Gedicht „An die Deutschen" verlauten:

Euer Wandel war der meine
Eins mit euch auf Hieb und Stich.
Unverbrüchlich was uns eine,
Eins das Große, eins das Kleine:
Ich war deutsch und ich war ich.
Deutscher Gau hat mich geboren
Deutsches Brot mich speiste gar,
Deutschen Rheines Reben goren
Mir im Blut eintausend Jahr ...

In einem erschütternden Brief, geschrieben am 13. September 1946 im fernen Neuseeland, seit 1938 sein Exil, nennt er sich stolz einen „Mitwalter, Mithüter des deutschen Geistes". Nicht er sei Deutschland abtrünnig geworden, wohl aber mancher aus „unserer Runde". Zehn Tage später wiederholt Karl Wolfskehl sein Bekenntnis noch prononcierter:

„Die Heimat, der, wie Sie wissen, mein Geschlecht seit mehr als tausend Jahren verwurzelt ist, trieb mich weg, ja warf mich aus ... Bis in die nächsten Kreise der Gefreundeten empfand ich, erfuhr ich Abfall, Verrat, Feigheit und Konjunkturismus ... Ich, der deutsche Dichter, der Urrheinländer, ziehe seitdem meine beste Kraft aus den frühesten Ursprüngen, und alles, was ich seit dem Abschied von Europa schuf, lebt und ersteht unter dem Bilde ‚Hiob'."

Die beiden aufschlußreichen Zitate sind einer zweibändigen Edition entnommen, die die Stuttgarter Germanistin Cornelia Blasberg 1988 im Luchterhand Verlag, Darmstadt, herausgebracht hat: „Karl Wolfskehls Briefwechsel aus Neuseeland 1938 bis 1948". Neuseeland blieb der letzte Aufenthalt des Dichters, der 1933, nach einer durchtanzten Ballnacht, mit einem Handkoffer in die Schweiz gefahren war, sich dann in dem von ihm geliebten Italien niedergelassen hatte und 1938, als unter Hitlers Druck auch Mussolini antijüdische Maßnahmen ergriff, mit dem Schiff nach diesem von Ost wie West her europafernsten Land aufgebrochen war: „eiskalt und glühheiß vor Abscheu und Zorn, der Europa-Ekel erstickte mich fast." Das hervorragend kommentierte, mit biographischen Angaben und Registern versehene Werk ersetzt den 1959 von Margot Ruben edierten und seit längerem vergriffenen Band „Zehn Jahre Exil", der 245 Briefe auf 429 Seiten umfaßte. Die neue Ausgabe hingegen enthält auf insgesamt 1335 Seiten 459 Briefe an 77 verschiedene Adressaten. Unter den Empfängern finden sich Hannah Arendt, Robert Boehringer, Martin Buber, Ludwig Curtius, Alfred Kubin, Thomas Mann, Rudolf Pannwitz, Emil Preetorius, Edgar Salin, Renata von Scheliha, Wolfram von den Steinen, Karl Viëtor und Kurt Wolff.

Aber wer war der deutsche Jude Karl Wolfskehl eigentlich, dieser nach Neuseeland exilierte Darmstädter, der mit so vielen und unterschiedlichen Männern und Frauen unermüdlich korrespondierte: mit Philosophen, Industriellen, Archäologen, Künstlern, Schriftstellern, Nationalökonomen, Historikern, Literaturwissenschaftlern, Verlegern?

Ein Stichwort ist bereits im ersten der zitierten Briefe gefallen. Die „Runde", von der Wolfskehl dort spricht, ist der Kreis um

Stefan George. Während sich George 1933 gegenüber allen verlockenden Angeboten der sich etablierenden nationalsozialistischen Machthaber spröde verhielt, jeden Anschein einer Bindung an das neue Regime entschieden vermied, neigten einige namhafte Mitglieder seines Kreises dazu, das vom Meister bereits 1928 verkündete „Neue Reich" mit dem Hitler-Reich gleichzusetzen. Zu diesen „Kollaborateuren", auf die Wolfskehl in dem oben erwähnten Brief polemisch anspielt, gehörten zum Beispiel der Literaturhistoriker Ernst Bertram, hervorgetreten vor allem als Verfasser eines bedeutenden Nietzsche-Buches, und der Platon-Interpret Kurt Hildebrandt. Es gab sogar vereinzelte Versuche, Hitler und George in geistespolitischer Parallele zu Augustus und Vergil zu sehen. Sowohl nationalsozialistische Tagesschriftsteller als auch dem George-Kreis nahestehende Gelehrte trachteten, den Dichter als Künder des Führers, den Führer als Erfüller der Schauungen des Dichters auszugeben. Wie sich von selbst versteht, wurde diese Etikettierung in polemischer, ja denunzierender Weise bis in unsere Tage insbesondere auch von linksliberalen und marxistischen Kritikern kolportiert. Es erhoben sich aber auch schon bald nach der „Machtergreifung" sowohl im „Völkischen Beobachter" als auch in der Emigrantenzeitschrift „Die Sammlung" begründete Bedenken gegen eine solche ideologische Vereinnahmung. Diese — Freunde wie Feinde irritierenden — Übergänge und Abgrenzungen sind in diesem Rahmen nicht näher zu erörtern. Sie mußten aber wenigstens flüchtig erwähnt werden, um sowohl Wolfskehls Anhänglichkeit an Stefan George als auch seine brieflichen Verdikte über die zum Nationalsozialismus überwechselnden Georgeaner ins rechte Licht zu setzen.

Von 1892 an, als der dreiundzwanzigjährige Darmstädter auf die Lyrik Georges stieß, bis zum Tode des stets feierlich als „Meister" angesprochenen Dichters (1933) und darüber hinaus bis zu seinem eigenen Ableben war und blieb Karl Wolfskehl ein treuer Freund, Bewunderer und Bannerträger Georges. Noch fünfunddreißig Jahre nach der ersten Begegnung mit Georges frühen, teilweise dem literarischen „Jugendstil" zuzurechnenden Versen gesteht Wolfskehl enthusiastisch: „Mir war mit einem Male klar geworden, was mit mir, mit mir selber los sei, wohin ich selber gehörte, was von da ab mein Leben zu bedingen habe." Und an anderer Stelle: „Plötzlich war die Welt zwar nicht ‚vollkommen', aber sie hatte einen Sinn." Dabei blieb er unwandelbar, trotz aller in manchen Spannungen sich auswirkenden Gegensätze. Ähnlich verhielt sich George. In einem seiner Gedichte, das mit den Worten „Wir seligen!" beginnt und sich unmittelbar an den Freund wendet, bekennt er Wolfskehl:

Dein leben ehrend muss ich es vermeiden.

Im Exil erfuhr der hochbetagte unbeirrbare Bewunderer Georges, daß aus dessen Jüngerschaft Hitler nicht nur akademische Mitläufer und Helfershelfer, sondern auch die entschiedensten Widersacher erstanden waren. Georges Gedicht „Der Widerchrist" diente den soldatischen Verschwörern des 20. Juli 1944 als Erkennungszeichen. Des Dichters Vision eines „geheimen Deutschland" wie eines „Neuen Reiches", die anfänglich von manchen auf den nationalsozialistischen Umbruch bezogen worden war, begleitete einen Claus Schenk von Stauffenberg auf dem Weg in den Widerstand gegen Hitler. Gemeinsam mit seinen Brüdern Berthold und Alexander hatte er 1933 an Georges Bahre in Minusio die Totenwache gehalten. Berthold war von George zum Nacherben eingesetzt worden, er wiederum setzte Claus ein. Sowohl Claus als auch Berthold Schenk von Stauffenberg wurden nach dem Scheitern des Attentats auf Hitler hingerichtet. Nur Alexander überlebte und konnte 1945 als Privatdruck eine dem Andenken Georges gewidmete Gedichtfolge „Der Tod des Meisters" erscheinen lassen.

Wolfskehl erwies sich in seiner eigenen Lyrik durchaus nicht als Nachahmer des um ein Jahr älteren Rheinländers, mit dem er gemeinsam die dreibändige Anthologie „Deutsche Dichtung" herausgab. Was hat Wolfskehl, dieser Mann „der tausend Witterungen und Regungen", nicht alles entdeckt, geborgen und gedeutet — als Herausgeber, Sammler, Übersetzer und Essayist! Es gibt kaum einen noch so entlegenen Winkel der europäischen Geistesgeschichte, den er nicht erkundet hat, handle es sich nun um altgermanische Mythen, Minnesang, Kabbala, Barockpoesie oder Mutterrecht. Er hat das damals verschollene Werk des Basler Altertumsforschers und Matriarchatshistorikers Johann Jakob Bachofen wiederentdeckt, Charles de Costers „Ulenspiegel" ins Deutsche übertragen, die mystischen Gesänge von Novalis, Knut Hamsuns „Pan", Klopstocks Oden, Jean Pauls „Flegeljahre" und viele andere Werke in bibliophilen Drucken ediert und war selbst zeitlebens ein leidenschaftlicher Sammler alter Bücher. Lange Jahre in München lebend, stand das gastfreie Haus des mit einer geistig hochstehenden Niederländerin verheirateten Dichters, Polyhistors und Lebensgenießers unzähligen Besuchern offen. Hier trafen sich Ludwig Klages, der Philosoph und Psychologe; Maler wie Franz Marc und Paul Klee; Dichterinnen wie Ricarda Huch und Franziska zu Reventlow; Geisteswissenschaftler wie Friedrich Gundolf und Oswald Spengler und viele andere.

Wolfskehl war ein Genie der Freundschaft. In den Erinnerungen, auch in vielen Briefen seiner Zeitgenossen lebt er weiter als Freund, Anreger und Vermittler zwischen entferntesten Seelenlandschaften, Kulturen und Geschichtsepochen. Einen „fänger unfangbar" nannte ihn Stefan George. Odin, der nordische „Geheimnisgott", sei wieder lebendig geworden in Wolfskehl, der eine Dissertation über „Germanische Werbungssagen" schrieb, erinnert sich Fritz Usinger. Ähnlich erblickte ihn auch Margarete Susman: „Der Übersetzer alter germanischer Dichtung, dem die Runen eine Offenbarung waren, in seiner Sprache ein großer Germanist, war äußerlich und innerlich dem Gott Wotan ähnlich." Er selbst erzählte gelegentlich, daß ihm einmal in München inmitten eines dichten Menschenauflaufs ein alter Mann begegnet sei: in seltsamer Tracht, den Hut tief im Gesicht, einäugig. Lange habe ihm die unheimliche Gestalt prüfend ins Antlitz geblickt, um hierauf in der Menge auf Nimmerwiedersehn unterzugehen. Nachträglich wurde Wolfskehl klar, daß ihm der Gott Odin entgegengetreten war. Sogar nach vielen Jahren entsann sich der Dichter noch dieser geheimnisvollen Erscheinung. Er gedenkt ihrer in dem bereits erwähnten Abgesang „An die Deutschen":

ich sah, mich lüde
Ursturm, Einaug, Runenvogt!

In so hohem Maße lebte und webte der deutsche Jude in der Welt des altgermanischen Mythos. Noch im Jahr vor seinem Tode deutet er in einem Brief an Renata von Scheliha die Zwillinge Walt und Vult in Jean Pauls „Flegeljahren" als Wiedergeburt des mythischen Brüderpaars Baldur und Höder aus der Edda. Alexander von Bernus hieß ihn eine Mischung von Hagen von Tronje und einem alttestamentlichen Propheten. Der Norddeutsche Ludwig Klages, Wolfskehl zeitlebens ambivalent gegenüberstehend (um es vorsichtig zu sagen), ehrte in ihm einen wiedergekehrten Urhebräer edelster Rasse, die Verkörperung eines „heidnischen Juden", der all das hochhielt, was die einen äußersten Monotheismus unerbittlich verfechtenden Priester und Propheten Jahwes später als götzendienerische „Greuel" verdammt hatten: die Mysterien heiliger Bäume, heiliger Steine, heiliger Quellen, das Muttertum von Nacht und Erde als Theophanie. Man nannte ihn aber auch den „Zeus von Schwabing", einen „Ekstatiker" und festfreudig-trinkfesten „Bacchanten", der nicht nur ein „Buch vom Wein" herausgegeben hat, sondern selbst „ein von Dionysos Besessener" gewesen sei (so der holländische Dichter und Freund Albert Verwey). Von diesem vielseitigen, maskenreichen und seine Gedanken verschwenderisch aussäenden Lyriker, Essayisten, Übersetzer und Connaisseur, der in vielen Welten zu Hause war, sagte George einmal bewundernd, in ihm seien „drei Genies vereinigt, die der liebe Gott in ihrer brodelnden Fülle zu trennen verabsäumt " habe. Ähnlich erging es dem schon genannten Philosophen, Psychologen und Graphologen Klages, dessen Verblüffung über die von Wolfskehl, diesem poeta doctus eminens, mit lässiger Souveränität beherrschte Wissensfülle noch in dem erst Jahrzehnte später verfaßten Memorial nachzittert:

„Ich habe ihn sich unterhalten hören mit Völkerforschern über Totemismus oder ‚Trojaburgen', mit Altphilologen über schwierige Probleme der Metrik in den Chorgesängen der Tragiker, mit Archäologen über die antike Oikos-Idee, über den Brauch der Theoxenien, über Inkubationsmantik . . ., mit Tonkünstlern über abseitige Kapitel der Musikgeschichte . . . und gewann jedesmal den Eindruck, der Aussprache zweier Fachleute beizuwohnen, da denn . . . er den ‚eigentlichen' Fachmann womöglich an Kenntnissen, bestimmt aber an scharfsinniger Ausdeutung hinter sich ließ."

Diese Vielfalt seiner Affinitäten und nicht bloß angelesenen, sondern sympathetisch einverseelten Wissens offenbart sich auch in den Briefen des Exils. Als „allschweifend" kennzeichnet ihn treffend Michael Landmann, als „Siegelbewahrer des Geistes", dem es gegeben war, den Bogen vom Wessobrunner Gebet bis zur Malerei Kandinskys zu schlagen. Nur einem Repräsentanten seines Zeitalters verschloß sich der sonst „Alloffene" beharrlich: Sigmund Freud lehnte er ab. Das verraten manche Stellen der Briefe. Einen „Ikonoklasten", das heißt Bilderstürmer, nennt er Freud. Er sei „gewiß kein Freudianer", gesteht er in einem andern Schreiben. Die Psychoanalyse erschien ihm geradezu als frevlerischer Zugriff auf die bildergeschwängerte Dämmerwelt des mythengebärenden Unbewußten.

Während man Stefan George grundsätzlich allein aufgrund seines dichterischen Werkes verstehen kann, dem sein Leben nur als Baustoff diente, erschließt sich Karl Wolfskehl dem Nachgeborenen am ehesten durch seine Briefe. Die umfangreiche Korrespondenz mit in vier Weltteilen lebenden Freunden bildet einen integralen Teil seines Schaffens. Wolfskehl ist einer der überragendsten Epistolographen unseres Jahrhunderts. Das ahnte man schon bei der Lektüre seines Briefwechsels mit Friedrich Gundolf, den der Amsterdamer Verlag Castrum Peregrini in zwei voluminösen Bänden 1976/77 vorlegte. Beim Lesen der Briefe aus dem Exil wird diese Ahnung zur Gewißheit. Hinzuzufügen ist, daß der Schreiber dieser Briefe kaum jemals an deren spätere Publikation gedacht oder sie gar im Hinblick auf postume Leser absichtsvoll inszeniert hat. Der beinahe erblindete greise Dichter hat sie der mit ihm das Exil teilenden, um vierzig Jahre jüngeren Berlinerin Margot Ruben spontan diktiert, so als lese er sie aus einem nur ihm sichtbaren Buch ab. Es sind nicht bloß ursprünglich gesprochene Sendschreiben, sondern vielmehr hinreißend lebendige, von Einfällen, Erinnerungen und Bekenntnissen überströmende Gespräche: Dialoge mit zwar abwesenden, aber durch Wort und Rede beschworenen, geradezu magisch-leibhaft vergegenwärtigten Freunden in aller Welt.

Dem von seinen früheren Gefährten, einschließlich seiner Frau und den beiden Töchtern Judith und Renate (die den Krieg im Badischen überlebt haben) völlig abgeschnittenen Dichter werden die Briefe zu Brücken über Kontinente, Ozeane und Abgründe einer apokalyptischen Zeit. Neben den Nöten und Sorgen des durch den Verkauf seiner Bibliothek von einer kärglichen Rente auf „Anti-Thule" lebenden Asylanten kommt alles zur Sprache, was Wolfskehl bewegte: nicht nur die Ereignisse des Zweiten Weltkrieges, sondern auch die Geistesgeschichte von mindestens drei Jahrtausenden, sein die Duldergestalt Hiob umkreisendes dichterisches Schaffen, Fragen des richtigen Übersetzens, Begegnungen mit alten und neuen Büchern, Erinnerungen an Stefan George und vieles andere mehr. Besonders hervorzuheben ist, wie sehr der über Siebzigjährige, der doch aus einer völlig anderen Welt kommt, mit Spürsinn und Gefühl für dichterischen Rang sich verschiedenen Autoren der angelsächsischen Welt zuwendet. So erwähnt er in seinen Briefen Thomas Stearns Eliot, Wystan Hugh Auden, Edith Sitwell und Hart Crane. Er entdeckt und bewundert ihm früher fremd gewesenen Außenseiter wie Emily Dickinson („eine sonderbare puritanische Sappho, in innigem Kontakt mit Außenwelt und Objekt"), Gerhard Manley Hopkins („sicherlich hochbedeutsam für die ganze Sprachentwicklung"), Francis Thompson („. . . ergreift mich die ekstatische Glut, der ungeheure Atem echter Begeisterung") und Johne Donne („erstaunt, daß das pure Ich zu solcher Fülle der Ausgestaltung entfaltet werden kann"). Er begeistert sich für den in Alexandria lebenden Griechen Konstantin Kavafis und den Franzosen Charles Péguy.

Aber deshalb bleibt die Neugier gegenüber der deutschen Szene nicht minder wach. Er erkundigt sich zum Beispiel nach den neuesten Veröffentlichungen von Ludwig Klages, Ludwig Derleth, Edgar Dacqué, Ernst Wiechert, Hermann Graf Keyserling, Margarete Susman und Fritz Usinger. Von seiner Frau Hanna erfährt er aus Kiechlinsbergen am Kaiserstuhl, was Ernst Jüngers „Marmorklippen" nicht nur ihr in den Jahren des Nationalsozialismus bedeutet haben: „das erste Buch, das sich gegen den Wahnsinn wandte". Aufschlußreich ist es auch, durch den Briefwechsel die zunehmende Annäherung Wolfskehls an die geschichtspessimistischen Lehren Oswald Spenglers zu verfolgen. So schreibt er etwa am 28. November 1946 an Siegfried Guggenheim: „Haben Sie eigentlich Spenglers berühmtes Buch gelesen? Was man gegen die Grundthese und viele Einzelausblicke sagen kann, weiß so gut wie jeder. Aber es ist doch ein Meisterstück. Die Gewalt des sprachlichen Ausdrucks bewundre ich immer wieder ... und bin jedesmal erstaunt über die Treffsicherheit, die Klarheit des Stils und die oft seherische Kraft und Rückschau." Wolfskehl zeigt sich auch wohlunterrichtet über die Spannungen zwischen dem radikalkonservativen Spengler und den Ideologen des Hitler-Reiches: „Er war, Sie wissen es, ein abgesagter Feind des Nazismus (bei all und gerade wegen seiner aristokratischen Einstellung), wurde strikte beobachtet, Auslandsreisen waren ihm verboten. Trotzdem hielt er die Beziehungen zu mir aufrecht, sandte mir jede seiner nach '33 erschienenen Publikationen, schrieb auch gelegentlich, zum letzten Mal etwa vier Wochen vor seinem plötzlichen, damals viel bemunkelten Ableben ..."

Der Tonfall seiner Briefe bewegt sich zwischen prophetischem Pathos und heiterer Plauderei, hingebender Innigkeit und tosendem Zorn, wehmütiger Sehnsucht und wegwerfendem Ekel, seherischem Aufschwung und nüchternem Wirklichkeitssinn, tragischer Selbststilisierung und geistreicher Selbstironie.

Er sei „römisch, jüdisch, deutsch zugleich", hatte er eingedenk seiner Herkunft, Verwurzelung und Wahlverwandtschaft einmal formelhaft bekannt. Ähnlichen Sinnes antwortete er einmal, halb im Scherz, halb im Ernst, auf die Frage nach dem Land, wo er gerne leben wolle: „Ich möchte am liebsten in einem Land leben, wo Wein wächst und wo man süddeutsch spricht. Aber dieses Land müßte an einem südlichen Meer gelegen sein ..." Diese vielschichtige geistig-seelische Verbundenheit trachtet der mit Hiob sich wesensgleich fühlende Dichter auch in der Ferne zu bewahren: „Ich habe den Rhein in mir, so wie das Mittelmeer, dem ich entstamme ... Ich habe mir selbst Welt werden müssen, Geistraum, Wiege des Wortes ..."

Bis zuletzt träumte er von dem alt-neuen, einzigen und wahrhaft tausendjährigen Deutschland, dem „Heiligen Reich" in der Mitte Europas. Mit Franz Rosenzweig, dem Philosophen des „Sterns der Erlösung", ist Karl Wolfskehl der letzte große deutsche Jude, der beides in schöpferischer Spannung harmonisch-synoptisch zusammenzufügen und höchstpersönlich vorzuleben strebte: Deutschtum *und* Judentum, Treue zur Religion der Väter *und* Hingabe an das ihm heimatliche Reich. Insofern gleicht er viel mehr als Rathenau, der seine jüdische Herkunft weitestgehend verdrängt hat, dem großen britischen Staatsmann Benjamin Disraeli, der ebenfalls in lebendiger Einheit beides verkörperte: den ahnenstolzen Juden und den imperial gesinnten Engländer, den traditionsbewußten Nachkommen des Patriarchen Abraham und den zum Großwesir aufgestiegenen loyalen Untertan der Königin Victoria. Trotz seiner zionistischen Sympathien erblickte Wolfskehl sein Vaterland nicht in Palästina, sondern in Deutschland, dessen Volk er einmal zurief: „Denn dein Traum ist auch der meine." Er durfte aber auch im Exil mit stolzem Selbstbewußtsein zu sich sagen, oder genauer ausgedrückt, diese imaginären Trostesworte den ihm erscheinenden deutschen Dichter Stefan George sagen lassen:

Wo du bist, du Immertreuer,
Wo du bist, du Freier, Freister,
Du der wahrt und wagt und preist —
Wo du bist, ist Deutscher Geist!

So spricht und schreibt — ‚Deutsch' mit großem Anfangsbuchstaben! — nicht einer, der sich als „Emigrant", das heißt: als „Auswanderer" versteht. So vermag nur kraft geistiger Vollmacht und überlieferungstreuen Hochsinns ein Fürst zu sprechen, der zu Unrecht seines angestammten Landes verwiesen wurde.

Der erzdeutsche Jude, der erzjüdische Deutsche Karl Wolfskehl, einer seit einem Jahrtausend am Rhein und Main ansässigen Familie entstammend, wartet bis heute auf seine Rückkehr in das Land seiner Liebe. Der hessische Poet und Essayist Fritz Usinger, der als junger Student 1913 in München dem damals vierundvierzigjährigen Wolfskehl begegnet war, schrieb wenige Jahre vor seinem Tode über die bislang versäumte Wiedereinbürgerung Wolfskehls in den geistigen Haushalt der Nation: „Ich finde es unendlich traurig, daß man dieses herrlichen Mannes in Deutschland so gar nicht gedenkt. Da liegt so ein Mann, der Deutschland über alles geliebt hat, in einem einsamen Grab am anderen Ende der Welt. Welche Liebesqualen muß er ausgestanden haben und mit welchem Gefühl der völligen Verlassenheit muß er gestorben sein! Er hat das gewaltigste Gedicht der deutschen Emigration geschrieben, den ‚Sang an die Deutschen'. Aber das alles ist so gut wie nicht da, der Mann sowohl als auch seine Gedichte."

Als Wolfskehl am 30. Juni 1948 in der neuseeländischen Stadt Auckland starb, lag Deutschland noch in Trümmern. Keines seiner früher erschienenen Bücher war damals im Buchhandel erhältlich. Das, was er in mehr als zehn Jahren des Exils geschaffen hatte — zuerst in der Schweiz und in Italien, ab 1938 in Neuseeland —, war unerschlossen und unveröffentlicht. Niemand außer seinen in alle Welt verstreuten Briefpartnern konnte ahnen, daß er bis zuletzt sich seinem Werk gewidmet hatte, daß er überhaupt erst im Alter von einem vielseitigen und gewandten Literaten zu einem großen und eigenständigen Dichter geworden war. Wer kannte damals schon seine ehrfurchtgebietende, visionäre Lyrik: „Die Stimme spricht", „An die Deutschen", „Hiob oder die vier Spiegel", „Mittelmeer oder die fünf Fenster", „Hinfahrt" und „INRI"? Keiner konnte wissen, daß in dem zuletzt genannten Gedichtzyklus der deutsche Jude Karl Wolfskehl mit Jesus um das messianische Geheimnis ringt: Ahasver unter dem Kreuz, der Ewige Jude, der Ewige Deutsche angesichts des Mysteriums von Golgotha. Der Kölner Historiker Peter Berglar sagte dazu schon vor Jahren: „Ich kenne nichts Vergleichbares in der deutschen Dichtung — und wir besitzen es in deutscher Sprache und kennen und wissen es kaum."

Wir besitzen es in deutscher Sprache und kennen es kaum ... Wie reich hat der festlich-überschwänglich verschwenderische Dichter Wolfskehl die Deutschen beschenkt. Was Nietzsche als die schenkende Tugend der Sonne besingt, war ihm wesenseigen: „Gold schüttet sie in's Meer aus unerschöpflichem Reichtume,

— also, daß der ärmste Fischer noch mit goldenem Ruder rudert!" Aber wer kennt ihn schon? Wem sind seine in mehr als einem halben Jahrhundert entstandenen Verse vertraut, etwa „Was kann noch kommen da das Eine kam?" („Nirwana"), „Großschwingen, flach gebreitetes Geleit" („Albatros"), „Grad ob dem meere stand ich . . ." („Die Kelter"), „Eins und eines: ewige kehr . . ." („Die Schlange"), „Errette Herr! der sand im land . . ." („Psalm"), „Herr! Ich will zurück zu Deinem Wort", „Wahlheimat, wo im Licht auf Griechischem Hügel . . .", „O dürft ich Stimme sein, das Volk zu rütteln . . .", „Tränen sind der Seele herber Wein . . .", „Winzer Leid, dich grüß ich . . ." (Vorspruch zu „Hiob"), „Wie ich beseligt bei dir hocke!" („Glocke vom Strand"), „Beim Taggang oft durch üppiges Gelände . . ." („Feigenbaum"), „Auf Erdballs letztem Inselriff / Begreif ich was ich nie begriff . . .", „Das Wort hat seinen Tag gehabt . . ." („Des Menschen Wort vergeht"), wer kennt — ich frage nochmals — sein Lied „An die Deutschen", dieses letzte Echo der Hölderlinschen Ode mit gleicher Überschrift? Wer hat schon einige seiner Essays und Aufsätze gelesen, in denen er sich von einer ganz anderen Seite zeigt, als geistsprühender, temperamentvoller, weltoffener, staunender Plauderer, der in anmutig beschwingter und dennoch kräftiger Champagnerprosa über die „Magie des Radio", die „Psychologie des Zirkus", die „heilige Narretei" der Bibliophilie, die „Neue Stoa", das Weihnachtsfest, den Südtiroler „Fragmentisten" Jakob Philipp Fallmerayer, den österreichischen Romancier Fritz von Herzmanovsky-Orlando oder auch über Jud Süß, Gustav Meyrink, Heinrich Mann und unbekannte Barockpoesie zu parlieren versteht? Sind nicht sogar studierten Germanisten Wolfskehls Mysterienspiele „Saul", „Thors Hammer", „Orpheus", „Sanctus" und „Die Menschwerdung" völlig unbekannt?

Ein leidenschaftlicher, aber auch an seinem Geburtsland leidender Deutscher, der zugleich ein glühender Jude war und beides zu vereinen trachtete; ein aus der Fülle romanisch-germanisch geprägten Europäertums schöpfender Übersetzer, Vermittler und Deuter; ein bisweilen dem Wotan, bisweilen dem Dionysos gleichender Hymniker, der in den Mythen mehr als eines Volkes aus innerer Wahlverwandtschaft beheimatet war; ein im Alter sich mehr und mehr der Statur eines alttestamentlichen Propheten oder Psalmisten angleichender Seher und Künder; ein großartiger und hinreißender Gesprächsmensch, dessen Briefe als oratorische Meisterwerke gleichberechtigt neben seinen lyrischen und essayistischen Hervorbringungen rangieren, ist wenigstens postum aus dem Exil zurückzurufen, indem wir ihn lesen. Ein Erbe vieler Zeiten und Brückenbauer zu vielen Welten ist zu entdecken; ein in keine Schule, Richtung und Partei einzuordnender Dithyrambiker und Visionär; ein trotz mancher Anklänge an Spätromantik, Jugendstil und Frühexpressionismus eigenwüchsig unverwechselbarer Poet und Polyhistor von schier universalem geistigen Horizont; ein Traditionalist wie ein Avantgardist — beides im vornehmsten Sinne der Worte —, dem es gegeben war, die apollinische Klarheit und Formenstrenge der Antike mit dem raunenden Düster altdeutscher Dichtung und dem heilsgeschichtlichen Sendungsbewußtsein biblischer Gottesboten zu verbinden; ein mit seismographischer Sensibilität begabter Virtuose in Vers, Prosa und Unterhaltung, der trotz der Bitterkeit seines ihm im Alter widerfahrenen Schicksals noch angesichts des nahen Endes, bis in die Agonie hinein, mit dem Vertrauen eines kosmosfrommen Frühmenschen an Wandlung und Wiederkehr auch jenseits des Todes glaubte: „Kein Ade, ein: Noch Einmal!" —

Und doch sind unsre Sterne Licht geblieben,
Und doch zwingt Höll und Tod gewaltiges Lieben,
Und doch bewacht und lenkt die Heilige Sieben.

In diesem Sinne hatte sogar der Greis bekannt: „Immer noch meine ich, morgen finge es an, immer noch ist mir alles neu, wundersam, erstmalig." Die beiden vorbildlich edierten Bände mit einer repräsentativen Auswahl Wolfskehlscher und an ihn gerichteter Briefe aus dem letzten Lebensjahrzehnt bereichern nicht nur unsere historischen Kenntnisse durch unmittelbar dem konkreten Augenblick sich verdankende Lebenszeugnisse; sie können vielleicht auch dem einen oder anderen dafür empfänglichen Leser das zunehmend seltener werdende Bild eines urwüchsigen und eigenständigen Dichters anschaulich und beispielhaft vor Augen führen. Vielleicht, daß auf Umwegen endlich Wolfskehls von ihm selbst verfaßter Grabspruch sich erfüllt:

Viel Leben hat mein Leben aufgespeichert,
Doch erst der Tod hat kränzend mich bereichert.

(1988)

Othmar Spann

Das Ganze im Blick haben
Ein deutscher Universalphilosoph aus Österreich

Er war nationalbewußt, in Österreich erblickte er wie selbstverständlich ein deutsches Land, ja einen Bergfried des Deutschtums gegenüber dem Osten. Als Hitler im März 1938 seine Heimat dem Reiche „anschloß", trank er, wie Freunde glaubhaft überliefern, aus Freude eine Flasche Champagner. Doch Othmar Spann, von dem hier die Rede ist, war zwar ein „großdeutscher" Patriot, doch zu keiner Zeit seines Lebens ein „Nazi". Die Rassenlehren Hitlers und Alfred Rosenbergs verwarf er als primitiven, menschenverächterischen und geistwidrigen biologischen Materialismus. Volk war ihm keine zoologische Kategorie. Er faßte es als eine auf gemeinsamer Überlieferung beruhende geistige Gemeinschaft auf. Spann dachte sehr hochsinnig vom Volkstum, aber er verabsolutierte es nicht, wie die Worte aus einem 1920 in Brünn gehaltenen Vortrag beweisen:

„Jedes Volkstum soll trachten, das Höchste der Menschheit in sich zu erbilden und auf seine Weise darzustellen. Diese einzig echte Art von Weltbürgertum kann also gerade nur auf völkischer Grundlage aufgebaut werden. — Auch ist das Volkstum nicht das Letzte. Es wird überhöht von dem geschichtlichen Kulturkreise, in dem es lebt, in dem es Glied ist, bei uns dem christlich-abendländischen Kulturkreise, dessen schöpferisches führendes Glied das deutsche Volkstum von jeher — besonders in philosophischer Hinsicht — war."

Doch nicht nur durch dieses sowohl entschiedene als auch differenzierende Bekenntnis geriet Spann in Gegensatz zum „Dritten Reich". Ebenso stieß ihn die wahnwitzige Judenfeindschaft der nationalsozialistischen Führer ab. Diese erkannten ihrerseits, daß das Denken des Wiener Philosophen alles andere als parteigemäß war, und bekämpften ihn deshalb schon früh. Bereits 1930, also drei Jahre vor Hitlers „Machtergreifung", griff Rosenberg in seinem „Mythus des 20. Jahrhunderts" — dem ideologischen Hauptbuch der NSDAP — den „Universalismus" Othmar Spanns an, weil dieser aufgrund seiner Philosophie die Religion über die Rasse, auf die allein es doch ankomme, zu stellen gewagt hatte.

Spann war kein totalitärer, sondern ein Polaritäts-Denker. Einer seiner zentralsten Begriffe lautet „*Gezweiung*". Mit ihm kennzeichnet er die alles Leben durchwaltende Polarität, die jeder Vereinzelung vorausgeht, ohne sie jedoch zu ersticken. „Gezweiungen" sind die Beziehungen Mann-Frau, Mutter-Kind, Lehrer-Schüler, Meister-Geselle, aber auch die „Urgezweiung" von Geist und Materie, die wechselseitig aneinander sich entfalten im Prozeß von Ausgliederung, Umgliederung und Rückverbundenheit.

Eine solche anspruchsvolle Philosophie mit universalistisch-ganzheitlicher Perspektive und ausgesprochen föderalistisch-genossenschaftlichen politischen Konsequenzen mußte fast unvermeidlich mit dem Nationalsozialismus zusammenstoßen — obwohl Spann den Konflikt nicht bewußt gesucht hatte. Bereits einen Tag, nachdem Hitler in Wien triumphal einmarschiert war, wurde Othmar Spann von der Gestapo verhaftet, nach München gebracht und dort im Wittelsbacher Palais wochenlang verhört. Man beschuldigte ihn, geheime und umstürzlerische Verbindungen zum Vatikan zu unterhalten und gegen die Reichsregierung zu intrigieren. Alle diese Vorwürfe waren, wie sich später herausstellte, aus der Luft gegriffen. Gleichwohl ließen es die Nationalsozialisten nicht zu, daß der in ganz Europa angesehene Gelehrte weiterhin als Professor an der Wiener Universität wirkte. Vielmehr sollte er zuerst nach Ostpreußen deportiert werden. Dann milderte man die gegen ihn getroffenen Maßnahmen, indem man ihn auf seinen abgeschieden gelegenen Landsitz im Burgenland verbannte. Eine glanzvolle akademische Laufbahn war damit beendet, die Spann von Frankfurt am Main (wo er in J. Klumkers „Zentrale für private Fürsorge" tätig war) über die Technische Hochschule in Brünn an die Wiener Universität geführt hatte, an der er seit 1919 als ordentlicher Professor der Nationalökonomie und Gesellschaftslehre wirkte (obgleich er sich im Laufe der Jahre immer mehr zum Philosophen berufen fühlte). Nicht nur Spann hatte unter dem willkürlich über ihn verhängten „Berufsverbot" zu leiden; auch alle seine Schüler wurden von den deutschen Universitäten entfernt. Spanns Bücher wurden zwar nicht offiziell verboten, doch von 1939 bis zum Untergang des Hitler-Reiches konnte der Philosoph keine neuen Werke mehr veröffentlichen. Einer der bedeutendsten Verehrer Spanns in Deutschland war übrigens der nationalkonservative politische Schriftsteller Edgar Julius Jung, der zu den ersten Opfern der Bluthochzeit des 30. Juni 1934 (des angeblichen „Röhmputsches" und der gewalttätigen Abrechnung mit wirklichen oder auch nur vermeintlichen Hitler-Gegnern) gehört.

Man hätte nun glauben dürfen, daß Spann nach dem Zusammenbruch von 1945 rehabilitiert worden wäre. Doch er blieb weiterhin ein Verfemter, den man, soweit wie möglich, totschwieg und zum Schweigen verurteilte. Andere, die im Vergleich zu ihm geistige Knirpse waren, verdrängten ihn aus dem akademischen Raum. Spann war ein viel zu unabhängiger und vornehmer Denker, um sich aus Karrieresucht an dem allgemeinen Spiel wechselseitiger politischer Bezichtigungen und Reinwaschungen zu beteiligen. Er war allen Parteien unbequem. Die Sozialisten und ebenso die in den allerersten Nachkriegsjahren in Österreich recht einflußreichen Kommunisten (die die Rote Armee, welche den Osten des Landes beherrschte, zum Protektor hatten) verziehen ihm seinen kompromißlosen Antimarxismus nicht, während die Katholiken ihm seine „großdeutschen" Sympathien und die Ablehnung des „Ständestaats" à la Dollfuß und Schuschnigg vorwarfen. Die „Liberalen" mochten ihn ohnehin nicht, weil er nie einen Hehl daraus gemacht hatte, daß er die „Ideen von 1789" — die Französische Revolution und ihre Folgen — für ein geistespolitisches Unglück hielt. Überdies witterten manche in ihm einen „Klerikalen", obwohl er das niemals war. Spann war zwar ein religiöser, nicht aber ein für kirchenpolitische Zwecke sich engagierender Mensch. Den einen war er zu „römisch", den andern zu „protestantisch" oder sogar ketzerisch. So entledigte man sich seiner, indem man ihm einen „unbeschränkten Urlaub zu Forschungszwecken" zubilligte und ihn dadurch weiterhin von der Universität fernhielt. Am 8. Juli 1950 starb er in Neustift bei Schlaining im Burgenland.

Mißverständnisse, Voreingenommenheit, aber auch schlichte Ignoranz haben dazu geführt, daß dieser einst so berühmte wie umstrittene Denker außerhalb Österreichs nur noch wenigen bekannt ist. Ein bekannter neudeutscher Politologe meinte unlängst arrogant, Spanns Lehren seien „heute keinen Pfifferling mehr wert". Wenn damit gemeint ist, daß die Grundintentionen des vor bald hundertzehn Jahren geborenen Philosophen allen maßgebenden Tendenzen unserer Zeit widersprechen, dann enthält dieses hochmütige Urteil einen Kern von Wahrheit. Auch Spann selbst mag sich wohl zu den „Besiegten des Zweiten Weltkriegs" gezählt haben, als im Westen die liberale Demokratie, im Osten der Marxismus zum Siege gelangt war — also zwei Bewegungen, für die er nie etwas übrig gehabt hatte. Gleichwohl zeigt sich immer mehr, daß viele seiner Thesen, die auf progressive Gemüter so ärgerniserregend wirken, überaus plausibel sind.

Das gilt auch für den umstrittenen Satz, daß „das Ganze" mehr als die Summe seiner Teile sei, mit dem bekanntlich eine alte aristotelische Lehre erneuert wird, aus der viele freilich nur den Nazi-Slogan heraushören wollen: „Du bist nichts, dein Volk ist alles." Heute spricht man zwar gelegentlich verschämt nicht von „Ganzheit", sondern von „System", „Totalphänomen" oder „Biosphäre", doch das ändert nichts daran, daß ein universalistischer Ansatz zu den unabdingbaren Voraussetzungen sowohl der Ökologie als jeder brauchbaren Langfristplanung gehört. Churchman, einer der Pioniere von „Operations Research", fordert sogar, obwohl er kaum jemals etwas von Spann gehört haben mag, eine „Ethik für Gesamtsysteme". Es kommt nur darauf an, diese Ganzheiten nicht zu vergötzen, und eben dies hat Spann in seinen besten Augenblicken durchaus vermieden, so, wenn er betont, daß ungeachtet der logischen (nicht zeitlichen) Priorität des Ganzen dieses kein eigenes Dasein neben den Gliedern habe.

Ebenso evident ist Spanns angeblich antidemokratische These, daß im Staat „die Besten" regieren sollen, daß also die Aristokratie die vorzüglichste Regierungsform sei. Schwer läßt sich vorstellen, daß ein einsichtiger Mensch wünschen könnte, die Schlechtesten mögen die Angelegenheiten des Staates leiten. Die Schwierigkeit liegt nur darin, mit welchen Methoden und nach welchen Maßstäben festgestellt werden soll, wer zu den Besten gehört. Der Demokrat vertraut darauf, daß Parteiwettbewerb, Wahlen und Mehrheitsprinzip anderen Formen von Führerauslese überlegen seien. Darüber kann man diskutieren, doch grundsätzlich schließen Demokratie und Aristokratie einander nicht aus.

Aktuell ist auch ein dritter Gedanke Othmar Spanns: Staatliche Gemeinwesen sind mehr als bloße Zweckverbände; sie sind unaufhebbar auf ethische Überzeugungen und inspirierende religiös-philosophische Grundsätze angewiesen.

Was Spanns „ständestaatliche" Vorstellungen betrifft, die kaum etwas mit dem „austrofaschistischen" Ständestaat in Österreich von 1934 bis 1938 gemeinsam haben, so haben diese ihrem Urheber den Vorwurf eingetragen, er erstrebe eine Rückkehr ins Mittelalter. Der Sozialdemokrat Otto Bauer meinte einmal boshaft, Spann repräsentiere die Flucht der durch die Inflation verelendeten bürgerlichen Intelligenz in einen romantisch verklärten Feudalismus. Inzwischen können wir allenthalben eine Renaissance ständestaatlicher Ideen feststellen, sei es unter dem marktwirtschaftlichen Vorzeichen der „Sozialpartnerschaft", sei es unter rätedemokratisch-gewerkschaftspolitischer Flagge. Österreich ist heute unter einem sozialistischen Bundeskanzler in weit höherem Maße ein „Ständestaat" als zu Lebzeiten Othmar Spanns, und die Bundesrepublik ist auf dem besten Wege dazu. Fraglich ist nur, ob die Resultate die Hoffnungen rechtfertigen, die Spann einst auf den Ständegedanken gesetzt hat.

Linke Kritiker haben dem Schöpfer des Universalismus oft vorgeworfen, er sei ein „Arbeiterfeind". Das ist er niemals gewesen — er war ein Feind des Marxismus, und dies ist etwas ganz anderes. Spann hat die moderne Gewerkschaftsbewegung durchaus bejaht und in der Institution des Kollektivvertrags einen Meilenstein auf dem Wege zu einer Ständebildung zwischen Arbeitgebern und Arbeitnehmern gesehen.

Überhaupt wird, wer sich in die Schriften dieses elitären Idealisten vertieft, dessen System zu den seltenen Beispielen einer umfassenden „konservativen Theorie" gehört, keinem herzlos kalten Menschenverächter begegnen. „Gott hat nichts zu seinem Fußschemel gemacht", hat Spann einmal gesagt. Niemand ist überall der Erste, niemand überall der Letzte. Dahinter steht der Krongedanke Adam Müllers: Jeder Mensch ist Haupt eines Standes und Glied eines Standes, zugleich *primus* und *minister*. Hinter Müller aber steht Goethe: „Der geringste Mensch kann komplett sein", — ein „Ganzer". Dazu paßt auch, daß Spann seinen Wiener Studenten immer wieder die Lektüre von Grillparzers Novelle „Der arme Spielmann" empfohlen hat.

Stellt man die Frage, was von seinem Werk noch gültig ist, so ist vor allem zu bedenken, daß Othmar Spann in erster Linie Philosoph war, und zwar ein in der großen idealistischen Tradition von Platon, Leibniz, Fichte, Hegel und Schelling stehender Metaphysiker. Hier liegt der Grund seiner momentanen Unzeitgemäßheit, aber auch die Chance seiner Wiederkehr.

In jüngster Zeit mehren sich die Zeichen einer Wiederkehr Othmar Spanns, des wohl größten philosophischen Systemdenkers, den Österreich — abgesehen vielleicht von dem heute fast vergessenen Priester-Philosophen *Anton Günther* (1783 - 1863), einem Zeitgenossen der Romantik — bis heute hervorgebracht hat. Man könnte ihn geradezu als einen späten Nachfahren der großen Barockarchitekten bezeichnen, die uns im süddeutsch-österreichischen Raum so wunderbare Bauwerke weltlicher wie kirchlicher Art hinterlassen haben. Im Geiste eines nichts auslassen, nichts unterschlagen, nichts absolut verwerfen wollenden Universalismus versuchte dieser faustische Philosoph das Gefüge der Wirklichkeit begrifflich zu rekonstruieren. So schuf er im Laufe seines Lebens ein keinen Bereich der Welt vernachlässigendes System, eine geradezu kathedralische „summa", deren Geschlossenheit, Weite und spekulative Energie an Leibniz und die großen metaphysischen Würfe des Deutschen Idealismus gemahnen. Natur-, Religions-, Geschichts- und Sozialphilosophie, Kategorienlehre, Anthropologie, Ästhetik, Psychologie, Logik, Volkswirtschaftslehre, Soziologie, Philosophiegeschichte, Philosophie der Mystik — nichts fehlt. Die Gesamtausgabe seiner Werke, zwischen 1963 und 1979 erschienen, umfaßt samt dem biographisch-geistesgeschichtlichen Ergänzungsband 21 Bände mit mehr als 9000 Seiten.

Allenthalben ist neuerdings die Rede von „ganzheitlicher Medizin", „ganzheitlicher Umweltpflege" und „ganzheitlicher Unternehmensführung", doch wer weiß schon, daß es auch eine „Ganzheitsphilosophie" gibt? Wie aktuell und zeitgemäß Othmar Spann ist, beweisen etwa seine Gedanken über unsere Pflicht, die *„Wirtlichkeit der Welt"* zu erhalten — womit er das uns heute unheimlich bedrängende ökologische Thema schon lange vor dem Ersten Weltkrieg zur Sprache gebracht hat. Othmar Spann war nicht nur in seiner Freizeit ein leidenschaftlicher Gärtner, sondern überhaupt ein sehr naturverbundener Autor, der fast alle seine Werke in ländlicher Stille schrieb. Schon Jahrzehnte vor den alarmierenden Anzeigen des „Club of Rome" und dem Auftreten der „Grünen" in der Politik hat dieser Konservative betont, daß die Humusfrage, das Problem der Wasserversorgung, insbesondere auch die Möglichkeit, Abwässer zur Humusgewinnung zu verwenden, von zukunftentscheidender Bedeutung sind. Oft sagte er, die Gewinnung von Humusstoffen aus den Abwässern der Städte sei für das zu Ende gehende zwanzigste Jahrhundert ebenso wichtig (und kapitalintensiv) wie im neunzehnten Jahrhundert der Bau der Eisenbahnen. Aktuell sind desgleichen seine überaus bedenkenswerten Äußerungen über die Bedeutung der kleinen sozialen Einheiten, über Dezentralisierung, Föderalisierung und die Gefahren des Kultes des Gigantischen und Kolossalen. Ebenso zeitgemäß ist das, was er über Standort und Leistung einer gesunden Landwirtschaft im Rahmen einer lebenswerten modernen Gesellschaft ausführt. Wegweisend ist

Spann auch als religiöser Denker, der, ungeachtet seiner christlichen Grundüberzeugung, offen für die großen Weisheits- und Erlösungslehren der außereuropäischen Welt war und in der Mystik die wahre „Urreligion" erblickte.

Für einen erklärten Antimetaphysiker, der wähnt, sich ausschließlich an das sinnlich Wahrnehmbare zu halten, mag ausgemacht sein, daß Spanns Denken überholt sei. Sein System erscheint ihm etwa als „Begriffsdichtung". Es fragt sich nur, ob nicht auch strenge Erfahrungswissenschaft immer wieder eine Grenze erreicht, an der sie gezwungen ist, zumindest experimentell, auf aus solchen Begriffsdichtungen entlehnte Grundsätze, Vermutungen und Richtlinien zurückzugreifen. Was ist „Ganzheit"? Besteht die Gesellschaft aus grundsätzlich isolierten Individuen oder sind diese nur durch gesellschaftliches Miteinander (das keineswegs harmonisch zu sein braucht) das, was sie sind? Wie verhalten sich Freiheit und Ordnung, „Ausgliederung" und „Rückverbundenheit", „Sein" und „Sollen" zueinander?

All diese Probleme, mit denen Spann gerungen hat, sind Fragen, die sich immer wieder jedem Denkenden stellen. Sie können vorübergehend verdrängt und vergessen werden, aber nicht veralten. Othmar Spanns denkerischer Rang erweist sich auch darin, daß er imstande ist, allen grundlegenden philosophischen Standorten einen bestimmten Platz innerhalb der von ihm am Maßstab zunehmender Rückverbundenheit (und das heißt letztendlich: Versenkung in die Wirklichkeit) errichteten Systematik zuzuweisen. Er verneint nicht die von ihm kritisierten Philosophien, sondern nimmt sie in bedingter Weise auf, läßt sie im Hinblick auf eine je bestimmte Stufe des Seins als berechtigte Erkenntnis gelten. Die Stufenfolge Empirismus, Rationalismus, Apriorismus, subjektiver Idealismus, ontologischer Idealismus, Mystik beruht darauf, daß jede dieser Richtungen jeweils in tiefere Schichten vordringt als die ihr vorangehende. Nichts wird von Spann von vornherein verdammt; auch noch die Irrtümer anerkennt er als Bruchstücke der Wahrheit, als bloß einseitig formulierte, voreilig verallgemeinerte oder unvollständig ausgesprochene Wahrheiten.

Erwähnt sei auch noch, daß für den Ästhetiker, den das Geheimnis der Schönheit bedenkenden *Kunstphilosophen* Othmar Spann Kunst mehr als bloßer Schmuck, Zierrat oder entbehrlicher Luxus bedeutet. Er erblickt in ihr eine Lebensmacht, ja die Mitte des Lebens. Sie ist „eine Urgabe des Menschen", weil Eingebung (Inspiration), Form und Gestaltung weit über den Bereich der Künste im engeren Sinn des Wortes zu den Grundanlagen humaner Existenz gehören.

„Ohne eine gewisse Schönheit kann das Leben nicht lange bestehen", sagt Thomas von Aquin. Dies ist auch die Botschaft Othmar Spanns, der in seiner Kunstphilosophie folgende Arten des Schönen unterscheidet: das Mystisch-Schöne, das Frohlockend-Schöne, das Tragisch-Schöne, das Unholdisch-Schöne und (wenngleich nur indirekt oder andeutungsweise) das Magisch-Schöne. Als Beispiel für das Mystisch-Schöne können vielleicht Dantes „Göttliche Komödie", die russische Ikonenkunst und die gotischen Flügelaltäre gelten. Das Frohlockend-Schöne tritt uns in vielen Werken Mozarts, manchen Gedichten Goethes oder auch Puschkins entgegen. Als höchste Erscheinungsformen des Tragisch-Schönen mögen die Dramen Sophokles', Shakespeares, Kleists und Schillers genannt sein. Beim Unholdisch-Schönen haben wir es mit der paradoxen Erfahrung zu tun, daß uns in vollkommener künstlerischer Gestaltung etwas gefällt, was uns im Alltag abstoßen oder sogar mit Grauen erfüllen würde. Denken wir etwa an Gestalten der Mythologie wie Medusa mit ihrem Schlangenhaupt, die Faune und Satyrn, auch an die Teufels- und Dämonendarstellungen der christlichen Kunst, an die Bilder von Hieronymus Bosch, Francisco de Goya, Honoré Daumier, Alfred Kubin, Max Ernst und mancher Expressionisten und Surrealisten. Als magisch-schön wirken auf uns etwa die Hervorbringungen prähistorischen und primitiven Kunstschaffens, handle es sich nun um solche der Kreter, Sumerer, Indianer, Skythen oder gewisser Negerstämme.

Spann war jedoch nicht nur ein Philosoph, der über das Wesen der Kunst und des Schönen tief nachzudenken verstand, sondern auch selber ein kunstliebender, ein überaus musischer Mensch. Er verehrte und las immer wieder die deutschen Klassiker, empfahl seinen Studenten aber auch eindringlich, die großen österreichischen Dichter zu lesen, insbesondere Grillparzers Novelle „Der arme Spielmann" sowie Adalbert Stifters Romane „Der Nachsommer" und „Witiko". Spann war seit 1906 mit einer Dichterin von Rang verheiratet, die ihn um viele Jahre überlebte: Erika Spann-Rheinsch (1880 - 1967). Sie war eine ebenso kluge wie eigenständige Frau, deren lyrisches Schaffen („Schöne Welt", „Trutznachtigall", „Paracelsus und seine Jünger", „Buch der Einkehr", „Frohe Wanderschaft", „Gestalt und Geheimnis") ihr so angesehene Auszeichnungen wie den Ebner-Eschenbach-, Schiller- und Bauernfeldpreis einbrachte. Sie verfolgte die wissenschaftliche Tätigkeit ihres Mannes mit großem Verständnis und beeinflußte zweifellos auch seinen sprachlichen Stil. Von den Musikern aber war ihm, obwohl er auch Bach, Händel, Gluck, Beethoven, Schubert und Bruckner schätzte, *Mozart* der allerliebste. Mozarts Kunst erschien ihm überirdisch in des Wortes schönster Bedeutung, ja als Gottesbeweis. Ihr widmete er einen Essay, der im siebenten Band der Spann-Werkausgabe veröffentlicht ist: „Wo Mozarts Kunst das Irdische darstellt, geschieht es auf himmlischem Grunde; wo sie das Himmlische darstellt, geschieht es ungezwungen und gleichsam natürlich; wo sie aber das Unterirdische sprechen läßt, spürt man das unauflösliche Dunkel der Welt und den strafenden, über Schrecken thronenden Gott. Mozart zeigt die himmlische Heiterkeit, die keiner wahren Trübung fähig ist. Er zeigt sie nicht als Silberblick des Morgenhimmels, sondern als das, was *immer* da ist, als Blut des Lebens, als Atem des Geistes ..."

Es muß doch etwas an diesem Philosophen daran sein, der auf der Grundlage eines von religiösem Idealismus und von Schönheitssinn geprägten Systems so vieles vorhergesehen und analysiert hat, was uns heute bedrängt und bewegt. Wer diesen Denker unmittelbar kennenlernen will, der kommt nicht umhin, sich mit seinen Werken selbst vertraut zu machen, zu denen diese Bemerkungen nur hinführen wollen. Wer mit Spanns Gedankenwelt noch wenig bekannt ist und überdies eine gewisse Scheu vor als extrem schwierig geltenden philosophischen Arbeiten hat, dem empfehle ich als Erstlektüre das *„Gespräch über Unsterblichkeit.*

Betrachtungen zweier Krieger im Felde", postum als Band 20 der Gesamtausgabe 1965 erschienen und nach wie vor im Buchhandel erhältlich.

Othmar Spann könnte (vielleicht auf Umwegen und in anderer Weise, als er es sich gedacht hat) jene metaphysische Glut wieder anfachen, die wohl in jedem Menschen steckt, doch unter der Asche alltäglicher Selbstverständlichkeiten, angelernter Vorurteile und konventionellen Geredes nur zu oft zu verlöschen droht. In diesem Sinne ist wohl auch das Bekenntnis Spanns zu verstehen:

„Wer Geschichte begreifen und nicht an den Fürchterlichkeiten des Geschehens scheitern will, die nur zu handgreiflich an der Oberfläche liegen, der muß an den Geist glauben. Keine Wunde, die er nicht zu heilen vermöchte, kein Dunkel, das er nicht zu lichten, kein Irrtum, den er nicht zu berichtigen, kein Verlauf, den er nicht größer und schöner zu wiederholen imstande wäre, kein Sieg, den er nicht übertrifft. Der Geist kennt keine Erschöpfung, keine Vernichtung; sein Ziel ist, wie der Ursprung, nichts weniger als die Ewigkeit."

„Seht um euch, ihr seid von Wundern umgeben.

Die Welt um euch ist voller Wunder, aus Gewohnheit und Verstörung durch falsche Lehren seht ihr sie nicht.

Habt ihr die Wunder einmal erblickt, so versteht ihr, daß ohne sie weder ein Seelenleben noch ein Naturleben noch auch nur ein stoffliches Sein und Geschehen möglich wäre ... Unter all den Wundern, die wir betrachten, sind die größten: das Erkennen und Gestalten. Denn ohne sie wären Wissenschaft und Kunst nicht möglich! Wissenschaft und Kunst sind es, die zusammen mit dem Glauben und mystischen Innewerden des Göttlichen den Menschen erst über das bloß Naturhafte, Stoffliche, Dumpfe und Stockige zu der unendlich hohen Würde des Geistes hinausheben.

Darum ist die Kunst wie der Herrlichkeit Gottes so der Größe des Menschen Spiegel, und die Philosophie der Kunst der magische Spiegel ihrer Wunder."

(1985)

Franz Rosenzweig

Jüdisch-deutscher Bibelübersetzer und Philosoph des „Sterns der Erlösung"

Geboren am Weihnachtstag des Jahres 1886 in Kassel, entstammt Franz Rosenzweig einer wohlhabenden jüdischen Familie, die jedoch der Religion der Vorfahren schon so weit entfremdet war, daß sie sich in erster Linie dem Deutschtum verbunden fühlte. Wenn die Eltern nach außen hin dennoch an ihrem Judentum festhielten, dann weniger aus innerer Bindung, sondern aufgrund eines gewissermaßen aristokratischen Herkunftsstolzes. Sie hätten die meist mit Karrierevorteilen verbundene Konversion zum Christentum — die Taufe, wie Heine einmal sagte, als *Billet d'entrée*, als Eintrittskarte zur liberalen Zivilisation — als Abtrünnigkeit und Desertion empfunden. Als sein Vetter Hans Ehrenberg sich taufen ließ (er wurde später ein bedeutender evangelischer Theologe), verteidigte Rosenzweig jedoch diesen Schritt gegenüber seinen unmutigen Eltern mit den Worten: „Es ist doch sehr schön, daß es eine Möglichkeit gibt, wenigstens nachträglich und mindestens für seine Kinder zu einer Religion zu kommen, wenn man durch frühere Versäumnisse eine solche vorenthalten bekommen hat... Es wäre völlig ausgeschlossen gewesen, daß Hans Jude geworden wäre. Christ dagegen kann er werden." Das ist ein hintergründig kritisches Wort, überaus aufschlußreich für den geistig-religiösen Substanzverlust des weitestgehend „liberalen", seiner eigenen Ursprünge verlustig gegangenen Judentums der Zeit vor dem Ersten Weltkrieg.

Nach dem Besuch des humanistischen Gymnasiums in Kassel, studiert Franz Rosenzweig seit 1905 in Göttingen, München und

Freiburg im Breisgau Medizin bis zum Physikum; dann wechselt er zur Geschichte und Philosophie um. Zu seinen Lehrern gehört der große Historiker Friedrich Meinecke, dessen Werke „Die Entstehung des Historismus" und „Weltbürgertum und Nationalstaat" zu den bleibenden Leistungen deutscher Geschichtsschreibung gehören. Für Meinecke, Rosenzweigs Doktorvater, ist der wahre Historismus gleichbedeutend mit geschichtlichem Bewußtsein und nichts anderes als „die Anwendung der in der großen deutschen Bewegung von Leibniz bis zu Goethes Tod gewonnenen Lebensprinzipien auf das geschichtliche Leben".

Rosenzweig scheint sich mit Haut und Haaren dieser geistigen Welt zu verschreiben. 1914 verfaßt er seine Schrift „Das älteste Systemprogramm des deutschen Idealismus. Ein handschriftlicher Fund", die 1917 in den Sitzungsberichten der Heidelberger Akademie der Wissenschaften veröffentlicht wird. In ihr gelangt Rosenzweig zu dem Schluß, daß ein kurzes, aber inhaltlich schwerwiegendes Manuskript Hegels aus dem Frühsommer 1796 in Wirklichkeit von dem damals erst einundzwanzigjährigen Schelling stamme. Hegel habe bloß den Text einer Schellingschen Urschrift, die wohl unwiederbringlich verloren gegangen ist, abgeschrieben. Wenngleich die Autorschaft bis heute umstritten ist, so steht nicht zuletzt dank Rosenzweigs scharfsinnigen geistesgeschichtlichen Forschungen grundsätzlich fest, daß das „Systemprogramm" Schellings spätere philosophische Entwicklung weit mehr vorwegnimmt als die Hegels. Da der junge Hölderlin sowohl mit Hegel als auch mit Schelling befreundet war, finden sich vermutlich auch auf ihn zurückgehende Einflüsse in diesem bedeutsamen Dokument, das auf knapp drei Seiten in visionärer Weise und mit hinreißendem Schwung eine integrale Synthese von Philosophie, Religion und Kunst als höchstes Ziel der Menschheit skizziert. Die entscheidenden Sätze lauten:

„Zuletzt die Idee, die alle vereinigt, die Idee der *Schönheit*, das Wort in höherem platonischem Sinne genommen. Ich bin nun überzeugt, daß der höchste Akt der Vernunft, indem sie alle Ideen umfaßt, ein ästhetischer Akt ist, und daß *Wahrheit und Güte nur in der Schönheit verschwistert sind* — der Philosoph muß ebensoviel ästhetische Kraft besitzen als der Dichter ... Die Philosophie des Geistes ist eine ästhetische Philosophie. Man kann in nichts geistreich sein ... ohne ästhetischen Sinn ... Die Poesie bekommt dadurch eine höhere Würde, sie wird am Ende wieder, was sie am Anfang war — *Lehrerin* der Menschheit ... Zu gleicher Zeit hören wir so oft, der großen Haufen müsse eine *sinnliche Religion* haben. Nicht nur der große Haufen, auch der Philosoph bedarf ihrer. Monotheismus der Vernunft und des Herzens, Polytheismus der Einbildungskraft und der Kunst, dies ist's, was wir bedürfen!"

Ich unterbreche an dieser Stelle kurz das Zitat aus dem von Franz Rosenzweig zutage geförderten Hegel-Manuskript, das höchstwahrscheinlich Schelling zum Urheber hat, um an ein Wort Goethes (er hat es mehrmals abgewandelt) zu erinnern, das ein Widerhall des zuletzt angeführten Satzes zu sein scheint. Das ist auch lebensgeschichtlich ohne weiteres möglich, denn etwa zwei Jahre nach Abfassung des „*Systemprogramms*" kam Schelling an die Universität Jena, wo er mit Goethe, der sein Mentor war, freundschaftlich verkehrte. Der Goethesche Aphorismus steht in den „Maximen und Reflexionen" und lautet: „*Wir sind naturforschend Pantheisten, dichtend Polytheisten, sittlich Monotheisten.*" In der frühromantischen Skizze, die Schellings Genius verrät, ist vom „Monotheismus der Vernunft und des Herzens" und vom „Polytheismus der Einbildungskraft und der Kunst" die Rede — nur der Pantheismus fehlt seltsamerweise, obwohl der junge Schelling, in weit höherem Maße als der alte Goethe, ein in der Nachfolge Giordano Brunos und Spinozas fort- und vordenkender Künder dieser „heimlichen Religion der Deutschen" (Friedrich Schleiermacher) war.

Das von Franz Rosenzweig erstmals vorgelegte „Systemprogramm" fährt fort:

„Zuerst werde ich hier von einer Idee sprechen, die, soviel ich weiß, noch in keines Menschen Sinn gekommen ist — wir müssen eine *neue Mythologie* haben, diese Mythologie aber muß im Dienste der Ideen stehen, sie muß eine *Mythologie der Vernunft* werden. Ehe wir die Ideen ästhetisch, d. h. mythologisch machen, haben sie für das *Volk* kein Interesse und umgekehrt ehe die Mythologie vernünftig ist, muß sich der *Philosoph* ihrer schämen ... Ein höherer Geist, vom Himmel gesandt, muß diese neue Religion unter uns stiften, sie wird das letzte, größte Werk der Menschheit sein."

In dieser Geisteswelt bewegt sich der junge Franz Rosenzweig: in der titanisch himmelstürmerischen Aufbruchstimmung des Deutschen Idealismus, der von einer „neuen Mythologie" träumt, die jedoch nicht perverser Selbstentmündigung im Zeichen irrationalistischer Geistfeindschaft dienen soll, sondern einer befreienden Versöhnung von Sinnlichkeit und Vernunft, von Religion und Ästhetik, von Güte und Weisheit in einem höheren Dritten. Rosenzweig liebt und verehrt vor allem Lessing, Goethe, Kant und Schelling. Von seinen Zeitgenossen schätzt er Heinrich Mann weit mehr als dessen Bruder Thomas Mann. Vor allem aber fühlt er sich zu dem Religionssoziologen, Wirtschaftshistoriker und Wissenschaftstheoretiker Max Weber hingezogen. Hegel hingegen lehnt er in zunehmendem Maße ab, obwohl ihm sein erstes großes Buch gewidmet ist, die aus seiner Dissertation hervorgegangene Monographie „Hegel und der Staat" (München 1920).

Als der Erste Weltkrieg ausbricht, meldet sich der knapp siebenundzwanzigjährige Gelehrte freiwillig an die Front, zuerst als Krankenpfleger, dann bei der Feldartillerie. Franz Rosenzweig kommt als Mitglied des deutschen Heeres in die verschiedensten Kampfgebiete: nach Belgien, Frankreich, Polen und auf den Balkan. Er wird mit dem Eisernen Kreuz und mit dem Verdienstkreuz des mit den Mittelmächten Deutschland und Österreich-Ungarn verbündeten Zaren von Bulgarien ausgezeichnet. Als einer von acht Millionen kämpft der deutsche Jude Franz Rosenzweig tapfer für die Sache des Deutschen Reiches. Als der Krieg zu Ende geht, Kaiser Wilhelm II. abdankt und Deutschland Republik wird, schreibt Franz Rosenzweig in einem Brief:

„Ich finde mich noch gar nicht zurecht. Ich habe ja zu Anfang des Kriegs meine Kühle bewahrt, aber jetzt greift es mir ans Herz. Ich habe eben 1914 nie an eine Niederlage geglaubt, immer nur höchstens an ein Hubertusburg, also ein Nichtsiegen ... Zu machen ist sicher nichts mehr, und das Heldentum der Franzosen, nach einem Sedan noch weiterzukämpfen, können wir uns wohl nach viereinviertel (und solchen) Jahren nicht mehr zumuten. Daß wir alles verlieren, was zu verlieren ist, ist sicher. Auch die Hohenzollern rechne ich als einen reinen Verlust . . . Was tue ich mit bedeutenden Scheidemännern? (eine Anspielung auf den, wie Rosenzweig, 1865 in Kassel geborenen sozialdemokratischen Politiker, der am 9. November 1918 die Republik ausgerufen hatte. G.-K. K.) Bedeutend bin ich selber. Ich will einen *König.*"

Rosenzweig ist, wie man sieht, von hohem Selbstbewußtsein erfüllt: „Bedeutend bin ich selber." Weil er um seinen geistigen Rang weiß, hat er es nicht nötig, sich dem politischen Zeitgeist und ideologischen Tendenzwenden anzudienen. Seiner Mutter schreibt er schon als Student:

„Ich habe schon gezeigt, daß ich arbeiten kann. Ich bin nicht wie so viele andre auf den Augenblick und auf seinen Erfolg angewiesen; ich kann warten; und wer sich das leisten kann, hat — meine ich — die Pflicht dazu — natürlich nur wenn sein Warten kein Sitzen, sondern ein Gehen ist."

„Es wird Kriege geben, wie es noch keine auf Erden gegeben hat", hatte bereits Nietzsche gesagt. Auch Franz Rosenzweig ahnt bereits früh, daß das zwanzigste Jahrhundert ein kriegerisches Säkulum sein werde: das Zeitalter globaler — nicht bloß nationaler — bewaffneter Zusammenstöße, die eine Mutation des traditionellen Krieges darstellen: „Wir stehen nicht vor einem Krieg, sondern vor einer Epoche von Kriegen, und europäisch gesehn sind wir sogar schon drin." Der „künftige Weltkrieg" werde eine „neue organisatorische Form" haben, und eben deshalb „wird er nicht mit einem Chock beendigt sein, sondern mindestens zwei, wahrscheinlich drei Kriege enthalten." Diese Sätze stehen schon 1912 in einem Brief an Hans Ehrenberg. Auch sonst finden sich in Franz Rosenzweigs Schriften und Briefen erstaunliche politisch-metapolitische Aussagen, die ganz und gar nicht zu dem mit meist negativen Vorurteilen behafteten Zerrbild eines jüdischen Intellektuellen passen. Karl Thieme hat darauf besonders aufmerksam gemacht. Derselbe Mann, der auch einen unter „sozialer" Flagge segelnden Konservatismus als „unsittlich" verurteilt, äußert sich nicht minder kritisch über einen utopisch-revolutionären Progressismus. Das ist bemerkenswert angesichts der sowohl von Juden wie Nichtjuden, Philosemiten wie Antisemiten seit langem hervorgehobenen Tatsache, daß viele der namhaftesten Führer und Ideologen des modernen Sozialismus und Kommunismus jüdischer Herkunft waren: Karl Marx und Moses Heß, Ferdinand Lassalle und Rosa Luxemburg, Eduard Bernstein und Max Adler, Leo Trotzki und Julius Martow, Otto Bauer und Georg Lukács, Abram Moisejewitsch Deborin und Herbert Marcuse, Rudolf Hilferding und Ernst Bloch, um nur diese zu nennen. Um so auffälliger ist Franz Rosenzweigs betont revolutionskritische Haltung, seine unbeirrbare Absage an sozialutopische Weltveränderungsdoktrinen. Im dritten Band des „Sterns der Erlösung" steht der kennzeichnende Satz:

„Alle Tyrannen des Himmelreichs, statt das Kommen des Reichs zu beschleunigen, verzögern es eher, indem sie ihr Nächstes ungeliebt lassen und nach dem Übernächsten langen."

Bereits der Dreiundzwanzigjährige hatte geschrieben:

„Wir wollen nicht revolutionieren, sondern nur den Schritt tun, der heute grade an der Zeit ist..."

Und vier Jahre später:

„Ich habe längst gelernt, daß man bei allem Geforderten weniger leistet als beim Ungeforderten. Denn alles Fordern möchte das Ende vor den Anfang haben. Und die ganze Kunst des Lebens steckt wohl darin, in jedem Augenblick immer das Nächste, immer nur den Anfang zu wollen und das Ende — Gott befohlen sein zu lassen (im redensartlichen und im ernsthaften Sinn der Redensart)... Das rächt sich *immer*, wenn man sich das Nächste, was vor einem steht, zum bloßen Mittel für das, was nachher kommen soll, erniedrigt. Man muß das Nächste tun, als gäbe es weiter gar nichts. Schon das Übernächste gehört uns nicht mehr an... In unsern ‚Erwartungen' betrügen wir uns immer. Hoffen mögen wir allenfalls. Aber weder erwarten noch fürchten."

Franz Rosenzweig hat das dräuende Verhängnis, das auf Europa zukam, mit einer von militaristischer Verherrlichung wie von pazifistischer Panik gleich weit entfernten Gefaßtheit vorhergesehen. Im Ersten Weltkrieg fand er endgültig zu den verschüttet gewesenen Quellen des Judentums zurück. Er will überlieferungstreuer Jude sein *und* zugleich ein besserer Deutscher als so viele andere seiner Stammesgenossen, die, ihren eigenen Traditionen unheilbar entfremdet, sich kritiklos willfährig dem deutschnational-liberal-progressiven Zeitgeist anpassen. Der einunddreißigjährige Frontsoldat schließt einen Brief an eine deutsch-jüdische Dame mit den bekenntnishaften Worten:

„... Ihr Franz Rosenzweig, Deutscher *und* Jude, und nun allerdings nach freier Wahl und Entscheidung mit dem *Schwergewicht* (mag auch die *Masse* noch auf dem Ersten ruhen), mit dem Ton des persönlichen Willens auf dem *Zweiten*... "

Diese Wende fand ihre monumentale philosophisch-theologische Bezeugung in einem dreiteiligen Buch, das zu den bedeutendsten Hervorbringungen europäischen Existenzdenkens gehört: *„Der Stern der Erlösung"*. Es ist zum größten Teil in den Schützengräben des Weltkrieges verfaßt worden und 1921 erschienen. Dieses Buch bezeichnet die Rückkehr Franz Rosenzweigs vom Gott der Philosophen des Deutschen Idealismus zum Gott Abrahams, Isaaks und Jakobs. Der deutsche Jude Franz Rosenzweig erteilt allen eine Absage, die von einem „neuen Mythos" träumen; er wird zum Hörer des Wortes Gottes, das die Patriarchen, Propheten und Psalmisten seines Volkes überliefert haben. Gott ist für Rosenzweig keine metaphysische Abstraktion, moralische Forderung oder kosmologische Hypothese. Weder gleicht er dem unbewegten Beweger oder dem sich denkenden Denken des Aristoteles noch dem „Absoluten" Hegels. Es ist der Gott, der spricht: „Es ist nicht gut, daß der Mensch allein sei." Es ist der Gott, der in der Kühle des Abends Adam anredet: „Wo bist du?" Es ist der Gott, zu dem sein Volk beten kann und der seinem Volke die dereinstige Erlösung verheißen hat. Es ist der Gott, der sich als des Menschen unausdenkliches *Du* erweist. Es ist der Gott, der den *Menschen* braucht. Gott *braucht* den Menschen, um sich ihm zu offenbaren, nachdem er ihn einmal erschaffen hat. Er hat ihn erschaffen durch sein *Wort:* indem er ihn heraufrief, anrief und beim Namen nannte. Der biblische Gott — *Jahwe* — ist kein in seliger Autarkie narzißtisch sich selbst feierndes Himmelswesen, sondern ein in höchstem Maße dialogischer Gott, der sich mitteilt und mit dem „auserwählten Volk" einen „Bund" abschließt: die *berit* (so der hebräische Ausdruck für Bund) mit Israel.

Gott spricht. Er spricht den Menschen an, ja er bringt ihn hervor, indem er ihn nennt, sich mit ihm unterredet und ihm seine Satzungen verkündet. Das Wort Hölderlins

Viel hat von Morgen an,
Seit ein Gespräch wir sind und hören voneinander,
Erfahren der Mensch

hat eine biblische Tiefendimension, die Franz Rosenzweig im „Stern der Erlösung" so umschreibt:

„Und die Sprache ist wahrhaftig die Morgengabe des Schöpfers an die Menschheit und doch zugleich das gemeinsamte Gut der Menschenkinder, an dem jedes seinen besonderen Anteil hat, und endlich das Siegel der Menschheit im Menschen. Sie ist ganz von Anfang. Der Mensch wurde zum Menschen, als er sprach; und doch gibt es bis auf diesen Tag noch keine Sprache der Menschheit, sondern die wird erst am Ende sein."

Gleichzeitig mit einigen anderen jüdischen wie nichtjüdischen Denkern — dem Österreicher Ferdinand Ebner (1882-1931), dem Franzosen Gabriel Marcel (1889-1973), dem zum Christentum übergetretenen deutschen Juden Eugen Rosenstock-Huessy (1888-1973) und dem in Wien geborenen Juden Martin Buber (1878-1965) — wird Franz Rosenzweig, „Deutscher *und* Jude", durch seine Hinwendung zur Bibel zum Entdecker und Bedenker des *Du.* Man darf im Hinblick darauf getrost von einer „kopernikanischen Wende" der philosophischen Anthropologie sprechen. Der Solipsismus — der theoretische Ausgang vom subjektiven und vermeintlich autonomen Ich als dem allein Seienden — ist damit überwunden. Max Scheler wird die Quintessenz des neuen Denkens in dem elementaren Satz zusammenfassen: „Die ‚Du-heit' ist die fundamentalste Existenzkategorie des menschlichen Denkens." Die Wirklichkeit des Du ist der des Ich vorgegeben, sie hat einen ontologisch höheren Rang und für den unverbildeten (im besten Sinne des Wortes „naiven")

Menschen erkenntnistheoretisch eine höhere Evidenz als das eigene einsame Ich. Auch der teuflischste Egoist, der alles für sich selbst will und sein gieriges Ich für den Mittelpunkt des Weltalls hält, ist, sofern nicht völlig wahnsinnig, in der Praxis des Lebens gezwungen, die Wirklichkeit des „anderen Ich" — und damit des Du — anzuerkennen.

Der ganze „Stern der Erlösung" ist eine weitgespannte und versonnene Auslegung dessen, was Rosenzweig in einem Brief knapp formuliert hat:

„. . .das eigentlichste Wunder, das meine ich, entsteht gar nicht im Ich, sondern . . . *mein Ich entsteht im Du.* Mit dem Du-sagen begreife ich, daß der Andere kein ‚Ding' ist, sondern ‚wie ich'. Weil aber demnach ein *Anderer* sein kann wie ich, so hört das Ich auf, das einmalige ‚Transzendentale' ante omnia festa zu sein und wird *ein* Ich, *mein* Ich und *doch* kein Es. Mit dem ersten Du ist die Schöpfung des Menschen fertig . . ."

Wenngleich auch einige seit langem wenig gelesene deutsche Denker, insbesondere J. G. Hamann, F. H. Jacobi, Friedrich Schlegel, L. Feuerbach und Immanuel Hermann Fichte (der Sohn des bekannteren Johann Gottlieb Fichte), zu den Wegbereitern dieser Wendung gehören, so bedurfte es offenbar des Weltkrieges, um die göttlich-menschliche Wirklichkeit der Ich-Du-Thematik voll in den Blick zu rücken. Unabhängig von Martin Buber, mit dem er später befreundet war, gelangte Franz Rosenzweig in den Schützengräben der Balkanfront zu einer Lebenshaltung, die von der Erfahrung der konkreten menschlichen Existenz ausgeht und in der *Sprache* die wesentlichste Form des Verhältnisses zwischen Gott, Mensch und Welt gewahrt. Im „Stern der Erlösung" beschwört er das zum *Wir* sich erhebende Ich-Du-Verhältnis angesichts des dialogischen Gottes, der sein Volk anspricht und sich ihm mitteilt:

„Es gibt kein Warten, kein Sich-Verkriechen hinter die Geschichte. Der einzelne wird unmittelbar gerichtet. Es steht in der Gemeinde. Er sagt ‚Wir' . . . Im gemeinsamen Hören wurde die Vorbedingung des gemeinsamen Lebens geschaffen. Die Gemeinschaft wurde bei einem gemeinsamen Namen gerufen, und indem sie auf ihn hörte, war sie da. Nun konnte sie sich gemeinsam an den Tisch des Lebens setzen. Aber das gemeinsame Mahl vereinte die Gemeinschaft immer nur zu den Stunden, wo es eingenommen wurde. Und es vereinigte immer nur die Gemeinschaft, die es vereinigte. Zum Mahl kommen immer nur die Geladenen. Dem Wort kann folgen, wer es hört. Zum Mahl nur kommen, wer geladen ist — eben wer das Wort gehört hat..."

Auch der „Stern der Erlösung" ist eine Einladung zu einem Mahl, die — obwohl bald siebzig Jahre nach seinem ersten Erscheinen — bislang nur ganz wenige gehört haben. Anders als Ernst Blochs „Prinzip Hoffnung" ist das Hauptwerk dieses jüdisch-deutschen Denkers niemals populär gewesen. Der Berliner Essayist und langjährige Alleinherausgeber der „Neuen Deutschen Hefte", Joachim Günther, stellt zu Recht fest: „Franz Rosenzweig ist bei uns noch immer ein Geheimtip. In Deutschland ist er so gut wie vergessen, wenn nicht selbst das schon zuviel gesagt ist, weil ‚vergessen' ein vorangegangenes Bekanntsein voraussetzt." Was Gershom Scholem 1931 — zehn Jahre nach Erscheinen des „Stern der Erlösung" — gesagt hat, ist immer noch gültig: das Werk gehöre „zu jener Gattung sonderbarer Bücher, deren Bedeutung vom Moment des Erscheinens an zwar durchaus unumstritten war, von dem eine heilende und synthetische Macht still aber spürbar ausging, die jedoch auf eine geheimnisvolle Weise die Auseinandersetzung mit ihren fundamentalsten Gehalten zugleich zu provozieren und unmöglich zu machen schienen."

Die wenigen Leser, die Rosenzweig gefunden hat, kennen einander fast alle persönlich, sofern sie noch leben. Sie bilden, Juden wie Nichtjuden umfassend, eine Art von unsichtbarer Loge, beinahe einen Geheimbund, einen solchen freilich, von dem kaum etwas zu befürchten ist. Beim gemeinsamen Lesen von Büchern kann sich auch Zuneigung der Lesenden füreinander einstellen. Nicht immer muß die Lektüre so tragische Folgen zeitigen wie bei Paolo Malatesta und Francesca da Rimini, die gewaltsamer Tod hinwegraffte: „An diesem Tage lasen wir nicht weiter" (Dante: Divina Commedia, Inferno 5, 138). Was mich betrifft, so sind mir die überaus seltenen Rosenzweig-Leser, denen ich begegnen durfte, durchweg sympathisch gewesen. Unter den drei oder vier, die ich kenne, steckt kein einziger Schulphilosoph. Einer von ihnen ist der nach Israel ausgewanderte Politikwissenschaftler Julius Izhak Löwenstein, der 1925 in Heidelberg bei Karl Jaspers und Edgar Salin promoviert hat; ein anderer der in Luzern lebende Rechtsanwalt Rudolf Zihlmann.

Dem Neugierigen, der noch überhaupt nichts von Franz Rosenzweig kennt, aber sich scheut, den umfangreichen „Stern der Erlösung" als Einstieg zu wählen, kann ich „Das Büchlein vom gesunden und kranken Menschenverstand", bereits 1921 geschrieben, aber erst postum 1964 erschienen (Neuausgabe 1984) als erste Lektüre empfehlen. Es ist ein Versuch, die Grundgedanken des Hauptwerks in vereinfachter Form darzulegen.

Erstaunlicher als der auf den ersten Blick ein wenig biedermeierlich klingende Titel ist die schriftstellerische Form des Büchleins. Rosenzweig schreibt je ein doppeltes Vorwort und Nachwort: „An den Kenner" und „An den Leser". Den ersten wehrt er ironisch ab; dem zweiten macht er Mut. Der Haupttext ist in zehn Kapitel gegliedert, die bewußt an ein Krankheitsgeschehen und dessen Heilung erinnern. Sie haben Überschriften wie „Der Anfall", „Diagnose", „Die Kur". Am Schluß wird der Patient „zurück in den Beruf" entlassen.

Nach Rosenzweig sind wir alle Patienten, soweit wir den Verstand gebrauchende, vielmehr mißbrauchende und im üblichen Sinne „philosophierende" Menschen sind. Unter Philosophieren versteht er das vom Leben abgehobene, im schlechten Sinne des Wortes „idealistische" Spekulieren in Begriffen und Abstraktionen.

Heilung sei nur möglich, wenn der Leser dazu gelange, drei fundamentale „Vorgegebenheiten" vor allem Denken zu akzeptieren. Diese Vorgegebenheiten sind: *Welt*, *Mensch* und *Gott*. Diese drei „Urgebirge" sieht der kranke Menschenverstand nicht mehr. Erst wenn sie aus dem Nebel hervortreten, könne man auf einen Gesundungsprozeß hoffen. Die Therapie ist gleichsam eine geistige Naturheilkunde, die sich grundsätzlich von der akademischen Philosophie mit ihren Medikamenten „Kritizin" und „Mystikol" unterscheidet. Das alles klingt ein wenig verspielt, mag von Ferne an die humoristischen Schriften Gustav Theodor Fechners erinnern, ist jedoch völlig ernst gemeint.

Auch in Rosenzweigs „Stern der Erlösung" spielt dieselbe „Dreifaltigkeit" von Welt-Mensch-Gott — nur dort in der Reihenfolge ihrer „Größenordnung" — eine zentrale Rolle. Was geschieht, wenn die „Welt" aus dem Fluß der Wirklichkeit herausgehoben wird? Rosenzweig: „Die Welt ist Etwas — das heißt, sie ist nicht Nichts, sie ist aber auch nicht Alles, sondern es gibt noch anderes." Wir sprechen von „Weltanschauung", doch tatsächlich begegnen uns immer nur „Weltteile". Jenes andere, das der Welt äußerlich anhängt und beweist, daß die Welt nicht „Alles" sei, ist nach Rosenzweig sowohl der Mensch als auch Gott.

Wie kommt aber der Mensch dazu, der doch unbestreitbar auch „Weltteil" oder „Weltbürger" ist, einen Unterschied zwischen sich und der Welt zu behaupten? Die traditionelle Antwort der idealistischen Philosophie lautet, daß dieser Unterschied im menschlichen „ich denke" bestehe. Eben diese Antwort bekämpft Rosenzweig leidenschaftlich. Sein Ansatz ist nicht das Denken, sondern die Sprache. Die Sprache aber ist nicht ein Teil der Welt, sondern „das Siegel des Menschen". Das Wort gibt der Welt und ihren Dingen die Namen. Wo ein Wort erklungen ist, hat der Mensch das Zeichen seiner Anwesenheit gesetzt. Das Wort *bezeichnet* die Welt, es ist jedoch *nicht ein Teil der Welt.*

Wie aber gelangt Rosenzweig zu Gott? Nachdem er die Weltunabhängigkeit des Wortes und damit des Menschen abgeleitet hat, fragt er, ob die Sprache nur menschlichen Ursprungs sein könne. Um diese Frage negativ zu entscheiden, greift Rosenzweig auf alle Argumente der von Pascal bis zu Kierkegaard reichenden Denkrichtung zurück, welche die Nichtigkeit, Verworrenheit und Wesenlosigkeit des bloßen Menschenwortes betont: „Das Wort des Menschen allein tut's freilich nicht, wenn nicht zum Wort des Menschen, dem stets mit jedem neuen Munde wieder ersten Wort das stets und vom ersten Augenblick an letzte Wort käme, das Wort Gottes." Als gedankliches Zwischenglied von beiderlei Wort dient ihm der Name und in dem Namen wieder die Anrede, der persönliche Zuspruch oder Anruf.

Rosenzweig kennzeichnet den hier nur sehr verkürzt wiedergegebenen Gedankengang mit einem kavalleristischen Vergleich als einen „Sprunggarten des Denkens". Insofern kann man auch Rosenzweig zu den existenzphilosophischen Denkern unseres Jahrhunderts zählen. Was ihn von diesen jedoch unterscheidet, ist sein Humor, das Fehlen jenes typisch „existenzialistischen" Trübsinns, der bis weit in die fünfziger Jahre hinein von so vielen Kathedern doziert wurde, bis er von der sinistren Verdrossenheit des neudeutschen Seminar-Spätmarxismus abgelöst wurde. Der gesunde Menschenverstand, so wie Rosenzweig ihn versteht, benützt keine vorgefaßten Begriffe und bewegt sich auf keine vorbestimmten Ziele zu. Auch Gott ist für ihn, wie er während der Arbeit am „Büchlein" seiner Mutter schrieb, keine Gegebenheit vor aller Erfahrung. Es käme gar nicht darauf an, „ob man an den ‚lieben Gott' glaubt, sondern nur, ob man seine fünf Sinne aufschließt und die Tatsachen sieht — auf die Gefahr hin, daß sogar der liebe Gott darunter vorkommt..."

Im ersten Teil des „Büchleins" ist bildlich von der Lähmung des Verstandes die Rede. Nur wenige Wochen nach dem Abschluß dieser Schrift ergriff den Autor selber dann eine höchst unmetaphorische körperlich-nervliche Lähmung, die ihn in sieben Jahren zu völliger Bewegungsunfähigkeit, zum Verstummen und schließlich zum Tode am 9. Dezember 1929 führte. Er starb in Frankfurt am Main, ohne das dreiundvierzigste Lebensjahr vollendet zu haben. Seine letzten Schriften hatte er bloß durch tonlose Bewegungen der Lippen und Mienen seiner Frau Edith und dem Freund Eugen Rosenstock-Huessy „diktiert". Freunde wie Martin Buber und Lambert Schneider bezeugen, daß Rosenzweig seine Krankheit wie ein Held bestanden hat. Das Leiden und die Art, wie er es ertrug, wurden zu einer existentiellen Bürgschaft für sein Denken. Derlei kann man nur von sehr, sehr wenigen Gestalten der Philosophiegeschichte sagen.

Die Stunde ist gekommen, das Lebenswerk dieses überragenden jüdischen Denkers deutscher Zunge endlich zu entdecken und das briefliche Bekenntnis Rosenzweigs zu verifizieren, er glaube, sein Entschluß, als Jude zu leben, habe aus ihm „keinen schlechteren, sondern einen besseren Deutschen gemacht. Unsere Arbeit wird uns von Deutschland höchstens postum honoriert, aber darum tun wir sie doch, solange wir sie in Deutschland tun, für Deutschland."

Zu dieser „Arbeit für Deutschland" gehört nicht zuletzt auch seine Übersetzung des Alten Testaments, die, als er starb, bis zum dreiundfünfzigsten Kapitel des Propheten Jesaja gediehen war, also bis zu jenem Abschnitt von dem Leiden des Gottesknechtes, die Jesus beim letzten Abendmahl auf sich selbst bezogen hat. Erst 1961 — vier Jahre vor seinem eigenen Tode — konnte Martin Buber diese Bibelübertragung vollenden. Als Gott die Welt schuf, wie sah es da auf Erden aus? Luther übersetzt den zweiten Vers des ersten Kapitels des Buches Genesis so: „Und es war finster auf der Tiefe; und der Geist Gottes schwebte auf dem Wasser." Rosenzweigs Eindeutschung ist von expressionistischer Wortgewalt:

Finsternis allüber Ab-Grund;
Braus Gottes brütend allüber den Wassern.

So konnte nur einer übersetzen, der glücklich war, in zwei „geliebten Sprachen" — der deutschen und der hebräischen — beständig leben zu dürfen: der deutsche Jude Franz Rosenzweig, der einmal hochgemut die Erwartung aussprach:

„Der ‚Stern' wird wohl einmal und mit Recht als ein Geschenk, das der deutsche Geist seiner jüdischen Enklave verdankt, angesehen werden."

Er meinte damit nicht eine bestimmte neudeutsche Illustrierte, sondern sein Buch „Der Stern der Erlösung".

(1987)

E. M. Cioran

Ein rumänischer Nietzsche im Pariser Exil

Der Rumäne E. M. Cioran, geboren am 8. April 1911 in Siebenbürgen (das damals zur ungarischen Hälfte der Habsburgermonarchie gehörte), seit fünf Jahrzehnten im sechsten Arrondissement von Paris, nahe der Place de l'Odéon, als Einsiedler lebend, ist der einzige ebenbürtige Nachfahre Nietzsches in unserer Zeit. Wie Nietzsche der Sohn eines protestantischen Pastors war, so entstammt Cioran einer orthodoxen Priesterfamilie. Steht hinter jenem die Gestalt Luthers, so wurzelt dieser in der Welt von Byzanz, der griechischen Kirchenväter und der spätantiken Gnosis. Wie Nietzsche ist auch Cioran ein furioser Kritiker sowohl des biblisch fundierten Christentums als auch seiner säkularisierten Ableger: des Fortschrittsglaubens, des Utopismus und sämtlicher heilsgeschichtlichen Erlösungslehren. Er kritisierte all dies schon vor Jahrzehnten, lange bevor das Gerede vom möglichen Untergang der Erde, vom Ende der Emanzipation und von der Sinnkrise zur Mode geworden war. Er tat es überwiegend in Aphorismen, gelegentlich auch in Essays, bisweilen auch in ganz knappen Aperçus und lapidaren Sentenzen. Sie sind gesammelt in durchweg schmalen Bänden mit suggestiven Titeln wie: „Lehre vom Zerfall", „Syllogismen der Bitterkeit", „Dasein als Versuchung", „Der Absturz in die Zeit", „Vom Nachteil, geboren zu sein", „Die verfehlte Schöpfung", „Gevierteilt" und „Der zersplitterte Fluch".

Diese Bücher erweisen Cioran als einen leidenschaftlichen, ja extremen Denker. Alles, was er sagt, verdankt sich Augenblicken der Erregung, der Unausgeglichenheit, ja des Paroxysmus. Obwohl in der gesamten Geistesgeschichte bewandert und ein eifriger Leser, vibriert jeder Satz vom Pathos eigenen Erlebens: „Man sollte nur Bücher schreiben, um Dinge zu sagen, die man niemandem anzuvertrauen wagt." Sein Stil ist polemisch, herausfordernd, bisweilen die Grenze zum Skandalösen und Blasphemischen überschreitend. Doch zugleich sagt er das Schockierende so feingeschliffen, formvollendet, in meisterlich gefügten Sätzen, mit einem ausgesprochenen Sinn für rhetorische Eleganz und rhythmische Finessen. Radikalität des Fragens, provozierende Streitbarkeit, Lust am Paradoxen verbindet sich mit literarischer Brillanz, die sich mit jener der französischen Moralisten und Nietzsches messen kann. Eine eigentümliche hypnotische Wirkung geht von diesen Schriften aus. Cioran überzeugt weniger durch Argument als durch eine gewisse unnachahmliche Gebärde, eine bestimmte Aura des Stils, die Raffinesse seiner funkelnden Prosa. In einem Satz sagt er mehr als andere in dicken Wälzern.

Ohne Zweifel: Cioran ist ein Philosoph; aber man darf dabei nicht an einen Philosophieprofessor denken. Weder ist er ein Systembauer von der Art der Spinoza, Kant oder Hegel, noch begnügt er sich mit bloßer Sprachanalyse. Er gehört zu den Außenseitern, ist ein Verwandter von Gestalten wie Pascal, Kierkegaard, Leo Schestow und — noch einmal! — Nietzsche. Mit ihnen verbindet ihn seine Exzentrik, seine Neigung zum Unbedingten, zum Paradoxen. Alles, was katastrophal und kaputt ist, zieht ihn an: „Das wahre, einzige Pech: das Licht der Welt zu erblicken." In immer neuen Ansätzen umkreist dieser Spezialist für Untergänge das Fiasko unseres Geborenseins: „Nicht geboren zu sein. Schon der Gedanke daran — welches Glück, welche Freiheit, welche Weite!" Das größte Unglück, das wahre Übel liegt nicht vor uns, sondern hinter uns: der Skandal der Geburt. Der Fluch, vom Rande Europas nach Paris verschlagen worden zu sein und alle Hauptwerke in einer fremden Sprache verfaßt zu haben, erscheint in dieser Sicht bloß als Chiffre einer tieferen Entfremdung und Absurdität: „Mensch zu sein, ist weniger natürlich als zu sein schlechthin." Sogar der Teufel stellt für uns eine empfehlenswertere Zuflucht dar als unsere Mitmenschen. Mit feinschmeckerischer Wollust widmet sich E. M. Cioran der für ihn unwiderleglichen Tatsache, daß der Mensch ein Bankrotteur von Anbeginn ist, ein Reinfall des Kosmos,eine metaphysische Pleite. Religionen, Ideologien, Utopien sind nichts als Versuche, diese condition humaine illusorisch zu verschleiern. Nur einige wenige Ausnahmen läßt er gelten: Laotse, den Stoiker Mark Aurel und vor allem Buddha. Sie kann er nicht genug preisen, um dann doch wieder zu bekennen, daß er ihnen nicht folgen könne: „Die größte Leistung meines Lebens besteht darin, noch am Leben zu sein. Ich kämpfe nicht mit der Welt, ich kämpfe mit einer viel größeren Macht: mit meiner Weltmüdigkeit.". Er vergleicht sich einmal einem Anarchisten, der ein Attentat vorbereitet, dann aber unterwegs anhält, um das Alte Testament oder einen Ketzer um Rat zu fragen: „Man lebt nur dadurch, daß man sich weigert, von seinem Leiden erlöst zu werden."

Man könnte meinen, daß ein Autor, der wie besessen über den Schiffbruch des Daseins meditiert — „Sein heißt in der Klemme sein" — und das Prinzip Nicht-Hoffnung verherrlicht, ein griesgrämiges und sauertöpfisches Monster sein müsse. Doch das ist Cioran ganz und gar nicht. Obwohl Pessimist, geht von seinem Denken eine undefinierbare Heiterkeit aus, die sich in unzähligen Bonmots niederschlägt: „Schlaflosigkeit ist die einzige Form von Heldentum, die mit dem Bett vereinbar ist." Oder: „Es tut wohl zu denken, daß man sich töten kann. Kein Thema ist beruhigender: sobald man sich ihm nähert, atmet man auf." Der Skeptiker erweist sich zugleich als Mystiker: „Diese Spur von Licht in jedem von uns, die von jenseits unserer Geburt herrührt, sie gilt es zu bewahren, wenn wir uns mit jener fernen Klarheit wieder verbinden wollen, von der wir nie wissen werden, warum wir von ihr getrennt wurden."

E. M. Cioran ist ein in die Ewigkeit verliebter Humorist, ein lächelnder Melancholiker, der sich auf die liebenswürdige Kunst versteht, auch noch die traurigsten Dinge auf charmante Weise auszusprechen. Dieser bisweilen als „Nihilist" verkannte Außenseiter und Einzelgänger ist eine moderne Diogenes-Gestalt. Er verkörpert, auch wenn er närrisch zu sein scheint, den Typus des antiken Weisen, der frei ist, weil er die Wonnen der Einsamkeit und Bedürfnislosigkeit entdeckt hat. Was die Mächtigen, die

Funktionäre, die Betriebsamen und Lehrstuhlinhaber entbehren, steht ihm reichlich zur Verfügung: er hat Zeit, weil er nicht mit der Zeit gegangen ist. Er vollendete am 8. April 1986 sein 75. Lebensjahr.

(1986)

Nicolás Gómez Dávila

Wenn Systeme vergehen, überdauern Aphorismen
Eine christliche Kathedrale über heidnischen Krypten

Nicolás Gómez Dávila ist zwar Kolumbianer, doch nach Geistesart und Haltung ein Alteuropäer von Schrot und Korn. Obwohl er schon fünf Bücher veröffentlicht hat, gehört er zu den Unbekannten der iberoamerikanischen Literatur. Kein Lexikon, keine Darstellung zeitgenössischen Denkens erwähnt seinen Namen. Über sein Leben ist kaum etwas bekannt. Es gibt keine Anekdoten, keine Histörchen oder Skandale. Gómez Dávila hütet seine private Existenz wie eine vom Massentourismus noch unentdeckte tropische Insel. Alles, was von seinem Leben bekannt ist, läßt sich in zwei oder drei Sätzen zusammenfassen.

Don Nicolás lebt in völliger Zurückgezogenheit und Vereinsamung in Bogotá: ein Autor im Abseits, ein Eremit, aber auch das Monument einer „splendid isolation", fern von allen Parteien, Cliquen und Fraktionszwängen. Er ist ein gegen das Zweite Vatikanische Konzil und die modernistische Theologie geistreich fechtender Katholik, der sich an den selbstverfaßten Wahlspruch hält: „An Gott glauben, auf Christus vertrauen und — mit Argwohn schauen!" In der authentischen Kirche sieht er „die letzte Schöpfung des römischen Patriziats". Keineswegs löse der Katholizismus alle Probleme, „aber er ist die einzige Doktrin, die alle aufwirft". Er lehre, „was der Mensch glauben möchte und nicht zu glauben wagt". Goméz Dávila sagt: „Eher als ein Christ bin ich vielleicht ein Heide, der an Christus glaubt." Sinngemäß setzt er dem zum geflügelten Wort gewordenen Ausspruch des Apologeten Tertullian die anthropologische These entgegen: *Anima naturaliter pagana,* die Seele ist von Natur aus heidnisch. Der gläubigste Katholik sei nichts als „ein bezwungener Ungläubiger", „der die Kathedrale seiner Seele über heidnischen Krypten errichtet". Ruhe findet er erst dann, wenn es ihm gelungen ist, den Chor der alten Götter und Heroen um Christus zu gruppieren.

Aus dieser Grundhaltung eines die Antike einbeziehenden und der klassischen Philosophie verpflichteten Traditionalismus folgen wie von selbst die Verdikte gegen einen weitverbreiteten Typus „zeitgeistlichen" Priester- und Theologentums: „Der fortschrittliche Kleriker endet in revolutionären Zeiten als Toter, aber nicht als Märtyrer." — „Wer einen Ritus reformiert, verletzt einen Gott." — „Die Türme der Kirche von heute hat der progressive Klerus nicht mit dem Kreuz, dafür mit der Wetterfahne geziert." — „Auf das Zweite Vatikanische Konzil sind nicht Feuerzungen herabgekommen, sondern ein *Feuerbach.*" — „In der Absicht, der modernen Welt die Arme zu öffnen, öffnet die Kirche ihr die Beine."

Das ist deutlich genug. Dennoch ist Gómez Dávila, der den „Respekt vor allen Religionen" für wesentlich irreligiös hält, das Gegenteil eines verbitterten finsteren Fanatikers. Mit einer hochgemuten Gelassenheit, die den meisten deutschen Pfarrern abhanden gekommen ist, bekennt er: „Der Katholik, den das Los der Kirche mit Besorgnis erfüllt, hat aufgehört, Katholik zu sein." Und an anderer Stelle: „Der Christ hat in einer Katastrophe nichts zu verlieren."

Wer in diesem Tonfall über die Kirche spricht, macht auch vor der Demokratie und ihren Götzen keinen Kotau. Alles, was Nietzsche, Spengler, Ortega y Gasset, Pareto, Sorel, Michels und einige andere Kritiker der demokratischen Ideologie vorgebracht haben, findet sich in geballter Dichte und mit boshaftem Funkeln auch bei dem Kolumbianer Gómez Dávila. Er ist Hierarchist in einem metapolitischen Sinne. Er scheut sich nicht, ohne Wenn und Aber die Würde des Reaktionärs zu lobpreisen. Dem Abendland fühlt er sich verbunden, nicht aber der nordamerikanischen Welt, deren Ideen ein Coca-Cola-Geschmack anhafte. Mit dem Geist Alteuropas besser vertraut als unzählige deutsche Intellektuelle, schätzt Don Nicolás die Werke Montaignes, Chateaubriands, Baudelaires und Rousseaus, in dem er den „ersten Konterrevolutionär" erblickt. Unter den deutschsprachigen Autoren bewundert er Hamann, Winckelmann und Jacob Burckhardt.

In literarischer Hinsicht hat Gómez Dávila nur den einen Ehrgeiz: „ein dichtes konzentriertes Werk" zu hinterlassen. Es liegt vor in einer Reihe von essayistischen Beiträgen zu einer iberoamerikanischen Zeitschrift, die inzwischen eingegangen zu sein scheint, und in fünf Büchern, die insgesamt 1 500 Seiten umfassen. Überwiegend aphoristisch abgefaßt, handeln sie von Gott und Welt, Zeit und Ewigkeit, Mensch und Politik, Kirche und Staat, Philosophie und Dichtung, Glaube und Skepsis, Erotik und Tod. In einem einzigen geschliffenen Satz sagt dieser stolze, kluge und manchmal überaus mokante Denker oft mehr als andere in dicken Büchern. Die Systeme werden vergessen, sofern sie sich nicht zu einem Aperçu kondensieren. Gómez Dávila ist ein Systematiker, der die Totalität des Weltalls aphoristisch zur Sprache bringt. Das Ganze wird nicht dialektisch traktiert, sondern in monadischen Perlen zum Leuchten gebracht.

Gómez Dávila ist ein antimodernistischer Einzelgänger und Außenseiter auch in seiner eigenen Heimat, ein Partisan und Frondeur inmitten von Abtrünnigen, Angepaßten und Umgefallenen. Die Paradoxie seiner verborgenen Existenz beleuchten schlagartig die beiden Aphorismen: „Nicht emigrieren sollen wir, sondern konspirieren" und „Der Kampf gegen die moderne Welt muß in Einsamkeit geführt werden. Wo zwei sind, ist Verrat." Von einer Universität träumend, in der bereits die bloße Erwähnung eines „aktuellen Problems" verboten wäre, liegt ihm nichts am Beifall des Tages. Er verabscheut ihn wie Fliegendreck. Er sieht sich in der Rolle eines „Wächters des Erbes", ohne deshalb ein Konservativer im banalen Sinn des Wortes zu sein, da er, anders als dieser, auch das „Erbe des Revolutionärs" zu hüten trachtet.

Bislang war keine Zeile dieses von ferne an Pascal, aber auch an Rivarol, Joubert, Ernst Jünger sowie Chiara Davanzati erinnernden und dennoch ganz unverwechselbar eigenständigen Kolumbianers ins Deutsche übersetzt. Inzwischen hat der junge, aber sehr rührige, der kleine, aber sehr anspruchsvolle Karolinger Verlag in Wien, der schon durch manche deutsche Ausgaben französischer und russischer Autoren aufgefallen ist, eine erste Auswahl aus Gómez Dávilas Schriften unter dem Titel *„Einsamkeiten"* herausgebracht. Die Auswahl und Übertragung besorgte Günther Rudolf Sigl. Franz Niedermayer, der Romanist, dem wir schon etliche Juwelen spanisch-iberoamerikanischer Literatur in deutscher Fassung verdanken, hat zu der Anthologie des singulären Aphoristikers ein gründliches und temperamentvolles Nachwort beigesteuert. Er weist darin auf Don Nicolás' geistige Verwandtschaft mit Ortega y Gasset, José Vasconcelos, Jorge Luis Borges und anderen Denkern hin, um dennoch zu dem Schluß zu gelangen, daß er von ausgesonderter Einzigartigkeit ist. Er zitiert zustimmend die rühmenden Worte von Alvaro Mutis über die „majestätische sprachliche Schönheit", die stilistische „Leuchtkraft und Eleganz" und bisweilen „tiefe, nachtseitige und trotzdem unberauschte Poesie" dieses solitären Autors, der sein jüngstes Buch mit einem deutschen Zitat aus Jacob Burckhardts Briefen schließt: „Ich hoffe auf das Unverdiente."

Alles, was im vorstehenden wörtlich angeführt ist, steht in dieser Anthologie „Einsamkeiten" mit dem schwarz-türkisgrünen Einband. Wer das Spanische nicht versteht und Don Nicolás begegnen will, wird dem Karolinger Verlag dankbar sein. Auch wenn die exzellente Übersetzung unvermeidbar die lapidare Knappheit und lichterfüllte Kristallisation des vokalreicheren und genaueren spanischen Originals nicht immer zu erreichen vermag, kann sich der aufmerksam-neugierige Leser gleichwohl davon überzeugen, daß er es hier mit einem in einer großen Tradition stehenden Selbstdenker zu tun hat. „Ich gehöre nicht einer Welt an, die untergeht", lautet eines der seltenen Selbstbekenntnisse dieses sonst so schweigsamen Meisters hispanischer Prosa, der ein souveräner Außenseiter, aber kein schrulliger Sonderling ist: „Ich verlängere und übermittle eine Wahrheit, die nicht stirbt." Wenn er „für die Nachwelt" schreibt, dann nicht aus Sehnsucht, morgen zeitgemäß zu sein. Er schreibt für die Nachwelt, weil es ihn nach einer bestimmten Qualität des Geschriebenen verlangt, „selbst wenn uns niemand läse".

(1987)

* * *

Zur Person des Autors

Gerd-Klaus Kaltenbrunner wurde 1939 in Wien geboren und verstarb 2011 in Lörrach. Seit 1962 in der Bundesrepublik Deutschland ansässig, beteiligte er sich ab den 1970er-Jahren als freier Schriftsteller und Privatgelehrter an intellektuellen Debatten der Zeit.

Von 1974 bis 1988 gab er für den Freiburger Verlag Herder die wegweisende rechtskonservative Theoriereihe „Initiative" heraus. Zahlreiche seiner politischen Schriften wurden aufgrund ihrer bleibenden Bedeutung neu aufgelegt, etwa „Elite. Erziehung für den Ernstfall" (zuletzt 2008) und „Rekonstruktion des Konservatismus" (zuletzt 2015).

Abseits der Politik beschäftigte sich Kaltenbrunner stets mit den Wurzeln europäischen Geistes und Bewusstseins. Seine zahlreichen Porträts herausragender europäischer Denker liegen in mehreren voluminösen Sammelbänden vor, die sämtlich vergriffen sind. Aus Anlass seines 80. Geburtstags wurde daraus die hiermit vorliegende Blütenlese zusammengestellt.